大夏合规
Great China Compliance
丛书

Corporate Compliance Officer Manual

企业合规师手册

周万里　主编

法律出版社 LAW PRESS · CHINA
北京

图书在版编目(CIP)数据

企业合规师手册 / 周万里主编. -- 北京 : 法律出版社, 2022
ISBN 978-7-5197-6707-5

Ⅰ. ①企… Ⅱ. ①周… Ⅲ. ①企业法-中国-手册
Ⅳ. ①D922.291.91-62

中国版本图书馆 CIP 数据核字(2022)第 074378 号

企业合规师手册
QIYE HEGUISHI SHOUCE

周万里 主编

策划编辑 蒋 橙
责任编辑 蒋 橙
装帧设计 汪奇峰

出版发行 法律出版社
编辑统筹 法律应用出版分社
责任校对 杨锦华
责任印制 刘晓伟
经 销 新华书店

开本 710 毫米×1000 毫米 1/16
印张 32.25 字数 435 千
版本 2022 年 5 月第 1 版
印次 2022 年 5 月第 1 次印刷
印刷 天津嘉恒印务有限公司

地址:北京市丰台区莲花池西里 7 号(100073)
网址:www.lawpress.com.cn
投稿邮箱:info@lawpress.com.cn
举报盗版邮箱:jbwq@lawpress.com.cn

销售电话:010-83938349
客服电话:010-83938350
咨询电话:010-63939796

书号:ISBN 978-7-5197-6707-5
定价:118.00 元

凡购买本社图书,如有印装错误,我社负责退换。电话:010-83938349

大夏合规丛书序言

大夏源自“光大华夏”，其英文词 Great China，也被直译为“伟大的中国”。中国之伟大，不仅在于国力，更在于人心。悠悠历史，谦谦君子，中国人自古便崇尚德行，深知“不以规矩，不能成方圆”。在利字当头的市场经济环境中，诚实守信变成了稀有品德，合规文化更是参差不齐，在这样的大环境下，合规与道德越来越受到国家和社会的重视。为了传播合规文化、合规理念和合规学知识，大夏合规丛书(Great China Compliance)应运而生。

合规无处不在，以致于我们感受不到它的存在。自 2018 年 4 月中兴通讯出口管制案以来，合规受到我们国家前所未有的重视。从国家标准化管理委员会 2017 年制定的《合规管理体系　指南》(GB/T 35770—2017)和国务院国资委 2018 年发布的《中央企业合规管理指引(试行)》，到国家发展改革委等七部门 2018 年发布的《企业境外经营合规管理指引》和国务院反垄断委员会于 2020 年发布的《经营者反垄断合规指南》，再到最高人民检察院 2020 年 3 月试点企业合规不起诉制度和 2021 年 3 月人力资源社会保障部办公厅等三部门公布新职业“企业合规师”，我们看到合规的制度化、职业化和科学化的发展趋势。随着合规的“春天”到来，合规学在兴起。在省直辖市的层面，江苏、上海、深圳等发达地区的政府和司法机关也颁布了诸如江苏省《省属企业合规管理指引(试行)》(2019 年)、上海市《国资委监管企业合规管理指引(试行)》(2019 年)、《经营者竞争合规指南》(2021 年)及深圳市《反贿赂管理体系》(2017 年)等合规规范。在金融行业,合规法律的制定更早。

国际上的合规研究由来已久。目前,美国、英国、欧盟、德国、国际标准化组织、经合组织、联合国和世界银行集团等国家和组织力推合规的制度建设。例如,美国的《反海外腐败法》(1977 年)对反腐败合规提出要求、英国《反贿赂法》(2010 年)规定"商业组织预防贿赂失职罪"、欧盟的《通用数据保护条例》(2018 年)及世界银行集团的《诚信合规指南》(2010 年)等我们也耳熟能详。

不合规案件的发生、国际上日益成熟的合规法律法规及合规标准,给我国的合规科学提出了莫大的挑战,同时也带来前所未有的机遇。目前我国的高等教育体系中还没有哪个学科能够完全涵盖合规科学。从目前研究成果和实践运用来看,合规学是一门以合规为研究对象的交叉学科。它不仅涉及法学和管理学,还与经济学、心理学及伦理学有着密切的联系。因此,大夏合规丛书从交叉学科的视角,试图给读者展现合规学的全貌。

合规虽无处不在,但有效的合规,需要系统化和科学化的合规专业知识。大夏合规丛书是传播和分享合规专业知识的媒介。只有全社会认识到合规和道德在商业社会中的重要价值,并践行合规要求和道德规范,才能形成"联合行动"的氛围和效果。

祝愿读者知行合一,行稳致远。

以此为序。

周万里

2021 年 4 月 14 日

本书序言

企业合规师是合规管理的专业人士。从日常性的合规咨询和合规培训工作,到危机时候的内部调查和政府调查应对,再到深层次的合规审计和持续改善,企业合规师都起到关键的作用。一直以来,企业合规师以“合规官”的身份在企业中存在。合规官是西方现代企业中的职务。没有合规官的跨国企业,让人难以想象。同样可以说,没有企业合规师的大中型企业,也是让人难以想象的。

自2018年我国的“合规元年”以来,合规法律规范不断出台,合规型监管初见雏形,企业对合规专业人才的需求因此呈现“井喷式”的增长。合规管理是否是一个职业?合规管理的工作范围是什么?如何培养合规专业人士?合规专业人士应当具备哪些能力?这些疑惑自2018年以来一直存在。2021年3月9日,可以说是企业合规师的法定“生日”。就在当天,国家人力资源社会保障部办公厅、市场监督总局办公厅和统计局办公室在“人社厅发〔2021〕17号”文件中,确定了包括企业合规师在内的新职业,并明确了企业合规师的定义和主要工作任务。这份文件确立了企业合规职业化,为后来的企业合规师职业的规范化奠定了基础。企业合规师资格考试、资格认定及职称认定等细节工作,都在持续展开。

企业合规师的培训和考试,需要企业合规专业方面的学习材料。但是,让人遗憾的是，在目前的图书市场上，还没有一本专门的书为企业合规师而写。因此，本书意图填补这个空白，围绕企业合规师应当掌握的合规专业知识，呈现企业合规师的主要工作面貌。

周万里

2022年3月

编写分工

第一章	企业合规师的职业	周万里
第二章	企业合规师的能力要求	周万里
第三章	企业合规管理体系	刘红霞
第四章	合规风险识别与分析评估	樊光中
第五章	合规组织	郭青红
第六章	合规培训	吴锦源
第七章	内部调查	杜　尔　刘红霞
第八章	合规审计	樊光中
第九章	合规危机管理	赵　亚　颜雯欢
第十章	未来的企业合规师	赵爱立
第十一章	反贿赂合规	胡国辉
第十二章	劳动用工合规	胡燕来
第十三章	数据保护合规	吴　涵
第十四章	出口管制法合规	徐珊珊
第十五章	刑事合规	田　曳

作 者 简 介

◎ **田曳**

上海靖予霖律师事务所副主任兼监事会主席，华东政法大学硕士研究生导师。厦门大学硕士研究生(经济刑法)。

◎ **刘红霞**

中国投资协会品牌投资促进中心主任、联合国全球契约组织中国区副秘书长。美国福特姆大学法学院企业合规管理专业 LLM，中山大学法学院法学硕士。

◎ **杜尔 (Thomas A. Doyle)**

贝克 · 麦坚时律师事务所芝加哥办公室合伙人。

◎ **吴涵**

金杜律师事务所合规业务部合伙人。北京大学法律硕士和美国法法律博士(JD)。

◎ **吴锦源**

西门子能源有限公司大中华区合规总监。

◎ **周万里**

世界银行项目西门子诚信动议“大夏合规”负责人。上海汇业律师事务所高级顾问律师。德国波恩大学法学博士,同济大学法学硕士。

◎ **赵亚**

北京在礼合规高级咨询师。会计师。

◎ **赵爱立**

某500强公司合规负责人。多伦多大学法律博士、华盛顿大学法学硕士及中国人民大学法学硕士,通过中国及美国纽约州司法考试。

◎ **胡国辉**

北京在礼合规董事长。《合规管理体系 指南》国家标准起草组委员。北京大学英语系本科、法学硕士,拥有中国律师资格。

◎ **胡燕来**

观韬中茂(上海)律师事务所合伙人。

◎ **徐珊珊**

中伦律师事务所合伙人。法学博士。

◎ **郭青红**

上海市汇业律师事务所高级合伙人,企业合规委员会主任。

◎ **樊光中**

《合规管理体系　要求及使用指南》国际标准中国专家组成员，国家认证标准《合规管理体系　要求及使用指南》起草专家工作组成员。

◎ **颜雯欢**

北京在礼合规高级咨询师。上海交通大学本科，香港浸会大学工商管理硕士。

目　录

CONTENTS

第一篇　合规基础理论

第三篇　具体的合规风险

附 录

第一篇

合规基础理论

第一章

企业合规师的职业

自2021年3月9日起，企业合规师成为法定的职业类型。对于企业合规师的地位、任务及责任因此有了初步的定调。但是，该职业的定位保守、任务描述狭窄及责任不明确，还需要进一步的完善。另外，该职业描述的开放性，给企业合规师的职业形象带来很多的想象空间。无论如何，企业合规师的产生，是因为合规管理实践的需要，只要能够客观和科学地描述企业合规师的实际工作性质和范围，企业合规师职业的法定化就能够推动我国企业合规管理水平的提高。本章首先论述合规的概念及不合规的不利后果，接着围绕"人社厅发〔2021〕17号"文件，评注企业合规师的概念及其主要的工作任务。

一、合规的概念

（一）合规

合规，是指组织的全部合规义务得以履行。[1] 合规义务源自规则的要求。规则主要由三方面组成，即法律规则、组织内部的规章制度及道德规范。规则的本质，是其对人的行为有特定的要求。这种要求可以是外在的要求，典型的是国家的令行禁止，也可以是自己为自己设定的要求，典型的是合同义务。基于外在要求的合规，是外部合规。基于本人要求的合规，是内部合规。外部合规的动力，往往促使产生内部合规。

法律规则的合规，简称法律合规，是合规管理的重点。[2] 法律规则，包括宪法、法律和规章制度。企业面临的法律规则是外生的，其唯一的选择是遵守规则。从立法者的角度来看，企业遵守立法者制定的规则，符合立法者的立法目的。法律合规因此是理所当然的事情。监管规定作为市场监督管理机关做出的详细的监管规则，也属于法律合规的组成部分。另外，与组织的活动相关的行业准则和行业标准，也可以归纳到法律合规当中。

组织内部的规章制度首先是将法律法规的要求转化为内规，其次是落实利益相关者的期望，最后是制定除此之外组织想要实现的目标。

合规的主体是组织。组织是指“为了实现目标，由职责、权限和相关关系构

---

〔1〕 参见国家质量监督检疫总局、国家标准化管理委员会《合规管理体系　指南》（GB/T 35770—2017）第2.17条。

〔2〕 上海律师协会在2020年率先成立法律合规业务研究委员会，研究法律风险防范、合规法律服务相关业务。

成自身功能的一个人或一组人”。[1] 合规的问题主要出现在多人组成的组织。组成的成员越多,信息不对称越严重,对合规管理的挑战越大。组织采取系统化的措施,主要是规章制度,转化和落实外部的要求,实现有效合规管理。组织内的规章制度因此也属于合规关注的对象。

与组织的活动相关的道德规范也是合规关注的对象。道德是软性的规范,没有强制执行力,仅通过组织的自觉和自愿来实现。不过,由于违背道德规范会对组织的形象和声誉造成负面影响,进而造成财产损失。因此,道德规范也是合规关注的对象。

（二）狭义的合规和广义的合规

合规有广义的合规和狭义上的合规之分。在日常生活中,合规一般是指狭义的企业合规。从合规的发展历史来看,更狭义的合规是指反腐败合规,包括反贿赂合规和反舞弊合规。广义的合规是指组织的全面的合规,不仅包括狭义的企业合规和反腐败合规,还包括事业单位、公共组织、国家机关、协会和国际组织等涉及的超越反腐败的合规。“大合规”和“全面合规”是广义的合规的体现。

（三）企业合规

企业合规,是指企业采取措施,确保企业及其员工遵守法律规则、企业内部规章制度和道德规范。企业合规的主体,是企业,包括公司、合伙企业、个人独资企业和个体工商户等商业主体。

合规是现代企业行稳致远的基本条件。企业的繁荣和竞争力的提高,能够促进市场经济的发展和提升。企业作为市场经济的主体,以营利为目的,最优化

---

〔1〕 国家质量监督检验检疫总局、国家标准化管理委员会《合规管理体系　指南》(GB/T 35770—2017)第2.1条。

地考虑成本和收入的组合，进而实现利润最大化的发展。但是，企业的发展不仅涉及企业主的利益，还涉及债权人、劳动者、国家税收及环境保护等方面的利益，即所谓利益相关者的利益。因此，企业应当承担社会责任，而不只是承担法律上的义务。而合规能够促使企业谨慎和负责任地经营，确保企业的经营管理行为符合法律法规和商业道德规范的要求，进而保障企业能够可持续地发展。

（四）合规学

合规学是以合规为研究对象的科学。其目的是揭示有效合规的机制和运作方式。合规学作为一门新兴的学科，[1]产生的原因有多个方面，包括：

1. 企业不断重视合规管理，需要科学的合规管理知识体系。首先，金融企业为了满足金融监管的要求，率先开展金融合规管理。其次，国有企业按照中央国资委和地方国资委的要求，展开合规管理体系建设。最后，民营企业也在探索有效的合规管理模式。另外，行业协会在推动企业合规管理的过程中起到了重要作用。在这方面，起到模范作用的是中国化学制药工业协会，其在2020年率先发布的《医药行业合规管理规范》成为合规联合行动的典范。[2]

2. 合规型监管的兴起。[3] 国家监管机关，主要是市场监督管理部门和检察院，在处理经济类案件时，主动采用合规作为激励手段，促进企业合规和合法经营。政府机关在认定和验收企业合规管理体系时，需要合规专业知识。市场监督的需要促进了合规学的产生。

3. 高等教育机构从事合规研究和教学。自2017年起，众多高校先后建立合

---

〔1〕 参见周万里主编：《合规学高等教育及其课程设计——附重要的合规规范》，法律出版社2021年版，第15～17页。

〔2〕 参见周万里主编：《合规学高等教育及其课程设计——附重要的合规规范》，法律出版社2021年版，第224～303页。

〔3〕 参见周万里：《合规型监管研究》，人民出版社2021年版，第197～200页。

规研究中心,[1] 从事合规研究,开展合规教学和培训,出版连续性的合规研究书籍[2] 及合规教科书,推动了合规学的系统研究和教学。

4. 企业合规师的新职业需要合规学。2021 年 3 月人力资源和社会保障部办公厅等三部门公布新职业“企业合规师”,使合规职业被规范化,这也同时确定了合规学的学科地位,使企业合规师和(企业)合规学紧密联系在一起。合规学是企业合规师职业教育和学术研究发展的必然结果。

(五)合规的历史发展

我国的合规管理的制度化阶段,是从 2018 年的“合规元年”开始的。在这一年,国务院国资委发布的《中央企业合规管理指引(试行)》,国家发展改革委等七部门发布的《企业境外经营合规管理指引》,不仅意味着国有企业合规管理的制度化和法治化的开始,还意味着合规的理念甚至是合规型监管模式在我国初步形成。推动合规法律制度化的一个重要案件,是 2018 年 4 月的中兴通讯出口管制案。[3] 该案件促使我国政府从合规的角度,认识和处理违法违规的企业。

在“合规元年”之前,主要是金融企业按照监管规定,从事合规管理。银行合规管理的依据是 2006 年的《商业银行合规风险管理指引》,保险公司的合规管理依据是 2017 年的《保险公司合规管理办法》。证券公司自 2017 年起有了合规管理的依据,即《证券公司和证券投资基金管理公司合规管理办法》。[4]

---

〔1〕 典型的是华东师范大学企业合规研究中心、上海企业合规研究中心、中央财经大学合规教育与研究中心及山东大学法学院刑事合规研究中心。

〔2〕 参见包括本书在内的“大夏合规丛书”已出版的其他企业合规书籍。

〔3〕 参见周万里、陈泉程:《中兴通讯出口管制案的合规分析》,载《新产经》2019 年第 4 期。

〔4〕 最新版是 2020 年的修订版。

二、不合规的后果

企业合规管理的目的是有效地预防和处理企业的不合规行为。不合规是指不履行合规义务。不合规的发生,增加企业的运营成本,导致企业利润减少。企业积极采取合规措施,能够减少或避免不合规行为的发生,进而提高企业的利润和运营效率。此外,不合规对企业管理者、员工及商业伙伴(供应商和销售商)也会产生负面的影响。

(一)民事责任

企业不合规导致的民事责任,主要体现在损害赔偿和合同无效这两个方面。这两方面与企业的经济利益最为相关。民事赔偿是企业因为违反法定或约定义务给他人造成损失,因而对受害人承担的赔偿义务。我国《民法典》第176条规定,"民事主体依照法律规定或者按照当事人约定,履行民事义务,承担民事责任"。据此,企业没有履行法定或约定义务,应当承担包括损害赔偿在内的民事责任,分为违约责任和侵权责任。

违约责任是企业作为合同方不履行合同义务或履行合同义务不符合约定而承担的法律责任(《民法典》第577条)。企业如果侵犯民事权益,则应当承担侵权责任(《民法典》第1164条)。这包括企业在经营过程中给竞争者[1]、消费者[2]、

[1] 《反不正当竞争法》第17条;《反垄断法》第50条;《关于审理因垄断行为引发的民事纠纷案件应用法律若干问题的规定》第1条。

[2] 《民法典》第1165条;《消费者权益保护法》第48条;《产品质量法》第40条。

投资者[1]、劳动者[2]、环境[3]等造成损害而产生的赔偿责任。对于因侵权产生的赔偿责任问题,特别侵权法一般会明确指示适用《民法典》的一般性规定。

企业的经营活动违反法律、行政法规的强制性规定的,导致民事法律行为无效,致使企业不能实现合同追求的商业目的。[4] 在市场经济中,合同是企业实现商业目的最常用的法律手段,合同一旦无效,合同方就没有履行合同的义务,就不能产生期望的法律约束力。正是因为这一点,企业会把"确认合同无效"作为一种商业策略,达到不(继续)履行合同或其他的商业目的。[5]

(二)行政处罚

违反市场监管法律法规的企业需要承担行政处罚责任。对企业来说,最常见的行政处罚是行政罚款,其他的处罚有没收违法所得、责令停产停业,在极端情况下,企业还会被吊销营业执照。在部门法中,反垄断法下的罚款比较高。例如,2021 年 4 月 10 日,国家市场监督管理总局认定阿里巴巴自 2015 年以来,滥用其在中国境内网络零售平台服务市场的支配地位,实施"二选一"行为,并以多种奖惩措施保障行为实施,违反了《反垄断法》,构成滥用市场支配地位行为,并据此对阿里巴巴处以 182.28 亿元行政罚款。[6] 违反《反不正当竞争法》的罚

---

〔1〕 例如,《公司法》第 207 条第 3 款规定的金融市场中介机构对公司债权人承担的民事赔偿责任;2014 年《证券法》第 76 条第 3 款规定的内幕交易行为人对投资者承担的民事赔偿责任,第 77 条第 2 款规定的操作证券市场行为人对投资者承担的民事赔偿责任。

〔2〕 例如,《劳动法》第 91 条规定用人单位支付劳动者的工作低于当地最低工资和第 97 条规定用人单位订立无效合同,对劳动者承担的民事赔偿责任。

〔3〕 《民法典》第 1229 条;《环境保护法》第 64 条;《水污染防治法》第 85 条。

〔4〕 原《民法通则》第 143 条。

〔5〕 参见强生公司纵向垄断协议纠纷案,上海市高级人民法院(2012)沪高民三(知)终字第 63 号民事判决书。

〔6〕 参见国家市场监督管理总局行政处罚决定书(国市监处〔2021〕28 号)。

款最高达到300万元[1]。企业被公布被反垄断调查的消息,甚至会导致企业市值蒸发。[2] 证监会依据2014年《证券法》处罚内幕交易行为和操纵市场的行为,一般以违法所得作为基数,最高罚款不超过违法所得的5倍。[3]

(三)刑事责任

企业可以成为犯罪主体。公司和企业实施危害社会行为,法律规定为单位犯罪的,应当负刑事责任(《刑法》第30条)。《刑法》中涉及公司和企业的犯罪的,包括行贿罪、违法经营相关罪、虚报注册资本罪、生产销售伪劣产品罪等。经典的案件是"葛兰素史克贿赂案"。2013年7月葛兰素史克(中国)投资有限公司的部分高管因涉及商业贿赂被立案侦查,2014年9月长沙市中级人民法院认定该公司行为构成向非国家工作人员行贿罪,依法判处葛兰素史克公司罚金30亿元。[4] 在一些法律的"法律责任"部分,经常会明确规定特定的违法行为适用《刑法》的规定,其中包括企业和对其直接负责的主管人员和其他直接责任人员承担刑事责任。

(四)调查费用和监督费用

企业在应对不合规的内部调查、政府调查及合规整改方面,都会产生昂贵的费用,对企业造成很大的经济压力。企业在合规调查中,主要是借助外部咨询机构和专家,包括律师、会计师、审计师及行业专家等,参与合规调查和合规整改。

---

[1] 例如,《反不正当竞争法》第19条规定,经营者贿赂他人的,由监督检查部门没收违法所得,处10万元以上300万元以下的罚款。情节严重的,吊销营业执照。

[2] 王颖、葛爱峰:《涉嫌垄断被调查,"插座大王"公牛集团市值一天缩水53亿》,载《华夏时报》2021年5月14日。

[3] 2014年《证券法》第202条和第203条。

[4] 李建华等:《在华跨国商业贿赂的根源与治理对策研究——葛兰素史克案反思》,载《东南学术》2014年第2期。

由此发生的费用，由企业承担。监督费用是企业在合规整改中，第三方组织专业人员（监管人）监督企业落实合规整改计划而产生的费用。

（五）声誉受损

企业的不合规行为直接损害了企业的形象，企业的诚信、合规文化和价值因此受到员工、商业伙伴、社会公众和国家质疑。合法是企业经营的最低要求，诚实信用是基本的法律价值和商业道德，不合规否定了诚实信用的社会价值。

三、企业合规师的概念

企业合规师是指"从事企业合规建设、管理和监督工作，使企业及企业内部成员行为符合法律法规、监管要求、行业规定和道德规范的人员"。[1] 具体而言，企业合规师的职业活动，体现在"建设"、"管理"及"监督"三大方面，它们的具体含义包括：

（一）建设

建设是指企业合规师创建合规体系或单个合规管理制度。企业合规师从事合规建设可以是在企业没有合规管理制度的基础之上展开，也可以是在现有的合规管理制度的基础之上，根据企业所在的行业特点、企业规模大小、商业模式的复杂程度及管理层的需要，建设有效的和适合的合规管理制度体系。

在多数情况下，企业从事合规管理建设的压力来自外部。在外部监管环境

〔1〕 人社厅发〔2021〕17号。

和商业环境的压力之下,企业的管理层推动企业合规的建设。对于企业合规建设的具体开展,则是由企业合规师来具体落实。

企业合规建设可以是合规体系建设,也可以是单项的合规管理建设。合规管理建设主要包括了合规管理体系(compliance management system)的搭建和合规计划(compliance program)的设计。企业合规师根据企业所处的外部监管环境、商业环境及企业管理层的要求,以书面化的形式明确企业的合规管理制度,包括合规目标、合规政策、合规风险识别与控制、培训、举报、内部调查及合规审计等。

(二)管理

管理是指企业合规师负责落实合规管理制度,预防和处理不合规的日常管理行为。管理是企业合规师的日常工作,目的是确保企业在第一阶段建设的合规管理体系和合规计划能够得以发挥作用,能够在企业的各个业务中得到全面的落实和融合。合规管理的核心是预防,尤其对高风险的人员、业务和部门是企业合规师关注的工作重点。

合规管理应当具有可信性。这尤其体现在企业合规师对不合规行为的调查和处罚。企业合规师只有认真对待和处理不合规的行为,处罚实施不合规行为的员工,才能在整个企业中树立威望和尊重。

(三)监督

监督是企业合规师对合规管理的落实情况所做的工作,包括合规监查和合规审计。监督的目的是核实合规管理制度在各个部门和每项业务中落实的程度和效果。监督的另外一个目的是发现不合规的行为及持续改进合规体系的适应能力。

四、企业合规师的职业群体

（一）企业合规师的工作岗位

企业合规师的职业群体并不局限于在企业工作的人，而是一个开放的职业群体。合规实践中现有的职业群体，包括法律合规律师、刑事合规律师、企业合规管理咨询工作人员和高校合规研究人员与教学人员，都可以取得企业合规师的职业资格。

上述职业群体与“合”和“规”有着天然的联系。律师等法律工作者天生就是与“规”打交道，制定“规”、解释“规”和适用“规”。即使“规”的范畴远大于“法”的范畴，如何处理“规”，也是法律人所擅长的。而“合”与管理学有着天然的联系。“合”在一定程度上属于管理学的范畴，并且蕴含着管理经验。原因是，“规”在企业中得以制定、落实和改进，并深入企业的最高管理层和最基层的员工，他们需要处理合规文化、合规组织架构、日常的合规培训及不合规时的内部调查等管理问题。

（二）非企业的合规师职业

企业合规的主体局限于企业，并不涉及非企业的组织。事实上，在国际标准化组织于2015年发布的经我国转化为国内标准的《合规管理体系　指南》中，合规的主体是组织，而组织并不局限于企业。因此，“人社厅发〔2021〕17号”文件对企业合规师的定义缩小了国际和国内的《合规管理体系　指南》的适用范围，使在非企业的组织中从事合规工作的职业人员的身份认同处于不确定状态中。

五、企业合规师的主要工作任务

企业合规师的主要工作任务有7项,即:(1)制定企业合规管理战略规划和管理计划;(2)识别、评估合规风险与管理企业的合规义务;(3)制定并实施企业内部合规管理制度和流程;(4)开展企业合规咨询、合规调查,处理合规举报;(5)监控企业合规管理体系运行有效性,开展评价、审计、优化等工作;(6)处理与外部监管方、合作方相关的合规事务,向服务对象提供相关政策解读服务;(7)开展企业合规培训、合规考核、合规宣传及合规文化建设。

按照国际标准化组织2021年发布的《合规管理体系　要求及使用指南》(ISO 37301:2021)和我国国家标准化管理委员会2017年发布的《合规管理体系指南》(GB/T 35770—2017),企业合规师可以参考使用"PDCA模式"("计划—执行—检查—改进"的循环管理模式)整理上述的主要工作任务。

(一)计划

属于计划阶段的主要工作任务包括上述的(1)、(2)和(3)。其中的"制定企业合规管理战略规划和管理计划"是合规管理的基础,用来分析企业所处环境中利益相关者提出的要求和期望,进而确定合规方针和目标。其中的合规风险识别与控制是合规管理重点,是企业用来分析其所在行业的具体的合规风险的必要工作。

(二)执行

执行阶段的工作主要体现为上述的(4)、(6)和(7)。具体而言,这主要包括合规咨询、合规调查、合规举报、相关政策解读、合规培训、合规考核、合规宣传以及合规文化建设。

（三）检查

检查阶段的工作主要体现在上述的(5)，包括监控企业合规管理体系运行有效性，开展评价及审计的工作。其中合规审计和绩效评估，是企业在检查阶段采用的主要手段。

（四）改进

改进阶段的工作主要有两个方面，即危机处理和持续改进。发生不合规的危机事件后，企业有效应对媒体和政府调查，是合规管理的重要组成部分。而持续改进是对合规管理的优化和升级，预防系统性的不合规行为的发生。上述的主要工作任务中的(5)和(6)涵盖了改进阶段的工作。第(6)项中的“处理与外部监管方、合作方相关的合规事务”和第(5)项中的优化工作，属于这两个方面的工作范畴。

除了上述人社厅明确界定的企业合规师的主要工作任务，还有一些基础性的工作任务也应当由企业合规师完成。这包括两方面：[1]一是组建和管理专业的和有效的合规组织或合规部门；二是协助企业管理者和主管部门落实合规计划。

〔1〕 Vgl. Moosmayer, Compliance, 4. Auflage 2021, Rn. 125.

第二章

企业合规师的能力要求

目前，我国还没有企业合规师的高等教育专业和培养方案。实践中，成为企业合规师的路径有多种。[1] 例如，企业中的财务工作人员或法务工作人员，因为企业合规管理的需要，转调到合规职能部门工作。也有公共部门的工作人员转行到合规职能部门工作，成为合规从业人员。不同行业、不同类型甚至每个企业，对企业合规师的能力要求都不一样。不过，无论如何，企业合规师的职业群体应当具备一些共通的能力要求。

由于合规在国家治理体系中担当的角色越来越重要，合规成为企业行稳致远的基本保障，而企业合规师在合规管理中起到关键作用。所以，企业合规师的能力要求需要被重视和培训。企业合规师是复合型人才，为了适应合规管理的工作，其不仅要掌握专业的能力，具备专业知识，而且还应当具有特定的个性。

〔1〕 对合规学高等教育及其课程设计的探索，参见周万里主编：《合规学高等教育及其课程设计——附重要的合规规范》，法律出版社 2021 年版，第 18～33 页。

一、个性特征

（一）品格

企业合规师应当拥有一些特定的品格，包括诚信、可靠、善于沟通以及团队精神。[1]

合规与诚信有着密切的关系。企业合规师展现出诚信、可靠及忠诚，本身就展示了合规的价值基础。这样的品格也有助于企业合规师得到员工的尊重，发挥企业合规师的榜样作用。

善于沟通则是企业合规师工作的基础。准确、清楚地表达合规文化，描述不合规的事实和合规风险以及提出解决方案，体现了企业合规师的沟通能力。

团队精神则反映了企业合规师能够联合本部门同事或跨越部门组建团队和联合工作的能力。尤其是在不同职能部门之间，联合工作需要企业合规师的耐心和坚持。在跨文化的企业中，面对具有不同文化背景的团队成员，企业合规师的团队合作及沟通更为重要。

（二）管理能力

1. 组织能力

合规体系的建立，合规培训和合规咨询的展开等，都需要企业合规师拥有规划能力和组织能力。企业合规师能够清楚地界定合规的要求和流程，在合规管理中，既能够掌握细节，又能够把握重点。利用现代的技术开展合规管理工作，

---

〔1〕 参见胡国辉：《合规人才能力模型及培养》，载周万里主编：《合规学高等教育及其课程设计——附重要的合规规范》，法律出版社 2021 年版，第 39 ~ 57 页。

也是组织能力的体现。

2. 执行能力

企业合规师不仅能够建立和规划合规体系，制定合规制度，还应当具有执行能力。为此，企业合规师应当以目标导向或结构导向的方式，执行合规制度。企业合规师能够有效地和管理层、合规负责人、业务部门负责人以及普通员工就合规事务做沟通，有助于其完成合规管理的日常工作。沟通能力在其中起到助推作用。

3. 变革管理

首先，当企业的合规管理是无效的，或者仅是停留在纸面上时，需要企业合规师有变革管理的能力。企业经历不合规时，受到反向激励，会努力开展合规管理。这时，企业合规师的工作能够得到企业管理层的重视和支持。而当企业还在盈利，且没有经历不合规导致的惩罚，往往难以主动改变现有的企业文化。在这种情况下，企业合规师首先需要得到企业高层的支持，推动企业文化的转变，使合规成为企业发展的长远目标，推崇合规文化，把合规管理作为战略管理的重要组成部分。

其次，企业合规师应当担当"变革代理人"的角色，以自己的行为呈现合规的价值，推动企业文化的变革。企业合规师以专业知识、行业经验以及判断能力，说服员工合规对企业可持续发展具有重要意义。

4. 领导能力

企业合规师在领导团队时，不仅应当拥有诸如确定目标、分配任务、激励、委派、控制、识别以及反馈的管理能力，还应当有较强的领导能力，表明自己的观点，坚持自己的立场。尤其是在面对企业管理层和业务部门领导的时候，企业合规师需要展现出较强的领导力和决策能力。

在企业发生不合规事件时，企业进入危机状态，面临来自企业内部和外部的压力。企业合规师在危机管理中应当担当管理者，化解内部和外部的压力。在处理刑事调查、行政处罚、民事赔偿和声誉受损时,企业合规师应当具备项目领导能力,有效控制不合规行为对企业造成的不利后果,尤其是对企业的声誉产生的不良影响。

二、专业知识

在专业知识方面,企业合规师应当掌握三方面的知识。其一,合规涉及的法律知识。其二,企业运营的管理学知识。其三,企业的财务和审计方面的知识。

(一)法律知识

企业合规师作为与律师同类型的专业人才,应当掌握基本的国内和国际的法律知识,并且能够理解和运用法律。首先,国内的法律由民法、公法和刑法三大部门法组成。贯穿着三大部门法的经济私法、经济法以及经济刑法与企业的经营管理的联系最为紧密,往往决定了企业商业活动的可能性和界限。

其次,企业所在的行业通常有行业相关的法律和监管规定,与企业的经营管理活动的关系更为紧密。尤其是金融行业、医疗行业以及大数据行业等强监管行业,有专门的政府监管机关和行业规定,决定了企业的日常运行空间和商业模式。

再次,在全球化的商业环境中,企业成为全球供应链的组成部分,受到美国、欧盟及世界银行等监管活跃的国家和国际组织的管辖,产生国际贸易合规、跨境数据合规及国际工程项目反腐败合规的问题。如果企业涉及国际业务,企业合规师应当了解和关注相关的监管环境及其动态发展。

最后,企业合规师除了要关注外部强制性的规定,还要重视一般性的和行业的商业道德规范,成为企业规章制度的制定者和传播者。

（二）管理学知识

为了使合规措施和合规体系能够在企业中得到全面的落实，企业合规师必须理解企业所在行业的特点以及企业自身的经营管理模式。首先，行业的特点决定了产品、服务、销售模式及竞争状况。强监管行业的商业模式更为特殊。企业合规师需要对这些行业的特点有清楚的理解。

其次，企业的组织架构、企业文化、公司治理、经营模式以及竞争优势等基本信息，都对合规文化和合规管理的效果产生潜在的影响。合规管理应当和企业的业务融合在一起。否则，合规管理不会实现预期的效果。合规与业务融合的前提是，企业合规师熟悉业务部门的运营模式和利益点。

最后，企业合规师必须掌握合规风险的知识，拥有合规风险分析的能力和视角。合规管理的关键一步是合规风险管理，包括风险识别和风险控制。在早期，识别企业所在市场和行业的风险、运营过程中的风险、决策风险及监管政策变化产生的风险，有助于企业合规师防范和控制合规风险的发生。基于合规风险管理与其他风险管理在理念和方法上的一致性，有些企业采用“GRC 管理”模式，整合公司治理、风险管理和合规管理，或者在公司董事会下成立由合规部牵头，法务部、审计部、财务部及人事部等联合组成的合规委员会。无论是“GRC 管理”模式，还是合规委员会模式，企业合规师只有掌握足够的法律知识和风险管理知识，才能发挥牵头和协调的管理能力。

（三）财务和审计方面的知识

合规管理与财务及审计有紧密的关系。反舞弊、反贿赂、反垄断以及反洗钱等合规风险的识别与控制，需要企业合规师和财务、审计以及调查专业人员的合作工作。对此，企业合规师掌握基本的财务知识和审计知识，通过分析财务文件和审计报告，或与财务人员和审计人员沟通和合作，开展专项的合规管理工作。

第二篇

合规管理体系

第三章

企业合规管理体系

企业合规管理从不同的管理目标出发,有不同的管理要素,构成不同的管理方案。20 世纪 60 年代以来,企业合规管理由公共监管逐渐演变为复杂的公司内部制度体系及相应的合规文化,以适应商业经营环境的各种变化。目前,企业按照国际规则、法律法规规定、政府监管要求并基于自己的企业文化建立或强化合规管理体系,已经成为全球公司普遍通行的做法。

一、企业合规管理体系的界定

(一) 概念

在阐述企业合规管理体系之前,理解什么是合规及合规管理是很重要的。“合规”一词是由英文“compliance”翻译而来。在英文释义中,《韦氏词典》(Merriam-Webster)对“compliance”的解释是:(1)行为或过程合乎愿望、要求、建议、规则、强制性规定或行政要求;(2)压力下的弹性能力。而法律领域权威的专业词典《布莱克法律词典》(Black's Law Dictionary)并未收录"compliance"或"comply"关于法律意义的解释。

理论上,学者从不同角度对合规管理有不同定义。有学者认为,合规管理是企业组织为使其行为符合公共制度的要求而建立的自我治理体系,是公司将其道德价值观转化为更具体的道德行为的手段[1]。有学者认为,合规管理是指企业使其行为适应法律监管和社会规范的手段[2]、是按照法律法规、道德、文化规范进行的整体业务行为[3]。

标准上,国际标准化组织《合规管理体系　指南》(ISO 19600:2014)及中国国家标准(GB/T 35770—2017)将合规定义为"履行组织的全部合规义务"[4],即通过将合规融入组织文化及其工作人员的行为和态度中,使合规具有可持续性。

实践中,"合规"有狭义和广义两种含义。狭义的"合规"主要指强化合规经营反对商业腐败。广义的"合规"泛指组织机构及个人在行为上要遵守:(1)法规:遵守公司总部所在国和经营所在国的法律法规及监管规定;(2)规制:遵守企业内部规章包括企业价值观、商业行为准则及行业性规定、职业操守等;(3)规范:遵守公序良俗、道德规范等。

合规管理适用于企业、政府、个人等不同组织,本章论述的合规管理特指适用于企业的合规管理。

---

〔1〕 Carole Basri, *Corporate Compliance*, Carolina Academic Press, 2017, p. 3.

〔2〕 肖恩·J. 格里菲斯(Sean J. Griffith),福特翰姆大学(Fordham University)法学院教授、欧洲公司治理研究院(European Corporate Governance Institute)研究员。

〔3〕 Sean J. Griffith, *Corporate Governance In An Era of Compliance*, William & Mary Law Review 57, 2016, p. 2075 –2140.

〔4〕 企业履行的合规义务包括合规要求和合规承诺。

（二）合规理论

合规理论最早由美国社会经济学家阿米特·埃奇奥尼（Amitai Etzioni）于1961年提出。[1] 20世纪五六十年代，美国的经济发展促进了现代管理文化和组织结构的发展，当时，阿米特·埃奇奥尼等社会经济学家开始研究和确定合规管控的管理结构和权力来源。阿米特·埃奇奥尼基于权变理论的基本假设，界定了影响组织及员工的三种权力类型：强制型（coercive）、酬劳型（remunerative）和规范型（normative）。认为一个组织如果使用不同的权力类型，会影响其组织要素相应的参与程度，员工在组织关系中的表现也相应分为三种类型：疏远型（alienative）、功利型（calculative）和道德型（moral）。权变理论的基本假设表明，组织要么改变使用的权力类型，要么改变涉及组织关系的要素，以实现组织的权力和参与要素之间的一致性。20世纪70年代中期，阿米特·埃奇奥尼将这种组织结构方法命名为"合规理论"（Compliance Theory）。

为了不与传统的法律理论相混淆，阿米特·埃奇奥尼的合规理论强调关注的是组织内的行动者之间的关系，包含了组织的代表（责任人）和与该组织有关的较低层次的参与者。更具体地说，该理论旨在帮助研究组织中掌握权力的人与遵从于该权力的人之间的关系动态。同时，阿米特·埃奇奥尼的合规理论还认为，评价任何组织类型下的合规管理的有效性，很大程度上取决于组织中较低层次的参与者的参与度。因为在合规理论框架内，较低层次的参与者所处的层次差异最大，管理与控制较低层次参与者所产生的风险就更加困难。

随着合规管理的实践发展，合规监管及对不合规事件的处理方式有不同偏重，合规理论衍生出"新公司治理说""行为规范说""违规责任说"等。"新公司

[1] Amitai Etzioni, *A Comparative Analysis of Complex Organizations: On Power, Involvement, and Their Correlates*, Free Press of Glenco, 1961.

治理说”通常被描述为一种监管理论，认为合规管理并不符合传统的公司治理模式，因为合规管理要素并不直接来自公司董事会、公司法或相关专项领域的法律。相反，这些在公司内部执行的公司内部治理结构，直接或很大程度上源于外部监管机构对企业提出的监管要求，其特征是监管机构和被监管实体之间的信息共享、协作，对预期结果和实施过程的持续评估和修订以及机构间的合作。“行为规范说”认为，合规管理最终管理的是人的行为。基于心理学的“行为计划论”(Theory of Planned Behavior)，从一个人的“态度”、“主观规范”和“对感知的控制”三个方面测评管理者的决策、员工的行为是否合乎道德。“违规责任说”认为，让组织对其员工的错误行为负责，这些组织就会有适当的激励，采取必要的措施来防止这些不合规行为发生。随着对个人追责的执法实践，“违规责任说”基于权利、义务、责任三者之间的关系进行了扩充，从积极与消极、绝对与相对的角度，阐述合规管理不仅仅是从消极方面对“违规”行为进行处罚、承担责任，更重要的是从积极方面，避免不作为，承担积极义务，减少不合规事件的发生。

合规管理理论尚待丰富与完善，但以上观点的探索在合规管理上具有重要的理论参考和实践意义。

二、企业合规管理的发展

现代企业合规管理是由公共机构对企业集中监管转变为企业自身的合规管理，并在专业组织推动下发展形成国际统一标准体系的过程。

（一）合规管理的初期形态

现代合规管理可以追溯到19世纪末20世纪初，当时，美国正处于由农业社会向工业社会转变,由传统社会进入到现代社会的大转折时期。这种深刻而全面的变动带来了诸多严重的社会问题,社会各阶层都不满现状,寻求变革。民间团体和公共机构如全国劳工立法委员会、全国消费者联盟及联邦各级政府针对不同社会问题展开大规模调查,进而开始通过大规模的立法来推进改革的进行。1887 年,美国国会通过《州际商务法》(the Interstate Commerce Act),设立州际商务委员会以管理铁路运价、禁止在铁路运输中支付回扣,开启了联邦政府干预私人经济事务的先河。

在对纽约市政厅的一项调查中发现了大量的政治腐败,为限制竞选支出与对竞选的捐款,防止金钱对政治的操纵,1890 年,纽约州率先通过了美国第一部关于反腐败行为的《腐败行为法案》(Corrupt-practices Act)。随后的几年内,马萨诸塞州、科罗拉多州、密歇根州、加利福尼亚州等 15 个州先后通过反腐败行为的系列法案[1]。1892 年,伊利诺伊州推动了童工法、公司法、劳工仲裁法、城市政府法、新税收法以及集体谈判法、城市文官法、女工法等系列法律的制定。随着调查反映出来的问题越来越多,腐败问题严重,各种安全事故也不断增加,政府开始设立专门机构进行集中统一监管。

1906 年,农业部对肉类加工企业进行调查,发现了许多不卫生、不安全的生产环境、生产环节和加工过程,引起舆论哗然。针对企业诚信缺失、食品安全问题严重、无视消费者权利等状况,美国众议院以 240 票对 17 票通过了一项里程碑式的法律——《纯净食品与药品法》(Pure Food and Drug Act),它首次全面规定了联邦政府在美国食品医药规制中所应承担的责任,以阻止“生产、销售或运输掺假或假冒、有毒有害的食品、药品或烈酒”,既保护了生产者权利,又前所未有地维护了消费者利益,并直接促成了美国联邦食品和药物管理局(U. S. Food and Drug Administration, FDA)的成立,以加强对食品医药行业的持续监管。此

[1] See Senate Documents, Vol. 37, Washington: Government Printing Office, 1912.

后，在反垄断等多个领域，颁布监管立法和成立了相应的联邦监管执法机构。1914 年，《联邦贸易委员会法》（Federal Trade Commission Act）生效，美国政府对企业正式开始实行全面的监督与管理。

之后，社会生产、流通、消费等各个环节逐渐增多并复杂化，为适应发展需要，逐步增加专业性、引入监管标准、认证体系，采用现代化的检测手段等推动监管体系逐步成型。

这种以公共利益为中心和对公共安全的倡议和关注，就是早期的合规管理形态。与现代企业合规管理相比，早期合规管理形态特点是：管理主体上，是政府基于权力基础施行的外部监管；管理对象上，是政府对个人或企业商业行为的监管；管理内容上，是以社会公共利益为中心，对公共安全、生命健康安全的倡议和关注；管理模式上，是以政府集中监管的方式进行；管理机制上，采用了一定的监管标准和认证体系；管理工具上，采用了现代化的检测手段等。但初级形态的合规管理受到政府资源、商业形态、社会结构的影响和限制，同时，这种基于公共安全目标而进行的执法机构对私人企业的监管模式具有一定对抗性，在一定程度上加剧了二者之间的摩擦，并没有催生企业自觉的合规管理行为。尽管在后继发展中有组织的劳工的增长削弱了集中监督的作用，但直到 20 世纪 70 年代，由政府集中进行合规监管执法的公共模式一直占据主导地位。合规管理机制、合规管理工具的运用，也因当时的商业形态、社会结构影响而并未充分发挥其作用。

（二）合规管理的争议及转型

20 世纪 50 年代和 60 年代，现代资本进一步增长，此时，现代管理和组织文化开始出现。也正是这个时候，出现了关于是否应该在企业内部建立合规管理制度的争议。

上述争议的一个典型案例是发生在 1963 年美国特拉华州最高法院

(Delaware Supreme Court)审理的“格雷厄姆诉艾莉森—查尔默斯制造公司”(Graham v. Allis-Chalmers Manufacturing Company)一案。案件原告约翰·P. 格雷厄姆(John P. Graham)和伊冯·M. 格雷厄姆(Yvonne M. Graham)代表他们自己和在此纠纷中具备法律主体资格的被告公司的其他股东。被告查尔默斯公司是一家年销售额超过5亿美元的设备制造商,该公司的一贯做法是将商业决定权下放给尽可能低的管理层,避免因层层决策及领导层缺乏专业技术背景而影响生产效率。董事会每月开会决定公司主要政策,但不解决公司下属部门的具体问题;董事们每年也都开年会审查公司预算,但不介入下属管理层对产品进行价格设定。原告起诉称,从1956年开始,公司部分员工与其他制造商一起操纵产品价格、参与价格垄断,违反了美国《反垄断法》,应对因此造成的损失对股东进行补偿。

当时,美国法院系统在司法实践中一直沿袭1829年由路易斯安那州最高法院首次确立的关于董事注意义务及忠实义务的判例法规则——《商业判断规则》(Business Judgment Rule)。该规则给定一种假设,即公司董事在做出商业决策时,是基于知情、诚信和诚实的信念,认为所采取的行动最符合公司的利益。对此有异议者,按照“谁主张,谁举证”的原则,由异议方承担举证责任,提供证据进行证明。

依据《商业判断规则》,特拉华州法院发现原告并无证据显示任何董事对公司有关的反垄断活动有任何实际认识,或有任何实际认识足以令董事们注意到公司的部分员工正在进行反垄断活动。就此,原告在抗辩中将案件的理论转移到这样一个观点,即尽管事件发生时董事们缺乏《反垄断法》的实际知识,但联邦贸易委员会(Federal Trade Commission)于1937年已经发布两项法令,对公司潜在的反垄断活动发出过警告,董事们及公司高管都知道这些法令,但他们却一味相信公司下属管理层及员工不会违反这些法令。据此,原告提出,董事们没有采取行动来了解并阻止公司任何员工的价格操纵活动及反垄断行为,违反了对股东或对公司的责任。原告主张，董事们应该承担监督法律合规的积极责任，在公司内设置一种管理架构，以确保公司拥有有效的合规程序、始终遵守法律。这一抗辩将案件争议焦点转变为公司董事责任的认定标准问题。这是一个法律问题，但不再仅仅是一个法律问题。

特拉华州最高法院最终驳回了原告格雷厄姆的诉求，认为被告公司董事们对员工的价格操纵、反垄断活动并没有实际的了解，而且联邦贸易委员会之前的两项关于违反《反垄断法》的警告法令也并没有告知董事们未来可能的价格变动。公司董事有权依赖其下属的诚实和正直，直到有事情发生，使他们怀疑出了问题。从当时法律上讲，除非董事忽略了明显的不当行为，否则他们对公司的违规行为造成的损失不承担责任。这一判决在当时与《商业判断规则》所表达的董事对公司内部事务不干涉的总体态度是一致的。因此，在当时情况下，尽管案件充满了争议，但董事们与高层管理在此判决结果下也不再担心为了确保公司遵守法律而必须设置和运行一个企业内部监控系统。

公司是投资者所有权与经营权二权分离的典型经济组织形态，两种权力的纠葛反映了公司股东和董事之间既有共同的经济利益又有利益均衡的诉求，这种客观的诉求不会因为法律的一次裁决而就此消弭。33 年后，关于对公司是否应该设立内部监管系统及董事的责任等问题的审理标准发生了截然不同的转变，这在本章后面内容会有叙述。

1972 年，轰动整个美国的“水门事件”爆发，这虽然是一件政治丑闻，却给美国甚至整个世界关于监督模式、监督范围以及权力运行系统等方面带来深远的影响。

在“水门事件”的听证会上，公众了解到有些企业为获得业务而向外国政府官员行贿。事件发生后，社会要求加强对政府官员和企业行为的监督。传媒界借机掀起揭开黑幕运动，各种官方调查也随之展开。美国证券交易委员会

(United States Securities and Exchange Commission, SEC)在一份报告中披露,400多家公司在海外存在非法的或有问题的交易。这些公司承认,自己曾经向外国政府官员、政客和政治团体支付了高达30亿美元的巨款。在这种背景下,美国国会于1977年以绝对优势通过合规管理发展历史上一部重要的法律——《反海外腐败法》(Foreign Corrupt Practices Act)[1],该法案的核心目标是遏止对外国官员行贿及公司腐败问题,重建公众对于美国商业系统的信心。法案除了对贿赂外国官员以换取业务的个人实施刑事处罚外,还要求上市公司设计一套账簿和记录系统,记录其员工对公司资产的处置。

上述事件的发生,让很多企业认识到需要对自己的销售实践、制造过程和行业的整体业务行为有更多的了解,企业的合规责任有必要从对公共利益的关注转移到企业自身。同时,以阿米特·埃奇奥尼等经济社会学家为代表提出的"合规理论"已经开始研究社会结构中组织的合规性,带给企业一定启发。与初期形态相比,此时合规环境已经发生了相当大的变化。人们开始意识到在组织内部建立合规管理的必要性。

在此阶段,管理主体由初期阶段的政府监管逐渐转为政府的外部监管和企业内部自主管理相结合;在管理对象上,在政府对个人或企业商业行为监管的基础上,开始更多关注企业自身治理,探讨董事会的职能职责;在管理内容上,在以社会公共利益为中心和对公共安全的倡议和关注的基础上,开始关注导致违背社会公共利益的背后原因,即企业管理的合规性问题。在此阶段,组织的合规义务也逐渐发生转移,由于初期阶段以政府公共执法为主,初期阶段个人及企业的商业行为主要是履行外部合规要求,而在此阶段,由于要求公司内部设立一定程序以保障公司遵守法律,以合规要求为主的合规义务也逐渐增加了组织的内部

[1] 期间经1988年、1994年和1998年三次修改。截至2020年3月,美国《反海外腐败法》通过的40项重大的反海外腐败法案,总计已被处以超过171亿美元的罚款。

合规承诺。另外，由于此阶段很多企业认识到需要对自己的销售实践、制造过程和行业的整体业务行为有更系统的了解，也进一步丰富了合规管理理论，合规管理不仅是政府的外部监管、企业的内部治理，还是一个系统性工程，奠定了合规管理体系诞生的基础。

（三）企业合规管理

20 世纪 80 年代，经济增长的下滑、惊人的通货膨胀率、迅速增长的税赋等引发了社会民众的强烈不满和集体关注，社会大众开始对一些问题进行聚焦和讨论，这些问题主要集中在环保、税收、政府开支、政府管制等方面。

1986 年，美国国会和公众愤怒地发现，美国国防部为五角大楼的“零部件”支付了金额荒谬的付款，包括一台价值 7622 美元的咖啡机、一把价值 435 美元的锤子和一个价值 600 美元的马桶座圈，这些以极高的价格购买的零部件总价高达 370 亿美元。重要的是，人们无法定义这是一个违规问题，没有人因此被判有罪。[1] 然而，无论是卖方的哄抬价格，还是国防部不负责任的荒谬支付，都被公众广泛认为是不道德的。这场采购丑闻促使了美国总统的国防管理蓝带委员会[2]成立。蓝带委员会重申并扩大了 1977 年《反海外腐败法》的规定，呼吁进行内部控制，以防止非法和不道德的行为。他们还认为，国防承包商应制定并实施道德行为准则，通过加强自我管理自愿改善其采购流程。作为回应，在国防管理蓝带委员会成立后的几个月，通用电气的杰克·韦尔奇与国防部其他 17 家承包商的高级管理人员共同自愿创建了“国防工业关于商业道德和行为的倡议”，

---

〔1〕 由于这一丑闻，国会史无前例地对国防部的预算进行了一年的冻结。

〔2〕 也被称为帕卡德委员会（Packard Commission），以其曾任主席戴维·帕卡德（David Packard）名字命名。

组织并起草了5项核心准则(以下简称DII准则)[1]。到1986年7月,32家主要国防承包商已承诺采用DII准则。

1988年,美国司法部非正式规定,当检察官决定是否在刑事调查中对国防承包商提起诉讼时,应考虑他们是否制定且实施道德合规政策。

受经济大萧条影响,投资者对美国证券市场的信心当时正处于历史低点。到1989年,超过一半的储蓄和贷款已经失败,内幕交易行为让一部分人一夜暴富,也让更多的人流落街头。自1934年发布《证券交易法》以来,美国证券交易委员会处理内幕交易违法行为时使用的救济措施一直仅限于向受监管个人或机构发出责令其遵守禁止性规定的强制令和行政命令。随着一系列内幕交易丑闻在社会上造成的恶劣影响,国会认为传统的强制令和行政命令已无法对企业及操纵内幕交易的个人起到威慑作用。因此,国会通过《内幕交易制裁法》(Insider Trading Sanctions Act)并由里根总统于1984年8月签署通过。1988年9月,里根总统再次签署通过了《内幕交易与证券欺诈执法法案》(Insider Trading and Securities Fraud Enforcement Act),强化了对内部交易行为的制裁力度,并要求公司制定旨在防止和发现内幕交易的书面合规政策和流程。这两个法案通过后,由SEC官方网站资料可知,在1990年和1991年两个会计年度里,SEC分别处理了38起和36起内幕交易案件。

在此影响下,美国联邦量刑委员会于1991年向国会提交了《联邦量刑指南》(Federal Sentencing Guidelines)修正案,要求公司具备"合理设计、实施和执

---

[1] 5项核心准则是:(1)在与美国政府的所有业务往来中,我们都应诚实守信,保护纳税人的资源,为美国军人提供高质量的产品和服务;(2)我们应推广商业行为的书面准则所表达的最高道德价值观,通过沟通、培训和其他方式培育道德文化、遵守和尊重所有相关的法律法规;(3)我们应当建立和维持有效的商业道德与合规计划,以反映我们对公司治理的承诺,鼓励员工报告可疑的不当行为,禁止对报告人打击报复,并确保有流程能够对违法违规行为进行强制和自愿披露;(4)我们将分享商业道德和合规方面的最佳实践,并参与年度DII最佳实践论坛;(5)我们将通过公共论坛,包括DII官方网站(www.dii.org)定期分享和报告我们的活动、对公众负责。我们的报告会描述DII成员为建立和维持强大的商业道德和合规文化所做的努力。

行的良好的合规计划，以使该项目在预防和侦查犯罪行为方面普遍有效"。同时规定，这样的合规计划应具备以下7类要素：(1)建立预防和侦查犯罪行为的标准和流程。(2)主管部门应当了解合规管理的内容和运作，并对合规管理的实施和有效性进行合理监督；指派责任人全面负责合规管理；指派合规经理负责合规管理的运营且该业务负责人应定期向上级报告合规管理运营的有效性；企业应向这些个人提供足够的资源、适当的权力，并使他们能够接触相关部门或最高管理层。(3)管理层与有效道德和合规计划一致。(4)组织全员教育与培训。(5)审查、监控与定期评价。(6)具备激励与纪律处分机制。(7)具备违规应对、预防及合规管理的改进机制。

《联邦量刑指南》修正案体现了政府不仅为企业的合规制度提供法律效力保障，还概述了合规计划应包含的基本内容，构建了未来评价有效的合规管理体系的一般标准。为了满足设计、管理和监督合规管理体系的需要，首席合规官的职位就此诞生了。

同年，来自德雷福德集团(Dreiford Group)的克雷格·德雷林格(Craig Dreilinger)和迈克(Mike)一起为一些公司提供咨询服务。两人都很快意识到，如果能号召当地不同的大公司的道德合规官就各自在公司里所做的工作一起进行交流，必将信息互补、彼此受益。他们集合了15名道德合规官在当地的雷神(Raytheon)公司举行了第一次会议交流。这是一次非常成功的会议，合规官们非常感谢彼此的沟通和交流，克雷格和迈克决定继续这些讨论，就此，道德与合规官协会(Ethics and Compliance Officer Association，ECOA)[1]成立了。也是在这次会议上，雷神公司名誉董事长汤姆·菲利普斯(Tom Phillips)将这一时刻称为"美国工业界一种新职业"的开端，他坚信，道德合规官的职位对公司的道德健康及合规管理建设至关重要。

[1] 原名"道德官协会"(the Ethics Officer Association，EOA)。

而扭转合规管理的被动局面,在企业内部开始设置合规管理制度的,是再次发生在特拉华州的一件案件纠纷,该纠纷被称为合规界的开创性案例和合规发展的重要节点,使得合规管理以法律判决的形式开始走进企业内部制度建设。

案件被告为凯马克公司(Caremark International, Inc.),是美国领先的医疗保健产品和服务提供商。该公司的主要产品是输液治疗,患者通过导管接受药物或液体治疗,通过全国93家输液治疗机构治疗癌症、血友病和其他血液疾病,同时有器械设施提供物理治疗和康复。凯马克公司也是美国最大的私营艾滋病护理服务提供商,运营着一个由12个门诊护理中心组成的网络,为患者提供治疗。其分支护理中心还为妇女提供各种专门的保健服务,尤其是那些高危妊娠妇女。它也是第一家在患者家中为他们提供治疗的公司。基于这些主营业务特点,凯马克公司非常依赖客户推荐,并对使用其产品的客户医生进行补偿。当医生将病人转到凯马克公司进行家庭护理时,凯马克公司会向医生支付12美元到150美元不等的费用,用于监察病人的家庭治疗。如果病人有医疗保险,那么医疗保险会补偿凯马克公司的这笔费用。凯马克公司自成立以来,与医院、医生和医疗服务提供商签订了各种咨询和服务协议,并与药品制造商签订了分销协议。1989年,凯马克公司曾发布了一份内部的《合同关系指南》(Guide to Contract Relationships),以指导其员工与医生和医院如何签订合同。纠纷发生之前,凯马克公司的大部分收入来自第三方支付、保险公司、医疗保险和医疗补助计划。这种盈利模式引起了政府的注意,1991年,美国卫生与公众服务部(Department of Health and Human Services)开始对凯马克公司的医疗保险费用进行调查。调查关注的是,该笔费用是一种合法的服务费用支出,还是对医生将病人转介给凯马克公司的一种鼓励或“回扣”,是否违反了联邦关于对医生《反转诊付款法》(Anti-Referral Payments Law)禁止卫生保健提供者支付任何形式的报酬,以诱导医疗保险或医疗补助病人转诊的规定。1992年,美国司法部及另外几个联邦和州机构也都分别对此展开了调查。

在政府调查期间，凯马克公司制订了公司内部审计计划，以确保遵守国际及美国商业和道德准则。此外，还聘请外部审计机构对其公司内控系统进行审计。1993 年，尽管审计报告称其内部控制没有重大缺陷，凯马克公司依然制定了一项新的内部审计章程，要求对公司政策进行全面审查，并编写关于这些政策的员工行为手册。

1994 年，明尼苏达州、俄亥俄州等州联邦大陪审团先后对凯马克公司提出诉讼，指出凯马克公司多笔付款都跟其《咨询协议》服务内容不相吻合，且这类付款自 1986 年开始一直持续到 1993 年。随后，凯马克公司的 5 名股东也提出诉讼，称其公司董事们没有建立足够的内部控制系统，也没有尽到充分的注意义务及时阻止公司员工违法行为的发生，导致公司面临巨额罚款。上述诉讼在特拉华州法院（Delaware Chancery Court）合并审理。

1995 年，凯马克公司开始与联邦和各州政府进行和解谈判并于 1996 年就提议的公平性举行了听证会。根据特拉华州法律的要求，双方向审理此案的大法官威廉·T. 艾伦（William T. Allen）提交议案，以“公平合理”的方式批准和解协议。凯马克公司股东的“底线要求”是，“董事会必须做出善意的努力，即试着建立合理的董事会层面的监督和报告制度”。大法官威廉·T. 艾伦在审查凯马克公司股东与董事之间拟议达成的和解协议时指出，与特拉华州最高法院（Delaware Supreme Court）1963 年“格雷厄姆诉艾莉森—查尔默斯制造公司”一案相比，社会经济法律环境已经发生了很大变化。联邦政府利用刑法和程序来规范公司合规行为，这让公司董事处于不同于以往的地位。董事们谨慎起见最好能确保他们自己的公司至少建立一套合规制度以规范员工行为、确保公司守法合规，否则，他们的公司及个人都将面临严重的风险。艾伦法官裁定：董事们有义务采纳并监督公司合规计划，即使在没有接到任何实际违规通知的情况下也是如此。最终，凯马克公司支付罚金 2.5 亿美元，制定合规制度进一步审查公司政策及流程，以确保重要信息从管理层及时、充分地上报董事会，包括公司面临的主要风险的监测和监督状况。1996 年,和解协议得到了批准。

凯马克公司案例在合规管理上代表了一个实质性的进步,见证了公司董事职能、责任的演进。它将公司如何遵守外部法律的问题转变为公司的内部治理问题。对企业合规管理的认识,在之后的几年里也深入人心。

尽管有上述努力和变化,但很多企业对量刑委员会关于良好合规计划的定义的理解仍然不尽一致、含混不清。企业内每个链条都可能存在的不法行为也不会仅仅因为“书面上良好的合规计划”和一份法律判决而自然消失,如果公司仅仅为了使其公司政策符合法律监管、商业规范而制定合规制度,并不能保障其实际做法上真正合规;公司合规管理负责人(包括合规官、律师、审计师和其他监督公司的专业人员)是否在企业文化、价值方面取得了与合规成本相称的进步,也还是一个悬而未决的问题。企业还停留在表面化应对阶段,对违规后果的认识也不足,没有谁真正愿意拿出一大笔合规管理预算,在风险没有发生前去一一满足《联邦量刑指南》7 要素要求。

20 世纪 90 年代末至 21 世纪初,施乐(Xerox)、安然(Enron)、世通(WorldCom)、阿德菲亚(Adelphia)、美林(Merrill Lynch)、摩根斯坦利(Morgan Stanley)、高盛(Goldman Sachs)等公司重大违规事件的发生更加表明道德与合规规范在企业文化的渗透还不够充分。这些案件从政治风暴到财务造假,上市公司联合欺诈,极大地撼动了美国资本市场监管体系,也成为美国加强对上市公司监管的分水岭,导致美国国会于 2002 年加速通过了《萨班斯—奥克斯利法案》(Sarbanes-Oxley Act,又称《上市公司会计改革与投资者保护法案》)。该法案对企业的内部控制提出了非常严格的要求,以应对企业合规管理的漏洞。对公司治理、会计职业监管、证券市场监管等多个方面作出了许多新的规定,被视为自 1930 年以来美国证券法最重要的修改。2004 年,《联邦量刑指南》再次修订,对一个有效的合规管理体系的定义比 1991 年的 7 个步骤更加详细和严格。这些修订包括:风险评估、明确董事会和高级管理层对合规管理体系的期望、培育合规文化、强化合规机制、培训与沟通。

在上述背景下，历经跌宕的金融领域率先构建合规管理体系，2005 年 4 月，巴塞尔银行监管委员会发布了《合规与银行内部合规部门》高级文件。文件中提出“合规”和“合规风险”的定义，成为指导各国银行乃至金融机构合规风险管理的代表性文件，标志着银行业合规风险管理现代管理框架的基本形成。至此，在企业内部建立合规管理体系，成为全球不予争辩的趋势和事实。

在此期间，国际组织也在通过不同的方式进一步推动企业合规管理。

1993 年，透明国际（Transparency International）在柏林成立。透明国际每年提供全球一百多个国家的清廉指数和行贿指数，并为几十个成员国（中国目前还不是成员国）提供反腐败技术支持，成为国际上推动反对商业腐败的重要力量。

1994 年，经济合作与发展组织（Organisation for Economic Co-operation and Development，OECD）通过并采用了《国际商务交易活动中反行贿的建议案》（Recommendation of the Council on Combating Bribery in International Business Transactions），指出贿赂在国际商务交易活动中已经是普遍现象，虽然 OECD 成员国都有各自国内的反贿赂法案，但鲜有具体的可以打击行贿外国公职人员的法律规定。随后，OECD 于 1996 年通过《关于行贿外国公职人员贿资课税减扣适用性的建议》（Recommendation of the Council on the Tax Deductibility of Bribes to Foreign Public Officials），禁止公司把贿赂外国公职人员的费用作为正当支出进行减税，明确表示商业贿赂不属于正常的商业开销，将作为犯罪行为处以严罚。1997 年，OECD 对《国际商务交易活动中反行贿的建议案》进行了修订（Revised Recommendation of the Council on Combating Bribery in International Business Transactions），在会计标准、外部审计、内部控制、公共采购和税收减免等环节加入了相关规定并提出了指导意见。

2000 年，联合国通过了《联合国打击跨国有组织犯罪公约》，是世界上第一项针对跨国有组织犯罪的全球性公约。将洗钱、腐败和妨碍司法等行为定为刑事犯罪。

2001 年，OECD 修订《OECD 跨国公司行为准则》，规定了 10 项指导原则，其中第 6 项以“打击贿赂”为题，专章规定了跨国公司在打击贿赂方面的行为准则。指出“企业不应直接或间接地提出、许诺、给予或索要贿赂或其它不正当利益，以获得或保留商业或其它非正当优势，也不应要求或期望企业提供贿赂或其它不正当利益”。

2003 年，联合国通过了《联合国反腐败公约》(United Nations Convention against Corruption)，是联合国历史上通过的第一个用于指导国际反腐败斗争的法律文件。公约提出对预防腐败、界定腐败犯罪、反腐败国际合作、非法资产追缴等问题进行规范。

基于历史影响，医药行业也一直走在合规管理的前沿，并促使更多的专业人士致力于合规管理职业。1996 年，卫生保健合规协会(Health Care Compliance Association，HCCA)成立，是一家以非营利性吸收会员为基础的卫生保健合规专业人员协会。致力于帮助在医疗机构工作、与医疗机构合作或提供支持的人在行业内获得持久的成功和诚信。2004 年，企业合规与道德协会(Society of Corporate Compliance and Ethics，SCCE)成立并特设合规认证委员会(the Compliance Certification Board，CCB)，通过创建认证程序为道德合规领域增加了一个新的专业地位维度。

从初期阶段的合规管理到当前企业合规管理体系的建立，导致最初对公共利益的损害的直接原因是个人或企业商业行为中的逐利行为，政府涉足对商业行为的监管后，由于公司的一般特质是投资者所有权与经营权二权分离，这种经济组织形态是两种权力的纠葛，公司股东和董事之间既有共同的经济利益又有利益均衡的诉求，必然要求公司从治理、职能管理及业务行为层面规制利益的流动与分配。这种个人及企业商业行为中的逐利及不可克服的商业组织形态，反映在政府对企业的监管中首先体现在对财务及金融的监管。这也是业界大多认为现代概念下的企业合规管理是从金融行业开始的原因。此时,企业是其内部合规管理体系的主体,政府监管成为企业遵守的外部合规要求之一;在管理对象上,不再局限于对法律条文或制度文件的遵守,而是更加注重商业活动中人的行为;在管理内容上,由维护公共利益、遵守法律制度,转化为搭建企业组织架构体系、制度构成体系、强化运营流程管理及更加灵活多变的合规管理工具的应用。由于合规义务的转换,企业及个人的商业行为不仅要符合外部合规要求,还要同时重视实现自己的合规承诺,由组织或个人分别承担相应合规责任。

(四)合规管理的有效性

从合规管理的初级形态到确立现代企业合规管理制度,贯穿始终的是围绕商业形态、社会结构变化而产生的合规管理有效性问题。本质上,一个真正有效的合规管理体系必须将合规文化理念嵌入组织中,而不是表面的遵从。合规管理的发展历程显示,政府集中监管的初期阶段,为避免刑事和准刑事调查和起诉,公司尽力遵循和模仿法律要求的合规程序,利用立法、实施法律、执法和裁决的原则来推进其合规目标,这种合规目标的结果也有目共睹——它未能有效地减轻企业的不当行为。政府外部监管及企业内部合规制度的并行,使得立法机构可以对不合规行为积极跟进,但这种立竿见影式的合规监管只是实现了法律监管层面的目标,却未能结合企业的自身文化,仍然爆发了政企丑闻并导致市场失灵。总而言之,合规管理功能的设计目的应超越历史上狭隘法律义务的行为规范,通过改善企业文化来完善公司治理,反过来,文化上合规的治理将促进更多的行为合规、降低不合规事件的产生。合规管理的有效运行,重点在于合规文化的培育。

1999 年,为了进一步规范对企业的有效监管,美国司法部发布了第一部公司刑事诉讼“最佳实践”的内部指南——《司法部关于起诉和量刑的政策指南》

(Department Policy on Charging and Sentencing,又称《霍尔德备忘录》)。该指南最初是为基层检察官和他们的地方监管人员准备的,要求检察官权衡其他因素推迟对公司的起诉,从而使公司能够避免潜在的毁灭性的刑事处罚。如权衡"公司合规计划的存在和充分性":公司已经采取了适当的措施、在特定的不当行为发生之前通过制订合规计划来防止该不当行为的发生,且现在正采取措施,自愿披露、配合政府的调查与合作,加强其合规管理的薄弱环节,纠正其不当行为。这种通过保留检察官自由裁量权以决定一个合规计划是否设计良好和有效的方式虽然并没有明确合规管理有效性的要素,但为后来的政策奠定了基础,这些政策允许在追究公司责任时有更大的回旋余地。

2003年,时任司法部副部长的拉里·汤普森(Larry Thompson)发布了一份题为《联邦起诉商业组织原则》(Principles of Federal Prosecution of Business Organizations)的备忘录(Thompson Memorandum,又称《汤普森备忘录》),与之前的《霍尔德备忘录》不同,这份备忘录明确要求所有检察官考虑对那些因员工违法行为而成为调查对象的公司,提供公司相关资料,严格追究其实体范围内的刑事责任。

2006年,时任司法部副部长的保罗·麦克纳迪(Paul McNulty)在"毕马威"一案中修订了汤普森起草的《联邦起诉商业组织原则》(McNulty Memorandum,又称《麦克纳迪备忘录》),修订后保留了《霍尔德备忘录》主张的公司的合规义务,并宣布《麦克纳迪备忘录》原则将取代汤普森起草的原《联邦起诉商业组织原则》。

2008年,时任司法部副部长的马克·菲利普(Mark Filip)对麦克纳迪《联邦起诉商业组织原则》进行了再次更新,要求检察官根据政府调查过程中公司提供的相关事实(真正的事实)而不仅仅是表象资料来判断公司的合作度。

根据美国司法部官方资料,联邦检察官[1]对"暂缓起诉协议"(Deferred Prosecution Agreement, DPA)和"不起诉协议"(Non-prosecution Agreement, NPA)的使用急剧增加,从1999年至2001年的11起,到2002年至2005年的23起,再到2006年至2008年的66起。

2008年,西门子因行贿腐败向美国司法部和证券交易委员会支付了8亿美元罚款,向德国有关部门支付了8.14亿美元罚款(含2007年已上缴的2.01亿欧元罚款),被美国证券交易委员会视为历史上最严重的企业腐败案,也是自美国《反海外腐败法》实行以来最大的一笔罚款。面对公司的腐败案,西门子快速回应,包括撤换高层领导、展开全球调查、全面加强了一百多道内部控制程序,每一道程序层层把关,在遍布全球一百多个国家的西门子企业中落到实处。美国司法部2008年12月提交的文件称,如果西门子不是采取了"非常措施"同有关部门合作,并加强了合规程序,将会对西门子处以更高额的罚款。

2010年,《多德—弗兰克法案》(全称《多德—弗兰克华尔街改革和消费者保护法》,Dodd-Frank Wall Street Reform and Consumer Protection Act)生效。该法案旨在改善金融体系的问责制和透明度,加强监管的有效性。法案鼓励员工向监管机构举报内部违反商业道德的行为,一旦监管机构调查属实产生罚金,提供线索的举报人能够获得奖金提成。这一特别的激励机制对跨国公司的合规管理提出新挑战。它增加了员工向外部监管机构举报的可能性,从而影响内部举报和自查合规管理体系的有效性。

2010年,英国出台《反贿赂法案》(UK Bribery Act),提出对于没有足够的程序预防贿赂的商业机构进行处罚,从程序上保障合规管理的有效性。法案规定了商业组织防止贿赂失职罪,不仅使对贿赂行为的认定和打击超越了国家地域

[1] 这种由检察官自由裁量权进行的监管限于州级检察官,例如纽约州总检察长办公室。其他《暂缓起诉协议》中的外部监察员约有一半是特别指定的。

的限制，而且将打击范围从公共部门扩展到私营部门，将管辖对象从行贿公司扩展到受贿的外国官员。要求公司不仅自身要合规经营，还要加强对其供应商、合作伙伴、代理商、商业顾问等合作伙伴的合规管理。随后的2011年3月，英国又颁布了《2010反贿赂法指南》(The Bribery Act 2010 Guidance)，对《反贿赂法案》中“充分程序”的适用作出了进一步的解释与细化。同时，该指南提出建立合规管理体系的6个原则，分别是比例程序原则、高层参与原则、风险评估原则、尽职调查原则、交流与沟通原则和监控与评审原则，对企业应当如何在《反贿赂法案》体系下建立有效的合规管理体系提供了实践层面的指引。

2011年和2014年，美国《联邦量刑指南》进一步修订，对合规官的独立性做出更多阐述。

在越来越多的企业都在关注合规风险、如何建立一个有效的合规管理体系趋势的影响下，一个致力于为企业建立和维护高质量的合规管理体系的道德与合规倡议组织于2014年成立了。该组织有3个非营利机构组成：伦理研究中心、道德与合规协会和道德与合规认证协会。同年，为了给没有建立合规管理体系或已经建立但需要对其体系进行维护和改进的企业进行综合指导，国际标准化组织发布了《企业合规管理　指南》(ISO 19600：2014)。

对合规管理有效性的呼吁也反映在法院判例中。2015年年初，美国蓝铃乳品公司(Blue Bell Creameries USA, Inc.)爆发李斯特菌疫情致3人死亡，并导致该公司召回所有产品，关闭所有工厂，并解雇了1/3的员工。一位股东对两名关键高管和公司董事提起诉讼。诉称公司高管和董事在知情的情况下忽视了污染风险，未能监督公司食品制造的安全，违反了他们的谨慎和忠诚义务。特拉华州衡平法院批准了原告诉求，认为原告真正试图挑战的不是公司存在的监测和报告控制系统，而是在特定情况下这套监测和报告系统的有效性。

2016年，经过相当多的辩论，法国通过《萨宾第二法案》(Sapin II Law)，该法案最关注的领域是企业合规管理体系的设计和实施，以有效地监控、发现和纠正商业活动中的不合规行为。提出大型企业均应建立和实施反贿赂合规计划。如果没有建立相应的合规计划，即使企业并未实施腐败行为，法国反腐败局（Agence Francaise Anti-Corruption，AFA）也可据此对企业和高管个人处以行政罚款。对于构成犯罪的企业，法院将判令企业在规定期限内建立合规管理体系，未能按照要求建立者，可对企业和个人判处罚金，对个人可判2年以下监禁刑，以此敦促企业对不合规行为进行预防。

2017年，美国司法部发布第1版《企业合规管理体系评估指南》（"*Evaluation of Corporate Compliance Programs*" *the* "*Guidance*"），该指南着重于3个主要领域：公司合规文化、合规管理体系的结构和资源，以及公司合规政策和程序的有效性。2019年及2020年，美国司法部先后对该指南又进行了更新。2019年指南定义了建设公司合规管理体系应经过"能够在预防和发现不当行为中发挥最大效力"的充分设计。2020年版指南对2019年版指南进一步作了澄清和补充，更强调对企业合规管理的持续性、有效性和实时性的关注，更重视该合规管理是否能在企业日常运营中真正发挥其作用。

合规管理有效性的提出，以及对合规管理体系完整性的关注，体现了现代企业合规管理的实践要求。企业合规管理是动态的，企业合规管理体系的组织架构及制度构成是静态的，现代企业合规管理体系的有效性、完整性是在静态和动态的融合推动中发展的。在越来越多的中国企业走出去，国有重点企业对标世界一流企业，提升合规经营能力、落实"国有企业改革三年行动方案"，切实增强国有经济竞争力、创新力、控制力、影响力、抗风险能力的背景要求下，认识现代企业合规管理的来源及发展过程，才能更好地审视当前商业形态及社会结构下中国企业面对的合规要求及做出的合规承诺，进而有效地识别合规风险、更加理性地理解合规管理主体职责、合规管理内容的复杂及合规管理机制、工具的运用，通过有效的合规管理实践支持企业合规管理目标的实现、净化商业环境、维护社会商业秩序的良性运行。

三、合规管理体系的构建

体系(system),是一个科学用语,是指若干事物或某些意识相互关联而构成的整体,以及形成这个整体的过程。企业合规管理体系(Corporate Compliance Management System),即企业内部、外部、内外部之间互相形成的强大的组织力,以及形成这个组织力的过程。需要注意的是,“规”是随多种环境变化的,“合规”是动态的,合规管理体系是在动态变化中发展的。这种不断变化的格局是公司合规官面临的最重要挑战之一。

(一)合规管理体系的特性

合规管理已经从松散的要素管理上升为协同性更高的体系管理,2014 年正式成为一项通行的国际标准,集合了管理的特性、标准的特性又同时具有体系所持有的特性。综合来看,合规管理体系的特性可以概括为:内在协同性、外在关联性、要素独立性、结构整体性和内外协调性。

1. 内在协同性

合规管理体系各要素、各职能部门之间,相互联系而又相互作用,相互制约又相互依存,体系单元之间任何一个发生质的变化,其他有关单元都要作相应地调整和改变。《合规管理体系　指南》(ISO 19600:2014)引言也表明,该体系“在保持合规管理独立性的同时,应将其与组织的财务、风险、质量、环境、健康和安全管理流程以及运营要求和程序结合起来”。实践中,随着企业及合规管理体系的丰富和发展,合规要素、合规部门与关联要素、关联部门之间的协同性也会加强。因此,合规管理体系的搭建或优化,要同时关注合规部门与既有职能部门之间的协调，使合规管理要素真正地嵌入融合到既有管理要素之中，以使各职能部门、管理要素、运营流程，相互协调协作，形成合力拉动效应，共同推动企业合规管理发展。

2. 外在关联性

合规管理体系不是一个孤立的体系。2014 年，国际标准化组织将合规管理体系作为一项国际标准进行发布，合规管理体系归属于国际标准化组织的"管理体系"组群中。国际标准化组织给"管理体系"的定义是："用于确立组织的政策、目标以及实现这些目标的过程的一组相互联系或相互作用的要素。"在涉及质量、环境、安全等 50 多项管理体系标准组群中，每个体系与合规管理体系都是有区别的不同单元。无论在标准理论或在实践中，其中任何一个孤立的体系都很难独自发挥效应。这些关联体系的协作与配合可以让彼此间属性互相增强，发挥的功能和有效性增加。因此，在实践中，除了对合规管理体系这一特定标准体系进行关注外，我们同时还应注意与质量标准体系、反贿赂标准体系等关联体系的结合，以及其他与组织环境有关的关联因素的变化。

3. 要素独立性

由合规要素的分析可知，评估合规管理体系有效性时，每个合规要素都可以独立评审。各要素之间既协作又是可以分离的。合规管理体系实质上是合规管理要素在一定机制下的逻辑组合，根据企业组织环境的变化、合规管理对象的变化、管理的维度不同，要求对特定合规管理要素、专项领域或重点管控措施进行强化和分解，以利于对整个体系的维护、修订、修改或废止等。因此，在实践中，除了对体系的整体性进行关注，还应该注意加强对企业特定要素、重点领域的关注及专项管控措施的建设。

4. 结构整体性

合规管理体系作为国际标准之一，是企业发展、管理和与社会互动的综合反映。合规管理体系单元之间是可分离的，但这些特定的要素单元也都是为使合规管理体系具备一定的功能和特征而进行的组合，都是为了一个共同的功能形成的，各要素具有独立性但又不是功能的简单叠加。合规管理效应是在合规要素集合之间的相互作用中得到的。根据合规管理要素的属性与分类，任一属性要素的缺失都会影响合规管理体系的有效性。所以，在实践中关注合规要素独立性、加强专项领域制度建设的同时，还应根据体系结构要求，注意体系的完整性。

5. 内外协调性

企业合规管理体系基于企业生存的内部环境和外部环境而搭建，无论是企业内部环境还是外部环境的变化，都会影响合规管理体系的组成和发展。外部环境的发展具有很大的不确定性，这就需要合规管理体系根据企业外部环境的变化积极调整其内部环境，与外界环境协调，以保持体系的持续更新和切实有效。实践中，某一企业的合规管理体系不能简单地移植到另一企业，国际上通用的合规管理标准也不能原样照搬到任一体制环境。这就要求我们既要关注合规管理的国际动态、立法要求，还要关注合规管理体系实施的本土环境，及时协调，以适应其周围的经济、政治、法律等环境变化。

（二）合规管理的构成要素

合规管理的构成要素，是合规管理体系产生、变化、发展的基本动因，是合规管理体系的基本要件。建立合规管理体系需要我们分析其基本要素构成，以及这些要素发挥职能作用的关系与方式。合规管理发展以来，理论及实践上，这些要素有共同点，也各有偏重。国际上，多家专业机构、国际组织也发布或实施了不同的合规管理要素。

1. 合规管理要素的属性与类别

从要素在体系中发挥的功能来看，合规的共同核心包括 4 个功能要素：结构性联系要素、信息流动类要素、监控和监督类要素、风险评级类要素。

从合规管理体系的硬件构成来看，合规的共同核心包括3个硬件要素：人员类要素、制度类要素和工具类要素。

从合规管理的客体来看，合规的共同核心包括3个客体要素：行为要素、结构要素、流程要素。

无论从哪个角度对合规要素进行分类，它们都承载着防范合规风险、完善管理体系类、提高企业可持续发展能力、建设合规文化的目的及意义。

2. 国际组织的合规管理要素

如前文所述，在合规管理发展期间，许多国际组织也积极推动企业合规管理，并为企业提供了合规管理实践可参照的规范和样本。我们从有代表性的范本中可以总结出合规管理要素共有的特性。

世界银行集团《廉洁合规指南》。世界银行集团发布的《廉洁合规指南》，阐述了有效的合规管理的11个要素，被许多机构和实体认为是良好治理和反欺诈与腐败的良好实践的标准。包括：(1)禁止不当行为；(2)管理层、员工和合规人员的职责；(3)合规计划启动、风险评估及检查；(4)合规制度；(5)针对业务伙伴的合规制度；(6)内部控制；(7)培训与交流；(8)激励机制；(9)举报制度；(10)不当行为的补救措施；(11)联合行动。

亚太经合组织《有效和自愿的公司合规计划基本要素》。亚太经合组织建议企业在制订或补充自有合规计划时应当参考自愿和有效的如下合规之基本要素：(1)风险评估；(2)管理层全面支持和参与；(3)书面的公司行为准则；(4)合规管理的组织架构；(5)培训、研讨以及持续指导；(6)有记录的基于风险的尽职调查；(7)审计和内控；(8)合规管理机制与报告；(9)激励措施；(10)惩处措施；(11)定期检查和测试。

经合组织《内控、道德和合规良好行为指南》。面向企业设立和实施的以确保企业内部控制、道德规范和合规措施的有效性，共有以下合规要素或措施应与公司的整体合规框架相关联：(1)高级管理层的支持与承诺；(2)制定清晰明确的合规制度;(3)公司各级人员都有遵守合规制度的职责;(4)合规职能部门应具有充分的授权、资源配备和独立性;(5)重点领域的合规管控;(6)第三方合规管理;(7)财务会计管控流程;(8)定期的沟通和有记录的培训;(9)激励机制;(10)惩戒机制;(11)举报和处理;(12)定期评价合规方案或措施。

经合组织、联合国毒品和犯罪问题办公室和世界银行联合发布的《反腐败道德和遵守手册》。合规管理发展以来,很多企业对现有的大量合规反腐败原则感到困惑,尤其是对资源有限的中小型企业。为了应对这一挑战,经合组织、联合国毒品和犯罪问题办公室和世界银行于G20会议联合发布《反腐败道德和遵守手册》。包含的合规要素有:(1)高级管理层对防止贪污腐败的支持和承诺;(2)搭建合规反腐方案;(3)监督合规反腐方案的实施;(4)清晰的、易获取的制度;(5)专项领域的风险管控;(6)商业合作伙伴的合规管理;(7)内部控制与记录;(8)沟通与培训;(9)建立激励机制;(10)监测并汇报不合规行为;(11)违规问题的处理;(12)定期评估。

美国《反海外腐败法》信息指引。作为全球反海外腐败的先驱和标杆、合规界标志性的法律文件,它包含的合规管理要素有:(1)高级管理人员的反腐败承诺以及明晰的反腐败政策;(2)员工行为准则及合规政策和流程;(3)监督、独立性和资源;(4)风险评估;(5)培训和持续建议;(6)激励和惩戒措施;(7)第三方尽职调查和付款;(8)秘密举报和内部调查;(9)持续改善:定期测试和审查;(10)高级管理人员的反腐败承诺以及明晰的反腐败政策。

美国《联邦量刑指南》。美国《联邦量刑指南》提出的合规要素,被数百家公司用来设计和实施他们的合规计划,也是许多政府机构用来评估公司合规管理是否有效的标准。这些要素包括:(1)实施尽职调查;(2)传播可鼓励道德行为的企业文化;(3)制定标准和措施;(4)监管合规计划的实施与效力;(5)高级管理层应对合规计划负责;(6)具有充分资源、授权和独立性的人员管理日常合规事宜,并定期向管理层汇报;(7)禁止违法违规人员担任管理职务;(8)对各层级人员的沟通和培训;(9)监督和审计流程;(10)定期评估;(11)匿名举报及咨询系统;(12)激励机制;(13)惩戒措施;(14)犯罪行为的处理和预防;(15)定期评估风险,优化流程。

美国《海外资产控制办公室(OFAC)合规承诺框架》。美国财政部下属的海外资产控制办公室(The Office of Foreign Assets Control of the US Department of the Treasury,OFAC)认为,虽然每个基于风险的合规制裁方案会根据公司规模和复杂程度、产品和服务、客户和交易对手以及地理位置等要素的不同而有所差异,但每个合规方案都应包含至少以下 5 个必要合规要素:(1)管理层承诺;(2)风险评估;(3)内部控制;(4)测试及审计;(5)培训。

国际标准化组织《反贿赂管理体系》(ISO 37001)。该体系包括一系列代表全球反贿赂最佳实践的方法和控制措施,用来帮助组织建立、实施、保持和改进反贿赂合规计划。该体系认为将以下要素植入组织文化是反贿赂管理体系成功的关键:(1)贿赂风险评估;(2)反贿赂制度规定;(3)明确反贿赂合规职能;(4)沟通和培训;(5)尽职调查;(6)财务管控措施;(7)业务管控措施;(8)调查和处理;(9)绩效评估;(10)改进。

国际标准化组织《合规管理体系　指南》(ISO 19600:2014)。国际标准化组织针对如何在组织中建立、发展、实施、评估、维护和改进一个有效和响应及时的合规管理体系提供了指引。该指南主要包含以下要素:(1)组织环境(了解组织及其环境,了解相关方的需求和期望,确定合规管理体系的范围,合规管理体系和良好治理原则,合规义务,识别、分析和评估合规风险);(2)领导力(高层领导和承诺,合规政策,组织角色、职责和权限);(3)计划(识别合规风险,树立合规目标和计划);(4)支持(资源,能力和培训,意识,沟通,文件化信息);(5)运行(运行计划和控制,建立管控措施和程序,外包流程);(6)效果评估(监控、衡量、分析和评价,审计,管理层评审);(7)改进(不合规现象和纠正措施,持续改进)。

以国际标准化组织《合规管理体系　指南》要素为例，合规管理要素的属性与类别可参考表2.3.1。

表2.3.1　国际标准化组织《合规管理体系　指南》合规管理要素的属性与类别

视角	要素
从要素在体系中发挥的功能来看	结构性联系要素：组织环境、计划、运行
	信息流动类要素：支持、运行
	监控监督类要素：领导力、改进
	风险评级类要素：效果评估
从合规管理体系的硬件构成来看	人员类要素：领导力
	制度类要素：计划、培训政策
	工具类要素：培训工具、运行工具、监控工具、评估工具、改进工具
从合规管理客体来看	行为要素：领导力、支持、运行、改进
	结构要素：领导力结构、合规计划结构
	流程要素：培训、监控、评估、改进
要素承载的目的与意义	防范合规风险：领导力、计划
	完善合规管理体系：计划、支持、运行、改进
	提高企业可持续发展能力：计划、运行、改进
	建设合规文化：领导力、支持、运行、效果评估、改进

3. 合规要素的评审

合规管理体系是各个合规要素协同发生作用的有机系统。对合规管理体系有效性的评估实质就是对企业合规管理具备哪些要素进行审核，并检测这些合规要素是否真正发挥效用。

总结实践上通用的做法，提炼为两个方面：评审什么，如何评审。

如前所述，企业合规管理与企业环境、内部外部沟通有关，所以任何度量的要素评审也都应该基于企业的实际情况，比如风险区域、规模、资源、行业部门等。从这个意义上说，每个企业的合规管理体系评审过程、评审要素都可能是不同的。

下面择取“有明确的合规制度”这一合规要素为例,从评估其有效性的角度来看,如表2.3.2所示。

表2.3.2 合规要素之一:有明确的合规制度

评审内容	如何评审
可获得性	(1)了解管理层、员工及商业合作伙伴是否有获得合规制度的途径
	(2)检测用什么样的方式可以获得
	(3)对员工进行访谈的时候要求其出示合规制度,员工是否能顺利展示公司合规制度
	(4)了解为企业提供顾问咨询的外部人员是否有途径获得合规制度
	(5)其他
责任承担	(1)了解是否有指定或任命的合规政策沟通负责人
	(2)了解指定或任命的合规负责人是否由其本人直接履职
	(3)了解管理层是否也被要求遵循合规制度
	(4)了解是否有合规制度流程及流程负责人
	(5)其他
质量	(1)了解员工获得合规制度后是否能理解制度条款及内容
	(2)在线查看是否有不同的语言版本供员工选择
	(3)访谈了解是否有被需要但还没写进合规制度中的事项
	(4)关注是否有无用的合规条款但还未进行优化
	(5)了解为企业提供顾问咨询的外部人员获得合规制度的流程是什么
	(6)在实践中检测合规制度是否被遵守
	(7)了解合规制度更新后是否及时实践
	(8)了解是否定期审核规则的变更,确保与员工有充分的沟通,包括合规制度/流程的变更
	(9)其他

续表

评审内容	如何评审
审查与批准	(1)合规制度是否写进董事会章程
	(2)是否有合规计划的季度/年度审核和董事会批准
	(3)是否有董事会批准的书面记录/备忘录
	(4)是否有合规委员会或相关职能部门的审阅以保证合规制度的先进性
	(5)是否有制度保障合规制度进行年度审核及更新
	(6)保障每个合规条款/要素都落实到实处
	(7)其他
定期评估	(1)对合规制度与商业制度进行区分
	(2)员工是否能够清楚地表达制度条款和流程
	(3)对员工进行测试
	(4)合规制度/条款名称项下的具体内容
	(5)能及时关注高风险区域/领域的合规制度
	(6)不合规疑虑问题是否及时、有效得到回应
	(7)创建问题库并分析曾经存在的问题
	(8)与相关职能部门进行沟通,了解可能有的重叠制度
	(9)其他

（三）建立合规管理体系的步骤

如上所述,合规管理体系的构建不是合规要素的简单叠加,也不是人员、制度、技术、流程的简单组合。合规管理体系的具体应用取决于组织合规管理体系的规模和成熟度,包括组织合规制度和目标在内的组织活动的具体内容、性质和复杂性等各种因素。由于企业所在行业、市场、业务模式、企业文化及组织规模等的不同,没有一个适用于所有企业的通用模型。

根据《合规管理体系　指南》(ISO 19600:2014),一个完整的合规管理体系应该包含以下内容：高层领导的承诺、合规方针、组织的角色、职责和权限、合规风险的应对措施、合规目标和实施策划、支持合规管理的资源、确认员工有合规能力的方案及实施记录、培训、员工对合规及不合规后果的认识、沟通、文件化信息、合规管理体系运行的策划和控制、内控流程、外包过程、绩效评价、管理评审、不合规事件发生的纠正措施、持续改进等。本章把这些内容整理分类，可以分为如下6个步骤进行合规管理体系建设。

1. 识别评估合规风险

识别企业合规义务来源是筛查评估合规风险的前提，也是引起高层重视、有理有据说服高层领导参与合规管理体系建设的重要依据。合规义务内容包括合规要求和合规承诺。合规要求的主要内容是国家监管机构从维护企业运行秩序角度制定的强制性法律法规要求；合规承诺是指企业根据法律法规要求，以及为增强企业竞争力对自身生产经营过程和产品品质进行若干的承诺。根据企业主营业务性质、规模、经营所在地等梳理企业需履行的合规义务和合规要求，明确各专项合规领域，了解业务中的面临的具体合规风险点，建立相应的合规风险清单，对合规风险进行筛查和有序管理。一般的入手工作是：

(1)公司内，收集与公司经营管理有关的既有文本制度资料。包含既有的公司治理类制度、管理规范类制度、重点领域、重点岗位或重点项目的专项管理制度、程序及流程规定等。

(2)公司外，需要收集了解的文件通常包括：监管机构发布的制度、条例或指导方针；法院或行政法庭的裁决；许可、执照或其他形式的授权；具有强制执行效力的国际文件；相关国际公约及条款；与社区团体或非政府机构签订的协议。

(3)针对上述制度要求，判断公司是否采取相应行动：是否有管理层与员工的沟通记录；是否有员工接受合规培训的记录(含参与人员的签名)和培训资料；是否进行过员工满意度调查，包含问卷样卷和调查结果报告；是否有公司风险库；是否有公司诉讼情况记录；是否有公司重大风险定义文件；是否有重大风险事件发生及调查和处理记录;是否有其他不合规事件发生及调查和处理记录等。

2. 建立合规制度框架

企业合规管理制度是员工理解企业合规管理体系的基础。在风险评估的基础上,建设和及时优化合规管理制度是保证合规管理体系有效运行的必要条件。

制定企业合规制度应考虑:(1)国际、地区或当地的合规义务;(2)企业的战略、目标和价值观;(3)企业的结构和治理框架;(4)不合规事件的风险性质和等级;(5)其他内部制度、标准和准则。

根据合规制度的适用范围和约束力的不同,可将合规管理制度框架分为纲领类合规制度、规范类合规制度、指引类合规制度和流程类合规制度。

纲领类制度,又称合规纲领,如公司员工行为准则、商业行为准则等制度。它是企业每一个员工都必须遵守的合规基本准则,是公司其他合规制度的宪章性制度。纲领类制度体现了公司的核心价值观、公司文化、合规管理目标、企业行为和员工行为标准、违规后果等。

规范类制度,又称合规规范。它是公司的合规管理制度,根据企业行业特点或者经营发展需要而制定,为企业日常运营活动中的主要或专项合规风险领域提供具体指导原则和标准。比如商业伙伴的合规管理制度、进出口贸易管理制度、反洗钱制度、税务制度、利益冲突制度、礼品及邀请制度、举报管理和内部调查制度、人力资源合规制度、赞助及捐赠制度等。

指引类制度,又称合规指引。它是为员工提供评估具体合规事项的参考性制度,或者能够为员工答疑解惑的指引性文件。如合规最佳实践、合规管理常见问题与解答手册等。

流程类制度,又称合规流程。它是就包括但不限于前三类制度而制定的将合规管理要求融入具体业务的流程。通过流程进一步细化各项标准与要求,可以帮助公司各级员工更好地理解合规制度内容,有助于公司更好地落实合规管理，确保合规管理的有效性。

3. 构建合规组织框架

合规管理组织体系，即合规管理中涉及的各职能岗位之间的结构关系。比如，一个特定的职位负责人向谁报告、每个人都向一个还是多个主管汇报、一个经理管理指导多少人、在最高管理职位和最低管理级别之间有多少层等。

在建立合规管理制度的基础上，以合规责任为导向，明确各岗位包括决策层和最高管理层在合规管理方面的职能，协调各职能和资源配置，将各项合规要求落实到针对性的合规岗位，充分发挥其岗位职能作用，是合规管理体系有效运行的必然要求。

根据不同的岗位职能作用，我们可以将合规管理组织结构作如下划分：

(1)规划控制层，是公司合规管理体系的最高负责机构。从公司利益出发，对整个合规管理团队实行统一指导和综合管理，制定合规管理的目标、方针和政策，审阅报告和决议，统领全公司合规管理工作。实践中，一般体现为在董事会中设立合规委员会。

(2)组织实施层，主要由与合规管理相关的职能管理部门组成，如财务、法律、审计、人力资源部门等。负责合规分目标的制定、拟定和选择合规计划的实施方案、步骤和程序，按部门分配资源，协调下级活动，以及评价组织合规活动成果和制订纠正偏离合规目标的措施等，以保证公司合规管理职能的有效协同。

(3)执行操作层，负责合规管理的日常工作。按照规定的合规计划和程序，协调合规团队基层员工的各项工作，完成各项计划和任务。

以上三个层级的具体工作，根据资源情况，也可以聘请外部合规专家、顾问合作实现其合规管理职能。

4. 完善合规运行机制

一个良好的合规管理体系需要不断完善其合规管理机制，以规范发展方向、保障其持续有效运行。合规管理体系是合规运行机制的载体，只要体系中任一结构发生改变,比如企业的合规环境、合规制度和组织体系结构发生改变,其相应运行机制就可能有不同效果。良好的合规运行机制可以保障企业合规管理体系更加协调、有序、高效地运行,增强体系内在活力和对外应变能力。

合规运行机制与合规管理体系一样,是一个完整的有机系统。合规管理体系建立后,需要运行维护的核心机制包括培训与沟通、举报与查处、优化与改进等。

实践中,如何评估合规培训效果是机制运行中最具挑战性的一个方面。根据需要评估的信息,有不同类型和方法的评估模型。常用的评估模型如下:

(1)柯克帕特里克四级评估法(Kirkpatrick's Four Levels of Evaluation)。第一层级:期待程度,即参与者认为培训对他们的工作有利、有吸引力和相关的程度;第二层级:满足程度,即在参与培训的基础上,参与者获得预期的知识、技能、态度、信心和承诺的程度;第三层级:应用程度,即学员在重返工作岗位时,将他们在培训中所学到的知识技能应用到工作中的程度;第四层级:实际收获,即哪些工作目标、结果的实现是经过培训而获得的。

(2)考夫曼五级评估法。从学员的角度来评估一个项目,不仅评估该培训对企业产生的影响,还评估对社会可能产生的影响。要关注:培训投入及实际交付的学习体验;"微观层面",即学员是否获得了所学的知识,参与者如何在工作中应用他们所学到的知识,培训学习对整个组织的回报;"宏观层面",即对企业及社会产生的影响。

(3)布林克奥夫评估法(又称"成功案例评估法")。侧重于定性分析,关注最成功和最不成功的案例,比如那些表现特别好的学习者以及培训没有对其发挥作用的学习者,并对他们进行详细地研究。通过比较成功和失败,确认在未来的努力中应该改变什么。

(4)安德森评估模型。强调培训学习与组织的战略保持一致。它侧重于对一个组织整体培训战略的评估,而不是单个培训项目。其评估模型是三个阶段的循环,以帮助组织确定最适合他们需要的培训策略。这三个阶段是:确定当前培训与组织战略的一致性;评估因培训学习产生的收益;根据组织自身情况尝试建模,找出最相关的方法。

(5)菲利普斯 ROI 法(Phillips Return on Investment Methodology)。简言之,该模型关注于如何收集跟评估有关要素的数据、将培训的影响与其他因素的影响分开,并且要考虑因此带来的无形影响。

5. 评审体系实施效果

一个考虑持续变化的合规管理体系将帮助企业缩紧其风险敞口,更有效地应对可能出现的不合规现象。合规管理体系建立后,要对体系运行情况进行常态化监控及不同深度、不同频率的评审,及时改进以确保其体系持续的适用性、充分性和有效性。通常情况下,开展合规体系的评审应注意以下几个方面:

(1)确定评审授权人。在为一项评审做准备时,有许多因素需要考虑。然而,首先应该确定由谁授权来进行这项活动。《合规管理体系　指南》(ISO 19600:2014)指出,对合规管理体系的评审应该由最高管理者按计划组织进行。一般情况下,由董事会要求和授权或者由公司其他高级管理人员授权并提供董事会级别的支持的评审,在公司内部和外部都具有最大的影响力。除了授权人,还要考虑由谁来管理评审。一般情况下,由高级合规主管人管理整个评审活动,但在某些情况下,也可由审计部门、法律部门或其他与合规工作有关的部门负责人进行。

(2)确定评审范围与目标。合规管理体系的有效性体现在每个运行机制下的每个合规要素,运行中个别机制下某个不合规现象的产生不意味着整个体系丧失有效性。另外,在设定评审目标时,应该考虑不同的利益相关方对同一个合规管理体系的有效性程度可能理解不同,比如,对国际上监管机构重要的事情可能与对企业重要的事情不同,对企业股东、董事会、高层管理与对企业普通员工重要的事情不同等。因此在开始评审之前,应采取必要的步骤以明确本次评审有效性的界定。需考虑的利益相关方包括但不限于企业监管机构、董事会、股东、高级管理层、企业合规官、企业法律顾问、企业职能部门员工、企业业务部门员工、企业客户或供应商等。

(3)确立评审标准与办法。没有一个通用的标准可以适用于所有的组织或情况。国际上,不同的国际组织及合规专业机构发布的指导方针和要素评审框架对合规管理体系组成部分的重视程度也各不相同。企业可根据不同的合规要素,结合某一特定事件的相关事实找出与这些要素之间的相关性,帮助自己评审一个合规管理体系的健康状况、确定合规风险、差距及需要改进的地方。关于评审办法,可以采取内部独立评审、外部专家评审、内外部结合评审。另外需要考虑的是,评审结果是否在法律层面仅限一部分“需要知道的人”知道。

6. 培育合规管理文化

创建企业文化的重要性并不是一个新概念,但从没停息的公司丑闻和企业违规事件清楚地表明:一个看似完整的合规管理体系并没有解决企业行为的根本驱动因素,一个没有道德和合规的企业文化将给组织带来风险。国际组织、监管机构越来越重视确保企业建立合规文化。例如,美国《联邦量刑指南》自1991年发布企业合规框架以来,逐渐修订扩大了传统合规活动的范围,其中最引人注目的是2004年增加的一项公司义务,加强了合规文化的概念,鼓励企业建立“鼓励道德行为和遵守法律承诺”的合规文化。2003年,时任美国证券交易委员会合规检查办公室主任的萝莉·理查兹女士(Lori Richards)在一次会议上谈到,仅仅制定合规政策与流程是不够的、仅仅有良好的愿望也是不够的,合规必须成为公司文化的一部分。[1] 经合组织的《关于在国际商业交易中打击贿赂外国政府官员的公约》提到了强大的组织道德文化的重要性。2014年,《合规管理

〔1〕 时任美国证券交易委员会合规检查办公室主任的萝莉·理查兹女士在合规会议上的演讲,载美国证券交易委员会网,http://www.sec.gov/news/speech/spch042303lar.htm。

体系　指南》(ISO 19600:2014)引言也指出:致力于长远发展的组织需要维护诚信和合规文化,并考虑利益相关方的需求和期望。合规文化,远远超出了解释和遵守法律制度的技术实践,越来越多的企业,正在从宽泛的文化概念向定义、衡量和改进合规文化的概念转变。

对文化的观察主要取决于人们实际做了什么、为什么这么做,而不是他们应该去做什么。因此,培育合规文化的实际方法是从关注道德合规的哲学层面转而关注员工行为。比如,是什么让员工觉得在公司里主动报告问题是安全的呢?哪些因素会阻止员工这样做呢?将注意力集中在这些问题和障碍上,才能让合规文化更加有形,更容易衡量和管理。

一个良好的合规文化至少有以下4个特征:首先,它与公司核心价值观保持一致。在这个层面,合规文化回答了公司和员工"为什么"那么做的问题。其次,它与公司战略目标保持一致。这个层面,合规文化回答了公司和员工行为目标"是什么"的问题。再次,它能根据"为什么"和"做什么"进而确定"怎么做",即具备正式和非正式的行为标准。最后,它能根据以上三个方面确定公司每个战略领域内可能出现的特定风险并为之建立控制点。这也是具备一个良好的合规文化的公司和一个仅仅遵守合规管理制度的公司在行动上的实质区别:一个具备良好的合规文化的公司,不管有没有法律约束都会基于良好的商业理由从事商业活动;一个仅仅遵守合规管理制度的公司,只是为了避免规章制度处罚而去做一些事情。

合规文化的形成不是一蹴而就的事情,它需要组织结构中的每个层级的每个成员都能从自己做起,参与到不断发展的文化中来,逐渐对组织在实践、制度、流程、奖惩和惯例等方面形成一致的看法,进而在这些一致的看法下感知、思考、和处理将来可能要面对的问题。

附录1-3-1 合规管理体系成熟度审核表

要素一:合规领导力 Element One: Compliance Leadership		√	△	↗	N/A
1-1	企业章程或者董事会决议明确规定董事会和董事对企业合规管理承担责任 It is specified in the Article of Association or decision of the Board of Directors that the Board and Directors and its members are responsible for the compliance management of the company	√			
1-2	董事和股东委派的管理人员具备履职所需的合规管理意识、知识和技能 Members of the Board of Directors and management personnel assigned by the shareholders possess adequate compliance awareness, knowledge and skills for the performance of duties	√			
1-3	管理层负责人定期向董事会报告合规管理体系运行状况,并在必要时进行特别报告 The Head of Management regularly updates the Board of Directors on the operation of the compliance management system and provide ad-hoc reports when necessary			↗	
1-4	企业章程或者董事会决议明确规定管理层成员对企业合规管理承担的责任 Duties of the management team toward compliance management are specified in the Article of Association or decision of the Board of Directors		△		

续表

1 - 5	董事长和/或管理层负责人代表企业公开申明本企业就合规管理的价值导向和合规承诺 The Chairman of the Board of Directors or the Head of Management makes publish statements about the company's values and commitments toward compliance			↗	
1 - 6	企业成员和第三方很容易知悉上述价值导向和合规承诺 Values and commitments above are easily accessible by members of the company as well as third parties			↗	
1 - 7	管理层成员和经理人员就合规管理与企业成员进行持续沟通 Members of the management team and people managers maintain continuous compliance communication with members of the company			↗	
要素二：合规职能部门 Element Two：Compliance Function		√	△	↗	N/A
2 - 1	企业有明确的合规管理牵头部门和合规管理负责人 The compliance coordinating function and the Head of Compliance Management are officially appointed	√			
2 - 2	合规管理负责人就合规管理直接向董事会或者管理层负责人报告工作 The Head of Compliance Management reports directly to the BoD or the Head of Management	√			
2 - 3	合规管理负责人承担的其他职责与合规职责不存在冲突 The Head of Compliance Management assumes no other responsibility which contradicts with his or her compliance responsibilities	√			

续表

2－4	合规管理负责人的任免和岗位职责由管理层负责人确认并纳入提交给董事会的合规管理体系运行状况报告 Appointment, dismissal and job descriptions of the Head of Compliance Management is confirmed by the Head of Management and included in updates to the BoD	√			
2－5	管理层负责人为合规管理牵头部门配备实现合规管理目标所需的预算、岗位和其他资源 The Head of Management allocates adequate budget, headcounts and other resources to the compliance coordinating function for it to achieve the compliance management goals	√			
2－6	合规管理负责人和合规管理牵头部门人员具备履职所需的知识、经验和技能 The Head of Compliance Management and other members of the compliance coordinating function possess adequate knowledge, experience and skills for the performance of duties	√			
2－7	合规管理牵头部门与其他承担合规管理相关职责的非业务部门有明确的分工和协调工作机制 Duties of the compliance coordinating function and other compliance-related supporting functions are segregated and coordinated			↗	
要素三：合规风险评估 Element Three: Compliance Risk Assessment		√	△	↗	N/A
3－1	企业在合规风险评估的基础上确定合规管理牵头部门开展工作的领域，经管理层负责人确认，并在必要时进行调整 Areas of work for the compliance coordinating function is decided on the basis of compliance risk assessment, confirmed by the Head of Management and adjusted when necessary	√			

续表

3－2	合规管理牵头部门定期组织系统性地对每个具体合规管理领域的深度合规风险评估 The compliance coordinating function regularly coordinates in-depth compliance risk assessment in each specific area of compliance management	√			
3－3	合规风险评估采用与每个具体合规管理领域适应的方法和工具 Compliance risk assessment is conducted with methodology and tools applicable to each area of compliance management	√			
3－4	合规风险评估得到业务部门和其他相关部门负责人的支持 Compliance risk assessment is supported by the business functions and other relevant functions	√			
3－5	合规风险评估的结果得到管理层负责人的确认，并纳入提交给董事会的合规管理体系运行状况报告 The result of compliance risk assessment is confirmed by the Head of Management and updated to the BoD	√			
3－6	合规管理牵头部门协助业务部门在日常基础上进行合规风险评估和监控，并在必要时进行专项合规风险评估 The compliance coordinating function assists the business functions to assess and monitor compliance risks on the daily basis and conduct ad hoc compliance risk assessment when necessary	√			

续表

要素四:合规措施 Element Four: Compliance Measures		√	△	↗	N/A
4-1	在合规风险评估的基础上,合规管理牵头部门与业务部门和其他相关部门共同确定每个具体合规管理领域的合规措施 On the basis of compliance risk assessment, the compliance coordinating function together with the business functions and other relevant functions make decisions about compliance measure to be implemented in each specific area of compliance management			↗	
4-2	合规措施应明确行动目标、行动内容、负责人、行动时限、结果确认标准、管理工具和文档记录要求 The compliance measures specify goals, contents, responsible persons, timeline, result confirmation criteria, management tools and record requirements			↗	
4-3	合规管理牵头部门在日常基础上对有关合规管理的事项提供咨询 The compliance coordinating function provides consultation about compliance related matters on the daily basis	√			
4-4	在合规措施中明确列入合规审查的事项、审查者和审查依据 The compliance measures include subject matters, reviewers and basis for Mandatory Compliance Reviews		△		
4-5	在合规措施中明确对业务伙伴进行合规尽职调查的范围和方式 The compliance measures include the scope and process of Business Partner Compliance Due Diligence Check		△		

续表

4-6	在与业务伙伴的合同中包括必要的合规条款 Contracts with business partners include necessary compliance clauses			↗	
4-7	对业务伙伴履行合规条款的情况进行审计 Adherence by the business partners to the compliance clauses is audited		△		
4-8	在合规措施中明确对合规关注名单和官方黑名单进行检索的范围、方式和数据源 The compliance measures include the scope, process and data source of checks against Compliance Watch Lists and Official Blacklists		△		
4-9	在合规措施中明确合规关键岗位 The compliance measures include definition of Critical Compliance Position		△		
4-10	在合规措施中明确新员工入职前合规背景调查的范围和方式 The compliance measures include the scope and process of compliance background check of new-hires		△		
4-11	在合规措施中明确将合规管理纳入企业成员绩效考核的方式 The compliance measures include review of compliance aspects in the performance appraisals for members of the company		△		
4-12	在合规措施中明确员工晋升前合规记录考察的范围和方式 The compliance measures include the scope and process of Compliance Check before promotion		△		

续表

4－13	合规管理牵头部门与人力资源部和相关部门共同评估企业现行激励机制对企业成员合规行为的正面和负面影响 The compliance coordinating function, Human Resources Function and other relevant functions jointly review the positive and negative impacts of current incentive program on encouraging compliance behavior of members of the company		△		
4－14	合规管理牵头部门与人力资源部和相关部门共同拟定和实施对企业成员的年度合规培训和合规沟通计划 The compliance coordinating function, Human Resources Function and other relevant functions plan and carry out annual compliance training and communication plans			↗	
要素五：企业制度体系 Element Five: Corporate Policies		√	△	↗	N/A
5－1	企业制定适用于全体员工的合规行为规范 The company enacts a Code of Conduct applicable to all employees			↗	
5－2	上述合规行为规范被作为企业制定其他制度的基础 The Code of Conduct is treated as basis for all other policies of the company			↗	
5－3	必要时，将合规措施通过企业制度予以确认和固定 When necessary, certain compliance measures are confirmed and solidified through corporate policies	√			
5－4	企业成员很容易知悉合规行为规范和与自己履行职责相关的企业制度 All members of the company gets easy access to the Code of Conduct and corporate policies relevant to his or her responsibilities			↗	

续表

5－5	企业制度语言规范、平实，行文简练 Corporate policies use precise, plain and concise languages			↗	
5－6	企业制度有明确的生效和发布程序 Enactment and publication of corporate policies follow written process	√			
5－7	不再适用的企业制度得到及时清理 Obsolete corporate policies are discontinued in a timely manner			↗	
要素六：不合规的发现和响应 Element Six：Discover and Respond to Non-Compliance		√	△	↗	N/A
6－1	在合规措施中设置必要的控制手段以主动发现不合规 Necessary control activities are implemented in the compliance measures in order to proactively discover non-compliance	√			
6－2	企业建立合规发现机制，接受任何个人或组织实名或者匿名报告不合规 The company sets up reporting systems for any individual or organization report non-compliance with real name or anonymously			↗	
6－3	企业提供多种渠道方便报告不合规 The company provides multiple channels for reporting non-compliance	√			
6－4	报告者知悉报告不合规的渠道 The channels for reporting non-compliance are known to anybody who want to report			↗	

续表

6 - 5	合规管理牵头部门作为对不合规进行管理的核心部门,与其他相关部门共同明确对不合规进行管理的分工和协作关系 The compliance coordinating function is the core team in managing non-compliance, and the responsivities for managing non-compliance is jointly defined and coordinated between the compliance coordination function and other relevant functions			↗	
6 - 6	各部门不能确认是否属于本部门管理的不合规,交由合规管理牵头部门确认 If any function is uncertain about responsibility toward any non-compliance, the matter is referred to the compliance coordinating function for confirmation			↗	
6 - 7	合规管理牵头部门负责组织本部门职责范围内不合规的调查,并对调查过程、时间和调查的事实性结论进行质量控制 The compliance coordinating function is responsible for the investigation of non-compliance in its scope, and exercise quality control over the investigation process, time and factual conclusions			↗	
6 - 8	在调查的基础上,合规管理牵头部门组织相关部门确定补救措施并跟进补救措施的执行情况 On the basis of investigation, the compliance coordinating function works together with relevant function to decide the mitigation measures and follow-up the execution of the mitigation measures			↗	
6 - 9	企业采取措施防止发生打击报复 The company take action to prevent retaliation			↗	

续表

要素七：评估和持续改进 Element Seven：Assessment and Continuous Improvement		√	△	↗	N/A
7－1	合规管理牵头部门对合规管理体系运行状况进行持续监控和评估 The compliance coordinating function continuously monitors and assesses the status of the compliance management system	√			
7－2	企业定期通过内部审计或者外部审计对合规管理体系具体要素运行状况进行审计 The company regularly audits the status of certain elements of the compliance management system through internal audit or external audit		△		
7－3	管理层负责人定期并持续对合规管理体系运行状况进行评估和确认 The Head of Management regularly and continuously assesses and confirms the status of the compliance management system	√			
7－4	企业通过员工满意度调查或者其他方式听取企业成员对合规管理体系的有效性和运行效率的反馈 The company listens to the feedback of employees towards effectiveness and efficiency of the compliance management system through employee survey or other methods			↗	
7－5	必要时，企业聘请外部第三方对合规管理体系的运行状况进行评估 When necessary, the company engaged third parties to assess the status of the compliance management system	√			

符号说明

√ 已实施 Existing

△ 未实施 Missing

↗ 待优化 To be improved

N/A 不适用 No Applicable

第四章

合规风险识别与分析评估

合规管理体系建立在合规风险识别分析评估基础上,合规风险识别分析评估是建立合规管理体系不可或缺的基础性工作。识别分析评估合规风险,是组织建立合规管理体系的核心工作内容,企业更不例外。组织建立合规管理体系的目标是实现对组织合规风险的经济而有效管理,维护企业合规品牌。合规风险识别分析评估工作质量决定合规风险控制水平,进而决定合规管理体系的整体合规水平和有效性。

一、合规义务

合规义务是合规风险产生的参照系,合规风险来自组织行为遵循合规义务的不确定性。国际标准化组织在 2014 年 12 月 15 日发布了国际标准《合规管理体系　指南》(ISO 19600:2014),我国国家质量监督检验检疫总局、国家标准化管理委员会2017年12月29日正式批准发布《合规管理体系　指南》(GB/T 35770—2017),两指南明确合规义务内容包括合规要求和合规承诺。我国《合规管理体系　指南》定义,合规义务是指组织需要遵守的要求和自愿选择要遵守的要求,组织需要遵守的要求叫合规要求,组织自愿选择要遵守的要求叫合规承诺。组织运行要遵守有关的合规义务,这是组织的合规目标,因此,就会产生遵守或者违反合规义务的不确定性,即对合规目标影响的不确定性,形成合规风险。这个组织包括各类营利性、非营利性的组织,这里主要讨论以营利为目的的企业组织。企业要识别和确定具体的合规风险,首先要识别合规风险产生的参照系——“合规义务”。在企业里,合规义务如同组织衡量自身生产经营行为正确性的尺度标准。有了尺子,才能度量行为过程中可能出现的偏差,即合规风险。

(一)合规义务识别

在市场经济中,国家监管机构从维护市场经济健康、有序发展的需要出发,制定了许多具有强制性的法律法规,这是企业合规要求的内容。同时,针对国有企业,国有资产的监管部门、行业协会等还会另外发布监管要求和自律要求,也是企业合规要求的重要内容。由于市场竞争激烈,企业为获得股东、客户、供应商、员工、社区、商务合作方等相关方的信赖,对自身生产经营过程和产品品质管理、服务等方面会主动自愿选择作出若干的承诺,如针对股东、客户、供应商、员工、社区、商务合作方等,作出符合他们期望的承诺,形成文字,并向各方和社会公开,这些都是企业合规承诺的内容。

合规要求对企业来讲具有强制性,如国家法律法规、监管机构、行业协会发布的监管要求、自律要求、条例或指导方针等,都是企业生产经营行为必须遵守的,不管企业是否承诺。而合规承诺则是企业自己特定情形下的自愿选择,是对特定相关方的一种承诺,是处于取悦和自愿,如与社区团体或非政府机构签订的协议、自愿性声明或行为倡议、对客户的产品质量承诺等内容。

由于识别企业要遵守的合规义务是合规风险识别评估的前提，所以在开展合规风险识别分析评估之前，企业需要考虑企业所处的外部和内部环境，具体包括：

1. 企业经营市场所在国的监管机构的法律、法规要求和监管强度如何？经济形势如何？技术、社会和文化环境如何？

2. 企业自己的战略、业务活动范围、流程建设情况如何？

3. 在企业经营市场所在国，充分识别与企业合规有关的客户、股东、企业内部员工、商业合作伙伴等相关利益方和他们的诉求如何？

4. 企业内部治理、管理体系成熟度如何？

以上是国际标准化组织《合规管理体系　指南》的第4.1、4.2、4.3、4.4条，国家标准化管理委员会《合规管理体系　指南》的第3.1、3.2、3.3、3.4条的相关要求。

在国际标准化组织《合规管理体系　指南》的第4.5条（对应国家标准化管理委员会《合规管理体系　指南》第3.5.1条）中，对合规义务的识别有明确的指示，具体见下文：[1]

3.5　合规义务

3.5.1　合规义务的识别

组织宜系统识别其合规义务及这些合规义务对组织活动、产品和服务的影响。组织在建立、制定、实施、评价、维护和改进合规管理体系时，宜考虑这些合规义务。

组织宜以适合其规模、复杂性、结构和运行的方式记录其合规义务。

---

〔1〕 国家质量监督检验检疫总局、国家标准化管理委员会《合规管理体系　指南》（GB/T 35770—2017）第3.5.1条。

合规义务的来源宜包括合规要求,并能包含合规承诺。

示例1:合规要求的例子包括:

——法律和法规;

——许可、执照或其他形式的授权;

——监管机构发布的命令、条例或指酌;

——法院判决或行政决定;

——条约、惯例和协议。

示例2:合规承诺的例子包括:

——与社会团体或非政府组织签订的协议;

——与公共权力机构和客户签订的协议;

——组织要求,如方针和程序;

——自愿原则或规程;

——自愿性标志或环境承诺;

——与组织签署合同产生的义务;

——相关组织的和产业的标准。

从上面的要求和举例来看,合规义务的内容是由企业内部和外部面临的问题、相关方的强制要求和企业自己为了赢得市场、相关方的认可而主动的承诺来综合确定。

同时,从《合规管理体系 指南》(ISO 19600:2014)的第4.5条中内容可知,组织应系统地识别合规义务及其对组织活动、产品和服务的影响。组织应以适合其规模、复杂性、结构和运营的方式来确定合规义务,并本着经济适宜的原则来确定企业的合规承诺,合规承诺了就要做到,做不到就不要向市场进行合规承诺而让企业陷于不诚信的境地,没有诚信的遵循合规义务和推进合规管理,是无法形成合规生产力的,反而让企业处处被动。(见表2.4.1所示)

表 2.4.1　企业合规义务管理台账

单位名称：　　　　　　　　责任部门：　　　　　　　　台账管理员：

项数	合规义务名称	颁布目的	发布人	发布时间	实施时间	对应废止	对组织活动、产品和服务的影响	公司牵头实施责任部门	涉及公司相关范围				是否进行合规风险评估	公司对应配套制度、业务流程与作业指导文件（文件名称＋发布时间、字号）	备注
									相关单位	相关部门	相关业务流程	相关岗位			
合规要求															
1	《通用数据保护条例》	个人数据保护和被正确使用	欧盟议会主席签署欧洲理事会主席签署	2016年4月27日	自2018年5月25日起实施	《数据保护指令》（Directive 95/46/EC）自2018年5月25日起废止	对与公司往来客户、供应商等相关方的个人数据保护和使用出现违规，将受到经济处罚和声誉损失	信息管理部	（1）公司在欧盟境内的分公司；（2）与欧盟境内范围相关方有合作关系的公司	市场部；采购部；售后服务部；客户管理部	市场经营；采购管理；售后服务；客户管理	市场经营岗；采购岗；售后服务岗；客户管理岗	是	《公司客户个人数据保护管理办法》（信字〔2018〕26号）《公司合作方个人数据保护管理指引》（信字〔2018〕28号）	
2															
合规承诺															
1	销售政策	规范销售行为	公司	2018年3月11日	2018年4月1日	无	引起客户投诉	市场部	各公司销售部和销售公司	各公司销售部和销售公司	销售管理	销售岗	是	《公司销售管理办法》（销字〔2018〕15号）	
2															

但是，具有强制性的合规要求是企业必须要遵循的，不具有随意性，也不可选择，必须列入企业合规义务的范围。企业要根据自己的业务范围和市场的地域分布来识别合规义务，制定合规义务清单文件，并在企业内部以正式文件发布。比如，企业宜建立和维护1个《企业合规义务管理台账》（见表2.4.1），用来识别和建立本企业的书面合规义务内容清单，描述合规义务的基本情况、其对企业的影响，并确定企业的动态管理情况。

（二）合规义务动态维护

合规要求和合规承诺不是一成不变的。因此，企业需要明确相关责任人员动态关注，并将新的要求或者新的承诺纳入企业的合规义务清单内容范围。企业应依据内外环境的变化，经过管理评审，不断调整和维护合规义务管理台账文件。在国际标准《合规管理体系　指南》的第4.5条（对应我国《合规管理体系　指南》第3.5.2条）中，对合规义务持续更新、维护有明确的说明：[1]

3.5.2　合规义务的维护

组织宜有适当的过程识别新的和变更的法律、法规、准则和其他合规义务，以确保持续合规。组织宜有过程评价已识别的变更和任何变更的实施对合规义务管理的影响。

示例：获取关于法律和其他合规义务变更信息的过程包括：

——列入相关监管部门收件人名单；

——成为专业团体的会员；

——订阅相关信息服务；

——参加行业论坛和研讨会；

〔1〕 国家质量监督检验检疫总局、国家标准化管理委员会《合规管理体系　指南》（GB/T 35770—2017）第3.5.2条。

——监视监管部门网站；

——与监管部门会晤；

——与法律顾问洽商；

——监视合规义务来源（如：监管声明和法院判决）。

从上面的要求和举例来看，企业内部和外部面临的问题、相关方的要求在时间持续过程中会发生变化，企业面对的市场也不断发生政策、供求关系、客户偏好等方面的变化。企业想要及时应对这些变化，并保持自己继续赢得市场、监管机构的认可，避免受到不合规后果导致的损失，需要企业保持多种信息沟通渠道畅通，及时获得有关合规要求变化的信息或增加新的合规承诺。这种变化可能是增加、减少或者替换原来的合规要求和合规承诺，持续更新合规义务管理台账内容，形成新的有效合规义务文件数据库。

合规义务维护的重点是建立好各合规义务发布来源方的信息沟通渠道，“4.5.2 维护合规义务”中列举了 8 种沟通渠道。企业有必要制定相应的《企业合规义务动态维护管理流程》，以便及时跟踪法律、法规、规范和其他合规义务的出台和变更。

《企业合规义务管理台账》是一个动态管理更新的过程。企业宜有人定期检索企业合规义务管理台账里每一合规义务的持续有效性和最新版本。

（三）合规义务内容

在国际标准《合规管理体系　指南》第 4.5.1 条中提到，“组织应以适合其规模、复杂性、结构和运营的方式制定合规义务文件。合规义务信息应包括合规要求，可包括合规承诺”。这表明合规义务多与少与企业本身密切相关，合规义务决定合规风险。在企业生产经营过程中，由于合规义务的存在，员工行为对合规义务遵循存在不确定性导致了合规风险的产生。

对于企业来说，来自监管机构颁布的法律、法规等强制性合规要求都是必须遵循的。它们是企业固定面对的合规风险,关键在于企业是否主动承担这些合规要求。合规承诺就不同了,它是企业对市场、客户等相关方的主动自愿选择的。承诺越多,企业需要遵守的合规承诺要求就越多,企业合规风险就越多;承诺越少,需要遵守的合规承诺要求就越少,企业合规风险就越少。这些都与企业的核心竞争力密切相关,从某种程度上看,企业合规承诺多少与合规风险多少成正相关关系。

因此,企业管理层要从经济适度的角度出发,在必须满足国家监管机构制定的法律、法规等强制性的合规要求的基础上,从适合其企业经营管理水平、规模、复杂性、结构和运营的方式出发,进行主动的合规承诺,最终制定企业完整的合规义务文件清单。总之,适宜于企业健康发展、基业常青的合规承诺才是最好的,合规承诺不是越多越好,也不是越少越好。

总体来讲,合规义务的内容范围具体包括以下内容:

第一,合规要求。它是指企业总部和市场经营所在国家、地方政府、行业组织、社区制定的法规、行业要求和诉求,一般包括政治要求、社会治安、社会责任、社会文明规范、社会文化、规范商业行为的法规、生产安全法规、技术标准、质量标准、职业健康安全、环境、市场道德标准、风俗、信仰、社区文化、社区诉求等方面。它们的共同特征是均具有一定的强制性,不具有可谈判性,多数有明文约定,少数是无明文约定,成于社会一致行动,企业业务行为必须遵守这些法规和规定。如果违反这些规定,企业将受到来自相关监管机构、相关利益方的制裁和处罚,或者社会、社区公众的谴责,遵守法规和规定办事是组织实现目标的前提和基础。企业进入当地市场,应该入乡随俗,遵循和尊重当地的规矩。

第二,合规承诺。在符合前面合规要求的前提下,企业围绕所提供的产品、服务效果、效率作出的朝有利于客户和相关方的承诺。合规承诺如同一个人所尊崇的行为标准。不同的人,其所尊崇的行为标准和品位不同。企业也是如此。那些最受尊敬的企业和臭名远扬的企业,显然就不在同一个企业标准层面,其追求的产品、服务效果、效率标准也不在一个层面。其内容一般包括：产品、服务质量承诺、技术承诺、交付时间承诺、产品保修承诺、销售后“三包”承诺、产品、服务绿色品质承诺等围绕企业提供的产品、服务全生命周期在效果、效率方面的内容。

同时，市场竞争的需要，企业也可以比法律、法规、标准更加高的标准承诺企业的生产经营行为。尽管监管机构也颁布了许多强制性的法律法规，如产品技术标准、产品质量标准、售后“三包”标准等，但是法律法规往往是一个平均水平或者社会最低容忍标准，所以在企业竞争激烈的市场经济中，优秀的企业往往都采用更高标准的承诺，以求赢得市场、客户、股东、监管机构等相关方的更多认可。

需要注意的是，有的合规承诺，企业是以对外公开的管理目标形式表现的。比如，企业向客户承诺“存在质量问题的产品将100%无偿召回”，这是企业以量化的管理目标形式向客户承诺的非常重要的合规承诺，因此，这样的向客户和相关方公开的管理目标也是公司的重要合规义务，而且这样的合规承诺往往高于监管机构法律、法规要求的合规要求，它是企业合规义务的重要内容。

二、合规风险

合规义务作为合规风险存在的参照系，有合规义务的地方，就对应存在合规风险，合规风险是企业生产经营过程中最基本的经营风险，是企业战略管理内容的重要组成部分。企业能健康持续发展，有效管理合规风险是基本保证。

（一）合规风险定义

对企业来说，通常的风险是指影响其总体或部门生产经营目标的不确定性。

在市场经济环境中,企业的生产经营行为应该遵循合规义务,而一旦违反合规义务,便发生了合规风险。在国际标准《合规管理体系 指南》的第3.12条中明确指出,“合规风险是对合规目标影响的不确定性。合规风险是不符合组织合规义务的可能性和后果”。在合规管理体系中,合规目标是由组织制定的,是组织行为符合组织适用的合规义务的要求一致。合规风险主要涉及不合规事件发生的可能性以及不合规导致的后果,其中,不合规是指未履行合规义务或者违反合规义务。

从这个角度出发,合规义务与合规风险之间存在一一对应关系。目前,大多数公司开展生产经营活动的过程中在面临一般性的市场风险、管理风险,如销量下降、质量或财务问题的同时,更要考虑生产经营活动合规风险,特别是一些企业越来越多的合规风险已经连续发生。同时,监管部门也正以更大力度地宣传或颁布具体法律法规,并积极应对、打击企业的违规行为。

合规风险的存在是一个相对概念,它是比照“合规义务”是否履行的不确定性而产生的“合规风险”。假如企业没有承担“合规义务”,就无所谓“合规风险”。反之,承担“合规义务”越多,未履行或者违反合规义务而导致的“合规风险”也越多。同时,如果承担“合规义务”标准越高,企业是否能够履行就更具有不确定性,由此未能达到合规义务要求而导致的“合规风险”发生的概率也越高。

合规义务是企业追求商业行为价值观水平的综合反映。不同的企业,因为其生产经营管理水平、规模、复杂性、结构、运营的方式和市场竞争地位不同,所坚守的商业行为价值标准有高有低,从而主动承担的“合规义务”也各不同。除了强制性的合规要求以外,合规承诺的有高有低,有多有少,企业生产经营活动对应的合规风险点也相应有多有少。从有利于企业长期健康、持续发展出发,企业必须承担足够多的“合规义务”,合规经营,企业才能够基业常青。

经济全球化,国际市场的相关企业不合规事件曝光数上升,如世界银行受到制裁的实体名单不断在增加，相关国家也相继加大各种不合规行为的执法处罚力度，开展国际业务的跨国公司管理者们共同面临一个挑战——合规风险形势越来越严峻和复杂。在中国的“一带一路”和“走出去”的战略背景下，越来越多的中国企业需要在国际业务中应对这样的挑战，“如何管理合规风险”越来越具有国际化的难度。随着企业生产经营全球化，强制性的合规要求会因为企业总部所在国和市场经营所在国的叠加而越来越复杂，合规承诺也会因为市场经营所在国的市场竞争环境不同而出现本土化调整，合规风险管理也就更加复杂化。因此，在当前全球强化合规的大环境下，中国企业走向全球化更需要建立合规管理体系，依法合规地经营，保护企业、利益相关方和雇员。中国企业的“一带一路”市场拓展和“走出去”也概莫能外，合规风险成为企业必须面对的首要管理风险。2019 年 4 月 26 日上午在北京举行的第二届“一带一路”国际合作高峰论坛开幕式上，国家主席习近平出席开幕式并发表主旨演讲提出：我们要坚持开放、绿色、廉洁理念，不搞封闭排他的小圈子，把绿色作为底色，推动绿色基础设施建设、绿色投资、绿色金融，保护好我们赖以生存的共同家园，坚持一切合作都在阳光下运作，共同以零容忍态度打击腐败……我们要努力实现高标准、惠民生、可持续目标，引入各方普遍支持的规则标准，推动企业在项目建设、运营、采购、招投标等环节按照普遍接受的国际规则标准进行，同时要尊重各国法律法规。讲话指出中国企业的“一带一路”必须是廉洁之路、合规之路。

（二）合规风险分类

有什么样的合规义务，就有什么样的合规风险。

根据合规义务的内容不同，可以将合规风险分成三大类：行为不合纪律与道德规范的风险、行为不合企业合规承诺的风险、行为不合法律法规监管规定等的风险。

1. 行为不合纪律与道德规范的风险可能包括但不限于：违反发布的各种纪

律风险、违反社会道德风险、违反社会文明约定风险、违反社区文化风俗风险等。

2. 行为不合企业合规承诺风险可能包括但不限于：违反产品技术承诺风险、违反产品质量承诺风险、违反售后服务承诺风险、违反产品功能承诺风险、违反产品节能承诺风险、违反产品绿色承诺风险等。

3. 行为不合法律法规监管规定等的风险包括但不限于：违反安全生产法风险、违反反垄断风险、违反商业法规风险、违反职业健康安全法规风险、违反环境法规风险等。

根据合规风险可能发生的地方还可以分为：

1. 可能发生在岗位上的合规风险，它是指岗位人员在履行岗位授予的职责过程中对合规目标产生影响的不确定性；

2. 可能发生在流程上的合规风险，它是指在流程运行过程中，流程某环节中的人员行为对合规目标产生影响的不确定性。

事实上，合规风险一旦发生，它既存在于某个岗位上，也同时存在于某流程的某个环节。但这样分类的好处在于，从岗位定义的合规风险，适合于科层制管理体系比较健全，强调岗位管理和岗位履行职责的企业，开展基于岗位合规风险识别分析评估，建立合规管理体系；从流程定义的合规风险，适合于流程型管理体系比较完善的企业，开展基于流程合规风险识别评估，建立合规管理体系。

从管理措施是否有效管理控制合规风险出发，合规风险可以分为固有合规风险（inherent compliance risk）和剩余合规风险（residual compliance risk）。

固有合规风险是在没有对应的合规风险管理控制措施，处于无管控状态下的全部合规风险。存在合规义务的地方，就存在不遵循和违反合规义务的不确定性，就存在合规风险，没有任何合规管理控制措施状态下，合规风险处于最大值发生状态时候即处于固有合规风险状态。固有合规风险存在原因源自于所有合规义务的不遵循和违反的可能性。比如，在企业生产经营决策流程和决策岗位上，假如对企业生产经营决策的全部合规义务有 50 项，在企业对生产经营决策流程和决策岗位履行职责方面没有采取任何合规风险管控的前提下，则企业生产经营决策流程和决策岗位上的合规风险也有50项，这即是决策固有合规风险全部。

剩余合规风险是在企业当前已有的合规风险管理措施管控下，仍然还有未被有效管控的部分残留合规风险。剩余合规风险是在固有合规风险基础上做了减法的合规风险。存在合规义务的地方，就存在固有合规风险，但是不一定存在剩余合规风险。有没有剩余合规风险，必须考察企业为了管理和控制固有合规风险，是否采取合规风险管理控制措施，并要证实这些合规风险管理控制措施得到落实和是否有效管理全部合规风险，减去已经有效管控的合规风险，残留剩余下来的合规风险即剩余合规风险，因此剩余合规风险可以等于零，或者小于固有合规风险。以前述的决策合规风险为例。假如对企业生产经营决策的全部合规义务有50项，在企业对生产经营决策流程和决策岗位履行职责方面采取了多个决策管理控制制度进行决策合规风险管控，假设得到有效管控的合规风险有30项，则企业生产经营决策流程和决策岗位上的合规风险为50项减去30项，剩余20项，这即是决策剩余合规风险。在一个管理制度比较完善的企业里，合规从业人员面对的是剩余合规风险识别与管理。

从有无合规风险源角度，合规风险可以分为有源合规风险和无源合规风险。

有源合规风险是指存在合规风险源的合规风险，合规风险发生时，是由一个或者多个因素组合引致发生的合规风险。如企业某岗位人员负责的一项社会人员招聘工作任务，该工作任务实际是一项具体人事权力，该岗位人员就可以利用这种人事权力进行的违规，既可以主动违规，也可以被动违规，一般为主观故意违规、不合规，这时候，企业即使有比较好的制度措施，该岗位人员也会铤而走险不顾制度措施的约束，其风险管控难度显然加大。

无源合规风险是指没有合规风险源引致但存在合规义务的合规风险。当合规风险发生时，当事人一般为客观无意违规、不合规，原因往往是当事人不了解合规义务导致,未告知、未接受对应合规义务培训导致。这样的合规风险,我们进行合规风险管控的方法比较简单,一个新的合规义务出来,或者发生变化调整,企业合规管理部门及时组织相关人员进行合规义务内容宣传、培训和每年一次的合规义务内容知识考试就可以。

区分有源合规风险、无源合规风险,目的在于风险管理控制措施的区分对待,最大限度地降低合规管控成本。经过合规义务内容宣传、培训和考试后,合规管理部门主要面对的合规风险基本就是有源合规风险,因此在没有特别说明时,通常谈到的合规风险识别,实际指的是有源合规风险的识别。只有这样的合规风险,企业管理层才需要投入一定的人力物力去进行管理控制的,仅进行合规义务内容宣传、培训和考试是没有风险控制效果的。

(三)合规风险分布特征

由于合规风险与合规义务是一一对应关系,而合规风险是未履行或违反合规义务的不确定性导致的,所以合规义务分布在哪,这种不确定性就在哪,合规风险就源于哪。因此,合规义务的分布特征同时也是合规风险分布特征。

那么,合规义务的分布是否有特征?根据多年的对不合规案例事实的研究发现,合规义务主要是用来规范和约束存在合规风险源的活动,凡是可能引起行为失范、不履行社会责任、破坏公正公平正义、违背事物客观规律、引起人身安全、环境破坏等地方,均需要合规义务来进行规范和约束。这些引起行为失范、不履行社会责任、破坏公正公平正义、违背事务客观规律、引起人身安全、环境破坏等现象的地方,往往是合规风险源存在的地方。不存在这些现象的地方,从社会运行成本和效率角度看,一定程度上,是没有必要制定合规义务对其行为进行约束和规范。如权力是指支配利益分配或资源调配的强制性力量。行使权力的过程实质是分配利益、调配资源的过程,利益分配、调配资源过程就可能存在利益纷争与不公平公正分配利益、调配资源的情形,也是引起腐败的重要根源,是组织的一个重要合规风险源。为约束与规范这种分配利益、调配资源的过程，监管机构就会出台有关强制性的规范和约束权力行使的合规要求，所以有权力的地方，合规义务就存在。没有权力等合规风险源的地方，合规义务的存在就失去意义了。由此可见，合规义务分布是由合规风险源来决定的。

综上所述，合规风险源、合规义务和合规风险存在内在的一致性。合规风险源决定和影响合规义务的分布特征。

（四）合规风险源

合规风险源是指组织活动中可能引发合规风险发生的内在的要素和组合叠加的要素。

在对一百多个违规案例涉及186人违规事例统计分析发现，因为权力引致的合规风险事项发生占比是96%，从前述占比看，权力是合规风险源中最主要的一个，也将是主要决定合规风险的分布特征。根据对这些不合规案例事实的检索统计分析，审批权、市场客服与销售权、人事权、采购权、放行权、计量权、财务资金权和拥有关键信息权等8项权力，密切影响行为的合规性。这8项权力即“企业八项权力识别模型”，具体内涵如下：

第一项权力——审核权。审核权是负责决定做与不做的活动。审核权力组织里最重要的一项权力。分布于组织内部各个管理科层的大大小小的“领导”岗位，决定一件事情做还是不做、现在做还是推迟到以后做、同意还是不同意、赞同还是不赞同等方面的权力叫审核权，它是组织最高管理层对权力在组织内部各个管理科层的一个逐级授予的权力，各岗位的“领导”在授权范围内代表组织行使签字的权力，也可以叫签字权。如企业的市场客服与销售、人事、采购、放行、计量、财务资金收支等具体业务工作开展前是否值得做的预判、或者形成的工作方案、或者形成的阶段工作结果、或者形成的最终工作结果需要得到组织的认可，则需要在授权范围的各级“领导”审核认可。审核权在于掌握组织是否做正确的事情。审核权是组织里最大的权力，审核权力能够对组织内各级的领导分管业务范围的市场客服与销售、人事、采购、放行、计量、财务资金收支等具体业务经办权力产生实质影响，这也是组织各级的领导成为不合规问题发生得多的一个直接原因。

第二项权力——市场客服与销售权。市场客服与销售权是负责推销资产、产品、服务并卖给客户的活动。市场客服与销售权是具有销售活动的盈利组织一项重要的业务权力。企业把自己生产的产品、服务卖给特定的客户的过程即市场客服与销售权。将企业某个资产作价卖出也是销售活动。企业是供应者，特定客户是需求者，在市场上，若干的同类产品供应者和同样需求的客户，两者组成供应和需求力量对比关系。如供应大于需求的时候，供应方处于定价和被选择的谈判弱势地位，需求方处于定价和选择的谈判强势地位，对于供应方来说，市场客服与销售权如何获得客户的选择和确定销售价格是关键；如供应小于需求时，供应方处于定价和被选择的谈判强势地位，需求方处于定价和选择的谈判弱势地位，对于供应方来说，市场客服与销售权如何获得比较高的销售价格是关键。市场客服与销售权是企业生产的产品、服务变现和实现收入的关键权力。

第三项权力——人事权。人事权是负责企业人员管理的活动。人事权是企业人力资源管理的专门权力，但是有人事权力的地方未必是人力资源部门。人事权是指专门负责组织正常运行所需要的人力资源开发、管理和运用过程。人力作为企业组织正常生产经营所需要的生产要素而进行的专门管理和协调工作。组织里，所有与人有关联关系的工作内容都与人之间的利益分配有关系，人事权的本质是决定组织内部人员生存空间、环境、质量的变量。人是组织里最活跃的生产经营要素，人是具有感情的动物，时刻受人感情活动的影响是人事权力的最大特征。

第四项权力——采购权。采购权是负责购买企业所需的活动。采购权在组织里普遍存在，是组织从组织以外获得生存持续补给的工作方法。采购权是组织，特别是企业组织正常生产活动需要从社会、大自然获得各类生产要素的基本经济活动。企业的投资行为也是一种特别的采购活动。企业作为供应者需要为特定客户提供产品，那么供应者需要在市场上获得生产特定客户所需产品的原始生产要素，这种生产要素分布在市场上，也存在需求和供应力量对比关系。如需求大于供应时候，需求方处于需求定价和选择供应方的谈判弱势地位，供应方处于定价和选择需求方的谈判强势地位，对于需求方来说，确定采购价格和找到对应价格的供应商是关键；如需求小于供应时候，需求方处于定价和选择的谈判强势地位，供应方处于定价和选择的谈判弱势地位，对于需求方来说，采购权如何获得比较低的采购价格和有供应能力的供应方是关键。采购权往往是企业现金变为原材料产品后形成价格成本的关键权力。

第五项权力——放行权。放行权是负责利用某尺度标准进行判断、对比、衡量的活动。放行权是采购以后的后续重要业务权力。采购来的产品是否能够满足企业生产经营需要，应该经过质量、技术、安全等方面把关，按照国家和行业的标准，或者组织拟定的特定标准，检验评价采购来的产品是合格的，才能够放行。放行权是采购的产品能够进入企业生产环节的关键权力。

第六项权力——计量权。计量权是负责确定数量多少的活动。计量权是放行权后面紧跟的一项业务权力。计量权是对所采购的经过检验等放行把关后的产品，形成组织对供应方的应付款项的过程。计量权往往是企业现金变为原材料产品后形成数量成本的关键权力。当然，也可以单独的计量权，比如，仓库物资的定期盘点，与放行权力无关。

第七项权力——财务资金权。财务资金权是负责企业资金流管理的活动。财务资金权是企业里掌握资金流动的最重要权力。凡是与影响企业财务资金运动方向、大小、速度、停留时间长短的有关预算、计划、保管、直接收支支配等业务内容，均为财务资金权。

第八项权力——拥有关键信息权。拥有关键信息权是指履行岗位职责过程中能接触、掌握、形成需控制受众范围的信息的机会。拥有关键信息是前面七项权力在行使过程中衍生出来的一项独特的权力。拥有关键信息以组织之间和组织内部信息不对称为基本出发点,形成的上面7项权力行使过程中,权力行使者自然掌握的有利信息和不利信息。由于利益相关方想获得不对称的重要信息,提高自己的竞争力,而产生利益与关键信息的不正当相互交换关系,这就是关键信息的价值魅力所在。

以上8个方面的权力是企业在生产经营过程中行使的各类型权力,它们广泛分布于企业各岗位和流程里,并且职位越高的岗位和越核心的业务流程,被授予这8项中的权力也就越多越重要,引致不合规行为的可能性就越高,合规风险也越多。因此,在这些权力行使的过程中,最容易导致不合规风险发生,最容易产生违反法律法规、违反企业合规承诺、违反企业尊崇的纪律与道德价值准则的行为,这些权力在岗位和流程的分布的地方,也是存在有源合规风险的地方,这就是基于岗位和流程的“企业八项权力识别模型”来识别有源合规风险的理论基础。只要我们识别了以上8个方面的权力在生产经营业务中岗位和流程中的分布情况,并逐一标识出来,就能够识别企业分布各业务岗位和流程上的因为权力风险源引起的合规风险点。

除了上面的权力风险源以外,在实践总结和研究中,发现还有其他的合规风险源。到目前为止,包括权力在内,已经发现8类合规风险源。包括但不限于存在制度缺陷、认知缺失、技术缺陷、监控缺失的地方和组织运转过程中存在的利益管理、权力行使、技术性操作、利益冲突的活动等一切可能引起与合规义务不一致的行为的要素,都是合规风险源。

从内部控制完善程度分析合规风险源,有4种情形的合规风险源:

1. 制度缺陷

企业没有对应的制度、部分缺失制度或者制度措施未起到有效控制作用。

2. 认知缺失

员工不知道企业现有的制度约束和控制要求。

3. 技术缺陷

企业对某产品、某方面的技术标准、参数存在不足、不成熟。

4. 监控缺失

企业对某业务活动由于某种原因,监督控制基本处于缺失的状态下。

从业务本身的自然属性分析合规风险源,组织运转过程中有4种属性的合规风险源:

1. 利益管理

涉及企业、个人利益得失的活动。利益管理活动是指岗位职责中,由于职责履行,存在接触、控制利益的活动。符合该定义特征的职责履行,都属于存在"利益管理"的业务活动。如岗位职责中存在负责仓库物品整理、安全、防盗管理;负责金库安全看护管理;负责人民币押运;负责货物保管等,均属于存在"利益管理"的业务活动。

2. 技术性(黑箱)操作

技术性(黑箱)操作是指企业的某个业务活动只有经办人员知道其实际实施过程且无过程痕迹,他人事后难以知道。符合该定义特征的职责履行,都属于存在"技术性(黑箱)操作"的业务活动。如岗位酒店客房清洁服务人员负责对客人离店后的酒店客房内部做清洁消毒活动;饭店的厨师炒菜活动等,都是属于存在"技术性(黑箱)操作"的活动。

3. 利益冲突

利益冲突是私人利益与企业利益之间存在冲突的活动,岗位职责中,职责履行客体中,存在与职责履行主体个人利益一致,却与公司利益不一致的活动。符合该定义特征的职责履行,都属于存在"利益冲突"的业务活动。如办理监察事项的监察人员负责的监察对象或者检举人是其近亲属的;负责供应商资源信用调查、评价管理的岗位，某家供应商的老板是该岗位人员的战友、朋友、亲戚等，都是属于存在“利益冲突”的活动。

4. 权力行使

权力行使是企业最大的、最广泛的合规风险源！上文已专门阐述。

三、合规风险识别与分析评估

合规风险识别分析评估的目的是识别企业潜在的合规风险，采取积极的预前性管理控制措施来管理风险，以避免公司或部门合规目标无法达成，给企业带来损失。基于合规风险识别分析评估的结果，企业将采取必要的措施管控合规风险，或在内部有效地开展预防性合规管理工作，使企业能在业务所在国或地区合规地开展业务、诚信经营，从而实现企业的管理目标，提升企业品牌形象，减少监管机构的处罚。合规风险识别分析评估有助于在企业内形成合规风险意识，帮助组织及时制定风险应对措施，从而避免企业违反法律法规等合规要求和企业合规承诺，实现企业合规目标，为实现企业管理目标和可持续发展提供必要条件。

（一）《合规管理体系　指南》对合规风险识别评估要求

在国际标准《合规管理体系　指南》第 4.6 条（对应我国《合规管理体系　指南》第 3.6 条）中，对合规风险识别评估的要求如下：[1]

〔1〕 国家质量监督检验检疫总局、国家标准化管理委员会《合规管理体系　指南》（GB/T 35770—2017）第 3.6 条。

3.6 合规风险的识别、分析和评价

组织宜识别并评价其合规风险。该评价能建立在合规风险评估或其他替换方法的基础之上。合规风险评估构成了合规管理体系实施的基础,是有计划地分配适当和充足的资源对已识别合规风险进行管理的基础。

组织识别合规风险,宜把合规义务和它的活动、产品、服务和运行的相关方面联系起来,以识别可能发生不合规的场景。组织宜识别不合规的原因及后果。

组织宜通过考虑不合规的原因、来源、后果的严重程度、不合规及其后果能发生的可能性进行合规风险分析。后果能包括,例如:个人和环境伤害、经济损失、声誉损失和行政责任。

风险评价涉及组织合规风险分析过程中发现的合规风险等级与组织能够并愿意接受的合规风险水平的比较。基于这个比较,能设定优先级,作为确定需要实施的控制及其程度的基础(见5.1)。

发生以下情形,宜对合规风险进行周期性再评估:

——新的或改变的活动、产品或服务;

——组织结构或战略改变;

——重大的外部变化,例如金融经济环境、市场条件、债务和客户关系;

——合规义务改变(见3.5);

——不合规。

注1:合规风险评估细节的程度和水平取决于组织的风险情况、环境、规模和目标,并能随着具体细分领域(如:环境、财务和社会)变化。

注2:基于风险的合规管理方法并不意味着在低合规风险情况下组织接受不合规。它有助于组织集中主要注意力和资源优先处理更高级别风险.最终涵盖所有合规风险。所有已识别的合规风险/情况受制于监视、纠正和纠正措施。

注3:GB/T 24353 提供了风险评估的详细指导。

可见，在合规风险识别分析评估过程中，需要理解以下 5 个方面：

1. 组织应识别自身的合规风险。组织应将其合规义务与活动、产品、服务及运营方面联系起来，确认可能发生不合规的情况，从而识别合规风险。

2. 组织应查明不合规的原因并明确其后果。组织在分析合规风险时，应考虑不合规的原因、起因及其后果的严重性，以及不合规和相关后果发生的可能性。比如，后果可能包括对个人和环境的伤害、经济损失、声誉损失以及行政责任。

3. 在风险评估中，需要比较分析流程中发现的合规风险等级与组织能够并愿意接受的合规风险等级。基于这一比较，鉴于国际标准《合规管理体系　指南》（对应我国《合规管理体系　指南》第 5.1 条）第 6.1 条要求，组织可以确定任务的优先级，并在此基础上确定实施控制措施的必要性以及控制措施的程度水平。

4. 组织应定期对合规风险进行再评估，当出现新的或更改的活动、产品或服务时，组织的结构或战略发生变更时，以及重要的外部变化时，如金融经济环境、市场情况、负债和客户关系变化，合规义务的变化和出现不合规行为。

5. 合规风险评估细节的程度和水平取决于组织的风险状况、环境、规模和目标，特定的具体方面可能会有所差异（如环境、财务和社会），同时组织需要对发现的所有合规风险或场景进行监控、更正和纠正，高、中、低级合规风险评估是组织将主要精力和资源放在优先级更高的风险上，并最终涵盖所有的合规风险。

（二）合规风险识别分析评估流程

按照以上的理解，介绍识别分析评估合规风险的工作流程如下：

1. 风险识别分析评估主体

由区域合规官牵头，合规部组织，对应业务部门配合实施，共同建立合规风险管理小组，向公司总部的合规办公室报告。合规管理员联合业务部门主管，依据本单位建立和维护的合规义务清单、公司业务制度、岗位职责说明书，以座谈、个别访谈、集体讨论、专家咨询和内部纪检监察、审计、内控测试报告、与其他合规相关的问题信息统计、计算分析等方式进行合规风险形势评审。

合规风险管理小组应该由法律和非法律业务专业人员组成。合规风险包括法律以外的其他合规风险，业务专业人员的加入，能够提高对非法律合规风险的识别与管理。同时，小组也要由总部到一线各层级的代表人员共同组成，以利于对总部到一线各层级合规风险的识别与管理。

2. 风险识别分析评估流程

第一步：确定需要加强合规风险管理的关键业务、或岗位范围，进行企业合规风险形势评审，关注合规风险的分布和敞口变化，形成《公司合规风险形势评审表》。（如表 2.4.2 所示）

表 2.4.2　公司合规风险形势评审

单位名称：

内外因素	领域								
	业务领域					市场分布领域			
	通信设备	航空科技	信息技术	业务伙伴	……	中国	美国	欧盟	……
企业内部环境									
新产品服务			√						
组织结构变化	√					√			
战略变化				√				√	
发生重大不合规行为			√			√			
重大违反公司制度行为						√			
企业内控重大不合格		√							
审计发现重大问题			√				√		
合规目标未实现									

续表

内外因素	领域								
	业务领域					市场分布领域			
	通信设备	航空科技	信息技术	业务伙伴	……	中国	美国	欧盟	……
企业外部环境									
出口管制	√	√	√				√		
个人数据保护			√					√	
信息披露义务									
国际贸易管制			√						
安全标准		√							
质量标准	√	√	√						
技术标准									
知识产权保护	√	√	√				√		
资产保护				√					
反倾销								√	
反补贴						√	√		
保障措施调查									
市场准入									
国家安全审查	√	√	√			√	√		
行业监管									
外汇管制						√			
反不正当竞争									
反垄断									
反洗钱						√	√	√	
反恐怖融资							√	√	
招投标管理				√					
合同管理				√					

续表

内外因素	领域								
	业务领域					市场分布领域			
	通信设备	航空科技	信息技术	业务伙伴	……	中国	美国	欧盟	……
项目履约				√					
劳工权利保护	√	√	√						
环境保护	√	√	√			√			
债务管理				√					
捐赠与赞助				√					
利益冲突				√					
反腐败	√	√	√	√		√			
反贿赂	√	√	√	√		√			

企业要了解企业本身,包括对企业内、外部环境进行初步分析是合规风险识别分析评估的出发点。时间频率上,每年 12 月,对本单位内部过去一年各业务合规情况进行评审,从执法强度高的合规义务和企业业务领域、市场领域进行矩阵分析。当公司内外管理环境发生重大变化时,也应该及时进行合规风险形势评审。

合规风险形势评审内容在企业内部包括:企业生产经营是否出现新的或更改的活动、产品或服务;组织的结构或战略是否发生变更;企业内部是否发生重大不合规行为,包括是否发生重大违反合规要求的从业行为,是否发生重大违反合规承诺的从业行为,是否发生重大违反公司制度的行为,企业内控测试是否存在重大不合格项,公司专项审计是否存在重大问题等;公司合规目标是否实现等。

企业外部要关注企业所在的环境是否发生重要的变化。比如,金融经济环境、市场情况、负债和客户关系;重要合规义务的变化;执法强度和趋势变化等。

评审完成后,报合规部负责人审核后报区域合规官审批后即可进入第二个步骤。一般依据公司每年的年度风险管理计划定期进行公司合规风险形势评审,合规管理员联系业务部门以座谈、个别访谈、集体讨论、专家咨询和内部纪检监察、审计、内控测试报告、与合规问题相关信息统计、计算分析等方式,结合外部合规义务、合规事件等相关信息收集,进行合规风险形势评审,可以采取定性与定量相结合的方法。其中,特别要关注公司过去一年内出现的违反廉洁规定事件、亏损单位审计、亏损调查原因反馈涉及的业务范围。同时,公司要关注网站、搜索引擎通过跟踪关键字关注合规风险变化、合规要求变化,关注执法强度和趋势变化。针对企业合规风险密集的业务领域,或者市场分布,结合外部监管机构的执法强度,给企业可能带来重大合规风险的法规、规则、制裁要求,形成《公司合规风险形势评审表》,作为确定需要开展合规风险识别分析评价的范围。

第二步:明确企业合规方针和目标,制定开展某业务合规风险识别评估的工作方案,形成《关于开展××业务合规风险识别评估的通知》

企业只有依据明确的合规方针和目标,才能确定与企业实际情况、生存发展需求相对应的确切风险环境,并据此制定合规风险识别评估方案。工作方案包括合规风险识别评估范围、工作机构与分工、合规风险识别评估方法、需要完成的工作事项与时间要求等4个方面的内容。依据合规风险形势评审结果,公司合规管理员起草合规风险识别评估方案,报合规部负责人审核,报区域合规官审批后即可实施。

第三步:识别合规风险源——形成"合规风险源内容清单"

根据公司××业务流程制度规定和部门业务分工、岗位职责和授权,全面清理和确定对管理和服务对象承担的各类工作职责,识别对应的合规风险源内容,形成"合规风险源内容清单"。合规风险源内容清理方法以关键业务流程为单元(见后面将要介绍的"方法一"),或者以岗位为单元(见后面将要介绍的"方法二")。其中,方法一依据业务流程制度规定的工作步骤、责任部门、责任岗位和工作任务,形成每个关键业务流程的“合规风险源内容清单”。方法二则依据岗位职责说明书规定的工作职责,形成每个岗位的“合规风险源内容清单”。

第四步:定义合规风险

有了“合规风险源内容清单”,就如同找到了引致合规风险的来源。根据识别的“合规风险源内容清单”具体内容识别企业风险。彻底的合规风险识别将提高合规风险透明度,同时也是企业意愿改善合规经营的有力证明。工作方法上,在所列出的合规风险源内容清单中,以小组讨论、头脑风暴、案例启发、业务座谈等形式,识别对应合规风险源内容可能触发的风险表现类型,即不合规事件的发生情形,描述出来,合规风险就定义出来了。根据合规风险最早来自刑事合规风险,因此有的合规风险可以定义到刑事罪名。如合规风险源——采购权力,其不合规的情形是“受贿罪”,所以其对应的合规风险是“受贿行为和受贿罪”。

第五步:合规风险分析

根据可能触发的风险表现类型——不合规情形定义的合规风险,结合合规风险源对应的工作事项的实施特征,进行合规风险分析,分析其产生不合规原因、不合规后果(个人和环境的伤害、经济损失、声誉损失以及行政责任)、合规风险源发生频次。

第六步:评估合规风险,确定合规风险系数

在合规风险分析基础上,评估其对业务目标影响、对合规目标影响的影响和影响程度,确定合规风险系数,从而形成风险排序。

合规风险系数评估可以采取目标影响评估法。在前面分析结果的基础上,评估不合规对业务目标的影响,同时评估对合规目标的影响。一般按照影响目标是否实现、不影响目标实现但产生有形损失和不影响目标实现但引起负面无形影响等三个程度进行评估,产生有形损失,如受到经济处罚,负面无形影响,如撤掉企业产品金质奖章。按照③高—影响目标实现、②中—产生有形损失、①低—负面无形影响确定合规风险等级,并以此根据企业不愿承受的合规风险系数范围，确定企业待处理的合规风险。

目标影响系数评估法具体是：根据分析的合规风险特征，预估风险发生后果，分析其对业务目标和合规目标的影响，按照高、中、低来定性的评估风险敞口大小。对业务目标影响可分为：③高—影响目标实现、②中—产生有形损失、①低—负面无形影响等三个系数档；对合规目标影响可分为：③高—影响目标实现、②中—产生有形损失、①低—负面无形影响等三个系数档；引起合规风险可能产生的合规风险源工作事项发生频率分为：③高（每日发生 1 次或者 1 次以上）、②中（每周发生 1 次或者 1 次以上）、①低（每月发生 1 次或者 1 次以上）三个系数档。因此对应的合规风险系数为这三个维度系数的连乘积，计算公式为：合规风险 = 业务目标影响系数 × 合规目标影响系数 × 风险源发生频率。对比关系如表 2.4.3 所示。

表 2.4.3　合规风险系数范围

项次	对业务目标影响	对合规目标影响	行为发生频率	对应合规风险等级
1	高	高	高	27
2	高	高	中	18
3	高	高	低	9
4	中	高	高	18
5	中	高	中	12
6	中	高	低	6
7	低	高	高	9
8	低	高	中	6
9	低	高	低	3
……	……	……	……	……

第七步：风险排序，确定风险应对计划

通过对已识别的企业合规风险和确定的合规风险系数进行排序，确定待处理的合规风险点，并对应合规风险源，使企业能够确定其年度合规应对计划的重点业务环节、重点工作岗位,工作组也可以据此拟定风险应对措施计划。

第八步:风险应对措施制订

根据合规风险点所在的不同业务步骤、岗位和合规风险系数,依据公司制度规定的工作目标、工作步骤、工作责任主体、工作任务、工作记录、工作标准和工作方法,结合合规要求、合规承诺,有针对性地制定合规风险管理措施。对不同风险系数的合规风险的应对措施应区别制订,重点加强对合规风险系数高的合规风险点的防控。制定合规风险控制措施时,特别要注意的是,合规风险的管理重点在于对合规风险源的管理和合规风险源发生频次的降低。

对于新出台的合规义务,企业若无对应方面的任何制度措施进行管理,将面临的是全部固有合规风险,企业需要针对所识别分析评估的合规风险,全部重新制定风险控制措施,形成新的制度。对于原有合规义务,或者合规义务发生变化,或者企业内部发生产品、战略、组织架构、岗位职责等变化,尽管企业有现成的制度,但是可能存在残留的剩余合规风险,因此,我们需要对企业现有的控制制度进行合规风险控制效果评估,评估是否存在剩余合规风险,再决定是否需要采取补充的控制管理措施,以针对所识别的剩余合规风险。

第九步:合规风险控制措施植入企业流程制度

根据制定的合规风险控制措施,融入对应的企业流程制度,并发布、培训宣贯和执行。

四、合规风险识别分析评估法

按照合规风险识别分析评估流程,开展企业合规风险控制管理,主要有相应的方法支持。

（一）合规风险识别分析评估法概述

如何在本企业内开展有效的合规风险识别分析评估呢？客观地讲，目前并没有适用于所有企业的万能的正确解决方案，各企业都在不断探索和创新中。各企业根据各自的实际情况，参考《合规管理体系　指南》，制定适用于本企业的合适的、恰当的方法，建立合规风险识别分析评估流程，开展合规风险识别分析评估工作。

在建立合规风险识别分析评估流程过程中，首先要确保合规风险识别分析评估方法适合本企业。这意味着需要根据企业所在行业、业务复杂程度、主要经营市场、规模、结构、文化和风险偏好进行与之匹配的合规风险识别分析评估。合规风险识别范围过大或过于狭窄，都不会给企业合规风险管理带来好处，反而会导致合规管理体系效率低下和成本上升。

本节除了传统的合规风险识别访谈法、问卷调查法和案例分析法等方法以外，主要介绍两个合规风险识别分析评估工具，即两种识别分析评估方法：方法一是基于岗位的合规风险识别分析评估法；方法二是基于流程的合规风险识别分析评估法。

（二）岗位合规风险识别分析评估法

1. 岗位责任工作事项与目标梳理

基于岗位的合规风险识别评估，主要围绕岗位上履行的职责内容来识别评估分布在岗位职责中的合规风险。它们的存在，将不同程度的影响某个管理目标的实现或者合规目标的实现。岗位上明确了哪些职责，合规风险也隐藏其中。因此，要识别岗位职责里隐藏的合规风险，需要将岗位职责内容逐一列出，清晰梳理每一岗位职责对应的具体责任工作事项，并将每一责任工作事项对应的业务目标和合规目标列出（见表2.4.4所示）。

表 2.4.4 岗位职责清单

岗位名称			
职责项数	岗位职责	对应负责的工作事项	对应业务目标和合规目标
1			
2			

2. 识别岗位责任工作事项对应的合规风险源

岗位上不同的岗位职责，其职责履行时，均有对应的责任工作事项，该工作事项可能对应不同类型的合规风险源。这些存在的合规风险源构成合规风险引发的必要条件。通过大量的案例总结分析，我们发现存在一个不合规、违规“铁三角”定律：合规风险源 + 不良动机 + 业务机会 = 合规风险发生。

因此，识别合规风险，首先识别岗位职责对应的合规风险源，并对合规风险控制穿透环节进行确定，以确定合规风险责任的穿透范围，包括主办、会商、审核、审批和管理流程可追溯的上级，以确定该合规风险源引致的合规风险在管理和控制方面涉及的岗位。

其中，合规风险源包括以下方面。

从内部控制完善程度分析合规风险源，有四种情形的合规风险源。

第一，制度缺陷

企业没有对应的制度、部分缺失制度、或者制度措施没有有效控制作用。

第二，认知缺陷

企业对某业务的全过程管理总结还不成熟、业务运行规律认知不足。

第三，技术缺陷

企业对某产品、某方面的技术标准、参数有不足、不成熟。

第四，监控缺失

企业对某业务活动由于某种原因，监督控制基本处于缺失的状态下。

权力引致合规风险的原因是权力的不正当使用！企业组织内部的不合规、

违规,进而发展为贪污腐败、犯罪等问题,96%出现在拥有以下“八项权力”中一项或者一项以上的业务领域和岗位。在企业生产经营岗位上的人,不合规、违规“铁三角”定律依然起作用:权力+不良动机+业务机会=合规风险发生,权力+不良动机+业务机会是发生合规风险的充分条件(不是必要条件),导致了企业人员在岗位履职过程中的大多数违规行为。存在于企业组织的“八项权力识别模型”包括以下具体内容。

第一项权力——审批权,是负责决定做与不做的活动,是指决策、决定、批准等具有核准性质的活动,多为企业各类业务、各层级大小领导们,能够决定某项事务做还是不做的决定权。

行权内容包括:销售、人事、采购、放行、计量、财务资金等领域的决策审批。

第二项权力——市场客服与销售权,是负责推销资产、产品、服务并卖给客户的活动。

行权内容包括:向客户介绍资产、产品、服务功能、销售政策、价格优惠条件、销售合同签订、售后服务、维修、保养、置换等客服、销售性质活动以及向客户所实施的营销推送活动,多为市场客服与销售岗位人员的主要活动。

第三项权力——人事权,是负责企业人员管理的活动。

行权内容包括:雇佣、招聘、任免、考核、人员奖励与处罚、职称评定、岗位选拔、评先进、劳模等针对人的管理活动,多为人力资源岗位人员的主要活动。

第四项权力——采购权,是负责购买企业所需的活动。

行权内容包括:包括投资活动、确定供应商、外包商、租赁商合格名册、确定采购数量、采购方式、采购策划、制定采购文件、确定投标人、确定价格和中标人、签合同、合同变更等与选择第三方合作伙伴、确定所采购的产品、服务定价有关的活动,多为采购、投资相关岗位人员的主要活动。

第五项权力——放行权,负责利用某尺度标准进行判断、对比、衡量的活动。

行权内容包括:质量检测、安全管理、仓储管理、品控管理、物料设备使用管理、技术审核、专业评审、专业认证、监督权、环境管理、进出门管理等工作过程中间产品进出、放行、许可、专业技术复核性质的活动，多为质检岗、技术岗、现场岗、库管岗、品管岗、门卫等一类的岗位的主要活动。

第六项权力——计量权，负责确定数量多少的活动。

行权内容包括：计量劳动工作量、产品、服务、物资、设备计量，如货物计数、采购结算、开具验收单、物料领用、消耗计量、工作量计量、分包量计量、容积测量、计时计件、记账等计数计量称重活动，多为供应链、物流线上的岗位和会计岗位人员的主要活动。

第七项权力——财务资金权。

行权内容包括：资金、费用预算、计划、收款、付款、费用开支管理和负责费用报销管理、津贴福利开支管理等经手钱财进出性质的活动，多为财务、出纳、收支计划、财务预算等岗位人员的主要活动。

第八项权力——拥有关键信息权，是指履行岗位职责过程中能接触、掌握、创造需控制受众范围的信息的机会。

行权内容包括：参与公司高层内部决策会议、重要商务活动、重要管理活动，知道公司内部商业秘密、商业策略、战略、重要人事安排、重要工作部署、采购分包其他投标人、标底、预算等信息。

以上8个方面的权力是企业在生产经营过程中赋予各岗位职责中的权力，在这些权力行使的过程中，最容易导致不合规、违规、腐败风险发生，识别了以上8个方面的权力在企业各岗位的分布情况，就能够找到企业最主要的合规风险存在的地方。

按照岗位职责和合规风险源，识别岗位合规风险源，具体见岗位合规风险源识别穿透检索表（表2.4.5－1，表2.4.5－2）。岗位合规风险源识别穿透检索表主要用于岗位上的合规风险源的识别。

表 2.4.5－1　岗位合规风险源识别穿透检索

岗位名称：　　　　　　　　所在部门：　　　　　　　　合规管理员：

岗位职责	对应负责的工作事项清单	合规风险源（组织活动本身具有的属性）				风险控制穿透环节				
		是否涉及利益管理活动	是否涉及权力行使活动	是否涉及技术性（黑箱）操作活动	是否涉及利益冲突活动	主办	会商	审核	审批	管理流程可追溯的上级

（笔者绘制）

表 2.4.5－2　岗位合规风险源识别穿透检索

岗位名称：　　　　　　　　所在部门：　　　　　　　　合规管理员：

岗位职责	对应负责的工作事项清单	合规风险源（组织内部控制的完善性）				风险控制穿透环节				
		是否存在制度缺失、缺陷	是否存在技术缺失、缺陷	是否存在认知缺陷	是否存在监控缺失	经办	会商	审核	审批	管理流程可追溯的上级

（笔者绘制）

3. 基于岗位的合规风险评估

根据每项岗位职责对应的工作事项和基于合规风险分布特征的 8 个方面的合规风险源和“八项权力识别模型”，识别每项职责对应工作事项内容中隐藏的合规风险源，根据合规风险源内容，分析合规风险发生情形、产生不合规原因、不合规后果(个人和环境的伤害、经济损失、声誉损失以及行政责任)、合规风险源发生频次、对业务目标影响、对合规目标影响、合规风险系数等。这些有合规风险源，同时合规风险系数超过企业能够承受的合规风险系数标准的工作事项，即确定为该岗位的合规风险点，这个工作事项清单，即岗位的合规风险点清单，这些是需要优先采取风险控制措施的。具体见《岗位合规风险分析评估控制表》(表 2.4.6)。《岗位合规风险分析评估控制表》主要用于岗位上的合规风险分析、确定合规风险系数、该岗位目前的合规风险控制措施效果评估与应对。

4. 基于岗位的合规风险源识别示例

以酒店“客房清洁岗位”中的“客房清洁卫生服务”职责为例，进行基于岗位的合规风险源识别，具体见《岗位合规风险源识别穿透检索表》(表 2.4.7－1，表 2.4.7－2)。

5. 基于岗位的合规风险分析评估示例

以酒店“客房清洁岗位”中的“客房清洁卫生服务”职责为例，进行基于岗位的合规风险分析评估控制，具体见《岗位合规风险分析评估控制表》(表 2.4.8)。

表 2.4.6　岗位合规风险分析评估控制

岗位名称：　　　　　　所在部门：　　　　　　合规管理员：

岗位职责	对应负责的工作事项	对应的具体合规义务			合规风险源	合规风险评估与应对								对应内部管控制度	是否有剩余合规风险	设定合规目标	剩余合规风险控制措施	嵌入制度名称	责任人
		合规承诺	纪律与道德规范	法律法规监管规定等		不合规情形	产生不合规原因	不合规后果（个人和环境的伤害、经济损失、声誉损失以及行政责任）	合规风险源发生频次	对业务目标影响	对合规目标影响	合规等级（高、中、低）	风险应对策略						

（笔者绘制）

表 2.4.7－1　岗位合规风险源识别穿透检索

岗位名称:客房清洁岗位　　所在部门:客房服务部　　合规管理员:李某

岗位职责	对应负责的工作事项清单	合规风险源(组织活动本身具有的属性)				风险控制穿透环节				
		是否涉及利益管理活动	是否涉及权力行使活动	是否涉及技术性(黑箱)操作活动	是否涉及利益冲突活动	主办	会商	审核	审批	管理流程可追溯的上级
1. 客房清洁卫生服务	对客房地面、卫生间、洗面台等进行清洁消毒清洁服务	无	无	涉及技术性(黑箱)操作活动:清洁人员是一个人客房内完成系列工作任务	无	★清洁人员	无	有:管理人员事后监督检查	无	有:客房部经理

(笔者绘制)

表 2.4.7－2　岗位合规风险源识别穿透检索

岗位名称：客房清洁岗位　　所在部门：客房服务部　　合规管理员：李某

岗位职责	对应负责的工作事项清单	合规风险源（组织内部控制的完善性）				风险控制穿透环节				
		是否存在制度缺失、缺陷	是否存在技术缺失、缺陷	是否存在认知缺陷	是否存在监控缺失	经办	会商	审核	审批	管理流程可追溯的上级
1. 客房清洁卫生服务	对客房地面、卫生间、洗面台等进行清洁消毒清洁服务	无	无	无	存在监控缺失：客房清洁过程现场，监控缺失	★清洁人员	无	有：管理人员事后监督检查	无	有：客房部经理

（笔者绘制）

表 2.4.8　岗位合规风险分析评估控制

岗位名称:客房清洁岗位　　　所在部门:客房服务部　　　合规管理员:李某

岗位职责	对应负责的工作事项	对应的具体合规义务			合规风险源	合规风险评估与应对								对应内部管控制度	是否有剩余合规风险	设定合规目标	剩余合规风险控制措施	嵌入制度名称	责任人
		合规承诺	纪律与道德规范	法律法规监管规定等		不合规情形	产生不合规原因	不合规后果(个人和环境的伤害、经济损失、声誉损失以及行政责任)	合规风险源发生频次	对业务目标影响	对合规目标影响	合规风险系数	风险应对策略(合规风险系数≥8,必须优先控制)						
1. 客房清洁卫生服务	对客房地面、卫生间、洗面台等进行清洁消毒清洁服务	100%卫生、绿色	《酒店客房清洁人员行为规范》	《旅店业卫生标准》(GB9663—1996)、《食品卫生法》、《化妆品卫生监督条例》、《化妆品卫生标准》(GB7916—1987)	1. 清洁人员是一个人客房内完成系列工作任务;2. 客房清洁过程现场,监控缺失	卫生清洁违反房间清洁操作规程,客房清洁不达标	现场缺乏监督下,员工惰性导致	声誉损失以及行政责任、客户投诉	③高—每天清洁客房30间,两个合规风险源均每天发生30次	②中—产生负面无形影响	③高—影响目标实现	③×②×③=18	控制	《旅业客房卫生间清洁操作规程》、《旅业客房杯具洗消操作规程》	是:现有制度对两个风险源均未进行有效管理和规范	0次投诉,100%卫生、绿色	补充制定对两个风险源的控制管理措施	《旅业客房卫生间清洁操作规程》、《旅业客房杯具洗消操作规程》	张某

(笔者绘制)

（三）流程合规风险识别分析评估

1. 流程合规风险识别

基于流程的合规风险识别分析评估，即围绕流程来识别分析评估流程中某些步骤可能存在的合规风险。它们将不同程度地影响流程管理目标的实现，或者合规目标的实现。要识别流程里存在的合规风险，需要将公司的流程制度按照现代企业流程的定义进行描述。企业流程是企业组织为实现决策或业务的某一特定目的所采取的一系列有控制的步骤、活动与方法的集合。

从该定义可知，明确了1个特定目的和步骤、组织、活动、控制记录、工作标准、工作方法等6个方面构成流程的“1+6”基本要素。其中，特定目的即流程特定“管理目标”，步骤即流程里的“工作步骤”，组织即流程里每个工作步骤的“责任主体”（责任部门和责任岗位），活动即流程里每个工作步骤的“工作任务”，控制记录即流程里每个工作步骤应该形成的规范格式的“工作记录”，工作标准即流程里每个工作步骤的工作任务的“工作标准”，工作方法即流程里每个工作步骤的工作任务的“工作方法”。这些基本要素构成了现代企业流程的“1+6”标准结构（见表2.4.9）。

表2.4.9 企业流程的“1+6”标准结构

<table>
<tr><td></td><td colspan="4">流程管理目标</td><td colspan="3">目标计算公式</td></tr>
<tr><td rowspan="2">步骤</td><td colspan="3">责任主体</td><td rowspan="2">工作任务</td><td rowspan="2">工作记录</td><td rowspan="2">工作标准</td><td rowspan="2">工作方法</td></tr>
<tr><td>某业务部业务主办</td><td>某业务部主管</td><td>某业务分管领导</td></tr>
<tr><td>1</td><td></td><td></td><td></td><td></td><td></td><td></td><td></td></tr>
<tr><td>2</td><td></td><td></td><td></td><td></td><td></td><td></td><td></td></tr>
</table>

续表

步骤	流程管理目标				目标计算公式		
	责任主体			工作任务	工作记录	工作标准	工作方法
	某业务部业务主办	某业务部主管	某业务分管领导				
3							
4							
5							
6							
7							
8							

将公司的流程制度按照上表进行分解描述，就如同将公司“看不见”的文本流程制度展开为可以“看见”的“流程地图”，再根据“流程地图”中的工作步骤和工作任务，识别流程运行中的合规风险。

2. 识别流程环节对应的合规风险源

根据“流程地图”和合规风险源，针对流程每个工作步骤的工作任务内容，识别流程各环节隐藏的合规风险源。

具体见《流程合规风险源识别穿透检索表》（表 2.4.10－1，表 2.4.10－2）。《流程合规风险源识别穿透检索表》主要用于流程上的合规风险源的识别。

表 2.4.10－1　流程合规风险源识别穿透检索

流程名称：　　　　　　主责部门：　　　　　　合规管理员：

流程工作步骤	对应工作任务事项	合规风险源（组织活动本身具有的属性）				风险控制穿透环节				
		是否涉及利益管理活动	是否涉及权力行使活动	是否涉及技术性（黑箱）操作活动	是否涉及利益冲突活动	主办	会商	审核	审批	管理流程可追溯的上级

（笔者绘制）

表 2.4.10－2　流程合规风险源识别穿透检索

流程名称：　　　　　　主责部门：　　　　　　合规管理员：

流程工作步骤	对应工作任务事项	合规风险源（组织内部控制的完善性）				风险控制穿透环节				
		是否存在制度缺失、缺陷	是否存在技术缺失、缺陷	是否存在认知缺失	是否存在监控缺失	经办	会商	审核	审批	管理流程可追溯的上级

（笔者绘制）

3. 基于流程的合规风险分析评估

根据流程每个工作步骤对应的工作任务事项和基于合规风险分布特征的8个方面的合规风险源和“八项权力识别模型”，识别流程每一工作步骤对应工作任务事项内容中隐藏的合规风险源，根据合规风险源内容，分析合规风险发生情形、产生不合规原因、不合规后果（个人和环境的伤害、经济损失、声誉损失以及行政责任）、合规风险源发生频次、对业务目标影响、对合规目标影响、合规风险系数。这些有合规风险源，同时合规风险系数超过企业能够承受的合规风险系数标准的工作任务事项，即确定为该流程的合规风险点，这个工作任务事项清单，即该流程的合规风险点清单，这些是需要优先采取风险控制措施的。

具体见《流程合规风险分析评估控制表》（表2.4.11）。《流程合规风险分析评估控制表》主要用于流程合规风险分析、确定合规风险系数、该流程目前的合规风险控制措施效果评估与应对。

4. 基于流程的合规风险源识别示例

以“某工厂废水管理流程”中的“造纸工厂生产用废水处理”工作步骤为例，进行基于流程的合规风险源识别。具体见《流程合规风险源识别穿透检索表》（表2.4.12－1，表2.4.12－2）示例。

5. 基于流程的合规风险分析评估控制示例

以某“工厂废水管理流程”中的“造纸工厂生产用废水处理”工作步骤为例，进行基于流程的合规风险分析评估控制。具体见《流程合规风险分析评估控制表》（表2.4.13）示例。

表 2.4.11　流程合规风险分析评估控制

流程名称：　　　　　　　主责部门：　　　　　　　合规管理员：

流程工作步骤	对应工作任务事项	对应的具体合规义务			合规风险源	合规风险评估与应对								对应内部管控制度	是否有剩余合规风险	设定合规目标	剩余合规风险控制措施	嵌入制度名称	责任人
		合规承诺	纪律与道德规范	法律法规监管规定等		不合规情形	产生不合规原因	不合规后果（个人和环境的伤害、经济损失、声誉损失以及行政责任）	合规风险源发生频次	对业务目标影响	对合规目标影响	合规等级（高、中、低）	风险应对策略						

（笔者绘制）

表 2.4.12－1　流程合规风险源识别穿透检索

流程名称:工厂废水管理　　主责部门:安全环境监督部　　合规管理员:陈某

流程工作步骤	对应工作任务事项	合规风险源(组织活动本身具有的属性)				风险控制穿透环节				
		是否涉及利益管理活动	是否涉及权力行使活动	是否涉及技术性(黑箱)操作活动	是否涉及利益冲突活动	主办	会商	审核	审批	管理流程可追溯的上级
1. 造纸工厂生产用废水处理	对使用后的废水进行处理	涉及利益管理:废水处理,工厂需要另外支付费用	涉及放行权:废水处理达标检测	涉及技术性(黑箱)操作活动:排废水过程具有隐秘性		无	无	无	无	安全环境监督部

(笔者绘制)

表 2.4.12－2　流程合规风险源识别穿透检索

流程名称:工厂废水管理　　主责部门:安全环境监督部　　合规管理员:陈某

流程工作步骤	对应工作任务事项	合规风险源(组织内部控制的完善性)				风险控制穿透环节				
		是否存在制度缺失、缺陷	是否存在技术缺失、缺陷	是否存在认知缺失	是否存在监控缺失	经办	会商	审核	审批	管理流程可追溯的上级
1. 造纸工厂生产用废水处理	对使用后的废水进行处理	无	无	无	存在监控缺失:排废水可以24时,无法时刻现场监控	无	无	无	无	安全环境监督部

(笔者绘制)

表 2.4.13　流程合规风险分析评估控制

流程名称:工厂废水管理　　主责部门:安全环境监督部　　合规管理员:陈某

流程工作步骤	对应工作任务事项	对应的具体合规义务			合规风险源	合规风险评估与应对								对应内部管控制度	是否有剩余合规风险	设定合规目标	剩余合规风险控制措施	嵌入制度名称	责任人
		合规承诺	纪律与道德规范	法律法规监管规定等		不合规情形	产生不合规原因	不合规后果(个人和环境的伤害、经济损失、声誉损失以及行政责任)	合规风险源发生频次	对业务目标影响	对合规目标影响	合规风险系数	风险应对策略(合规风险系数≥8,必须优先控制)						
1. 造纸工厂生产用废水处理	对使用后的废水进行处理	零污染排放	企业社会环境保护责任	《造纸工业水污染物排放标准》(GB 3544—1992)	1. 废水处理,工厂需要另外支付费用; 2. 废水处理达标检测; 3. 排废水过程具有隐秘性; 4. 排废水可以24时,无法时刻现场监控	废水处理不达标准,导致污染水源	工厂不愿意花费开支来处理废水,降低成本,多获得利润	人和环境的伤害、经济损失、声誉损失以及行政责任	③高—每日24小时排放	③高—影响目标实现	③高—影响目标实现	③×③×③=27	控制	《废水排放管理办法》	是:现有制度对四个风险源均未进行有效管理和规范	0违规排放	补充制定对四个风险源的有效控制管理措施	《废水排放管理办法》	李某

(笔者绘制)

第五章

合规组织

“组织是为实现目标(2.9),由职责、权限和相互关系构成自身功能的一个人或一组人”[我国国家标准《合规管理体系　指南》(GB/T 35770—2017)第2.1条]。企业合规组织是企业实施合规管理以及建设企业合规管理体系的组织载体,是企业合规管理的组织者和实施者。

建立高效、协调合作的企业合规组织,是企业合规管理体系的重要组成部分,是企业有效开展合规管理、依法治企的组织保障。因此,企业开展合规管理,建立合规管理体系,第一要务就是成立合规组织,明确组织的合规管理职责。

企业合规组织有广义和狭义之分。广义的企业合规组织包括企业内部具有合规管理职能的所有层级的组织机构,如董事会、监事会、经理层、职能管理部门、业务部门、有合规管理职责的个人等。狭义的企业合规组织仅指企业内部专门负责合规管理的机构,包括合规委员会、合规负责人、合规管理部门等。笔者在本章中使用“企业合规管理组织”来特指企业内部专门负责合规管理的机构（包括合规委员会、合规负责人、合规管理部门等），即狭义的企业合规组织。

有关企业合规管理的国际标准、指南以及我国国家标准、办法和指引使用的具有合规管理职责的企业组织层级不尽相同。如表 2.5.1 所示：

表 2.5.1　企业合规管理组织层级

<table>
<tr><th>合规与银行内部合规部门</th><th>合规管理体系指南</th><th>保险公司合规管理办法</th><th>中央企业合规管理指引（试行）</th><th>企业境外经营合规管理指引</th></tr>
<tr><td>董事会</td><td rowspan="2">治理机构</td><td>董事会</td><td>董事会</td><td rowspan="3">合规治理结构（决策、管理、执行）</td></tr>
<tr><td>—</td><td>监事会</td><td>监事会</td></tr>
<tr><td>高级管理层</td><td>最高管理者</td><td>总经理</td><td>经理层</td></tr>
<tr><td>—</td><td>合规委员会</td><td>专业委员会</td><td>合规委员会</td><td>合规委员会</td></tr>
<tr><td>合规负责人</td><td></td><td>合规负责人</td><td>合规管理负责人</td><td>合规负责人</td></tr>
<tr><td>合规部门</td><td>合规团队</td><td>合规管理部门</td><td>合规管理牵头部门</td><td>合规管理部门</td></tr>
<tr><td>各部门</td><td>各管理层</td><td>各部门和分支机构</td><td>业务部门</td><td>业务部门和分支机构</td></tr>
<tr><td>—</td><td>员工</td><td>分支机构的合规管理部门</td><td>其他相关部门（监察、审计、法律、内控、风险管理、安全生产、质量环保等）</td><td>其他监督部门（审计、监察等）</td></tr>
</table>

一家大型企业集团具有合规管理职责的组织机构如图 2.5.1 所示。

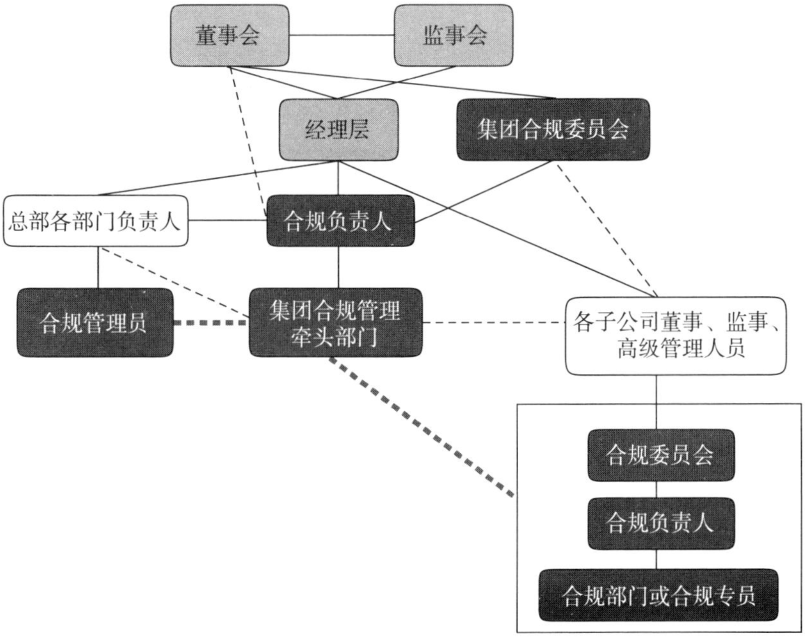

图 2.5.1　某集团合规管理职能架构

一、组织的合规管理职责

（一）有关合规规范的规定不尽相同

有关合规管理的国际标准、指南以及我国国家标准、办法和指引对合规组织职责的规定不尽相同。主要原因是这些标准、指南和指引等产生于不同时间，存在不断成熟和完善的过程，对合规组织具体职责的规定受到企业所处行业、所有制性质、规模、业务领域、商业模式、管理偏好等方面的影响。以下以我国《合规管理体系　指南》（GB/T 35770—2017）和我国国资委《中央企业合规管理指引（试行）》为例，对组织的合规管理职责进行简单梳理。

（二）《合规管理体系　指南》规定的组织的合规管理职责

我国国家标准《合规管理体系　指南》（GB/T 35770—2017）第4.3条从治理机构、最高管理者、合规团队、管理层、员工等5个层级，对组织的合规管理角色、职责和权限作了具体规定。如表2.5.2所示：

表2.5.2　组织合规管理职责

序号	组织	合规职责
1	治理机构	（1）建立合规方针； （2）确保维护对合规的承诺，并确保恰当处理不合规和不合规行为； （3）将合规职责列入最高管理者职位描述； （4）任命或提名一个合规团队； （5）确保合规团队具备独立采取措施的权限，且该团队不会向与其冲突的优先权妥协，特别是当合规已融入该组织业务的情况下
2	最高管理者	（1）分配充足和适当的资源以建立、制定、实施、评价、维护和改进合规管理体系及绩效成果； （2）确保组织分配和传达相关角色的职责和权限； （3）确保建立高效及时的报告系统； （4）对照合规关键绩效措施或结果考核； （5）分配向治理机构和最高管理者报告合规管理体系绩效的职责
3	合规团队	（1）在相关资源的支持下识别合规义务，并将那些合规义务转化为可执行的方针、程序和过程； （2）将合规义务融入现有的方针、程序和过程； （3）为员工提供或组织持续培训，以确保所有相关员工得到定期培训； （4）促进合规职责列入职务描述和员工绩效管理过程； （5）设定适当的合规报告和文件化体系； （6）制定和实施信息管理过程，如通过热线、举报系统和其他机制进行的投诉和/或反馈； （7）建立合规绩效指标，监视和测量合规绩效； （8）分析绩效以识别需要采取的纠正措施； （9）识别合规风险，并管理与第三方有关的合规风险，如供应商、代理商、分销商、咨询顾问和承包商； （10）确保按计划定期对合规管理体系进行评审； （11）确保合规管理体系的建立、实施和维护能得到适当的专业建议； （12）使员工可以得到与合规相关的程序和参考资料的资源； （13）对合规相关事宜向组织提供客观建议

续表

序号	组织	合规职责
4	管理层	(1)与合规团队合作并支持合规团队,鼓励员工也这样做; (2)个人遵守并被看到遵守方针、程序、过程并参加和支持合规培训活动; (3)在运行中识别和沟通合规风险; (4)积极承担并鼓励指导、辅导和监督员工以促进合规行为; (5)鼓励员工提出其所关注的合规问题; (6)积极参与合规相关事件和问题的管理和解决; (7)提高员工履行合规义务的意识,并指导员工满足培训和能力要求; (8)确保合规列入职务描述; (9)将合规绩效纳入员工绩效考核(如关键绩效指标、目标和晋升准则); (10)将合规义务纳入他们职责范围内的现有业务实践和程序; (11)与合规团队协力,确保一旦确定需要纠正措施,则予以实施; (12)对外包业务进行监督,确保它们考虑合规义务
5	员工	(1)坚持履行与其职位和职务有关的组织合规义务; (2)按照合规管理体系要求参与培训; (3)使用作为合规管理体系一部分的、可获得的合规资源; (4)报告合规疑虑、问题和缺陷

(三)《中央企业合规管理指引(试行)》规定的组织的合规管理职责

我国国资委《中央企业合规管理指引(试行)》从企业组织机构的 8 个层级,对组织的合规管理职责作了更加、明确、具体的规定。如表 2.5.3 所示:

表 2.5.3 组织合规管理职责

序号	组织	合规职责
1	董事会	(1)批准企业合规管理战略规划、基本制度和年度报告; (2)推动完善合规管理体系; (3)决定合规管理负责人的任免; (4)决定合规管理牵头部门的设置和职能; (5)研究决定合规管理有关重大事项; (6)按照权限决定有关违规人员的处理事项

续表

序号	组织	合规职责
2	监事会	(1)监督董事会的决策与流程是否合规; (2)监督董事和高级管理人员合规管理职责履行情况; (3)对引发重大合规风险负有主要责任的董事、高级管理人员提出罢免建议; (4)向董事会提出撤换公司合规管理负责人的建议
3	经理层	(1)根据董事会决定,建立健全合规管理组织架构; (2)批准合规管理具体制度规定; (3)批准合规管理计划,采取措施确保合规制度得到有效执行; (4)明确合规管理流程,确保合规要求融入业务领域; (5)及时制止并纠正不合规的经营行为,按照权限对违规人员进行责任追究或提出处理建议; (6)经董事会授权的其他事项
4	合规委员会	(1)合规管理组织领导和统筹协调工作; (2)定期召开会议,研究决定合规管理重大事项或提出意见建议; (3)指导、监督和评价合规管理工作
5	合规管理负责人	(1)组织制订合规管理战略规划; (2)参与企业重大决策并提出合规意见; (3)领导合规管理牵头部门开展工作; (4)向董事会和总经理汇报合规管理重大事项; (5)组织起草合规管理年度报告
6	合规管理牵头部门	组织、协调、监督合规管理工作,为其他部门提供合规支持,主要合规管理职责包括: (1)研究起草合规管理计划、基本制度和具体制度规定; (2)持续关注法律法规等规则变化,组织开展合规风险识别和预警,参与企业重大事项合规审查和风险应对; (3)组织开展合规检查与考核,对制度和流程进行合规性评价,督促违规整改和持续改进; (4)指导所属单位合规管理工作; (5)受理职责范围内的违规举报,组织或参与对违规事件的调查,并提出处理建议; (6)组织或协助业务部门、人事部门开展合规培训

续表

序号	组织	合规职责
7	业务部门	(1)负责本领域的日常合规管理工作； (2)按照合规要求完善业务管理制度和流程； (3)主动开展合规风险识别和隐患排查，发布合规预警； (4)组织合规审查； (5)及时向合规管理牵头部门通报风险事项，妥善应对合规风险事件； (6)做好本领域合规培训； (7)做好本领域商业伙伴合规调查等工作； (8)组织或配合进行违规问题调查并及时整改
8	其他相关(职能管理)部门	监察、审计、法律、内控、风险管理、安全生产、质量环保等相关部门，在职权范围内履行合规管理职责

相比较而言，《中央企业合规管理指引(试行)》从企业组织机构的8个层级，对组织的合规管理职责作了更加明确、具体的规定，突出了合规委员会、合规管理负责人以及业务部门作为合规风险第一道防线的合规管理职责，并要求监察、审计、法律、内控、风险管理、安全生产、质量环保等相关部门在职权范围内履行合规管理职责。

我国《合规管理体系 指南》将企业组织划分为5个层级，并规定了其合规管理职责。其中一个显著特点是将员工确定为企业组织的一个层级，并对其合规管理职责作了规定。企业员工代表企业的主要群体，是组成企业的最基本单元，也是履行企业合规职责的最基本单元和主要力量，是企业合规的最基本的践行者。企业如果做到了员工人人合规，企业合规就得到了最有力的保障，企业合规的目标也基本得以实现。因此，宜将员工确定为企业组织的一个层级，推动将合规责任与合规管理职责纳入员工的岗位职责和员工绩效管理流程。

设计组织的合规管理职责，均需事先：(1)对企业的公司结构和治理机制进行考察；(2)对企业所处行业、所有制性质、经营规模、业务领域、商业模式和运营管理模式进行考察；(3)对企业现有合规组织的层级、职责和权限、汇报路线、与其它部门的协调合作等进行梳理和分析；(4)了解企业其他职能管理部门的组织模式以及企业治理机构、最高管理者对组织模式的偏好。根据前述调查，研究确定适合本企业组织的合规管理职责。

我国国资委《中央企业合规管理指引(试行)》旨在规范中央企业合规管理体系的建设和运行，更贴近大规模企业建立和运行合规管理体系之需要，值得我国其他所有制性质的企业集团和大型企业参考运用。我国发改委等七部委《企业境外经营合规管理指引》侧重于企业境外经营合规管理体系的建设和运行。而我国《合规管理体系　指南》可以更广泛地运用于一般企业(包括单一结构企业和规模较小的企业集团等)合规管理体系的建设和运行。

二、企业治理机构的合规管理职责

(一)董事会

董事会是企业经营决策机构，也是企业合规管理的决策机构。按照我国国资委《中央企业合规管理指引(试行)》的规定，董事会的合规管理职责包括：批准企业合规管理战略规划、基本制度和年度报告，推动完善合规管理体系，决定合规管理负责人的任免；决定合规管理牵头部门的设置和职能；研究决定合规管理有关重大事项；按照权限决定有关违规人员的处理事项。

关于董事会的合规管理职责，有关企业合规管理的国际标准、指南以及我国的国家标准、办法和指引的规定不尽一致。

以下做部分摘录，供作参考。

1. 合规应从高层做起

“合规应从高层做起。当企业文化强调诚信与正直的准则并由董事会和高

级管理层作出表率时,合规才最为有效。”(巴塞尔银行监管委员会《合规与银行内部合规部门》引言2)

“……要使合规管理体系有效运行,治理机构和最高管理者需要通过坚持积极地支持合规和合规管理体系来以身作则。”(我国《合规管理体系 指南》第4.3.2条)

2. 董事会对企业的合规管理承担最终责任

我国原银监会《商业银行合规风险管理指引》第10条,我国原保监会《保险公司合规管理办法》第7条。

3. 推行合规价值观

(1)推行诚信与正直的价值观(巴塞尔银行监管委员会《合规与银行内部合规部门》第14条);

(2)确立全员主动合规、合规创造价值等合规理念,推行诚信与正直的职业操守和价值观念(我国原银监会《商业银行合规风险管理指引》第6条);

(3)倡导诚实守信的道德准则和价值观念,推行主动合规、合规创造价值等合规理念(我国原保监会《保险公司合规管理办法》第4条)。

4. 对合规管理有效性承担责任

(我国证监会《证券公司和证券投资基金管理公司合规管理办法》第7条)

5. 对呈交行业监管机构的年度合规报告的真实性、准确性和完整性负责

(我国原保监会《保险公司合规管理办法》第37条)

(二)监事会

我国有关企业合规管理的办法和指引对监事会的合规管理职能都作出规定,包括:监督董事会的决策与流程是否合规,监督董事和高级管理人员合规管理职责履行情况,对引发重大合规风险负有主要责任的董事、高级管理人员提出罢免建议,向董事会提出撤换公司合规管理负责人的建议等。

我国《公司法》乃至大多企业的章程，都详细规定了监事会的职责权限以及议事规则。但是，在我国企业治理机制的实践中，监事会的作用经常被忽视和边缘化，不少企业的监事会没有发挥真正的监督作用。

如何按照我国《公司法》和企业章程的规定规范我国企业的治理机制，以及在企业合规管理实践中如何保障企业监事会依法依规履职，都是值得探讨的课题。

（三）经理层

按照我国《公司法》的规定，经理层是公司治理机构的一部分，由公司高级管理人员组成，包括总经理、副总经理、财务总监等，在我国国家标准《合规管理体系　指南》中为最高管理者。

经理层是董事会有关合规管理的方针和决策的具体执行者，也是企业合规管理工作以及企业合规管理体系具体运行的最高领导者。其职责包括建立健全合规管理组织架构、批准合规管理具体制度规定、采取措施确保合规制度得到有效执行；及时制止并纠正不合规的经营行为，按照权限对违规人员进行责任追究或提出处理建议等。

企业合规管理体系的建立和有效运行，经理层的支持、领导和以身作则是关键。

三、合规委员会

（一）合规委员会的设立与职责

对设立合规委员会及其合规管理职责作出规定的，主要有以下有关企业合规管理的国际标准、指南以及我国的国家标准、办法和指引(见表2.5.4)。从这些规定来看,合规委员会是企业董事会下设的机构,负责按照董事会的授权,指导、监督和评价企业合规管理工作,听取、核准合规管理计划与合规报告,统筹领导合规风险应对,向董事会或高级管理层提出合规管理的意见和建议。

表2.5.4 合规管理规定

合规规范	职责
巴塞尔银行监管委员会《合规与银行内部合规部门》	董事会可以将其职责委托给董事会下设的委员会,如推行诚信与正直的价值观念、制定合规政策并监督其实施、听取合规部门的年度合规报告与重大违规报告、听取违规调查报告等
ISO 19600《合规管理体系 指引》	许多组织由专人(如:合规官)负责日常的合规管理,有些组织由跨职能的合规委员会协调整个组织的合规工作(第4.3.2条)
原银监会《商业银行合规风险管理指引》	董事会可以授权董事会下设的风险管理委员会、审计委员会或专门设立的合规管理委员会对商业银行合规风险管理进行日常监督(第10条第3款)。董事会下设的委员会应通过与合规负责人单独面谈和其他有效途径,了解合规政策的实施情况和存在的问题,及时向董事会或高级管理层提出相应的意见和建议,监督合规政策的有效实施(第11条)
原保监会《保险公司合规管理办法》	董事会可以授权专业委员会履行以下合规职责:(1)审核公司年度合规报告;(2)听取合规负责人和合规管理部门有关合规事项的报告;(3)监督公司合规管理,了解合规政策的实施情况和存在的问题,并向董事会提出意见和建议;(4)公司章程规定或者董事会确定的其他合规职责(第8条)
国资委《中央企业合规管理指引(试行)》	中央企业设立合规委员会,与企业法治建设领导小组或风险控制委员会等合署,承担合规管理的组织领导和统筹协调工作,定期召开会议,研究决定合规管理重大事项或提出意见建议,指导、监督和评价合规管理工作(第8条)。对于重大合规风险事件,合规委员会统筹领导,合规管理负责人牵头,相关部门协同配合,最大限度化解风险、降低损失(第19条)

续表

合规规范	职责
发改委等七部委《企业境外经营合规管理指引》	企业可结合实际设立合规委员会,作为企业合规管理体系的最高负责机构。合规委员会一般应履行以下合规职责:(1)确认合规管理战略,明确合规管理目标;(2)建立和完善企业合规管理体系,审批合规管理制度、程序和重大合规风险管理方案;(3)听取合规管理工作汇报,指导、监督、评价合规管理工作(第11条第1款)

(二)是否设立独立的合规委员会

有关企业合规管理的国际标准、指南以及我国的国家标准、办法和指引中,只有我国发改委等七部委《企业境外经营合规管理指引》第11条第1款规定,企业可以结合实际设立合规委员会。我国国资委《中央企业合规管理指引(试行)》第8条明确规定,中央企业设立合规委员会,但应与企业法治建设领导小组或风险控制委员会等合署。其他标准、办法和指引只提及企业董事会可以将部门合规管理职责授权下设的专业委员会,可以是风险管理委员会、审计委员会或者合规委员会。欧美跨国企业集团,以设立独立的合规委员会者居多。

因此,可以总结为以下三点:

1. 合规委员会是董事会下设的一级合规管理组织,行使董事会授予的合规管理职权;

2. 可以设立独立的合规委员会,而我国国资委《中央企业合规管理指引(试行)》要求中央企业的合规委员会与其他专业委员会合署;

3. 合规委员会的主要职责是研究决定合规管理重大事项或提出意见建议,统筹协调、指导、监督和评价企业合规管理工作;听取与核准合规管理计划与合规报告;向董事会提出合规管理的意见和建议。

(三)合规委员会的组成

有关企业合规管理的国际标准、指南以及我国的国家标准、办法和指引并未对合规委员会的组成及人数作出规定。

结合跨国企业集团以及我国企业合规管理实践,设立合规委员会宜考虑以下几个因素:(1)合规委员会是董事会的下设机构,行使董事会授予的职权,也因此与企业合规管理部门及其他业务部门的职责相区别;(2)合规委员会的职权与合规管理职能相关,主要是统筹协调、指导、监督和评价合规管理工作,具有领导、监督、评价职能;(3)合规委员会作出决定,宜执行少数服从多数原则,其成员以单数为宜。

基于以上几个因素,组建合规委员会可以参考以下几点:

1. 大型企业合规委员会以5人至7人组成为宜;

2. 合规委员会至少包括以下人员:董事长或者一名董事,一名监事,合规负责人(由总法律顾问兼任),内控、审计负责人,国有企业纪检监察负责人等;

3. 合规委员会不宜包括业务部门负责人。因为,业务部门应是合规委员会合规管理的对象。

四、企业合规部

企业合规部即企业合规管理部门,在我国国资委《中央企业合规管理指引(试行)》中称为企业合规管理牵头部门。

企业合规部是企业合规组织的核心,也是企业合规管理体系建设伊始需要尽早安排和实施的构成要素。

如何设置企业合规部?如何配置合规管理人员?本文结合跨国公司的做法、国际标准暨我国《合规管理体系　指南》(GB/T 35770—2017)以及我国国资委《中央企业合规管理指引(试行)》等,对此作初步梳理。

（一）企业合规部的渊源

最早提出需要建立企业合规部的当系2005年4月29日巴塞尔银行监管委员会《合规与银行内部合规部门》，要求银行组建专门的合规部门。自此以后，欧美跨国公司大都逐渐任命自己的合规总监并建立合规管理部门。国际标准化组织2014年12月5日颁布《合规管理体系　指南》（ISO 19600：2014），对合规管理机构的具体责任及分配责任的原则和条件作出了具体规定。

我国最早提出建立企业合规部要求的是原银监会于2006年颁布的《商业银行合规风险管理指引》，其第3条第4款规定：本指引所称合规管理部门，是指商业银行内部设立的专门负责合规管理职能的部门、团队或岗位。并在第三章对合规管理部门的职责作出了详细规定。其后，原保监会2016年《保险公司合规管理办法》、证监会2017年《证券公司和证券投资基金管理公司合规管理办法》、国际标准暨我国国家标准《合规管理体系　指南》（GB/T 35770—2017）等，都对企业建立合规部及其职责作出了规定。我国国资委2018年《中央企业合规管理指引（试行）》第9、10条规定，“中央企业相关负责人或总法律顾问担任合规管理负责人”，“法律事务机构或其他相关机构为合规管理牵头部门”。

（二）企业合规部组织模式

企业合规部的职能是合规管理，合规是目标，管理是方法、程序和手段。企业合规部与规划、财务、人力资源、审计等并列，系企业职能管理部门之一。

企业合规部的设立通常有三种组织模式。

1. 独立模式

独立模式即任命专门的合规总监，设立独立的企业合规部，集中管理和负责企业的合规管理。例如，西门子、戴姆勒、富士胶片、辉瑞、葛兰素史克、我国各大银行、保险公司及证券公司等都采用这一模式。

2. 复合模式

复合模式即企业不设独立的合规部，合规部与法律部合二为一，形成法律合规部，或者将合规管理职责归入法律部，下设合规分部或合规团队。企业总法律顾问兼合规负责人（合规总监）职责。

我国《中央企业合规管理指引（试行）》规定，“中央企业相关负责人或总法律顾问担任合规管理负责人”，“法律事务机构或其他相关机构为合规管理牵头部门”，就是典型的复合模式。我国国资委 2016 年建立合规管理体系试点的 5 家中央企业，即中国石油、中国移动、东方电气集团、中国中铁、招商局集团，都采取复合模式，将原法律事务部调整为法律合规部。在欧美国家，企业产品线条较少、行业监管不甚严苛的企业集团，也多采取复合模式。

究其原因，主要是企业法务与企业合规管理具有很大的相容性，它们在适用合规规范、合规审查、风险管理等方面职责的主要部分趋同。但它们之间也存在较大区别。企业法务重在法律实务，如合同的起草、审查和修改，知识产权法务，项目法务，劳动人事法务、争议解决法务（诉讼、仲裁）等。而企业合规管理重在对合规管理体系各构成要素进行管理和维护，更趋向于管理性工作，属于企业管理部门之一。因此，即使设立复合模式的企业合规部，也需要建立合规管理团队，配备经验丰富、熟悉企业业务并具备相关管理知识和经验的合规管理人员。

3. 简单模式

简单模式即产品线单一、规模较小、合规风险低的企业，只设立合规小组或合规专员，或者将合规管理归入企业法律部并由法律部代行合规管理职责，或者将合规管理外包给律师事务所。

企业合规部具体采取哪一组织模式，取决于企业所处行业、所有制性质、公司结构、经营规模、业务和产品线的运营管理模式，以及政府监管和所在行业所面临的合规风险。无论采取何种模式，都需要充分考虑如下事项：

（1）确保合规部有效、实际地管理和防控合规风险，顺利履行合规职责；

（2）确保合规部独立地、严肃地开展合规管理；

（3）合规部与其他相关部门之间的职责分工明确，但又协调合作；

（4）适当的成本管理，但绝不能因此忽视或者牺牲合规管理。

（三）企业合规部汇报路线

企业合规部的汇报路线通常有两种模式。一是垂直汇报路线，二是双线汇报路线。

1. 垂直汇报路线

企业合规部向董事会或者董事会授权的合规委员会汇报，以下各层级合规部门、合规团队垂直向上级合规部门汇报，合规部门、合规团队不向所属公司或部门的业务最高管理者汇报或者只向其做虚线汇报。

美国企业的合规部采取垂直汇报路线的居多。这些企业偏好对包括合规部在内的专业职能部门采取集中化组织模式。在汇报路线方面，除垂直汇报路线外，甚至在部门职责、人员招聘、岗位和薪资待遇、费用预算和使用、费用报销、外部专业合规管理服务的采购、合规管理评估、合规考核与评价、违规调查及其处置等方面都实行独立的垂直管理。

2. 双线汇报路线

企业合规部同时向董事会（或者董事会授权的合规委员会）与最高管理者汇报，以下各层级合规部门、合规团队同时向上级合规部门及其所属公司或部门的业务最高管理者汇报。

欧洲企业集团以及我国企业（包括商业银行、保险公司、国有企业等）更倾向于采取双线汇报路线。例如，原保监会《保险公司合规管理办法》第13条就规定："保险公司合规负责人对董事会负责，接受董事会和总经理的领导。"第14条规定："保险公司分支机构的合规管理部门、合规岗位对上级合规管理部门或者合规岗位负责，同时对其所在分支机构的负责人负责。”

3. 两种模式比较

从实践经验来看，两种模式各有其优缺点。

就垂直汇报路线而言，它能确保企业合规方针、政策和规章制度在合规管理部门自上而下顺利贯彻执行，能够确保合规负责人、合规管理部门以及合规管理员的资源分配、独立性和权威性。但是，在这种模式中，如果合规管理不能切实融入业务流程，则容易造成合规管理与业务流程相脱节，产生“两张皮”现象。因此，需要加强合规管理部门在合规管理领域与其他部门的协调联动和融合。

就双线汇报路线而言，企业合规管理工作更能得到经理层和业务部门的支持，更有利于将合规要求融入业务流程，更有利于将合规管理前移和下沉到业务部门，推动合规管理方针、政策、规章制度的落地执行。但是，在这种模式下，合规管理工作容易受到经理层和业务部门负责人的干扰，产生“为了业务而牺牲合规”的现象，影响合规管理的独立性和权威性。

（四）企业合规部职责设计

1. 有关合规规范的规定

关于企业合规部的职责，有关企业合规管理的国际标准、指南以及我国国家标准、办法和指引都作了相关规定。以下以国际标准暨我国国家标准《合规管理体系　指南》（GB/T 35770—2017）、原保监会《保险公司合规管理办法》（原银监会《商业银行合规风险管理指引》的规定与之趋同）以及我国国资委《中央企业合规管理指引（试行）》的相关规定为例，如表2.5.5所示。

表 2.5.5　企业合规部门职责

序号	《合规管理体系　指南》(合规团队)	《保险公司合规管理办法》(合规部)	《中央企业合规管理指引(试行)》(合规管理牵头部门)
1	合规管理计划,合规报告	协助合规负责人制订、修订合规管理计划,撰写合规年度报告	研究起草合规管理计划、合规报告
2	识别合规义务,将其转化为合规方针和程序	协助合规负责人制定、修订合规政策,组织协调各部门制定、修订合规管理规章制度	研究起草、基本制度和具体制度规定
3	合规风险管理	组织实施合规风险管理	组织开展合规风险管理
4	—	组织实施合规审查:内部规章制度和业务流程;重要的业务行为、财务行为、资金运用行为和机构管理行为;新产品、新业务	重大事项合规审查
5	合规管理评审	合规检查及报告	合规检查
6	合规绩效指标设定及考核	合规考核与问责	组织合规考核
7	建立违规举报机制	独立调查,可外聘专业人员或者机构协助工作	职责范围内的违规管理
8	提供或组织合规培训	开展合规培训	合规培训,支持业务部门开展合规培训
9	—	—	指导所属单位合规管理工作
10	对商业伙伴进行合规管理	—	—
11	—	协助高级管理人员培育合规文化	—
12	—	与监管机构的沟通协调	—

从上述标准、指引关于合规管理部门的规定可以总结出以下3点：

(1)合规管理部门的主要工作是管理性工作，包括合规管理工作的组织、协调、监督、支持等；

(2)合规管理部门的主要工作是程序性工作，如合规风险评估、合规管理评估、考核与评价等；

(3)合规管理部门的工作也包括一些实务性工作，如起草合规管理计划、合规报告，起草合规管理基本制度和具体制度，参与企业重大事项合规审查，违规事件的调查等。

2.关于中央企业合规管理部门的合规管理职责

我国国资委《中央企业合规管理指引(试行)》将合规管理部门称为“合规管理牵头部门”，并对其合规管理职责进行了规定。以下几点仅供探讨。

(1)中央企业合规管理牵头部门为管理性部门

我国国资委《中央企业合规管理指引(试行)》的规定，夯实了我国中央企业合规管理牵头部门作为管理性部门的地位和职责，即组织、协调和监督合规管理工作，为其他部门提供合规支持，指导下属单位合规管理等。

(2)中央企业合规管理牵头部门的合规管理职责

我国国资委《中央企业合规管理指引(试行)》第10、28条关于合规管理牵头部门的合规管理职责分解如表2.5.6所示。

表2.5.6 合规管理职责分解

序号	合规管理职责	内容
1	研究起草	合规管理计划、年度合规报告、合规管理基本制度和具体制度规定
2	组织	合规风险识别和预警，合规检查与考核
3	组织或协助	业务部门、人事部门的合规培训

续表

序号	合规管理职责	内容
4	参与合规审查	重大事项,制度流程
5	报告	较大、重大合规风险事件
6	指导	企业所属单位合规管理工作
7	督促违规整改和持续改进	合规检查与考核以及对制度和流程及进行合规性评价时发现的违规问题
8	违规管理	受理职责范围内的违规举报,组织或参与对违规事件的调查,并提出处理建议

3. 关于合规审查

该指引第 20 条要求中央企业建立健全合规审查机制,将合规审查作为规章制度制定、重大事项决策、重要合同签订、重大项目运营等经营管理行为的必经程序,及时对不合规的内容提出修改建议,未经合规审查不得实施。该条规定并未明确合规审查的负责部门。

合规审查包括全面性合规审查、专业性合规审查、法律审查和重大事项合规审查。企业合规审查应包括以下 4 个层级:

第一层级:各部门(业务部门与职能管理部门)的全面合规审查;

第二层级:相关业务部门的专业合规审查;

第三层级:法务部门的法律审查;

第四层级:合规管理部门的重大事项合规审查。

4. 关于合规管理评估

该指引第 22 条要求中央企业开展合规管理评估,定期对合规管理体系的有效性进行分析,对重大或反复出现的合规风险和违规问题,深入查找根源,完善相关制度,堵塞管理漏洞,强化过程管控,持续改进提升。该条规定并未明确合规管理评估的负责部门。

合规管理评估包括全面性合规管理评估(对企业合规管理体系的适当性、

充分性和有效性进行评估)与专项合规管理评估(对企业某一部门或者某一业务领域合规管理的适当性、充分性和有效性进行评估)。企业的合规管理评估应包括以下三个层级:

第一层级:各部门(业务部门与职能管理部门)进行自我合规管理评估;

第二层级:合规管理部门开展全面性合规管理评估与专项合规管理评估;

第三层级:企业内部审计部门对企业合规管理的适当性和有效性开展独立审查和评价(合规审计)。

5. 关于合规考核与评价

该指引第23条要求加强合规考核评价,把合规经营管理情况纳入对各部门和所属企业负责人的年度综合考核,细化评价指标。对所属单位和员工合规职责履行情况进行评价,并将结果作为员工考核、干部任用、评先选优等工作的重要依据。但该条规定并未明确合规考核评价的负责部门。

但按照该指引第10条第3款的规定,对各部门和所属企业负责人的年度综合考核应由合规管理牵头部门组织。因此,企业的合规考核与评价应包括以下三个层级:

第一层级:各部门(业务部门与职能管理部门)对本部门员工进行合规考核与评价;

第二层级:合规负责人、合规管理部门组织对各部门和所属企业负责人进行年度合规考核与评价;

第三层级:合规委员会对合规负责人、合规管理部门的合规考核与评价。

6. 关于合规管理信息化建设

该指引第24条要求强化合规管理信息化建设,通过信息化手段优化管理流程,记录和保存相关信息。运用大数据等工具,加强对经营管理行为依法合规情况的实时在线监控和风险分析,实现信息集成与共享。该条规定并未明确合规管理信息化建设的负责部门。根据企业信息管理系统的实际情况,参与企业合规管理信息化建设应包括以下部门：

(1)IT 部门；

(2)风控、内控、运营管理部门；

(3)法务部门；

(4)合规管理牵头部门。

合规管理牵头部门应当组织与推动合规管理信息化建设，作为合规管理信息化建设的牵头部门。

7. 职责扩展

基于以上分析、有关企业合规管理的国际标准、指南以及我国的国家标准、办法和指引，结合中央企业合规管理实践案例，笔者认为，中央企业合规管理牵头部门的合规管理职责可以做下列适当的扩展(见表 2.5.7)。企业可以根据自身的实际情况以及合规管理的需要，报经企业董事会或经理层批准，适当扩展本企业合规管理牵头部门的职责。

表 2.5.7　企业合规管理牵头部门职责

序号	合规管理职责	内容
1	研究起草	合规管理计划、年度合规报告、合规管理基本制度和具体制度规定、企业合规方针
2	组织	合规风险识别和预警，合规检查与考核，全面合规管理评估与专项合规管理评估，对各部门、所属单位负责人的合规管理考核，合规管理信息化建设
3	组织或协助	业务部门、人事部门的合规培训，合规宣传
4	参与	重大事项、制度流程的合规审查，以及对制度和流程及进行合规性评价
5	报告	较大、重大合规风险事件，职责范围内违规调查的结果
6	指导	企业所属单位合规管理工作

续表

序号	合规管理职责	内容
7	督促违规整改和持续改进	合规检查与考核以及对制度和流程进行合规性评价时发现的违规问题
8	违规管理	受理职责范围内的违规举报,组织或参与对违规事件的调查,并提出处理建议

关于受理职责范围内的违规举报,组织或参与对违规事件的调查,并提出处理建议(详见本章“六、(七)纪检监察与合规”)。

五、业务部门的合规管理职责

企业的哪些部门是业务部门,有关企业合规管理的国际标准、指南以及我国国家标准、办法和指引并无明文规定。我国国资委《中央企业全面风险管理指引》第6条将一般企业划分为战略、规划、产品研发、投融资、市场运营、财务、内部审计、法律事务、人力资源、采购、加工制造、销售、物流、质量、安全生产、环境保护等部门。

从职能和管理对象上来看,企业包括业务部门和职能管理部门,具体划分如表2.5.8所示。

表2.5.8　企业管理部门

业务部门	技术和产品研发、市场运营、采购、加工制造、销售、物流等部门
职能管理部门	战略、规划、投融资、财务、风控、内控、内部审计、法律事务、人力资源、质量、环安卫等部门

关于合规管理,人们通常认为,合规管理只是合规管理部门的职责,业务部门只是协助、配合、支持合规管理部门的合规管理工作。业务部门总是处于被合

规的地位。这是一个重大误解。

有关企业合规管理的国际标准、指南以及我国国家标准、办法和指引，都对业务管理部门的合规管理职责作出了明确界定。归纳如下。

（一）合规要求覆盖各业务领域、各部门及全体员工

我国国资委《中央企业合规管理指引（试行）》第4条第1款、证监会《证券公司和证券投资基金管理公司合规管理办法》第3条都要求，坚持将合规要求覆盖各业务领域、各部门、各级子企业和分支机构、全体员工，贯穿决策、执行、监督全流程。

（二）业务部门履行合规管理的第一道防线职责，对本领域经营活动的合规性负直接和首要责任

基于"三道防线"的思想，业务部门作为第一道防线的负责部门，承担业务中风险管理的责任。（见表2.5.9）

表2.5.9 业务部门风险管理责任

规范文件	第一道防线
《商业银行合规风险管理指引》第20条	商业银行各业务条线和分支机构的负责人应对本条线和本机构经营活动的合规性负首要责任
《保险公司合规管理办法》第21条	保险公司各部门和分支机构履行合规管理的第一道防线职责，对其职责范围内的合规管理负有直接和第一位的责任
《证券公司和证券投资基金管理公司合规管理办法》第10条	证券基金经营机构各部门、各分支机构和各层级子公司负责人负责落实本单位的合规管理目标，对本单位合规运营承担责任。证券基金经营机构全体工作人员应当遵守与其执业行为有关的法律、法规和准则，主动识别、控制其执业行为的合规风险，并对其执业行为的合规性承担责任

（三）业务部门负责本领域日常合规管理工作，主动开展本领域的合规管理，包括按照合规要求完善业务管理制度和流程、合规风险管理、组织合规审查、合规报告、合规培训、商业伙伴合规调查、违规管理等

对于第一道防线下的合规工作，业务部门负责人需要完成合规流程管理、合规培训和合规审计等方面的要求。（见表2.5.10）

表2.5.10 业务部门负责人工作

规范文件	第一道防线
《商业银行合规风险管理指引》第22条	各业务条线和分支机构合规管理部门应根据合规管理程序主动识别和管理合规风险，按照合规风险的报告路线和报告要求及时报告
《中央企业合规管理指引（试行）》第11条	业务部门负责本领域的日常合规管理工作，按照合规要求完善业务管理制度和流程，主动开展合规风险识别和隐患排查，发布合规预警，组织合规审查，及时向合规管理牵头部门通报风险事项，妥善应对合规风险事件，做好本领域合规培训和商业伙伴合规调查等工作，组织或配合进行违规问题调查并及时整改
《企业境外经营合规管理指引》第12条第1款	境外经营相关业务部门应主动进行日常合规管理工作，识别业务范围内的合规要求，制定并落实业务管理制度和风险防范措施，组织或配合合规管理部门进行合规审查和风险评估，组织或监督违规调查及整改工作

（四）接受合规管理评估，对本部门进行自我合规管理评估

我国国资委《中央企业合规管理指引（试行）》第22条要求中央企业开展合规管理评估，定期对合规管理体系的有效性进行分析，对重大或反复出现的合规风险和违规问题，深入查找根源，完善相关制度，堵塞管理漏洞，强化过程管控，持续改进提升。

业务部门应当进行自我合规管理评估，接受合规管理部门的全面性合规管理评估与专项合规管理评估，并接受内部审计部门的合规审计。

（五）接受合规考核评价，对本部门员工进行合规考核评价

我国国资委《中央企业合规管理指引（试行）》第23条要求，加强合规考核评价，把合规经营管理情况纳入对各部门和所属企业负责人的年度综合考核，细化评价指标。对所属单位和员工合规职责履行情况进行评价，并将结果作为员工考核、干部任用、评先选优等工作的重要依据。

原保监会《保险公司合规管理办法》第31条规定，保险公司应当建立有效的合规考核和问责制度，将合规管理作为公司年度考核的重要指标，对各部门、分支机构及其人员的合规职责履行情况进行考核和评价，并追究违法违规事件责任人员的责任。

业务部门及其负责人应当接受合规管理部门的合规管理考核，并对本部门员工合规职责的履行情况进行考核评价。

（六）配备合规管理人员

业务部门开展本部门的合规管理，应当根据实际需要配备专职或者兼职的合规管理人员。例如，我国证监会《证券公司和证券投资基金管理公司合规管理办法》第23条要求，证券基金经营机构各业务部门、各分支机构应当配备符合规定的合规管理人员。

（七）支持和配合合规管理部门的工作

我国证监会《证券公司和证券投资基金管理公司合规管理办法》第26条规定，证券基金经营机构的董事、监事、高级管理人员和下属各单位应当支持和配合合规负责人、合规部门及本单位合规管理人员的工作，不得以任何理由限制、阻挠合规负责人、合规部门和合规管理人员履行职责。

六、相关部门的合规管理职责及其界别管理

（一）相关部门的合规管理职责

根据我国国资委《中央企业合规管理指引(试行)》第 11 条的规定,企业监察、审计、法律、内控、风险管理、安全生产、质量环保等相关部门本身也具有合规管理职责。其中,按照发改委等七部委《企业境外经营合规管理指引》第 12 条第 2 款的规定,审计部门和监察部门等还是具有合规管理职能的监督部门。

但是,这两个指引文件没有对这些相关部门的合规管理职责作具体规定。根据我国有关合规规范的规定,其他相关部门的合规管理职责简述如表 2.5.11 所示。

表 2.5.11　部门合规管理职责

部门	合规管理职责
监察	按照我国《监察法》,对国有企业管理人员的职务违法和职务犯罪行为进行监察,包括:受理违法、违规举报;违法、违规线索分类处置;违法、违规调查;监察处置。纪检部门与监察部门合署办公,成立纪检监察部门
审计	合规审计
法律	法律审查,违法、违规引致的法律纠纷处理,为合规管理提供法律专业支持,法律风险管理(与全面风险管理、合规风险管理协调统一),法律培训
内控	内控审查,内控管理评估,管理考核与评价,为合规管理提供内控专业支持,内控管理培训
风险管理	全面风险管理组织,制定全面风险管理制度和流程,开展全面风险管理(包括风险识别、评估、监测和预警、应对与整改、监督与监察以及持续改进),风险管理培训
安全生产	安全生产制度与流程的制定与监督执行,安全生产风险管理,安全生产的检查、评估、考核与评价、培训等

续表

部门	合规管理职责
质量	质量标准、质量管理制度与流程的制定与监督执行,质量风险管理,质量检查、评估、考核与评价、培训等
环保	环保制度与流程的制定与监督执行,环保风险管理,环保检查、评估、考核与评价、培训等

(二)职责界别

在企业组织结构矩阵中,企业合规管理与企业规划、财务、人力资源、法律、内控、内审、风险管理等共同构成企业的横向职能管理部门。企业监察、审计、法律、内控、风险管理、安全生产、质量环保等相关部门,在各自的职权范围内履行合规管理职责(《中央企业合规管理指引(试行)》(第11条)。

在合规管理领域,企业法律、内控、风险管理、审计、监察等部门的职责存在交叉、衔接的方面,在实践中易于混淆而导致职责界别不清。

企业全面风险管理、内控、合规、法务之间存在逐级包容的关系,而审计部门和监察部门是具有合规管理职能的监督部门(发改委等七部委《企业境外经营合规管理指引》第12条第2款)。(如图2.5.2所示)

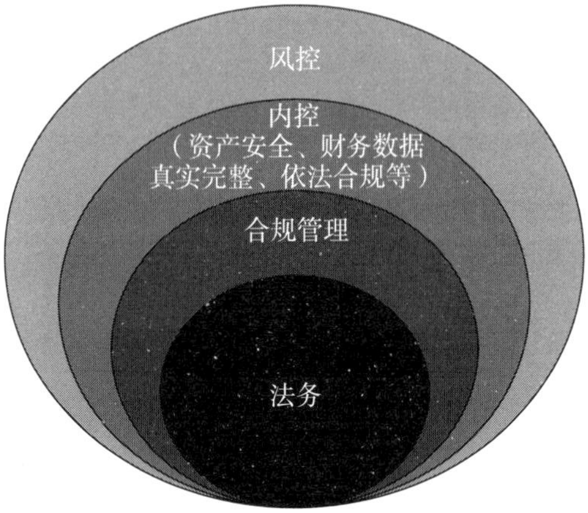

图2.5.2 企业风险管理

（三）法务与合规

1. 职责范围

企业法务，即企业内部法律事务。企业法务的主要内容包括法律跟踪、法律咨询、法律审查、企业治理法务、合同管理、知识产权管理、劳动人事法律事务、争议解决、法律培训和外部律师聘用与管理等。

企业法务主要是适用法律法规。合规管理适用合规规范，其范围要广于企业法务。合规管理除了适用法律、法规外，还包括国家及行业标准、行业监管规定、行业自律性规则、道德规范以及企业内部合规规范等企业法务通常不涉及的规范。

从范围上来讲，企业合规管理包括企业法务，企业法务是企业合规的最重要的核心组成部分。两者相辅相成，共同促进企业依法合规经营。也正因这一原因，不少企业将企业法务与企业合规管理合二为一，设立法律合规部。

2. 职责内容

企业法务更侧重于法律实务。虽然涉及相关法律事务的管理，如合同管理、争议解决管理、知识产权管理等，但企业法务更关注使用专业法律知识提供实务层面的法律服务，如法律咨询、合同起草与修改、重大项目法律服务、争议解决等。企业合规则实务和程序兼顾，且更重于程序，属于企业管理职能部门，主要职责是组织、协调、指导、支持和监督业务部门、其他职能部门及企业所属单位的合规管理。企业合规管理，涉及全面合规管理体系的各个构成要素。

在法律审查与合规审查方面，法律审查侧重于在处理企业法律实务的过程中适用法律规范并同时进行法律审查。合规审查则是合规管理部门开展的专门合规管理活动，更侧重于对企业规章制度、改革计划文件、重大投资事项、重大项目事项、重大合同事项以及诚信合规事项（如反垄断、反腐败、反欺诈、行业监管）等方面的合规性审查。

3. 职责界别

企业法务与合规管理的职责界别梳理如表 2.5.12 所示。

表 2.5.12 企业法务合规管理职责

内容	企业法务	企业合规管理
职责内容	法律实务:法律跟踪、法律咨询、法律审查、企业治理法律事务、合同管理法律事务、知识产权法律事务、劳动人事法律事务、争议解决法律事务、法律培训、外部律师聘用与管理	合规管理主要构成要素:合规规范管理、合规组织及其职责、合规风险管理、合规管理制度与流程、合规审查、合规管理评估、合规考核评价、违规管理、合规培训、合规管理计划与合规报告、合规管理信息系统建设、合规文化建设
适用规范	所有法律、法规、司法判例	所有合规规范,包括外部合规规范与内部合规规范
咨询	法律咨询:法律、法规的理解与适用	合规咨询:其他合规规范的理解与适用(不应包括法律咨询)、合规管理咨询
法人治理	重大事项涉及法律问题的,列席治理机构会议并提供法律咨询,协助起草、修改治理机构决议	有关企业治理机构规章制度的合规性审查,不参与具体事务
风险管理	法律风险管理,参与、支持合规风险管理	合规风险管理,可以涵盖法律风险管理
审查	审查合同与其他法律文件的合法性、严谨性、完整性、有效性,维护企业合法权益,并做相应修改	企业规章制度、改革计划文件、重大投资事项、重大项目事项、重大合同事项以及诚信合规事项的合规性审查,提出合规性审查意见
合同	提供合同格式,起草、审查、修改合同,参与重大合同谈判	重大合同合规性审查,提出合规性审查意见
知识产权	注册、维护、许可、侵权处理的具体法律事务	涉及知识产权重大投资事项、重大项目事项、重大合同的事项合规性审查,提出合规性审查意见

续表

内容	企业法务	企业合规管理
争议解决	调解、仲裁、诉讼、执行中的具体法律事务	重大争议解决的合规性审查,提出合规性审查意见
培训	员工法律常识培训、专项法律事务培训、法律顾问能力培训	合规管理体系培训、专项合规管理培训、合规管理人员能力培训
管理评估	—	合规管理评估
考核评价	参与人力资源部门考核评价	组织合规考核评价
违规管理	对违规管理提供法律专业支持	违规举报管理、违规调查、违规处置建议、违规处置跟踪与监督
管理计划与报告	—	合规管理计划、合规报告
管理信息系统建设	法律风险管理信息系统建设	合规管理信息系统建设,可以涵盖法律风险管理信息系统
企业文化	企业法治文化建设	企业合规文化建设,可以涵盖企业法治文化建设

（四）内控与合规

企业内控,即企业内部控制。

1. 企业内部控制

1972 年,美国审计程序委员会《审计准则公告》将内部控制定义为:“内部控制是在一定的环境下,企业为了提高经营效率、充分有效地获得和使用各种资源,达到既定管理目标,而在企业内部实施的各种制约和调节的组织、计划、程序和方法。”

我国国资委于 2006 年 6 月 6 日颁布的《中央企业全面风险管理指引》第 6 条将内部控制定义为:围绕风险管理策略目标,针对企业战略、规划、产品研发、投融资、市场运营、财务、内部审计、法律事务、人力资源、采购、加工制造、销售、物流、质量、安全生产、环境保护等各项业务管理及其重要业务流程,通过执行风险管理基本流程,制定并执行的规章制度、程序和措施。

我国财政部、审计署、原保监会、原银监会和证监会于 2010 年颁布的《企业内部控制应用指引》,将企业内部控制分为组织框架、发展战略、人力资源、社会责任、企业文化、资金活动、采购业务、资产管理、销售业务、研究与开发、工程项目、担保业务、业务外包、财务报告、全面预算、合同管理、信息传递、信息系统等 18 个方面。

按照我国财政部、审计署、原保监会、原银监会和证监会于 2008 年颁布的《企业内部控制基本规范》第 3 条规定,内部控制的目标是合理保证企业经营管理合法合规、资产安全、财务报告及相关信息真实完整,提高经营效率和效果,促进企业实现发展战略。

企业内部控制职能包括:法人治理机制、组织机构、职责分配与授权机制、制度和流程、会计管理、预算管理、风险管理、财产保护、内部审计、考核评价、内部报告、内控信息管理系统建设、企业文化等。

2. 企业内部控制与合规管理

(1)企业内部控制涵盖了企业运营管理的所有(18 个)方面,包括合规管理。企业合规管理只是企业内部控制的一个方面,是企业内部控制的重要内容。

(2)内部控制的目标是合理保证企业经营管理合法合规、资产安全、财务报告及相关信息真实完整。保证企业经营管理合法合规是内部控制的首要目标。企业合规管理通过建立健全合规管理体系,助力企业内控落地,完善内控架构,推动实现企业内控的首要目标,保障企业经营管理的合法合规性。

(3)合规管理帮助梳理和审查企业内部规章制度,对其存在的问题进行修改、补充,使之合法合规,并根据需要制定新的规章制度,明确各部门管理边界与协调合作机制,消除职责重叠、交叉和推诿,填补管理真空,形成管理合力。

多年以来,我国企业(尤其是国有企业)按照我国有关全面风险管理、内控体系、内部审计体系、法律风险管理、纪检监察等方面法律法规的要求，建立了各自的组织、制度和管理体系。企业风险管理的协同性原则，推动合规管理与法律风险防范、监察、审计、内控、风险管理等工作相统筹、相衔接（我国国资委《中央企业合规管理指引（试行）》第4条第3款），以此整合各相关部门的体系和资源，健全和完善企业管理。

3. 企业内控与合规管理职责界别

企业内控与合规管理的职责差别很大，梳理如表2.5.13所示。

表2.5.13 企业内控与合规管理职责

内容	企业内部控制	企业合规管理
职责内容	法人治理机制，组织机构、职责分配与授权机制，制度和流程，会计管理，预算管理，风险管理，财产保护，内部审计，考核评价，内部报告，内控信息管理系统建设，企业文化等	合规管理主要构成要素：合规规范管理、合规组织及其职责、合规风险管理、合规管理制度与流程、合规审查、合规管理评估、合规考核评价、违规管理、合规培训、合规管理计划与合规报告、合规管理信息系统建设、合规文化建设
法人治理	法人治理机制的设计和控制	有关企业治理机构规章制度的合规性审查，不参与具体事务
组织机构	企业组织机构、职责分配与授权机制	合规组织及其职责
风险管理	企业运营风险管理，涵盖合规风险管理	合规风险管理
制度和流程	企业所有规章制度和流程	合规管理基本制度、合规管理具体制度、合规管理流程
规章制度审查	企业规章制度的有效性、制定流程合规性、相互之间的协调统一性	企业规章制度的合规性，包括内容的合规性、制定流程的合规性、相互之间的协调统一性
会计管理、预算管理、财产保护	会计管理、预算管理、财产保护	—

续表

内容	企业内部控制	企业合规管理
内部审计	内部审计,是内部控制的一项独立职能	合规审计,是内部审计的一部分
内部监督	内部评价:评价内部控制的有效性	合规管理评估:评价合规管理的适当性、充分性和有效性
绩效考核	各部门运营管理绩效考核	合规管理绩效考核评价
违规管理	举报机制,举报人保护机制	违规举报管理,违规调查,违规处置建议,违规处置监督,举报人保护
管理计划与报告	内控报告	合规管理计划、合规报告
管理信息系统建设	运营内控信息管理系统	合规管理信息系统,建立在运营内控信息管理系统之上
企业文化	企业文化	企业合规文化,企业文化的一部分

(五)内审与合规

企业内审,即企业内部审计。

1. 企业内审与合规管理的联系与区别

(1)企业合规管理与内部审计分属企业合规风险的第二道防线与第三道防线,两者属于不同的管理职能部门;

(2)合规管理是合规审计的对象;

(3)企业审计规章制度是合规审查的对象;

(4)合规管理向内部审计提供专业支持;

(5)合规管理评估为合规审计奠定基础;

(6)合规管理与内部审计协作联动。

2. 企业内部审计与合规管理职责界别

企业内部审计与合规管理的职责差别很大,梳理如表 2.5.14 所示。

表 2.5.14 企业内部与合规管理

内容	企业内部审计	企业合规管理
组织机构	同属内部控制部门,但相互独立	
职责内容	对运营管理与内部控制的适当性、合法性、有效性进行审计。内部审计包括合规审计	合规管理有 13 个构成要素。合规管理评估是合规管理的内部监督形式,内容和程序类似于合规审计。合规管理是内部审计对象之一
规章制度审查	审计企业规章制度和流程的适当性与有效性,包括审计合规制度与流程	审查企业规章制度的合规性,也包括对内部审计制度与流程的合规审查
管理计划与报告	审计报告	合规管理计划、合规报告

（六）风控与合规

1955 年,美国宾夕法尼亚大学施耐德教授第一次提出了企业风险管理的概念。1983 年,在美国召开的"风险和保险管理协会年会"上讨论并通过了"101 条风险管理准则",标志着企业风险管理向实践化迈出了重要的一步。1995 年由澳大利亚和新西兰联合制定的 AS/NZS 4360(澳新 ERM 标准)明确定义了风险管理的标准程序,诞生了第一个国家风险管理标准。2004 年 9 月,美国反虚假财务报告委员会下属发起人委员会(COSO)发布《企业风险管理——整合框架》(Enterprise Risk Management—Integrated Framework),拓展了内部控制的范围和内容,更加关注企业全面风险管理这一更为宽泛的领域。我国国资委于 2006 年 6 月 6 日颁布《中央企业全面风险管理指引》,以法规形式对中央企业建立企业全面风险管理体系提出了要求。2007 年 4 月 6 日,原保监会发布《保险公司风险管理指引(试行)》。2016 年 9 月 27 日,原银监会发布《银行业金融机构全面风险管理指引》。

美国 COSO 在《企业风险管理——整合框架》中将企业风险管理定义为:企

业风险管理是一个过程，受企业董事会、管理层和其他员工的影响，包括内部控制及其在战略和整个企业的应用，旨在为实现经营的效率和效果、财务报告的可靠性以及法规的遵循提供合理保证。

我国2006年《中央企业全面风险管理指引》把企业风险划分为战略风险、财务风险、市场风险、运营风险、法律风险等，将全面风险管理定义为：企业围绕总体经营目标，通过在企业管理的各个环节和经营过程中执行风险管理的基本流程，培育良好的风险管理文化，建立健全全面风险管理体系，包括风险管理策略、风险理财措施、风险管理的组织职能体系、风险管理信息系统和内部控制系统，从而为实现风险管理的总体目标提供合理保证的过程和方法。

企业全面风险管理则贯穿于企业经营管理的各个方面，除了运营风险外，还包括战略风险、财务风险、市场风险、社会责任风险等，从宏观和整体方面对企业风险进行管理。全面风险管理涵盖了内部控制，内部控制系统是全面风险管理体系的一个子系统。内部控制是全面风险管理的必要环节，对于企业所面临的运营风险，内部控制系统是必要的、高效的和有效的风险管理方法。

合规管理是企业全面风险管理的核心内容，是企业内部控制的一项基础性工作。原保监会《保险公司合规管理办法》第3条明文规定，合规管理是保险公司全面风险管理的一项重要内容，也是实施有效内部控制的一项基础性工作。原银监会《商业银行合规风险管理指引》第4条也规定，合规管理是商业银行一项核心的风险管理活动。商业银行应综合考虑合规风险与信用风险、市场风险、操作风险和其他风险的关联性，确保各项风险管理政策和程序的一致性。

全面风险管理也为企业合规风险管理提供风险管理的技术方法、经验和实践案例。我国国家质量监督检验检疫总局、国家标准化委员会于2009年5月6日发布的《风险管理　术语》(GB/T 23694—2009/ISO/IEC Guide 73:2002)、于2011年12月30日发布的《企业法律风险管理指南》(GB/T 27914—2011)以及于2011年12月30日发布的《风险管理　风险评估技术》(GB/T 27921—

2011),对企业合规风险管理的开展都具有指导和借鉴意义。

(七)纪检监察与合规

在欧美跨国企业,员工的违规举报、立案、调查、违规处置建议及其执行监督等都由合规管理部门负责。有些跨国企业的合规管理部门还专门设立了违规管理科,专事接收违规举报,开展违规调查,提出违规处置意见并进行执行监督。

我国大多国有企业目前的做法是,纪检监察对国有企业所有员工(包括党员和非党员,也包括管理人员和普通员工)的违纪、违法和违规行为进行纪检监察。

随着我国国资委《中央企业合规管理指引(试行)》的颁布实施,国有企业合规管理与纪检监察在对员工违法、违纪、违规行为接收举报和线索、调查和处置方面,如何进行职责分工与协调合作,是国有企业纪检监察和合规管理面临的一个新课题。有些国有企业在开展合规管理、建立合规管理部门后,开始探索如何依据党内法规和国家法律、法规的规定来规范纪检监察与合规管理在员工违纪、违法和违规管理方面的职责分工,使国有企业的合规管理具有中国国有企业的合规管理特色。

笔者正是从此点出发,立足于我国目前有效的法律、法规和其他合规规范,试图甄别国有企业纪检监察与合规管理在违纪、违法、违规管理方面的差别。

这一探索的基本假设前提之一是,党内法规、法律、法规规定的纪检监察职责范围以外的违规管理由合规管理部门负责。这仅是一种假设,并不代表纪检监察不能管理党内法规、法律、法规规定的纪检监察职责范围以外的违规。纪检监察是否对国有企业所有员工(包括党员和非党员,也包括管理人员和普通员工)的违纪、违法和违规行为进行纪检监察,党内法规、法律、法规规定的纪检监察职责范围以外的违规管理是否由合规管理部门负责,完全由国有企业党组织和治理机构决定。

1. 纪检监察

国有企业纪检依据党内法规，监督检查和处分违犯党纪(党内法规)的党员干部和党员员工的行为。处分措施包括警告、严重警告、撤销党内职务、留党察看和开除党籍、建议党外职务处理。涉嫌违法犯罪的，先党内处分，再行政处分，最后移送司法机关。法律上，国有企业纪检对象和客体不包括：(1)非党员干部或非党员员工；(2)党员干部和党员员工非违犯党纪的一般违法、违规行为。

国有企业监察依据我国《监察法》《中国共产党纪律检查机关监督执纪工作规则》等，对国有企业管理人员的职务违法和职务犯罪行为进行监督检查、调查和处置。

监察处置措施包括：对职务违法行为情节较轻的公职人员，按照管理权限，直接或者委托有关机关、人员，进行谈话提醒、批评教育、责令检查，或者予以诫勉；对一般职务违法的，给予警告、记过、记大过、降级、撤职、开除等行政处分决定；对渎职的领导人员作出直接问责决定；对涉嫌犯罪的，制作起诉意见书，移送人民检察院；对违法取得的财物予以没收、追缴后责令退赔，对涉嫌职务犯罪取得的财物，移送人民检察院。

国有企业纪检监察部门合署办公，是负责国有企业纪律检查和监察的专门部门。纪检监察程序包括：统一负责接收违纪、违法、违规举报，处置线索并将属于合规管理部门负责的线索移交合规管理部门，谈话函询，初步核实，立案审查调查，案件审理，处置执行。经审批进行谈话、讯问、询问、留置、查询、冻结、搜查、调取、查封、扣押(暂扣、封存)、勘验检查、鉴定、提请有关机关采取技术调查、通缉、限制出境等措施。

2. 企业合规部门的违规管理

开展合规管理的国有企业，由合规管理部门负责职责范围以内的违规管理，严格从法律、法规的规定来看应当包括：(1)以国有企业为主体的民事、行政和刑事违法、违规行为；（2）普通员工（非党员、非管理人员）民事、行政和刑事违法违规行为；（3）党员员工非违犯党纪的民事、行政和刑事违法、违规行为；（4）非党员的管理人员的民事、行政和刑事违法、违规行为。

国有企业合规管理部门违规管理的依据不包括党内法规，也不包括监察管理人员职务违法和职务犯罪所依据的法律法规。国有企业合规管理部门的违规管理对象，不包括违犯党纪的党员干部和党员员工，也不包括职务违法和职务犯罪的管理人员。国有企业合规管理部门的违规管理客体不包括党员干部和党员员工的违犯党纪的行为，也不包括管理人员的职务违法和职务犯罪行为。国有企业合规管理部门的违规调查措施不包括纪检监察中具有强制性的调查措施，如讯问留置、查询、冻结、搜查、调取、查封、扣押（暂扣、封存）、勘验检查、鉴定，提请有关机关采取技术调查、通缉、限制出境等。

3. 协调联动

在合规管理领域，国有企业合规管理与纪检监察在企业党组织和治理机构的领导下，都担任着企业合规风险第二道防线的重要职责，可以探索在以下方面协调合作：

（1）在不影响有关保密规定的前提下，建立及时沟通、信息分享机制；

（2）当违规事件既涉及纪检监察又涉及合规管理甚至人力资源部门时，建立联席会议机制；

（3）对于合规管理部门的违规管理，纪检监察提供政策指导和教育；在涉及法律专业领域，合规管理部门提供专业支持；

（4）在合规管理部门也设立违规举报电话和邮箱，但收集的信息和线索由纪检监察统一做分案处置。

七、合规风险三道防线、一体管理化平台、协调联动

（一）合规风险三道防线

1. 风险管理三道防线

风险管理三道防线是全面风险管理中的概念。

我国国资委《中央企业全面风险管理指引》第10条规定："企业开展全面风险管理工作应与其他管理工作紧密结合，把风险管理的各项要求融入企业管理和业务流程中。具备条件的企业可建立风险管理三道防线，即各有关职能部门和业务单位为第一道防线；风险管理职能部门和董事会下设的风险管理委员会为第二道防线；内部审计部门和董事会下设的审计委员会为第三道防线。"

2. 合规风险管理三道防线

2016年原保监会《保险公司合规管理办法》将三道防线引入企业合规风险管理，并在第20条至第23条作了具体规定：

第20条　保险公司应当建立三道防线的合规管理框架，确保三道防线各司其职、协调配合，有效参与合规管理，形成合规管理的合力。

第21条　保险公司各部门和分支机构履行合规管理的第一道防线职责，对其职责范围内的合规管理负有直接和第一位的责任。保险公司各部门和分支机构应当主动进行日常的合规管控，定期进行合规自查，并向合规管理部门或者合规岗位提供合规风险信息或者风险点，支持并配合合规管理部门或者合规岗位的合规风险监测和评估。

第22条　保险公司合规管理部门和合规岗位履行合规管理的第二道防线职责。合规管理部门和合规岗位应当按照本办法第十六条规定的职责，向公司

各部门和分支机构的业务活动提供合规支持，组织、协调、监督各部门和分支机构开展合规管理各项工作。

第23条　保险公司内部审计部门履行合规管理的第三道防线职责，定期对公司的合规管理情况进行独立审计。

3. 合规风险管理三道防线架构

我国国资委《中央企业全面风险管理指引》第6条将一般企业划分为战略、规划、产品研发、投融资、市场运营、财务、内部审计、法律事务、人力资源、采购、加工制造、销售、物流、质量、安全生产、环境保护等部门。就企业合规风险三道防线而言，一般企业的各部门也可以作如下划分（见表2.5.15）。

表2.5.15　合规管理三道防线

<table>
<tr><td>业务部门</td><td colspan="2">技术和产品研发、市场运营、采购、加工制造、销售、物流等部门</td><td rowspan="2">合规风险
第一道防线</td></tr>
<tr><td rowspan="4">职能管理部门</td><td>一般职能管理部门</td><td>战略、规划、投融资、财务、人力资源等</td></tr>
<tr><td rowspan="3">具有合规管理职能的部门</td><td>合规管理部门、合规负责人、合规委员会</td><td rowspan="2">合规风险
第二道防线</td></tr>
<tr><td>监察、风险控制、内控、法务、质量、环安卫等</td></tr>
<tr><td>内部审计、审计委员会</td><td>合规风险
第三道防线</td></tr>
</table>

4. 合规风险三道防线的理论和实践意义

合规风险三道防线的合规管理架构，明确了企业各职能部门和业务部门作为第一道防线的合规主体地位，它们应主动进行日常合规管控，负有直接和第一位的责任；明确了合规管理部门和合规岗位作为第二道防线的职责，即支持、组织、协调、监督各部门开展合规管理各项工作；明确了企业审计部门作为第三道防线的职责，即对公司的合规管理情况进行独立审计和监督。

企业合规管理的终极目标是防控合规风险，促使企业依法合规经营，保证企业稳健、安全、持续经营。合规风险三道防线理论具有三个方面的理论和实践意义，值得大力宣传和推广。

（1）不少企业认为合规是合规管理部门的职责，企业职能部门和业务部门只是配合与支持合规管理部门的合规管理工作。合规风险三道防线理论有利于纠正这一误解，正本清源，确立各职能部门和业务部门的企业合规责任主体地位，促使企业合规真正落地，推动企业全员合规，培育企业合规文化。

（2）合规风险三道防线理论有利于确立合规管理部门的独立地位和管理职能，即支持、组织、协调、监督各部门开展合规管理各项工作。企业合规管理部门不是合规的责任部门或责任主体。在企业组织结构矩阵中，企业合规管理部门成为与企业财务、内控、人力资源、法务、内部审计等同一层级的新的横向管理部门。

（3）不少企业混淆企业合规管理与内部审计的地位和职责，合二为一设立合规审计部，忽视企业合规管理与内部审计各自的独立性。合规风险三道防线理论将企业合规管理部门与内部审计部门分置于企业合规风险防范的第二道防线和第三道防线，厘清了企业合规管理部门与内部审计部门相互独立的地位和职责。

（二）一体化管理平台

我国国资委 2015 年 12 月 8 日《关于全面推进法治央企建设的意见》（国资发法规〔2015〕166 号）第 1 条第 1 款要求中央企业“探索建立法律、合规、风险、内控一体化管理平台”。在合规管理实践中，很多企业将建立法律、合规、风险、内控一体化管理平台确定为建设企业合规管理体系的重要内容。

1. 内在基础

（1）如上文所述，从风险管理角度来看，企业风险、内控、合规、法律在职责范围上存在逐级包容的关系。

(2)企业法律、内控、风险管理本身也具有合规管理职责,如表2.5.16所示(《中央企业合规管理指引(试行)》第11条)。

表2.5.16　合规管理职责

法律	法律审查,违法、违规引致的法律纠纷处理,为合规管理提供法律专业支持,法律风险管理(与全面风险管理、合规风险管理协调统一),法律培训
内控	内控审查,内控管理评估,管理考核与评价,为合规管理提供内控专业支持,内控管理培训
风险管理	全面风险管理组织,制定全面风险管理制度和流程,开展全面风险管理(包括风险识别、评估、监测和预警、应对与整改、监督与监察以及持续改进),风险管理培训

(3)建立企业法律、合规、风险、内控一体化管理平台,是企业精简机构,减少制度交叉、重叠甚至矛盾,减轻业务部门管理负担,降低成本,推动集约化经营的基本要求。也正因此,《中央企业合规管理指引(试行)》规定:

①中央企业设立合规委员会,与企业法治建设领导小组或风险控制委员会等合署(第8条);

②中央企业相关负责人或总法律顾问担任合规管理负责人(第9条);

③法律事务机构或其他相关机构为合规管理牵头部门,其职责是组织、协调和监督合规管理工作,为其他部门提供合规支持(第10条)。

2.建立一体化管理平台探索

根据企业法律、合规、内控与风险管理的内容和范围,可以探索在以下几个方面建立一体化管理平台:一体化风险管理、一体化审查、一体化管理评估与第三方评审、一体化考核评价、一体化培训宣传、一体化计划与报告、一体化信息管理系统等。

建立一体化管理平台,可以探索以下方法:

(1)归口由统一领导或者委员会管理;

(2)合署办公;

（3）设计、推动同步、统一开展的管理项目；

（4）设计、推动制度和流程相统一、相衔接、相融合。

3. 协调联动

我国国资委《中央企业合规管理指引（试行）》第4条第3款将协调联动确立为建立健全合规管理体系的基本原则之一，要求推动合规管理与法律风险防范、监察、审计、内控、风险管理等工作相统筹、相衔接，确保合规管理体系有效运行。

企业法律、合规、内控与风险管理建立一体化管理平台，本身就蕴含了协调联动的内容。探索其与监察、审计协调联动，可以从以下几个方面展开。

（1）相互提供人员、专业方面的支持；

（2）信息共享与沟通交流机制；

（3）合规管理评估与合规审计联合开展；

（4）监察、合规、法务在违规管理方面的协调合作；

（5）信息管理化子模块相衔接、相协调等。

八、企业合规部的人员配备、岗位设计和资质要求

（一）合规负责人

1. 关于"合规负责人"称谓

国际标准暨我国国家标准《合规管理体系　指南》（GB/T 35770—2017）只对合规团队作出了规定，而未提及合规负责人。我国原银监会《商业银行合规风险管理指引》、原保监会《保险公司合规管理办法》、证监会《证券公司和证券投资基金管理公司合规管理办法》、发改委等七部委《企业境外经营合规管理指引》都要求设立合规负责人，并对合规负责人的职责进行了规定。我国国资委

《中央企业合规管理指引(试行)》第9条规定,“中央企业相关负责人或总法律顾问担任合规管理负责人”。

企业合规负责人在欧美企业多称为合规总监。合规总监是“Chief Compliance Officer”(CCO)的中文译文,很多学者将之译为“首席合规官”,以与“首席执行官”(Chief Executive Officer,CEO)、“首席财务官”(Chief Financial Officer,CFO)、“首席运营官”(Chief Operating Officer,COO)、“首席行政官”(Chief Administrative Officer,CAO)等相一致。

笔者认为,将CEO、CFO、COO的中文译文都戴上“官”帽,这与中国企业管理实务中职务称谓习惯不符,尚值得商榷。考察欧美企业对CEO、CFO、COO等的运用,“chief officer”应相当于我国《公司法》定义的高级管理人员,即“公司的经理、副经理、财务负责人,上市公司董事会秘书和公司章程规定的其他人员”。笔者认为,将“Chief Compliance Officer”翻译为“合规总监”、“合规副总经理”或者“合规副总裁”更为恰当。

2. 关于合规负责人的地位

合规总监属于企业高级管理人员序列是欧美跨国公司的惯例。我国原银监会、原保监会、证监会等也都将商业银行、保险公司、证券公司和证券投资基金管理公司的合规负责人或合规总监作为企业的高级管理人员加以规定。我国《中央企业合规管理指引(试行)》第9条规定,“中央企业相关负责人或总法律顾问担任合规管理负责人”,也应属于企业高级管理人员序列。

3. 关于合规负责人的任职条件

跨国公司合规总监一般由总法律顾问或者经验丰富、资历深厚的高级法律顾问担任,以确保合规总监的资质、能力和独立性。

我国证监会《证券公司和证券投资基金管理公司合规管理办法》对合规负责人的任职要求如下,且应当经中国证监会相关派出机构认可后方可任职:

(1)通晓相关法律法规和准则,诚实守信,熟悉证券、基金业务,具有胜任合规管理工作需要的专业知识和技能。

(2)从事证券、基金工作10年以上,通过中国证券业协会或中国证券投资基金业协会组织的合规管理人员胜任能力考试;或者从事证券、基金工作5年以上,并且通过法律职业资格考试;或者在证券监管机构、证券基金业自律组织任职5年以上。

(3)最近3年未被金融监管机构实施行政处罚或采取重大行政监管措施。

有关企业合规管理的其他国际标准、指南以及我国国家标准、办法、指引并未对合规负责人的任职要求作出规定。笔者认为,合规负责人作为企业合规管理的总负责人,除了应当具备企业高级管理人员的任职要求外,还应当具备专职合规管理员的基本资质要求。具体详见下文。

(二)专职合规管理员

1.“专职合规管理员”的称谓

合规部的专职合规管理人员,跨国公司多称之为“compliance officers”。关于专职合规管理人员的岗位名称及设置,我国人力资源和社会保障部以及我国相关政府部门规章并无规定。有些学者提议将专职合规管理人员统称为“企业合规官”,同样值得商榷。我国也有诸多企业,如各大银行与保险公司等,在企业内设置“合规管理岗”,将合规管理人员称之为“合规管理员”。我国证券业协会《证券公司合规管理实施指引》以及中国中铁、中兴通讯等将其称为“合规专员”。因此,笔者认为,企业合规部门岗位和职责层级可以设置为:

(1)合规负责人(合规总监);

(2)合规主管;

(3)合规经理;

(4)合规管理员或合规专员;

(5)合规助理等。

2. 专职合规管理人员配备

关于企业专职合规管理人员的配备,并无定论。

大型跨国企业集团,如西门子的专职合规管理人员超过了600人,戴姆勒集团的专职合规管理人员也超过了160人。

我国《商业银行合规风险管理指引》《保险公司合规管理办法》《证券公司和证券投资基金管理公司合规管理办法》都规定,企业应当根据业务规模、人员数量、合规风险水平等因素配备足够的合规人员,坚持按需定岗定编,满足合规管理需要。

我国证券业协会《证券公司合规管理实施指引》第27条规定,证券公司总部合规部门中具备3年以上证券、金融、法律、会计、信息技术等有关领域工作经历的合规管理人员数量占公司总部工作人员比例应当不低于1.5%,且不得少于5人。

我国《中央企业合规管理指引(试行)》第25条要求中央企业建立专业化、高素质的合规管理队伍,根据业务规模、合规风险水平等因素配备合规管理人员。

3. 专职合规管理人员资质要求

我国《保险公司合规管理办法》第19条要求合规人员应当具有与其履行职责相适应的资质和经验,具有法律、保险、财会、金融等方面的专业知识,并熟练掌握法律法规、监管规定、行业自律规则和公司内部管理制度。

国际标准暨我国国家标准《合规管理体系　指南》(GB/T 35770—2017)要求合规管理员诚信和信守合规并具有有效的沟通和影响技能、推动其建议和指导被接受的能力和坚定立场以及其他相关能力。

综合有关企业合规管理的国际标准、指南以及我国国家标准、办法和指引,对合规管理员的要求总结梳理如下:

(1)诚信和信守合规;

(2)拥有与其履行职责相适应的资质和经验;

(3)具有与企业业务相关的专业知识;

(4)熟练掌握法律法规、监管规定、行业自律规则和公司内部规章制度;

(5)有效的沟通和影响技能、说服能力和坚定立场;

(6)与职责相匹配的专业技能和个人素质,尤其是在把握合规法律、规则和准则的最新发展方面的技能;

(7)通过胜任能力考试。

(三)其他部门的合规管理人员

1. 其他部门的合规管理职责

除合规负责人、合规部及其合规管理人员外,有关企业合规管理的国际标准、指南以及我国国家标准、办法和指引还对其他部门的合规管理作了以下规定。

(1)业务部门

业务部门履行合规管理的第一道防线职责,对本领域经营活动的合规性负首要、直接和第一位的责任。

业务部门负责本领域日常合规管理工作,主动开展本领域的合规管理,包括按照合规要求完善业务管理制度和流程、合规风险管理、组织合规审查、合规报告、合规培训、商业伙伴合规调查、违规管理、持续改进等。

(2)监察、审计、法律、内控、风险管理、安全生产、质量环保等相关部门,在职权范围内履行合规管理职责。

2. 合规规范有关其他部门配备合规管理人员的规定

(1)《证券公司和证券投资基金管理公司合规管理办法》

我国证监会《证券公司和证券投资基金管理公司合规管理办法》第 23 条规定,证券基金经营机构各业务部门、各分支机构应当配备合规管理人员。合规管理人员可以兼任与合规管理职责不相冲突的职务。合规风险管控难度较大的部门和分支机构应当配备专职合规管理人员。

(2)《中央企业合规管理指引(试行)》

我国国资委《中央企业合规管理指引(试行)》第25条要求,建立专业化、高素质的合规管理队伍,根据业务规模、合规风险水平等因素配备合规管理人员,持续加强业务培训,提升队伍能力水平。海外经营重要地区、重点项目应当明确合规管理机构或配备专职人员,切实防范合规风险。

该指引第25条并未明确在哪一部门配备合规管理人员。因此,可以将该条规定理解为,企业合规部、业务部门、其他管理职能部门(规划、财务、人力资源、监察、审计、内控、风险管理、安全生产、质量环保等)都应根据业务规模、合规风险水平等因素配备合规管理人员。

(3)《保险公司合规管理办法》

我国《保险公司合规管理办法》第18条要求保险公司总公司和省级分公司还应当为合规部以外的其他各部门配备兼职合规管理人员。有条件的保险公司应当为省级分公司以外的其他分支机构配备兼职合规人员。

3. 总结梳理

基于我国证监会《证券公司和证券投资基金管理公司合规管理办法》、国资委《中央企业合规管理指引(试行)》以及原保监会《保险公司合规管理办法》,可以总结梳理如下:

(1)除合规部以外,其他业务部门和职能管理部门也应当根据业务规模、合规风险水平等因素配备合规管理人员,包括专职合规管理员与兼职合规管理员;

(2)合规风险管控难度较大的部门和分支机构应当配备专职合规管理员;

(3)合规管理人员不得兼任与合规管理职责相冲突的职务。

（四）合规负责人与合规管理人员的独立性

企业合规管理的重要原则之一是独立性原则，要求合规负责人与合规管理人员独立开展合规管理工作，不受其他部门或者人员干涉。

由于企业合规管理与法务之间的相容性且不存在职责冲突，欧美跨国公司的合规总监大多由总法律顾问兼任。除此之外，欧美跨国公司以及我国有关部门规章都要求合规总监不得兼任与合规管理职责相冲突的职务，不得兼任业务部门负责人，不得兼管企业的业务、财务、资金运用和内部审计部门等可能与合规管理存在职责冲突的部门。

对于专职合规管理人员，跨国公司以及有关企业合规管理的国际标准、指南以及我国国家标准、办法和指引也都要求维护其独立性。现综合梳理如下：

1. 合规负责人的独立性

（1）合规负责人是企业高级管理人员；

（2）企业应采取保证合规负责人独立性的各项措施；

（3）在合规负责人的职位安排上，应避免其合规职责与其所承担的任何其他职责之间产生可能的利益冲突；

（4）合规负责人不得分管业务线条，不得兼管财务、资金运用和内部审计部门等可能与合规管理存在职责冲突的部门（总经理兼任合规管理人的除外）；

（5）保证合规负责人独立与董事会、合规委员会沟通，有权根据履职需要参加或者列席董事会会议、经营决策会议等重要会议；

（6）保障合规负责人履行职责所需充分的知情权和独立的调查权；

（7）各部门、各层级管理人员应支持配合合规负责人的工作，不得以任何理由限制、阻挠其履行职责；

（8）企业合规部由合规负责人领导，企业合规部的合规管理人员由合规负责人考核；

(9)任命合规负责人或者其离任,应向监管部门报告。

2. 合规部与合规管理人员的独立性

(1)合规部门在企业应当拥有独立的、正式的地位;

(2)企业应采取保证合规部与合规管理人员独立性的各项措施;

(3)确保合规部与合规管理人员具备独立采取措施的权限;

(4)合规部与内部审计部门相互独立;

(5)合规部与合规管理人员不得承担与合规管理相冲突的其他职责;

(6)向合规部门与合规管理人员提供履行合规管理职责所需充分适当的资源;

(7)保障合规部与合规管理人员履行职责所需充分的知情权和独立的调查权;

(8)各部门、各层级管理人员应支持配合合规部与合规管理人员的工作,不得以任何理由限制、阻挠其履行职责;

(9)企业应采取措施切实保障合规部与合规管理人员不因履行职责遭受不公正的对待;

(10)合规部及合规管理人员对合规部负责人负责,由合规负责人考核;

(11)合规部向合规委员会、经理层随时、直接汇报的权利。

第六章

合规培训

一、什么是合规培训

合规培训是指面向工作职责中涉及特定合规风险的管理层、员工甚至第三方,比如,采购、销售、项目管理、财务等相关人员,传授相关合规知识和要求,提高相关人员的合规意识,确保这些人员拥有合规专业知识,并能够"合规"地开展业务的一种有效方式。

二、合规培训的重要性

合规培训是企业合规管理体系建设中最重要的环节之一,可以说是企业合规的第一道有效防线,也是最重要的一道防线。通过各种形式的合规培训可以让员工意识到合规管理的重要性,从而帮助管理层和员工建立和提高合规意识,掌握合规知识，帮助员工在工作中以正确的态度和方法践行合规，促使企业合规地开展各项业务。

同时，一个良好健康的企业文化氛围中，诚信一定是最重要的组成部分之一；践行合规就是诚信文化的重要体现。所以，合规培训有别于其他技能或职业培训的非常重要的一点，就是能够推进诚信的企业文化建设，这也是企业实现可持续发展的重要基石。

三、合规培训的基本要素

合规培训根据不同的目的和针对的人群，可以设计不同的内容、频率和方法。概括来讲，合规培训主要由以下几方面构成：

（一）合规培训的目的

企业在设计合规培训之前一定要明确自己的培训目的，它是指导培训工作的基础，也是衡量培训工作效果的标准。合规培训的直接目的是提高员工的合规意识、掌握合规知识，改变员工的态度及行为；合规培训的间接目的是使企业与员工形成共同目标，推进诚信文化的建设，践行企业的价值观以维持企业的可持续发展。一般而言，企业合规培训有以下几个主要的目的：

1. 合规基本内容的普及

到底什么是“规”？有哪些“规”？如何做到“合规”？这些问题的答案因企业而异，不同的企业对合规的定义可能有不同的内涵和外延，但企业应当以合规培训的方式让员工知晓本企业的合规内容。通常来讲，合规内容适合于在企业内广泛传播，尤其是在新员工之间。

2. 合规专项风险的控制

有些特殊的合规，针对性很强，需要专业、深入的讲解和分析，这些就需要对可能涉及相关风险的部门或者人群进行深入的专题培训。不仅要吃透理论和相关的法律法规，最好还能结合已有的案例进行分析和讨论，并引导员工就自己在工作中已经遇到或可能遇到的具体问题进行进一步的探讨，这样才能达到有效预防相关合规风险的目的。比如，反垄断培训可以着重针对战略、销售或者市场人员开展；数据保护可以针对人事部或其他涉及收集、处理个人信息的部门或者人员进行开展等。

3. 促进诚信的企业文化

企业文化是一个企业基业长青的灵魂，是其可持续发展的不竭动力。如果能将合规培训上升到培育诚信的企业文化上，让每一位员工真正理解、相信、实践诚信和合规，并真正融入员工的思想、行为、习惯的骨髓中去，那可以说是合规培训的最高境界了。想要达到以上目的，不仅需要全方面、持续的宣传，更重要的是需要发挥管理层的榜样作用，以身作则践行合规，确保在他们职责范围内的业务决策和行动完全符合相关的法律法规和公司的价值观及行为准则的要求。这样的培训可以找一些真实的合规案例进行宣传：反面的可以作为警示，明确不合规的后果和代价；正面的可以鼓舞士气，鼓励员工主动合规。

4. 促进整个价值链的合规

与客户、供应商和其他业务伙伴的合作关系是一个企业业务的根本所在。一个优秀的企业除了对员工合规，还需要对供应商、客户等相关方进行合规培训和宣传，以保持供应商上下游，甚至整个商业环境的大合规，从而实现真正的可持续化发展。

（二）合规培训的对象

1. 新员工

新员工是合规培训的首要目标群体。在他们开展业务前，提前宣贯合规的基本知识和公司的合规文化，可以有效防范不必要的合规风险。

2. 老员工

合规培训是一个持续的过程。一来,法律法规会不断更新,对应的执法也会不断调整;二来,即使相同的风险领域,在不同岗位、不同情境下,也会有不同的合规风险。因此,对老员工的培训可以确保这些员工对相关的合规知识保持最新的认识,帮助他们有效化解工作中可能遇到的合规风险,有时甚至还能通过合规培训纠正他们惯有的思维定式和行为偏差。

3. 特定的部门或员工

根据每个部门涉及的合规风险进行有针对性的培训。比如,对采购人员,主要涉及反腐败方面的问题,这包括利益冲突、收受回扣等。对销售人员除了反腐败以外,反垄断也是一个重点,尤其是在采用渠道管理的业务模式下。

4. 管理层

作为管理人员,肩负着特殊的责任。尤其在合规管理领域,管理层更是员工的表率和榜样。领导如果能在自己的职责范围内始终把合规和诚信放在首位,相信也可以在潜移默化中影响和感染员工。因此,管理层应该作为合规培训的重点对象之一。

5. 外部第三方

为了实现促进整个价值链的合规,也需要对外部第三方进行培训。通常会有针对供应商和商业伙伴的培训,让这些第三方能认同并分享公司的价值观,严格遵守相关的法律法规。

(三)合规培训的内容

根据不同的培训目的和培训对象,笔者认为企业合规培训的内容至少包含以下 4 个方面:

1. 合规基础培训

合规基础培训主要针对新员工,以普及合规知识,宣扬企业合规理念。合规基础培训一般包含以下几个关键的信息点：

(1)公司为何如此重视合规；

(2)合规主要包含内容；

(3)如何获取更多合规信息及寻求合规帮助等。

合规基础培训中可以纳入新员工的入职培训中进行，确保所有员工对企业合规有基本的认知，从而有利于企业合规理念的导入，确保在合规管理中全体员工能够统一思想。

2. 各合规风险的专项培训

对各合规风险的专项培训，主要基于公司对合规风险的定期评估结果，在礼品与款待、第三方合规管理、采购合规管理、项目合规管理、反垄断、反洗钱、数据保护、出口控制等方面开展专项培训。在培训中，主要聚集于探讨该项公司活动中涉及的主要合规风险是什么、公司对某项活动相关的规定和流程、员工日常工作中的注意事项，并可结合一些实际案例以帮助员工更好地理解上述内容。

3. 对管理层的培训

企业合规应从高层做起，不仅要承担建立合规风险管理体系的责任，还要以身作则，成为公司的“合规楷模”。公司管理层通常工作繁忙，加上其具有较高的领悟力，因此对这类人群的培训应当简洁概要、重点突出、内容深刻。培训内容切忌大而空，最好是结合实际的正面和反面案例，以使管理层自我选择合适的行为。

4. 对第三方的合规培训

针对第三方的合规培训主要目的在于促进整个价值链的合规，在具体的合规培训中，首先应当向第三方说明对其进行合规的原因，然后介绍本公司的合规文化和合规体系，最后提出对第三方的具体合规要求。

（四）合规培训的形式

传统培训手段通常以幻灯片和讲师讲解为主，优点是培训组织难度低、成本低，缺点也很明显，培训易于枯燥，培训讲师的讲解能力会直接影响培训效果。所以，在组织合规培训时，不妨尝试更多的培训手法，例如：培训内容游戏化：将合规培训内容制作成简单的小游戏，通过游戏行为的奖励机制，提高培训对象的学习兴趣；培训内容故事化：将合规培训内容编排成剧本形式，拍摄成微剧，或让培训对象参与演绎，加深培训对象对合规的印象，提高其学习积极性。

（五）合规培训的频率

对于合规培训的频率，有一次性和持续性之分。根据不同的培训要求，有些合规培训是一次性的，如针对新员工的合规培训。大多数的合规培训是持续性的，需要将相关内容多次重复强调，以强化培训人员对各合规知识点的理解和运用，从而促进合规理念的深化。

除了计划内的培训外，遇到下述情况时，需要针对性地开展培训工作。

1. 员工职务、职能发生变化的时候，需要针对新的职务、职能进行针对性的合规培训。

2. 企业外部的政策、法规、市场环境等因素发生重大变化，企业外部的政策、法规、市场环境等因素发生重大变化，或者企业内部战略、政策方针发生重大变化时，由于这些内部和外部因素对合规风险造成了重大影响，因此需要对企业全体员工或者与该合规风险相关的内外部人员进行针对性培训，同时对培训体系进行必要的更新。

（六）合规培训的方式

1. 面授培训抑或网络培训

面授培训可以让听课员工与授课的合规培训讲师进行面对面的讨论。对于员工日常工作中可能遇到的具体案例，以及如何正确预防和处理违规事件等有更具体的探讨。全方位、定期扩充的一系列指导性案例分析有助于使面授培训课程更具有实际意义，培训内容的适时调整也可以更好地适应培训学员各自业务领域和职能的不同需要。

网络培训则可以做成标准化的内容，打破时间、地域的局限性，而且随着信息技术的发展，网络培训也可以综合使用图片、动画、视频等表现形式，增强合规培训的趣味性和互动性。相比面授培训而言，网络培训讲师与培训对象之间的互动可能减少，对于一些具体的合规问题无法进行深入探讨。

2. 合规官培训抑或管理层培训

一般的合规培训都由专门的合规官开展实施，合规官丰富的专业知识储备，能够促使培训对象深入、透彻地了解合规风险及具体的防范措施。但合规官培训的缺点在于其培训内容过于理论化，无法引起员工的共鸣，给人以距离感，无法贴近员工日常的工作。许多员工会认为合规官的培训内容在实际工作中不具备可操作性，从而忽视合规培训、对于合规官提出的防范也不予采纳，造成合规培训效果不佳。

在这种情况下，最好的解决方式是尝试让一些管理人员来担任合规培训讲师。首先，管理层在部门的威望能够确保员工积极参与合规培训；其次，管理人员可以结合本部门的业务特点，讨论身边的真实案例，更容易引起员工的共鸣和关注。当然，这种培训最好采用案例分析和讨论的形式，结合一些关键的合规要点，强化员工对合规内容的认识。而合规官则可以退居幕后，为管理层量身定制培训素材，确保培训的内容的专业性和有效性。

3. 被动培训抑或主动学习

被动学习是合规培训的必要方法和手段,是合规培训不可或缺的一部分。但良好的培训效果离不开培训对象的主动学习。在合规培训实践中,如何引导培训对象主动学习,在企业内部建立了解合规、学习合规的氛围和文化,笔者给出了以下3点建议:

(1)消除学习阻力,让合规培训内容更容易被员工接受;

(2)正面引导,转变培训对象对合规作用的认知,从“限制”到“帮助”;

(3)必要的激励机制。

四、如何构建有效的合规培训

(一)制定合理的培训计划

合规培训是企业合规管理体系中一个重要的抓手,如何针对企业特定的合规风险制定一套有效的合规培训计划,也是一项大学问。通常来说,可以针对本企业识别出来的主要合规风险,制定年度的合规培训计划,在此基础上不断更新、优化。

一般的合规培训计划应包含针对新员工或全体员工的基础培训以及针对不同业务部门、职能部门的专项合规培训;结合业务自评、审计及合规案件的情况,以及内外部新的执法动态和规章制度,进行的有针对性的重点培训。

年度合规培训计划应包含以下几方面:

(1)课程名;

(2)培训目的;

(3)目标员工;

(4)主要内容;

(5)培训时长;

(6)培训方式。

(二)设计有效的培训内容

好的培训并不在于培训者说了什么,而是培训对象记住了什么。比如,一个科学家在讲台上滔滔不绝地讲解量子力学的内容,最后发现很多人都睡着了,是他讲得不好吗?不是,而是那些睡着的学生是学英国文学的。

因此,培训内容是否有效,关键在于是否能够针对目标群体给他们定制最适合的内容:站在员工的角度,帮他们分析在工作中可能遇到的风险,会带来怎样的后果,用哪些方法去化解;也可以用一些身边的案例来引发他们的思考和共鸣。当然,对于重要的内容,还需要不断地重申来加深员工的印象。在形式上,可以结合视频、漫画等轻松的方式,让培训更加生动。

比如,笔者在给采购人员培训的时候,通常会以一个小视频开头,这个视频通过访谈、动画等素材讲述了采购的重要性、采购人员面临的主要风险以及采购总监对采购人的期望等。接着笔者会通过一些数据,说明采购合规的重要性,比如上一年采购相关案件的情况,包括采购案件数量,在合规案件中的占比,主要案件类型和处分情况等,引出采购领域的主要风险(例如,与不诚信的供应商合作,盲目接受客户指定的供应商,不当接受第三方的礼品与款待,利益冲突等)和后果(例如,卷入腐败事件,带来公司名誉和经济损失等),然后针对不同的合规知识点(例如,签署供应商行为准则、高风险实体检查、礼品款待、商业伙伴等),结合实际的案例进行深入地讲解和探讨。最后,还会提供一些相关的合规工具和指南,如采购合规小册子,告诉采购人员什么能做、什么不能做。时间允许的情况下,也会给员工看一下合规部门自编、自导、自演的合规系列短剧之“位列三公”,讲述的是合规人员应该如何公平、公正、公开地开展业务。

（三）开展有序的培训活动

合规培训一般需要专人来负责，包括制定培训计划、安排培训和讲师、准备培训资料、邀请员工、跟踪员工培训完成情况、提醒员工按时参加培训等。

（四）保持完整的培训记录

保持完整的合规培训记录对企业来讲是一个自我保护的重要手段。当发生违规事件的时候，企业可以用这些记录来证明本企业已对涉事员工进行了充分的合规沟通和培训。当然，监管部门也不会仅凭培训记录就认定这是员工个人行为，公司没有责任，还需要结合合规培训和其他合规管理控制活动的内容及实施细节来判断其实质性的效果。

如果企业规模小，可以由合规人员人工维护培训记录。如果是集团公司，建议使用培训系统来管理培训。例如，自动识别和邀请员工参加培训，对未及时参加的员工自动发送提醒，随时导出各部门合规培训的完成情况。

（五）进行必要的培训评估

评估合规培训的效果，可以从以下几方面进行：

1. 合规知识的考核

这种方式在网络培训中比较常用。网络培训属于员工自学的方式，为避免员工开着培训课程，实际却在干其他事，并没有真正学到相关的合规知识，可以在课程结束后，通过考试的方式检查员工对培训内容的掌握情况。

2. 情景模拟

这种方式在现场培训中比较实用。培训时预留一点时间，根据培训内容设计一个情景，由培训对象根据培训内容进行情景模拟，然后对情景模拟进行现场点评。这种方式一方面可以提高培训对象的培训参与度，另一方面可以大大加深培训对象对培训内容的理解和掌握，同时也对培训效果进行了有效评估。

3. 问卷调查

通过问卷收集培训对象对培训的反馈，问卷内容设计时，应尽量避免打分题，而是采用具体的选项。同时，可以利用小礼品等激励机制，鼓励培训对象提供更详细的调查反馈。

（六）持续改进培训计划和内容

根据合规培训的评估情况，可以对现有的培训计划和内容进行持续改进，并结合外部合规环境和公司业务发展，不断调整培训的重点，保持合规培训的有效性，更好地发挥它作为第一道防线的作用。

五、合规培训创新方案

上文提到，合规培训是合规管理体系的第一道防线，也是最重要的一道防线，所以笔者一直在思考怎样才能让这道防线更好地发挥作用，让员工在轻松的氛围下掌握合规知识，变被动为主动，从而提高合规意识，塑造诚信的企业文化。以下结合笔者近几年的实践，介绍几个让合规培训更有趣、更实用、更有效的方式。

（一）合规漫画

以系列合规漫画的形式跟着合规官、销售、项目经理及商务等主要人物还原项目周期各时点可能遇到的合规风险，深入浅出地讲解合规知识。从项目投标准备到项目交付，基于同事在实际业务中可能面临的真实情景，设计了 12 个小故事,每个故事涵盖一个特定的合规风险领域(例如,反垄断、利益冲突、商业伙伴,隐私数据保护,出口控制等),用四五幅漫画描述主人公遇到的合规困境,然后通过“小黑板”和“小提示”的方式总结合规知识点。每月通过微信、Yammer及公司电子屏等渠道发布或展播,以一种愉快、易消化、有效的方式让员工对合规话题持续关注。

(二)合规视频

网络短视频已经成为信息获取和传播的重要手段。不知从何时起,抖音、Vlog已经成为人们生活的日常,拍戏也不再是演员的专利,团队活动中可能已经发现身边很多戏精、戏骨的人才,那我们是否能在合规培训中巧妙地利用这些资源呢?答案显然是可以的。通过拍摄合规视频,可以将枯燥乏味的合规知识形象化,让培训材料通过案例的形式更加通俗易懂,鼓励更多的员工参与进来,同时他们也将是最好的传播者,可以积极主动的传播合规。

一般来说,合规视频的主要用途是为培训提供案例和引导,普及和宣传合规理念。它可以强化员工对合规文化的认知,引起员工对合规内容的共鸣、讨论及思考,辅助引导和建立企业内部的合规文化。形式上也可以根据场景和用途拍摄不同的风格,比如,宣传公司诚信文化的广告,针对不同合规风险的情景剧和微电影,甚至有些互动的游戏等。

在制作上,合规视频和其他视频有所不同,有其独到的专业性。这既要考虑更好地贴近实际案例,又要考虑不能影射公司、竞争对手及社会,还要合情合理地植入合规知识点,如果能结合当下的一些热点,应该能更好地吸引员工,对此话题引起共鸣。比如,当年笔者自编自导自演的隐私数据保护视频播放时正好赶上FaceBook的数据泄露事件,大家的接受度一下就提高了。

在视频准备阶段,也可以鼓励更多的员工参与进来,直接做成系列宣传活动,鼓励员工参与投稿、拍摄等,甚至还能组织合规大使参选等活动。

（三）合规主题活动

在一个固定时间内，通过各种宣传方式（比如，合规口号征集、合规知识竞答、合规游戏参与、合规电影观摩、合规专题讲座等）提高大家对合规的认知度。线上、线下可以结合使用，以达到最佳的培训和传播目的。这种寓教于乐的方式可以鼓励员工积极主动地参与进来，兼具专业性和趣味化，有利于塑造和强化诚信的企业文化。

第七章

内部调查

一、概述

（一）“调查义务”经济

众所周知，勤勉义务和忠诚义务在信义义务的清单中一直处于主导地位，公司的董事和高级员工为此要对其股东负责。证券监管机构、证券交易所规则和民事诉讼增加披露义务的同时，透明度成为大型上市公司的主导优势。社会和法律一直处于不断发展的过程中，给公司增加了更新、更广泛的“调查义务”。任何不利信息引发诚信问题或表明违反重要法律的时候，该义务——尽管没有任何具体的法规对其进行定义——要求董事会采取必要措施，进行调查。董事会一旦获悉，必然会引发其他明显的后续义务（补救、问责和披露），并会形成一个积极的反馈循环，董事会首先必须进行调查，之后从调查中了解更多信息时，必须基于这些信息行事。

同时，调查是成功进行危机管理的第一步，也是良好治理的核心要素，是恢复受损的企业声誉的基本前提。最近,几乎所有被商业媒体报道的公司丑闻,相关企业必须立即向利益相关者(监管机构、投资者、客户、员工和商业伙伴)承诺进行彻底和独立的调查,并认识到此类调查是企业的第一道防线(包括法律责任和声誉损害)。本章讨论了此类调查的最佳实践。

调查可能由内部(如举报热线、员工离职面谈或内部审计)或外部(媒体指控、传票、逮捕令或由检察官、监管机构、竞争对手或不同客户提出的诉讼指控)两种因素引起。大多数大型公司都有正式的"调查制度",根据一系列考虑因素来确定所需的调查回应的程度,重点考虑指控的目标是谁及指控在多大程度上反映公司的诚信问题。例如,一名员工指责中级采购经理滥用账户会引发调查,该调查的范围、紧迫性和人员配置,与高级管理人员涉嫌从事内幕交易或批准贿赂以获得重大合同所需的内容不同[1]。本章认为,所要求的调查主题足以要求董事会层面进行关注和认真的调查。

(二)危机管理

品牌管理曾被称为"公共关系",其重点是"信任"。由于 24 小时有线电视新闻和即时社交媒体传播消息的速度,一家面临意外举报者指控或高管意外被捕的公司,无法认真考虑"不予置评"的回应。然而,如果只掌握很少的有关指控的信息,并对于真正的事实拥有更少的信息,能期待大家做出什么样的理性评论呢?进行立即调查是让大家相信公司正在做出知情陈述的先决条件。当今社会,全盘否认是"信任"的灾难。它们缺乏可信度,往往需要更多的后续工作来恢复信任,而且它们不必要地让董事会为原告辩护,而不是承诺找出真相并实施任何必要的改进来显示自己尊重指控。其他被动反应(例如,仅承诺"与有关部

---

[1] "费用账户作弊"可能会导致内部审计部门完成其日常工作,并可能向员工的主管和人力资源部门报告。但是,"行政贿赂指控"可能要求董事会的审计委员会聘请外部法律顾问,定期向董事会报告,准备公开披露调查,并考虑寻求监管机构的宽大处理。

门合作”）可能会产生相同的结果，公司无法可靠地提供更多事实或做出相互矛盾的解读和解释。为了赢得信任（并拯救品牌），公司必须向客户、员工、投资者和政府官员承诺，公司正在全面调查任何对其诚信或守法的严重挑战。

（三）法律预期

尽管成文法很少界定什么是必要的调查，但美国的法院和监管机构已经确定，公司是否能够迅速彻底地进行独立调查会对起诉和处罚结果都产生影响。[1] 这些起诉政策所采取的激励措施不可避免地会引发更多的调查——如果人们相信这家公司，并认为它认真对待批评，那么这样做是正确的。出于这个原因，调查可能会随后由执法机构进行审查，且该调查需要被执法机构视为是可信的和全面的。

基于雇主责任原则，虽然公司通常对员工的不当行为负责，但仅仅因为他们是员工，公司实际受到罚款、取消资格等惩罚的程度将取决于调查对两种潜在的法律错误或法律责任的审查。第一种情况是公司对不当行为的容忍，这是为了将“居心不良的员工”（根据检察官和法官的自由裁量权，公司可能对这种情况负有责任，但不会受到严厉惩罚）与因公司的激励、政策或疏忽而导致的可预见的不当行为结果做以区分。[2]

第二种情况是“视而不见”（将头埋在沙中以避免进一步了解危险信号或警

〔1〕 例如，美国司法部《联邦起诉商业组织原则》奖励向政府披露事实的公司，而这些事实，只有通过认真调查才能获得。美国证券交易委员会的裁量还依赖于公司在调查中提供的有意义的信息。没有调查便与美国司法部和美国证券交易委员会这两个激进的监管机构进行沟通几乎是不可能的。See In re ArthroCare Corp. ,Exchange Act Release No. 63,883（2011 年 2 月 9 日）,http://www.sec.gov/litigation/admin/2011/34 - 63883. pdf. 美国《联邦量刑指南》第八章长期以来赞扬公司采取肯定行动，迅速彻底调查和分享相关事实。

〔2〕 最近的富国银行和大众汽车丑闻表明，如公司据称知道、预期或纵容员工的不当行为，将会增加法律惩罚的程度和市场不信任度。内部和外部调查支持公司政策激励员工开设虚假客户账户的指控，故富国银行受到了监管机构的严厉惩罚。大众汽车使用软件来干预排放测试被认为是公司的故意违规行为，而不是个别员工的“流氓不当行为”。

告信号)。该行为也会增加对公司进行刑事检控和惩罚的可能性。[1] 许多情况下,第一种和第二种情况越来越相近并有所重叠,检察官越来越多地将错过的警告信号等同于该公司的肯定不当行为。人们期望企业对引起怀疑的情况更加了解,并作出更积极的反应;他们的调查失败将越来越被视为故意视而不见。仅仅关注自己必须了解的信息而未能注意到可能和应该知道的信息就会增加上述风险。民事案件也在朝着这个方向发展,美国的"MeToo"运动之后,劳动法案尤其凸显[2]。这是诉讼和惩罚发展的方向,也是必须进行适当调查的地方。调查不再是指控辩护的准备。除询问"我们真的违反了法律吗",公司还必须问"我们漏掉了什么"以及"这是怎么发生的",以此发出"我们必须采取哪些不同的做法"。

除法律责任问题外,公司的利益相关者(监管机构、客户、员工和投资者)可以理解为,如想要避免违法行为,只能通过确定导致问题的原因开始——确定责任人、误导的政策以及执行中的差距和错误。只有通过调查确定问题发生的根本原因并指出将来如何有利于发展,才能有信心地宣布问题得到了解决。[3]

总之,彻底而独立的调查可以帮助公司确定遗漏了什么,为什么遗漏以及遗漏了谁。这些问题处理得当,公司的内部控制也就相应得到加强。它对不合规者以及允许不合规行为发生的管理者都做了识别,建立了问责文化的基础。这是对监管机构、投资者和员工的最有说服力的证据,表明公司不会允许此类行为

---

〔1〕 United States v. Kozeny, 667 F. 3d 122 (2011 年第 2 期).

〔2〕 例如, Sirois v. East West Partners, Inc., 285 F. Supp. 3d 1152 (D. Haw. 2018) (因未能调查员工的性骚扰指控,而允许对人力资源总监提出"协助和教唆"索赔)。See also Smith v. Rock-Tenn Services, Inc., 813 F. 3d 298 (6th Cir. 2016). 就业案例不仅限于典型的骚扰情况。E. g., Howard v. Urban Investment Trust, Inc. et. al., No. 03 C 7668, 2010 WL 832294 (N. D. Ill. 2010) (允许员工声称未能根据"虚假申索法"调查员工的不法行为指控实际上是根据该法规禁止"报复").

〔3〕 这些常识概念不仅限于法律领域。工程学和其他学科需要进行"根本原因分析"来避免重复的失败。

发生,也是公司未来仍值得大家信任的依据。

二、实施有效内部调查的最佳实践

调查的最重要特征是,必须对相关利益方(包括但不限于监管机构、股东和员工)保持可信。可信度有三个主要特征:独立、全面、及时。

(一)“谁”的问题

1. 针对可能的利益冲突谨慎设置报告流程

每项调查必须立即明确:(1)客户是谁;(2)调查期间应该初步并定期通知谁。最受欢迎的汇报线是直接由外部调查顾问到母公司董事会的审计委员会(或其他特别成立的委员会)。[1] 根据公司的规模和经验,直接的汇报线上通常还会设置总法律顾问或首席合规官等中间委托人,但调查人员必须确保此类人员不会过滤需传达到董事会的内容。更常见的是,他们在重大情况下存在利益冲突。如涉及总法律顾问,调查便看起来不那么独立了。公司看起来更像是为了保护未来的诉讼而修饰事件版本,而不是独立评估,但高级律师可能已经考虑了那些引发调查的交易或行为。首席合规官也可能会引发冲突,大多数腐败问题都有合规官最终要接受采访的风险,采访内容主要是他们所了解的内容、他们可能已经批准的交易,或者他们可能未能在关键的反腐败政策(可能是失败的)上调查或进行培训等。如果汇报流程的设计能在初期就直接汇报给董事会,可以防止后来可能产生的事件,并确保调查的独立性(故更可信)。如在调

〔1〕 一名或多名董事会成员受到被调查指控的牵连,这些成员不能再做有关调查的决策和报告,应成立一个特设委员会以确保只有无利害关系的委员会成员进行监督调查。

查中发现汇报线中的总法律顾问或首席合规官有问题,调查人员应向董事会直接报告,从董事会得到指示,而不是从存在利益冲突的总法律顾问或首席合规官那里得到指示。

谁绝对不应该成为信息的常规接收者?至少有三类人员(尽管这三类人员都有可能具有要求提供信息和监督调查的权利):(1)“区域经理”或涉及业务线的其他领导者;(2)内部审计主管;(3)财务总监。为什么?因为即使没有迹象表明他们直接参与,但他们每个人作为“促进该行为的发生者”,都会被认为有一些潜在的个人接触。调查人员需要评价这些区域经理和业务经理是否在调查中充分配合(或阻碍调查),以及他们是否对在业务部门中创建的激励和合规文化负有共同责任。[1] 这些监督人员通常应是一个或多个内部控制流程的关键部分,内部控制的失败会导致问题发生。[2] 抵制内部审计主管或财务总监的员工经常为调查提供重要的专业知识和文件,因此抵制他们的干涉也会更加困难。但内部审计部门可能因未能进行审计、审计不充分或未能确保纠正在之前审计中发现的弱点而存在过错。大多数公司,特别是上市公司的财务总监很有权势,他们可以对财务人员和财政记录进行访问,并可能影响调查的预算和时间,所以涉及财务总监的问题会特别棘手。[3] 然而,大多数腐败犯罪(特别是贿赂和相关的账簿和财务记录违规行为)一定程度上直接或间接地牵涉财务和审计职能。很大比例的调查(雇佣关系除外)源于某人的决定,即扭曲或无视正常的财

---

〔1〕 可能会对调查收取当地业务预算这个事实,是允许这些管理人员控制调查范围或减少其费用的一个特别不充分的理由。他们的预算通常是收费的,因为调查是在当地引起的,而不是它最好在当地进行管理。

〔2〕 高级管理人员可能会被要求对导致调查的关键交易进行审查和“签字”(例如,大型政府合同、大额礼品、不寻常的促销费用,或审查后来进行腐败交易的新第三方)。经许多调查发现,主管放弃了独立审查或批准异常交易的义务,甚至可能将责任委派给涉案的违法者。GC 和首席道德官也可能参与审查、批准或豁免某些交易或某些腐败的第三方,因此也有类似的冲突。

〔3〕 大多数情况下,财务总监会推动提前完成,以便公布下一份财务报表。根据《萨班斯—奥克斯利法案》,他可能会受到不利的激励,来拒绝推断之前的陈述是错误的(因为任何必要的重述都可能对首席财务官产生不利影响)。

务规则，允许信贷、回扣、特殊营销资金、不寻常的现金交易、早期收入确认或不正确的记录等。[1] 调查性质的利益冲突不仅限于公司员工。公司传统的外部法律顾问很少会进行调查。与总法律顾问一样，他们可能就相关交易提供了建议。更有可能，他们与主要高管建立了强大的联盟，并可能会削弱该律师事务所积极质疑、挑战或指控他们的关键业务盟友的能力，盟友们多年来一直为他们提供合法业务，并可能被视为未来的潜在合法业务的持续来源。

只有董事会才有权控制调查中不可避免的“范围蔓延”。扩大调查的范围几乎是不可避免的，因调查小组必须始终遵循证据，这通常指向更高级别的管理人员或额外的交易。涉及的管理者通常会拒绝审查其他国家或其他时间段的请求，但监管机构会期望遵循所有这些线索。例如，一个管辖区的管理者渎职时，可以来查明此管理者具有类似权限的其他国家。[2] 第三方的腐败行为亦是如此，他们对一个主题的不当行为可能会引起不信任和对另一个主题的额外调查。[3]

2. 迅速组建有专业技能的调查团队

调查团队需要立即组建包括法律、计算机和会计人才。律师需要会计师向他们（而不是财务总监）和有能力测试交易记录并评论记录方法的合法性的人

---

〔1〕 谨记美国“FCPA 法规”的核心逻辑，其中包括反贿赂禁令和要求“准确的书籍和记录”的条款（由《萨班斯—奥克斯利法案》“适当的内部控制”的要求得到加强）。单独的条款协同工作，因失败的控制几乎总是环境的一部分，它可以实现并隐藏腐败的交易。为了逃避审计发现，通常必须对这种腐败的交易进行伪装。为了阻止预防性控制，总是需要有人佯装不知。美国证券交易委员会或其他监管机构经常（准确地）将重大贿赂的存在视为（内部财务人员或外部审计师外部）会计控制失败的指示。

〔2〕 扩张的力量可以采取多种形式。例如，早期调查可能表明，目前的举报人的投诉反映了被忽视或遭受报复的其他举报人的指控。或者，经理可以证明，因为他在公司的另一部分从另一名官员那里学到了这一点，所以他渎职了——要求调查看一下这些。调查任务（和理事会）必须足够灵活，以便能够开展新的调查。

〔3〕 例如，如果经销商在结账期结束时同意人为加速或推迟购买或支付，以影响公司的收入确认（这种情况普遍存在），则该互惠可能表明愿意容忍或参与其他不正当行为（如行贿）。

员进行报告。会计师应该是外部人员,而不应该是通常的审查或编制公司财务报表的外部审计师。[1]

调查律师必须了解业务,但他们也应该有起诉或辩护诉讼的经验,因为调查通常涉及诉讼律师在测试其他理论的可信性时所使用的技能,这些技能包括对证人的采访、交叉询问以及对特定文件的证据权重的评估。反贿赂和反腐败调查要求律师了解当地腐败法以及美国《反海外腐败法》和英国《反贿赂法案》。有美国母公司或美国公司参与涉嫌腐败的交易,对于美国境内外的调查能力必须无缝衔接,因非美国和美国的执法机构都可能参与其中——并且每个律师都需要经验丰富的谈判。涉及的公司合法地关注当地和外国腐败法规定的处罚。[2]

调查小组还必须包括了解当地劳动法、法院和惯例的就业律师,因涉及的员工通常会尝试通过当地劳动法庭的挑战来影响公司的调查工作。[3] 经验丰富的当地就业律师必须从一开始就参与当中,以解决各种各样的问题。例如,公司是否可以(或必须)辩护犯罪被捕的员工,员工的办公室和设备是否可以被搜查,以及员工是否可以因拒绝配合调查而受到惩罚等,所涉及的就业律师必须具备有关适用数据隐私制度的专业知识。[4]

---

〔1〕 必须谨慎处理仅使用内部审计人员来“避免重复”和“省钱”的诱惑。基于上述原因,调查可能需要进行全新的审计,或者可能需要强烈批评内部审计部门对其先前的审计或后续审查的执行情况。当然,独立要求避免此类内部通信并保持秘密,内部审计人员在调查期间向其内部财务老板报告活动可能会受到压力。

〔2〕 由于其广泛的域外范围,这些法律适用于管理在美国或英国具有重要地位的企业的潜在刑事责任和报告义务。

〔3〕 了解当地的就业实践和文化与了解就业法知识同等重要。许多国家,对被调查员工的激进交叉询问或令人尴尬的虐待可能会导致员工提出“精神损害赔偿”或其他赔偿要求。

〔4〕 这些制度很复杂,并且会不断更新,这就需要隐私专家就许多最基本的调查问题提供意见,如哪些数据可以出口到另一个国家进行审查或评估。参见 Directive 95/46/EC of the European Parliament and of the Council on the Protection of Individuals With Regard to the Processing of Personal Data and on the Free Movement of Such Data。See also APEC Data Privacy Pathfinder (2015), available at https://www.apec.org/About-Us/About-APEC/Fact-Sheets/APEC-Privacy-Framework.aspx.

调查中一些最复杂、最紧急和最秘密的活动需要内部 IT 专家的立刻支援,以了解文件的保存位置、如何远程成像,以及公司来备份这些文件并保护它们免受更改的正常流程是什么。在收集关键文件时必须考虑全部的因素,而且通常不会通知涉嫌不当行为的员工。

(二)保护企业的证据和保护调查

组建了一个诚信小组后,最紧迫的优先事项是:(1)冻结现有的证据;(2)防止后续任何不当行为;(3)确保调查的完整性。每一个事项都有文档记录和人工参与。

1. 冻结电子的和有形的证据

公司的内部文件必须像“犯罪现场”一样对待,需要收集和保存证据。犯罪现场不仅包括最可能参与的员工办公室,还包括存放公司电子邮件和其他电子文件的服务器。公司应该在这两个问题上迅速并同时采取行动,但应小心翼翼。

恰当地保护电子文件要从 IT 和法律部门入手,而不是相关的业务或财务团队。几乎任何正规的商业调查都是从了解谁涉嫌参与[1]以及哪些商务工作正在接受审查开始的。指控主体的电子邮件对调查至关重要,总法律顾问通常应向最有可能就调查问题进行沟通的人发出“控制”函,要求其将所有此类文档和通信加以控制,以供进一步审查。接受调查者应该被告知不要更改或删除与某

---

〔1〕 调查的第一天,查看组织结构图至关重要。被指控的经理、他的主管、他的助理、他的团队里负责投标、合同或其他交易的初级成员,以及他的人际关系中容易识别的其他成员,都应认为有相关的电子邮件和文档。

些主题、交易或个人相关的任何文档,[1]而文档的定义应足够广泛,要包括非文件类的材料,如日历和短信。

调查的初期往往需要一定程度的保密——要保护举报人的秘密身份,或者确保不法分子不会事先销毁证据。IT 部门在这种情况必须在内部以电子的方式实施"控制"(通过远程成像,任何服务器、电子邮件的账户或笔记本电脑的全部或者部分内容),才能在公司内部公布资料保存通知。某些账户通常会阻止删除功能,故因此需要实施"控制"。[2] 如果不采取这些保护措施,就会在后续法庭诉讼中损害公司的利益。而且,倘若利益相关者认为重要的文件没有找到或者没有得到保护,那么这可能削弱调查在利益相关者中的可信度。

公司几乎在每一个案件中都需要查看被指控的不法分子以及其内部同事的涉及可疑交易的笔记本电脑和手机。当地法律或集体谈判协议可能会让员工想要保护这些设备的隐私,故该团队的劳工律师需要立即对公司获取这些资料的权利发表意见。

笔记本电脑实际上很少在公司的服务器上完全备份,但其中的文件通常可以通过召集员工进行初步访谈来获得。访谈中,会告知他们上交其公司的笔记本电脑进行成像。员工配合通常有两个原因:第一,笔记本电脑通常都是公司的财产,这些电脑供员工使用,但往往会伴随警告,即他们要随时接受公司的审查。员工手册(在某些司法范围内被认为是就业协议中可强制执行的部分)也会警告员工,公司在法律上有权审查其笔记本电脑。

---

〔1〕 定义控制的范围通常是很困难的,但如果公司在一个狭隘的定义方面出错,而不是保留一些额外的文件,那么它将面临更大的风险。谨记,优质的文件很可能会和劣质的文件一起被销毁,这将阻碍调查获得所有相关信息。销毁有关文档,以阻挠政府的实际或预期行动是一种妨碍司法的行为,可根据《萨班斯—奥克斯利法案》受到刑事制裁。例如,United States v. Kernell, 667 F. 3d 746 (6th Cir. 2012)。

〔2〕 事实上,公司应以电子的方式监控关键账户,以确保资料不被删除。

第二，在早期的访谈中，主要不法分子往往会否认自己参与欺诈行为，并试图看起来配合访谈。交出他们的笔记本电脑往往是配合的必要部分。[1]但这些员工后来通常声称笔记本电脑里有个人资料（如银行记录），以此来阻止公司检查电脑，并经常拒绝交出手机。劳工律师的专业知识对于扣押笔记本电脑和确定调查人员进行设备检查的深入程度来说很重要。公司需让可信任的第三方参与电话审查，并向员工（和任何相关法院）保证，只对业务记录进行审查。

这些复杂的步骤十分重要，又耗费时间，主要受当地就业法规和实践的制约。例如，一家德国公司，工作委员会可能已经建立了一个详细规定的折中方案（具有工会协议的法律意义和法律效力）。在审查任何员工的电子邮件之前以及对其电脑进行成像之前，必须遵循该方案。在中国，任何将数据调至另一个国家的行为——例如，用于向美国检察官提交材料——都需要公司首先聘请律师审查文件，以删除那些包含"国家机密"的资料。甚至即使在审查程序异常普遍的美国，司法意见使这一过程也变得更加复杂，该意见使员工的手机可以不被公司调查人员全面审查。[2]

公司起初不知道需要审查的手机或电脑上的确切内容，因此，在调查的开始阶段可能无法让法院相信，有存在找到犯罪信息的可能性就可以侵犯隐私。非

---

〔1〕 有时，这种"自愿"移交也可以作为"行政假期"的一个术语，下文更详细地讨论该内容。

〔2〕 人们虽然普遍认为雇主有权监测和审查公司设备上与工作有关的资料，但某些州和联邦法律禁止公司未经授权就访问受密码保护的个人账户。员工出于工作目的使用个人设备，法院通常不允许大规模检查这些设备，这有利于采取侵入性较弱的措施，如由第三方进行独立的司法审查[Miller v. Native Link Constr., No.: 2:15 - cv - 01605, 2019 WL 1277528 (W. D. Pa. Jan. 22, 2019)]，或者进行访谈，以确定个人的移动设备是否包含与诉讼有关的资料[H. J. Heinz Co. v. Starr Surplus Lines Ins. Co., No. 2:15 - CV - 00631 - AJS, 2015 WL 12792025, at *1 (W. D. Pa. July 31, 2015)]。一些法院认为，公司对员工的设备没有监护权或控制权，故不能强制披露员工个人手机上的数据。Hayse v. City of Melvindale, C. A. No. 17 - 13294, 2018 WL 3655138, at *7 (E. D. Mich. Aug. 2, 2018); Lalumiere v. Willow Springs Care, Inc., No. 1:16 - CV - 3133 - RMP, 2017 WL 6943148, at *2 (E. D. Wash. Sept. 18, 2017).

常不幸，许多国家关于信息隐私的初期纠纷在当地的劳动法院早已解决。众所周知，这些法庭偏向当地雇员，而反对大公司。

尽管如此，多次的调查经验告诉我们，如果没有找到决定性的证据，那些看似“私人”的电话短信在许多公司调查中往往就是最重要的证据。[1] 无论是自愿还是非自愿，调查人员都应继续审查被指控不法分子的手机和笔记本电脑，这是适当保存所有犯罪现场证据的基本步骤。

2. 保护调查完整性

不法分子办公室的相关实际记录材料需要得到保护，使其不被嫌疑人查阅。收集文件，应拒绝嫌疑人进入其办公室。但更重要的是，不法分子可能会销毁重要的非书面证据，这些证据需要依靠其他员工的证词和合作才能获取。员工必须要受到保护，使其不受被指控者的恐吓、威胁或任何其他干涉，否则调查将会以失败告终。[2]

公司必须在任何调查开始时做好准备，以隔离潜在的不法分子。如在访谈中嫌疑人没有意外承认或者揭露后续发现的文档，这种情况的迫切需求可能不会被披露。公司必须准备好文件和程序，来实行美国所谓的“行政假期”和英国所谓的“花园假期”。[3] 这些术语是指，在延缓公司决定是否要终止雇佣关系的同时，留住可能涉及其中的员工，使其处于仍然就业但没有权力的地位，防止他们对调查或公司声誉造成损害。

---

〔1〕 例如，有许多报道谈论对一家大型电影制片厂负责人进行的“MeToo”行为调查。这些报道中，早期的两次调查未能发现关键性信息，但后来从《好莱坞记者》发布的短信中获得该信息，导致了第三次调查和首席执行官的辞职。

〔2〕 这种影响可以是对举报人或配合的证人进行报复(大多数国家将此定为非法)。政府监管机构进行调查的同时，公司可能要对该报复行为或“妨碍司法”的刑事犯罪负责。其他行为可能不太明显，但反过来同样具有破坏性，如提拔或以其他方式偏袒员工，从而影响该员工的证词或使该员工的证词发生变化或诱使他不配合调查。

〔3〕 “花园假期”最初是指员工离开工作岗位，但却保持被雇佣状态，直到通知期结束的那段时间。当员工在调查期间被剥夺了正常的权力时，这个术语已经扩大到包括强加的监禁。

该假期通常意味着雇员进入计算机网络和办公室的权力被暂停，禁止他们与其他员工或者媒体讨论调查的相关事项，他们被要求“合作”，并允许他们领取正常的工资（借此来减少他们对自己因实际上被解雇或被解除竞业禁止协议的抱怨）。[1] “行政假期”创造了一个时间上的空档，使员工无法犯下更多的不法行为，无法删除文档，也无法通过影响其他证人来破坏调查。该假期同时给出了一个明显的信号，表明公司正在落实个人责任，但是在经过深思熟虑的调查的基础上才进行的。至于利益相关者的信任问题，涉及高度个人化的行政不当行为（如内幕交易、个人骚扰或个人参与腐败交易）案件中，公司不会支持管理层的决定。[2] “行政假期”使公司有时间与重要的员工（包括休假的员工）面谈，获取其他一些比较重要的事实证据，而这些证据一般对调查来说是必须的，包括具体确定是否可以用正当理由终止不法分子的行为。[3]

3. 第一件事是处理手头的文件

“完美”是“足够好”的敌人。由于过分强调获取和搜查所有可用的电子文件，调查往往会被错误地搁置在一边。详细的司法审查可能是合理的，而且在收集所有资料并经过处理收入数据库之后，再开始进行数据审查往往更加有效。但社交媒体和检察官的行动速度更快，故一些初步措施不能拖延。推迟初期的访谈可能会适得其反，会使公司无法对需要集中调查资源的地方进行合理的初步评估。在许多情况下，如果不是大多数情况，没有理由推迟立即收集和审查下

[1] 公司必须准备好反驳一名不合作员工的指控，他们认为行政假期就相当于事实上的解雇。此外，劳工律师对高管的雇佣合同进行认真审查也至关重要，公司不应在不清楚雇佣合同如何界定“解雇原因”的情况下，对任何主管实行行政假期。

[2] 这种措施并不局限于底层管理人员，甚至可以经常用在首席执行官或其他高管上。

[3] 某种程度上，公司必须冒着“与魔鬼打交道”的风险，在被指控员工的休假期间继续向其支付工资，因为他很可能掌握了公司进行全面调查所需要的信息，而且这些员工往往有合同来保护他们不被解雇，除非有正当理由。如果不听听高管的想法，就不可能完全了解这种原因。行政假期比合理解雇更快，破坏性更小。实际上，在寻找原因的时候，公司可以有一段时间，使其在休假期间免受更多不当行为或者名誉受损的影响。

列优先文档,这些文档通常是现成的:

(1)公司的行为准则;

(2)对该主要业务的所有审计;

(3)涉及可疑的代理、员工、销售商、供货商或政府机构,他们所有待处理合同、投标或其他公开业务的清单;[1]

(4)任何声称已经被毁坏的合同文件,这种破坏是由调查指控中所提及的行为造成的;

(5)能立即确定有嫌疑可能的员工的所有人事档案,包括他们目前的合同、最近的绩效考核以及工资和奖金记录;

(6)最近任何一个季度或其他财务报告期间,最后几天发生的所有重大交易的列表,以及随后因任何原因被撤销的所有交易列表;

(7)所有礼品、娱乐和促销费用的日志记录副本;

(8)关于对涉嫌不当行为的"第三方"进行任何审查的文档。

虽然具体的调查对象将调整这份列表,但几乎在任何调查中都需要这些重要的财务和人事档案,而且通常可以在开展广泛的电子邮件审查和解决有关设备和短信的隐私问题之前获得,立即开始对它们进行审查。

4. 停止错误的行为及评估任何的不正当利益

除冻结证据外,公司必须停止任何不当行为(与贿赂有关的合同、操纵价格或其他不当行为)。公司还须解决从先前的不当行为获得的任何不当收益。公司也要计算从非法合同或操纵投标中获得的收入。这些信息可能不是完全可靠的,其部分原因是交易对手可能会合理地否认这些利益是通过腐败获得的,或者是检察官可能要求公司在调查结束时将此类利益作为决议的一部分。社会舆论

[1] 大多数突袭检查、逮捕或临时宣布的调查,警方都会确定一些机构、政府官员、雇员、转销商或代理人,将其作为调查的对象(通过搜查令或申请文件中的线索来确定)。调查人员应立即清点(并开始收集文档)过去几年中涉及该客户、供货商、合作伙伴或政府机构或个人的所有交易。

压力还可能要求该公司在调查的早期阶段否认不正规的合同,这是一种善意的姿态,以此显示其调查和整顿决心的严肃性。

同时,并非不法分子所做的一切都一定是不合法的。因逮捕或行政假期造成的工作中断可能会产生严重的后果。正规且重要的投标可能会在第二天到期,或者重要的谈判可能会中止。因此,公司需要平衡这些因素,以确保合法的交易不会只因疏忽、雇员突然缺勤或错误地认为所有工作都涉及不正当行为而被放弃。那些公开且待解决工作的前期评估是任何调查中最重要的早期任务之一。该评估在法律上来说是可以继续实行的。

5. 确定什么被带走或得到了什么、政府调查

政府采取行动(逮捕、突击检查、传票、搜查令)之后,有时会伴随调查。这种情况下,公司通常必须迅速确定有关部门扣押或获得了哪些物品。任何此类的突袭之前,员工应该接受“突击检查”培训。因此,他们可以做好充分准备,以便有效地处理此类检查,包括礼貌地索要被政府工作人员拿走或审查的副本,或者至少是记录日志。

6. 行使针对第三方的审计权

大多数第三方关系(与代理商、代表、转销商以及其他合作伙伴)允许公司“审核”相关账簿和记录。这些权利往往是空洞的,很难及时执行,但这是尽早采取措施而不是放弃作为的好理由。公司应在调查初期行使这些权利,不能故意忽视可能包含一些最重要信息的来源(尤其是在腐败案件中)。

7. 理解或得到核心业务中及时的教训

公司团队必须要了解公司的产品和服务是如何在相关国家和业务领域生产、定价、销售和交付的。腐败以许多非货币流通的形式运作,包括折扣、回扣、免费旅行、免费“演示”机器、转销商促销津贴以及向真实或虚构的买家,或者向真实第三方付款(包括广告和旅行社等中介),以获得从未使用过的服务。这些“流通中的货币”有时也可以直接提供给最终使用者和政府机构的决策者,或通

过转销商以一定的方法进行洗钱,同时这还会对客户产生不当的影响。团队需要快速了解公司的商品和服务如何发展,如何定价,以及公司和转销商之间的获利率是如何划分的。不正当的利润(以及逆向交易)能创造贿赂基金,可以让转销商为了公司的利益而完成腐败交易,就像过多的佣金容易让代理商用来贿赂购买者一样。[1]

如被指控的腐败涉及政府投标,腐败可能比将交易给予中标人的影响更大,对于这一点的认识十分重要。该判决可能没有不当行为,但整个投标规定可能从一开始就被腐败所带偏,以至于只允许有一个可能的合规中标人。腐败案件往往涉及破坏其特殊定义的投标人,从而使其他大多数投标人无法遵守严格的规定。软件和硬件的项目,这是一个特别普遍的问题。政府买家受到影响,以至于在具体要求中倾向某个投标人。调查团队需要迅速了解这些行业特定的弱点,而且必须在了解相关业务且值得信赖的员工带领下行动。

(三)谨慎取得现实的证据

1. 对于地方性的事实采用的研究方法

当文件保存在数据库中并准备以电子的方式搜索时,调查团队应利用许多不同的资源来确定相关的搜索术语。这些搜索术语应该用员工可能使用过的多种语言来正确表达,包括俚语。俚语可以在不同程度上用来描述不同文化中的腐败(如"一杯咖啡",该词汇在巴西可以指贿赂)。这份列表应该反映外部会计师以及了解当地业务的当地律师和业务经理的资源投入。将搜索术语应用于子

---

〔1〕 如团队不了解——以统计的角度对其抽样——各种交易的利润率,那么它可能不知道如何将其用于分析超额利润及获得大量资金。对交易的这种抽样和审查需要考虑其他腐败的"金额",如特殊的交货和计费条款,以及任何异常的交易记录。与礼品和娱乐费用一样,有效的检查需要对当地的正规做法有深入的了解。法务会计人员在检查其中任何项目时发现的异常值都应进一步调查。

集测试之前,不应将其应用于整个数据库。该测试将产出一个“命中报告”(计算每个术语的“命中率”),这将为判断哪些术语包含过多或过少的内容提供线索。律师应仔细阅读测试子集中发现的一些文档,以查看这些文档中可能存在的其他术语。这些术语应添加到搜索术语的列表中,然后再在全部文档中进行搜索。公司应建立有效审查所有文档和寻找“热门文档”集的方法,这需要进一步调查或对特定的小标题进行深度挖掘(“深度潜水”)。

调查团队必须对一些事情的可能性保持敏感。如果政府执法机构(以及公司的外部审计员)认为目前的清单与原来的清单之间存在差异,他们事后可能会要求查看使用了哪些搜索术语,可能会对这些列表的充分性进行再次猜测,还可能需要做额外的信息搜索。

2. 理解适用的特殊待遇及访谈的德道规则

一旦访谈开始,调查律师必须在两点上特别谨慎:(1)他们必须尽可能保持律师和客户之间的关系以及保留工作成果特免权;[1](2)他们必须提醒受访者不要把调查律师作为被采访者的律师。第一点是显而易见的,这需要就不同的当地特权规则与当地律师协商。一些司法领域,这些规则只保护与被当地许可的外部律师的通信,而不保护与公司内部律师的通信。

调查律师一般鼓励被访谈的员工进行配合,并提供他们掌握的信息。但这样做的同时,他们必须注意两个原则。如果律师想保留特权,他们应该给出所谓的“厄普约翰”警告,[2]这提醒受访者,律师在法律上不是代表某个员工,而是代表公司,而且公司可以保留放弃任何特权的权利和分享在与政府有关部门面谈时透露的任何秘密的权利。毫不奇怪,这一警告可能会导致受访者在面谈中

〔1〕 律师的印象比逐字记录稿更加可靠,因此面谈一般不应做记录,通常应由在场的第二位律师来确认访谈律师的笔记。

〔2〕 See Upjohn Co. v. United States, 449 U. S. 391, 394 – 395 (1981). 行使公司的当事人特权,对公司的律师和底层员工进行访谈。

寻求独立律师或者犹豫要不要配合；但如果律师不发出警告，受访者以后可能会利用他所谓的困惑（是否与自己的私人律师交谈）来干扰公司对所获得信息的使用。此外，美国规范律师行为的道德规则要求，在调查中代表公司的美国律师需要澄清他们不代表个人。[1]

访谈者必须对当地文化敏感。在某些司法范围内，对于员工在敏感的个人问题上给予充分合作或完全诚实，没有绝对的要求或者期望。在这种情况下，因员工不合作而以解雇相威胁可能会适得其反。某些情况时，过度激进的盘问可能会促使员工对公司提出精神损害的劳动索赔。对于在非美国司法范围内容进行适当的访谈，当地的就业法建议以及文化尊重和敏感性显得至关重要。

3. 假设政府会严格地审查调查的范围和行为

最近宽大政策进行了修订，使公众意识到，自愿向政府机构披露调查材料是明智之举，所以整个调查极有可能成为向政府披露的一部分，以此获得宽大处理或不起诉。虽然这种披露并不是绝对必要的，而且其策略也不是本章的主题，但在大多数情况下，这些披露被认为是有利的。例如，（1）当事人有严重的刑事犯罪或产生重大的经济影响，从而影响公司的财务报表；或（2）围绕该主题进行的宣传可能会引起政府的兴趣。这些情况下，政府作为监管机构通常人手不足，所以可以惩罚和拖延公司对此事的解决，除非监管机构认为公司的调查是彻底、独立、公正、资金充足、全面、合理的方法，使政府不用花费其有限的资源调查每一项指控。政府有权要求公司进行比政府自己更彻底、更广泛的调查。政府如果认为调查有缺陷，就没有义务接受调查结果。[2]

政府检察官警告说，某些调查失误尤其容易造成麻烦，例如，将底层员工作

---

〔1〕 See ABA Model Rule 1. 13 (D).

〔2〕 因此，如对西门子的调查进行了1700多次访谈，来自34个国家的外部顾问花费了150万个小时，保存了1亿份文档。其中，24, 000多页被移交给美国司法部。在FCPA调查的7年时间里，沃尔玛披露调查支出和合规改进的费用超过9亿美元，这些费用有时每天可以超过10万美元。

为替罪羊，同时却对高级管理人员轻描淡写，一次访谈多个员工，过度地限制调查的范围和预算，并且未能调查出明确的起因。[1] 政府总是考虑利益冲突，如果一开始未能避免利益冲突，那么就会与执法部门发生许多纠纷。

如果政府不认可调查的独立性和充分性，可能需要进行新一轮更好的调查。如果政府不喜欢调查，也可以选择就违法行为提起诉讼，拒绝进行可能的和解或者辩诉交易。由于存在被明令禁止和巨额经济处罚的风险，该公司需要使其调查与政府的期望一致，即无冲突、真正独立以及彻底调查。公司不能有任何偏见或不足。

整个调查过程中，公司应不断记录其调查活动，将其每一个调查步骤作为减轻处罚的情节和配合的标志。当公司意识到自身有问题时，政府对公司反应的看法极大地影响了公司的自由裁量权。调查中的每一项行为都应列入清单中，并将其作为减少处罚的理由向政府公开，也许可以完全避免起诉。

（四）谨慎报告和全面赔偿

调查期间，需要告知审计委员会和外部审计员，也必须考虑财务披露。法院的意见越来越尊重调查律师和外部审计员之间进行讨论的特权的合法性。[2] 与董事会的沟通享有特权，但应在早期阶段以口头形式进行，避免泄露初步的行动和可能不准确的印象。最后，委员会应听取对关键事实和结论的全面介绍，并至少应该了解调查团队打算与政府有关部门分享的内容。如果审计委员会没有收到关于调查结果和建议的全面且准确的报告，那么它对这种情况的纠正就没有可信度。只需提供该报告的有限副本，并且如果与理事会分享，则应对所有副

〔1〕 2011 年 6 月 1 日美国证交会执法司司长 Robert Khuzami 的评论，载美国证券交易委员会网，http://www.sec.gov/news/speech/2011/spch060111rk.htm。

〔2〕 E. g., Merrill Lynch & Co. v. Allegheny Energy Inc., 229 F. R. D. 441 (S. D. N. Y. 2004).

本进行编号和标记,以免再次复制。出于对声誉和良好治理的考虑,可能会在随后披露此类报告,要么是自愿说服利益相关者,要么是在调查之后的其他诉讼或监管程序中不自觉地披露。

调查可能会得出这样的结论:公司不存在违反法律的情况。但在对严重指控的调查中,根据调查中了解到的情况,几乎不会认为公司没有可建议的改进之处。补救措施应只是供董事会考虑并评估的建议,而不是外部顾问承认或修改意见。其目的不是承认什么,而是应该实事求是,不要因为畏惧其他诉讼而不敢表达意见。与避免监管机构进行刑事处罚,或恢复员工、投资者、贷款人和其他利益相关方对公司的信任相比,任何其他民事责任诉讼都没有如此重要(或者风险同样大)。

如果没有有效的调查,就不可能恢复信任,也不能让利益相关方相信公司已经基本消除了不当行为,并在行为和控制方面有了相应改善。

第八章

合规审计

我国2017年的《合规管理体系　指南》中的"审核",[1]由英语"Audit"翻译而来,国内通行翻译为"审核"。在《合规管理体系　要求及使用指南》(ISO 37301:2021)明确内部审核,[2]按照《管理体系审核指南》(ISO 19011:2018)实施。合规审核的目的是确定企业的合规管理体系是否符合以下3项:一是企业适用自己的标准、准则等;二是合规管理体系标准的要求;三是是否有效实施和保持。为保持与国际标准含义的一致性,本章以"合规审计"的含义来阐述,与国内翻译的"合规审核"含义一致。从内容看,合规审计要审的内容涉及很广泛,需要审计人员了解企业适用的法律法规与标准、合规管理体系标准、企业生产经营业务体系,同时,每一个行业的企业,除了合规管理体系标准一样以外,其他都是很不同,让一个审计人员都能够去审计各企业,专业和精力上是做不到

〔1〕 参见国家质量监督检验检疫总局、国家标准化管理委员会《合规管理体系　指南》(GB/T 35770—2017)第8.2条。

〔2〕 See ISO 37301, 9.2.

的，而是会分许多专注不同行业领域的合规审计专员，因此，本章不从内容，而是从合规审计模型、一般方法工具角度阐述合规审计，阅读本章，期望读者有熟悉企业业务流程管理和审计相关知识的背景。

一、关于合规审计的有关术语概念

开始合规审计之前，我们来熟悉一下关于合规管理审计的有关术语概念。

（1）合规审计：为获得企业合规管理体系情况的审计证据，并对其进行客观评价，以确保满足合规管理审计准则的程度所进行的系统、独立的并形成记录的过程，包括内部审计、第二方审计、第三方审计。

（2）合规审计范围：合规审计的范围和界限。审计的范围通常包括对实际市场区域、组织单元、活动和过程，以及审计所覆盖的时期的描述。

（3）合规审计准则：用于与合规审计证据进行比较的合规管理体系标准、合规义务和企业内部发布的方针、制度、程序，合规义务包括合规要求和合规承诺。

（4）合规审计证据：与合规审计准则有关并能够证实的记录、事实陈述或其他信息。合规审计证据可以是定性的或定量的。

（5）合规审计发现：将收集的审计证据对照审计准则进行评价的结果。审计发现通常用"符合""不符合"，如果审计准则是法律法规、准则、规则等合规义务要求的，审计发现常用"合规""不合规"。

（6）合规审计结论：综合考虑了合规审计目标和所有合规审计发现后得出的合规审计结果。

（7）合格（符合、合规）：满足要求。

（8）不合格（不符合、不合规）：未满足要求。

(9)受审计方:被审计的组织。

(10)合规审计员:实施合规审计的人员。

(11)合规审计组:实施合规审计的一名或多名审计员,需要时,由外部合规专家提供支持。合规专家是指提供合规管理专业知识和方法技术工具的专业人员。

二、合规审计程序

(一)明确合规审计范围

可以按照企业的全部或某一个组织单元、某一单元市场来确定合规审计范围的边界。在该单元组织和单元市场,通常又包括:岗位履职合规审计;业务(流程)合规审计;合作伙伴合规审计。

(二)制定合规审计方案

合规审计方案指引合规审计组全员、审计全过程的指引文件。应包括在规定的期限内有效和高效地组织和实施审计所需要的信息和资源,具体可以包括:开展合规审计的目标;审计范围与程度、数量、类型、持续时间、地点、日程安排;审计的程序步骤;审计准则;审计方法;审计组的选择与分工;所需要的资源,包括交通和食宿;保密安全类相关方面。方案开始落实过程中,必要时,审计组组长应根据审计方案和受审计方提供的文件中包含的信息,编制更加详细的合规审计实施计划。

(三)准备合规审计表

合规审计包括对合规文件审计和合规运行审计,围绕合规文件审计和合规运行审计准备合规审计表,这些表是合规审计人员的合规审计工作底稿。合规文件审计包括制度充分性审计、制度适用性审计,合规运行审计包括业务行为有效性审计和业务结果有效性审计。

（四）审计实施

按照我国《合规管理体系　指南》(GB/T 35770—2017),对建设合规管理体系要求,并且有效落地,务必围绕“54321 +2”法则进行审计评价,因此,审计实施的审计评价核心准则是“54321 +2”法则。

5 个落实到岗位:合规组织与职责对应到岗位;合规义务对应到岗位;合规风险识别分析评价对应到岗位;合规管控对应到岗位;合规培训对应到岗位;

4 个落实到流程:合规义务对应到业务流程;合规风险识别分析评价对应到业务流程;合规管控对应到业务流程;合规培训对应到业务流程;

3 个落实到合作伙伴:合规风险识别分析评价对应到合作伙伴;合规管控对应到合作伙伴;合规培训对应到合作伙伴;

2 个落实到绩效考核:合规绩效对应到企业绩效管理,合规绩效对应到员工个人绩效管理;

1 个落实到文化:合规文化进企业文化。

“ +2”: + 合规体系持续改进; + 合规证据管理。

按照以上审计评价核心准则,开展合规审计。

（五）形成合规审计结论

结合合规审计目标和所有合规审计发现后,得出本次的合规管理审计结论,对企业合规管理体系充分性、适用性、业务行为和业务结果有效性作出整体评价,并提出改进建议,促进该企业合规管理体系持续改进。

三、合规审计方法

合规审计结论是企业合规管理体系管理评审的主要输入，是企业合规管理体系持续改进的重要依据，合规审计质量对企业合规管理体系有效运行质量有重要的影响。企业合规管理体系管理评审、持续改进均应围绕体系的充分性、适用性、有效性进行。

按照我国《合规管理体系　指南》，“最高管理者宜按计划定期评审组织的合规管理体系，以确保其持续的适用性、充分性和有效性。此类评审的实际深度和频率将随组织的性质和方针变化”。[1] 同时，“组织宜设法持续改进合规管理体系的适用性、充分性和有效性。宜将合规报告中对已收集信息进行的分析和相应评价作为识别该组织合规绩效改进机会的依据”。[2]

其中有效性，包括业务行为有效性、业务结果有效性。业务行为有效性是指业务行为符合企业业务管理制度(措施)，也可以称为业务行为符合性。业务结果有效性是指业务执行结果等于或高于企业预先设定的管理考核目标。

企业生产经营管理的最小管理单元是岗位和流程，相关的岗位组成流程，各流程组成企业整体的生产经营过程，因此，企业的持续生产经营实质为岗位持续履职和各流程的持续运行。把企业合规管理体系的充分性、适用性、有效性落到实处，在于确保企业各岗位持续履职、各流程持续运行的合规管理充分性、适用性、有效性，因此，为实现企业合规管理体系持续的充分性、适用性、有效性，企业

---

〔1〕 参见国家质量监督检验检疫总局、国家标准化管理委员会《合规管理体系　指南》(GB/T 35770—2017)第8.3条。

〔2〕 参见国家质量监督检验检疫总局、国家标准化管理委员会《合规管理体系　指南》(GB/T 35770—2017)第9.2条。

合规审计应以企业各岗位持续履职、各流程持续运行的合规管理充分性、适用性、有效性审计为核心内容，企业合规审计的方法模型以此核心内容为基础，构建如下的“合规审计四性模型”（见图2.8.1）。

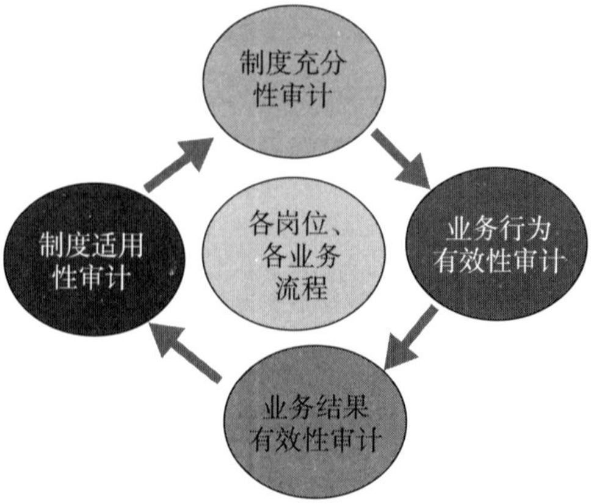

图2.8.1　合规审计四性模型

1. 审计各岗位、各业务对应的业务合规管理制度（措施）是否充分响应合规管理体系标准、业务对应的合规义务，确保各岗位、业务行为全过程均有管理制度措施，以防范其越“规”，即制度充分性审计。

2. 审计各岗位、各业务行为是否符合对应的管理制度（措施），即业务行为有效性审计。

3. 审计各岗位、各业务的执行结果是否实现对应的合规义务和合规目标，即业务结果有效性审计。

4. 审计各岗位、各业务对应的管理制度（措施）是否具有适用确保岗位、业务行为全过程合规的预期管理能力，即制度适用性审计。

从四个维度来审计企业各岗位、各业务的合规管理情况，通过对各岗位、各业务的合规审计发现，形成对企业合规管理体系的充分性、适用性、有效性的审计评价。实施时，可以根据审计的特定目的，选择其中的一个、两个、三个和四个维度实施合规审计。

四、审计实施

（一）合规审计——制度（响应合规义务）充分性审计

下面，将按照原理、目的、工作任务、实施主体、工作标准、工作记录格式、工作方法等7个方面，介绍如何审计各岗位、各业务对应的业务合规管理制度（措施）是否充分响应合规管理体系标准、业务对应的合规义务，确保各岗位、业务行为全过程均有管理制度措施，以防范其越“规”，评价企业在业务管理制度层面管理控制企业生产经营活动遵循合规义务的充分性，发现制度建设响应合规义务的漏洞与缺失，鉴定合规管理体系制度建设的充分性程度，即制度充分性审计。

1. 原理

规范和管理企业每类业务事项从启动到完成的全过程的管理制度内容均包括：业务完成应达到的目标，实现目标需要的若干步骤和每个步骤的责任主体、工作任务、工作标准、工作记录和工作方法；实现业务管理目标需要的若干步骤严格遵循“PDCA管理环”；制度持续改进完善永无止境；制度是组织未来合理业务行为在现在的反映；企业业务管理制度是确保企业合规的首要保障与直接执行依据。

2. 目的

审计评价企业某业务管理制度响应适用的合规义务情况，发现响应不够，存在缺失的地方，查漏补缺，促进和不断完善该业务管理制度，使该业务管理制度能够充分响应其对应的全部合规义务，从企业业务管理制度层面，充分确保业务行为遵循合规义务均有企业内部规章制度可依。

3. 工作任务

对业务制度响应合规义务的充分性作出评价，发现业务管理制度中没有响应的合规义务中的具体合规要求，找出企业业务管理制度中响应合规义务不到位的制度漏洞与缺失。

4. 实施主体

合规审计工作小组。

5. 工作标准

制度充分性合规审计需要对审计对象——某业务事项相关的业务管理制度进行分解，将业务完成应达到的合规目标和绩效管理目标、实现目标需要的若干步骤和每个步骤的责任主体、工作任务、工作标准、工作记录和工作方法等方面是如何规定的，进行一一分解，其中，每个步骤的责任主体包括责任部门、责任岗位。对比对应的合规义务具体合规要求与合规承诺（如果有）、评价企业该业务管理制度在各业务步骤和对应每步骤的责任部门、责任岗位、工作任务、工作记录、工作标准、工作方法等方面所做出的合规风险管理措施，是否能够充分响应对应的合规义务具体要求。审计评价结果为“是”“否”。

6. 工作记录格式

记录《合规审计（制度充分性审计）工作底稿表》（见表 2.8.1）。

7. 工作方法

制度充分性审计的主要任务是发现制度响应合规义务的漏洞和缺失。漏洞和缺失一般存在四种情形，一是该制度中没有明确业务合规管理目标，导致该业务合规管理目标控制无据可依；二是该制度规定中某一工作步骤的工作任务，没有明确该步骤完成工作任务的责任部门、责任岗位、工作标准、工作记录和工作方法中的一项或者多项，使该业务行为遵循合规义务时，出现了制度漏洞；三是制度规定中缺少某个或某几个业务步骤，缺失对合规义务某一块具体要求的响应；四是某个步骤的业务管理规定，从具体内容上，不响应合规义务具体要求。

表 2.8.1　合规审计(制度充分性审计)工作底稿

受审计单位名称：

合规审计员：　　　年　　月　　日　　　　工作组组长：

业务名称							合规审计依据		
涉及该业务的合规义务									
业务管理目标	业务绩效管理目标描述：□缺失　□有						业务合规目标描述：□缺失　□有		
工作步骤	责任部门	责任岗位	工作任务	工作记录	工作标准	工作方法	合规义务对应“工作任务”的具体合规要求与合规承诺	是否充分响应	不响应的合规要求与合规承诺的缺失、漏洞描述
业务启动									
业务策划									
若干业务实施步骤									
……									
关键步骤后面的专业复核									
业务事项完成步骤									
业务过程记录整理归档									
业务过程台账登记									
业务统计报告									
业务督导									
绩效考核									
风险评审									
检查监控									
责任追究									
说明：									

发现以上四个方面的情形，核心审计方法是“制度1+6结构分析法”。企业规范和管理业务的管理制度从内容结构的角度分解展开，其内容均可以分解归类为1个业务管理目标（业务绩效管考核目标）和围绕业务管理目标完成业务事项所必须经历的工作步骤及对应每个步骤的责任主体（包括责任部门、责任岗位）、工作任务、工作标准、工作记录、工作方法等6个方面，即“制度1+6结构分析法”。我们利用这个方法，可以审计评价企业现行业务管理制度是否充分响应业务对应的合规义务。

制度充分性审计对象是各业务管理制度，审计人员首先要收集和熟悉业务管理制度，然后运用“制度1+6结构分析法”，将业务管理制度的全部内容从业务管理目标、业务步骤和对应步骤的责任部门、责任岗位、工作任务、工作标准、工作记录、工作方法等8个方面进行客观的分解归类，如同进行制度解剖一样，将制度规定的“业务流程”客观地、可视化地表现出来，客观分解描述现有业务制度条文，描述应简洁、概括，但不得改变制度原文实质，不得添加该业务现有制度之外的其他实质内容，可以原文照搬。

具体的运用“制度1+6结构分析法”将业务管理制度进行客观可视化的分解详细方法可参考《流程修炼——通往卓越之路》一书。

按照“制度1+6结构分析法”，将业务管理制度分解为“1+6结构”的流程制度表后，与该业务对应的合规义务具体内容进行是否响应的对比，作出评价，如表2.8.2所示。

表 2.8.2　合规审计(制度充分性审计)工作底稿

受审计单位名称:某公司物资部　　合规审计员:蒋某某　　时间:2020 年 3 月 4 日　　工作组组长:陈某某

业务名称	邀请招标采购业务						审计依据	公司现行采购招标制度	
涉及该业务的合规义务	通用法规:《刑法》有关贪污、贿赂、舞弊腐败量刑标准; 通用职业道德规范:有关廉洁从业规定; 行业规定:无; 特定业务法规:《招标投标法》;《招标投标法实施条例》; 企业合规承诺:产品零质量缺陷						—	—	
工作步骤	责任部门	责任岗位	工作任务	工作记录	工作标准	工作方法	合规义务(对应"工作任务"的具体合规要求与合规承诺)	是否充分响应	不响应的合规要求与合规承诺的缺失、漏洞描述
业务启动步骤:需用计划	缺失	缺失	缺失	缺失	缺失	缺失	企业合规承诺:产品零质量缺陷	否	如何实现产品零质量缺陷,无相应的制度规范
业务策划步骤:市场行情摸底	缺失	缺失	缺失	缺失	缺失	缺失	通用职业道德规范:有关廉洁从业规定	否	如何防止市场调研中的价格信息舞弊等廉洁风险,无制度约束

续表

工作步骤	责任部门	责任岗位	工作任务	工作记录	工作标准	工作方法	合规义务（对应“工作任务”的具体合规要求与合规承诺）	是否充分响应	不响应的合规要求与合规承诺的缺失、漏洞描述
业务策划步骤：采购计划	物资部	缺失	向公司招投标委员会常务组长提交采购计划	缺失	至少提前一周	缺失	1. 企业合规承诺：产品零质量缺陷； 2. 通用职业道德规范：有关廉洁从业规定	否	1. 如何实现产品零质量缺陷，无相应的制度规范； 2. 如何防止市场调研中的价格信息舞弊等廉洁风险，无制度约束
业务策划步骤：确定招标方案	物资部	缺失	制定招标方案	缺失	合理；确保购买到合理低价、最优性价比的材料。招投标委员会最终确定最佳招标方案	根据所需招标采购物资的特点、质量标准、技术要求、价格行情、资源状况及入围投标单位的各自特点，经公司招投标委员会讨论定最佳招标方案	1. 通用法规：《刑法》有关贪污、贿赂、舞弊腐败量刑标准； 2. 通用职业道德规范：有关廉洁从业规定； 3. 特定业务法规《招标投标法》第3、4、5、6、7、12、13、14、15、16条； 《招标投标法实施条例》第8、9条	否	1. 对应1和2如何防止采购策划中的特定投标人照应等廉洁风险、甚至腐败问题，无制度约束； 2. 未响应《招标投标法》第3、4、5、6、7、12、13、14、15、16条； 《招标投标法实施条例》第8、9条

续表

工作步骤	责任部门	责任岗位	工作任务	工作记录	工作标准	工作方法	合规义务（对应“工作任务”的具体合规要求与合规承诺）	是否充分响应	不响应的合规要求与合规承诺的缺失、漏洞描述
业务策划步骤：招标方案评审	缺失	缺失	缺失	缺失	缺失	缺失	1. 通用职业道德规范：有关廉洁从业规定； 2. 特定业务法规 《招标投标法》第9、11条； 《招标投标法实施条例》第7、29、30条	否	1. 如何防止招标方案评审中的吃拿卡要等廉洁风险，无制度约束； 2. 未响应《招标投标法》第9、11条； 《招标投标法实施条例》第7、29、30条
业务实施步骤：确定投标单位	缺失	缺失	确定与邀请入围投标单位	缺失	投标单位至少应有3家以上。入围投标单位最终应经物资部组织相关部门考察合格后确认	入围投标单位应优先选取原先有过合作历史且信誉良好的供应单位，也可以由使用单位推荐入围投标单位，亦可通过市场调查选择并邀请入围投标单位	1. 通用法规：《刑法》有关贪污、贿赂、舞弊腐败量刑标准； 2. 通用职业道德规范：有关廉洁从业规定； 3. 特定业务法规 《招标投标法》第17、18、25、26条； 《招标投标法实施条例》第15、16、17、18、19、20、21、22、23、31、32、33、34、37、38、42、43条	否	1. 对应1和2如何防止确定投标人中的廉洁风险、甚至腐败问题，无制度约束； 2. 未响应《招标投标法》第17、18、25、26条； 《招标投标法实施条例》第15、16、17、18、19、20、21、22、23、31、32、33、34、37、38、42、43条

比如,某公司一个真实的邀请招标采购制度如下:

某某公司物资采购招投标管理办法

为规范公司物资采购行为,推进公开、公平、公正,阳光采购,提高公司经济效益,特制定本办法。

1. 由物资部至少提前一周向公司招投标委员会常务组长提交采购计划。

2. 物资部根据所需招标采购物资的特点、质量标准、技术要求、价格行情、资源状况及入围投标单位的各自特点,合理制定招标方案。经公司招投标委员会讨论,最终确定最佳招标方案,确保购买到合理低价、最优性价比的材料。

3. 投标单位至少应有3家以上。入围投标单位应优先选取原先有过合作历史且信誉良好的供应单位,也可以由使用单位推荐入围投标单位,亦可通过市场调查选择并邀请入围投标单位,入围投标单位最终应经物资部组织相关部门考察合格后确认。

通过"责任部门""责任岗位""工作记录""工作标准""工作方法"等原制度规定内容与对应"工作任务"的具体合规要求与合规承诺内容对比,需用计划、市场行情摸底、采购计划、确定招标方案、招标方案评审、确定投标单位均没有响应对应的"具体合规要求与合规承诺"。

(二)合规审计——业务行为有效性审计

本节按照原理、目的、责任主体、工作任务、工作标准、工作记录格式、工作方法等7个方面,介绍如何审计各岗位、各业务的业务行为、过程行为是否符合对应的管理制度(措施),发现业务过程不合规的行为,鉴定合规管理体系运行过程的有效性程度,即业务行为有效性审计。

1. 原理

原理 1:企业员工工作行为全过程可追溯、可还原假设

企业生产经营过程中,每个已执行完的业务事件从启动到完成的全过程均可以被唯一客观地可追溯、可还原描述出实际经历的若干步骤和每个步骤的责任主体(责任部门、责任人)、完成的工作任务、实际达到的工作标准和实际采用的工作方法,并将其与公司的业务管理制度进行对比,以评价其业务行为过程遵循业务管理制度的程度,从而鉴定业务行为的合规性。

原理 2:企业员工行为五种状态分类假设

经过比较多的案例分析,在生产经营活动中的人员只有 5 种状态,如图 2.8.2 所示。

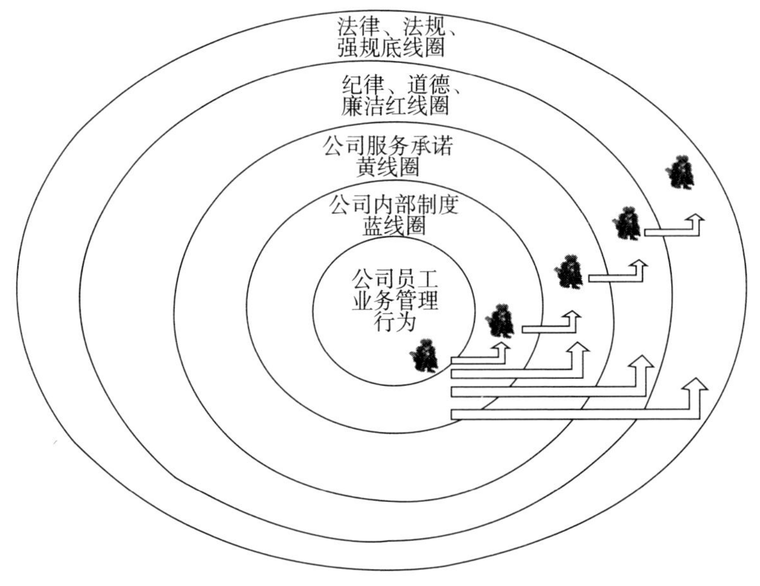

图 2.8.2　公司员工业务管理行为蜕变

第 1 种是处于绿色行为状态,这是我们希望的状态;第 2 种是处于蓝色行为状态,违反公司制度状态;第 3 种是处于黄色行为状态,违反公司对外的服务承

诺状态；第4种是处于红色行为状态，违反纪律、道德、廉洁规定状态；第5种是处于黑色行为状态，违反法律、法规与强制规定状态。这是从合规到不合规的严重程度不同的5种状态。这5种状态，当一个公司持续运营到某一个时间长度后，或者公司人员数量到某一个量级的时候，公司员工行为所处的状态基本是客观的处于这5种状态中，只是处于各个状态的人数，会因为公司的内部管控、监督体系完善情况、执行情况、监督纠偏情况、问责处罚力度不同而不同，并且有的人是从第1种状态逐步蜕变到第2种、第3种、第4种、第5种，也有的人是从第1种状态直接蜕变到某一种状态。

2. 目的

审计评价业务行为过程遵循业务管理制度的情况，对业务行为的合规性作出评价，并发现偏离制度的地方，以进行纠偏，提高制度执行力，促进业务行为过程合规。

3. 工作任务

对业务行为过程的合规性作出评价，发现业务过程不合业务管理制度甚至违规的行为，即发现业务过程偏离制度规定甚至违反合规承诺、违反法律法规甚至犯罪的行为事实。

4. 实施主体

合规审计工作小组。

5. 工作标准

将审计对象——某业务已经完成的业务事项的全过程，实际经历的若干步骤和每个步骤的责任主体（责任部门、责任人）、完成的工作任务、达到的工作标准和实际采用的工作方法客观地还原描述出来，与该业务制度所规定的各步骤和每个步骤的责任主体（责任部门、责任人）、工作任务、工作标准和工作方法进行对比，或者直接与该业务适用的合规义务进行对比，对业务行为过程与业务制度规定或合规义务的符合程度，作出明确判断，判断结果为“符合”和“不符合”

两种情形。

（三）合规审计——业务结果有效性审计

业务实施结果有效性包括各业务合规目标实现情况和业务执行中间结果合规性和最终产品、服务的合规性。本节按照原理、目的、责任主体、工作任务、工作标准、工作记录格式、工作方法等7个方面，介绍如何审计各岗位、各业务的业务行为发生后形成的业务实施结果是否符合对应的合规义务和实现合规目标、绩效管理目标，发现业务实施结果偏离合规义务、实现合规目标和业务管理目标的事实，鉴定合规管理体系运行结果的有效性程度，即业务结果有效性审计。

1. 原理

$$\text{企业运营中的业务流程合规管理效能}=\frac{\text{认知性}+\text{充分性}+\text{符合性}+\text{适宜性}}{4}\times\text{流程结果}\times R$$

其中“认知性”为企业员工对本企业的合规方针、制度、流程的掌握程度，“R”为企业员工对业务合规责任感、认同度与被激励程度的综合系数。

业务流程合规管理效能中，业务实施结果是否合规、合规目标是否实现是业务管理目标有效实现的前提，业务管理目标是否有效实现是决定业务管理成败的关键，共同决定业务流程合规管理效能的高低。

直接审计业务实施结果合规且有效实现合规目标、业务绩效管理目标的程度，是我们快速检验业务合规管理效能的重要途径。

业务执行与管理中，合规且做得好的和不合规、做得差的业务事件都能够提供该业务合规控制、管理改进的启示。

2. 目的

审计评价某业务执行结果有效实现该业务绩效管理目标的程度，掌握该业务实施结果合规状态与合规目标实现情况，评价该业务实施结果合规性与管理有效性,促进业务实施结果合规和实现绩效管理目标。

包括:找到做得好的合规业务事件,总结成功、先进经验,改进管理体系和优化行为,持续提升合规管理;找到做得差的甚至不合规业务事件,详查失败、不合规原因,总结教训,分析是否存在人为责任不到位,是否存在人为责任的违规,并开展责任追究,从而改进业务管理体系和合规管理体系,提高业务实施结果有效实现管理目标的程度。

根据企业运营中的业务流程合规管理效能 $= \frac{\text{认知性}+\text{充分性}+\text{符合性}+\text{适宜性}}{4} \times$ 流程结果 $\times R$。流程结果(业务流程上的系列业务行为发生后的最终业务实施结果)对企业合规管理效能的高低,具有决定性作用。因此,进行业务实施结果合规性和实现情况审计,能够一定程度上直接判断组织某些业务事件合规管理效能的高与低。利用业务实施结果审计,我们可以快速地找到业务管理中,那些做得好的(业务流程合规管理效能偏高的)业务事件和做得差的(业务流程合规管理效能偏低的)业务事件。如采购管理业务,若某次的采购业务事件实施结果合规(符合质量、技术标准等),并且其采购价格目标实现率130%,则该次采购业务管理效能为$\frac{\text{认知性}+\text{充分性}+\text{符合性}+\text{适宜性}}{4} \times 1.3 \times R$,另一次的采购业务事件实施结果合规(符合质量、技术标准等),并且采购价格目标实现率70%,则合规管理效能为$\frac{\text{认知性}+\text{充分性}+\text{符合性}+\text{适宜性}}{4} \times 0.7 \times R$,明显一高一低,若后者的采购结果是不符合质量、技术标准,那这次的管理效能是0,这样,我们就可以解剖、总结前者采购成功的做法,提出改进管理的审计建议,解剖、总结后者采购失败的原因,提出合规整改和管理整改、追究责任的审计建议。

3. 工作任务

对业务实施结果的合规性作出评价,包括业务实施结果本身是否符合合规义务和该业务线的合规目标实现情况，发现业务实施结果本身不合规、合规目标未实现或业务实施结果偏离管理目标的事实，包括：

任务1：审计评价某业务执行的总体结果的合规性和实现该业务管理目标的程度。

任务2：将业务按轻重缓急、主次、重要性不同进行细分，审计评价各类业务事项执行结果的合规性和实现管理目标的程度。

任务3：审计评价抽取的具体业务样本事项执行结果的合规性和实现管理目标的程度（可以抽取审计所覆盖期间内的全部业务事项执行结果进行实现管理目标情况对比，100%的目标实现情况审计，则任务1和任务2就不需要做了，抽取比例低于100%，则需要做）。

4. 实施主体

合规审计工作小组。

5. 工作标准

任务1：审计评价某业务执行的总体结果的合规性和实现该业务管理目标的程度。

工作标准：审计评价某业务执行的总体结果的合规性和实现该业务管理目标的程度。审计小组需要对审计对象——某业务在审计时间范围的执行结果持续合规性和持续实现该业务管理目标的程度进行审计评价，因此，从时间分布上，需要审计该业务在审计时间范围内以月度、季度、年度为时间单元的执行结果的合规性和实现管理目标的程度。审计结果为“合规”、“不合规”、目标“未实现”、目标“实现”情形。例如，审计企业采购业务，管理目标为采购成本预算降低率8%，审计覆盖期为2019年1月1日至2020年6月30日，则我们需要审计评价企业采购业务在2019年1～12月、2020年1～6月、2019年1～4季度、2020年1～2季度、2019年度和2020年半年度里的实际成本预算降低率对比管理目标8%的实现程度以及在时间区间的业务实施结果合规性情况，如是否出现过不符合合规义务的采购合同，在此期间出现违规采购行为次数低于公司设定的合规目标，实际审计时，只需选择一种时间分段方式，通常情况下，选择最小等分时间区间，以获得业务实施结果有效性情况的总体态势，若选择大的等分时间区间，则需要进行套娃式的更小等分时间区间进行审计确认，以掌握不合规、未实现目标情形具体分布在哪一个最小等分时间区间。

任务2：将业务按轻重缓急、主次、重要性不同进行细分，审计评价各类业务事项执行结果的合规性和实现管理目标的程度。

工作标准：将业务按轻重缓急、主次、重要性不同进行细分，审计评价各类业务事项执行结果的合规性和实现管理目标的程度。审计小组需要对审计对象——某业务的各细分类业务事项在审计时间范围的执行结果持续合规性和持续实现该业务管理目标的程度进行审计评价，因此，从时间分布上，需要审计该业务的各类业务事项在审计时间范围以月度、季度、年度为时间单元的执行结果的可持续合规性和实现管理目标的程度。审计结果为"合规"、"不合规"、目标"未实现"、目标"实现"情形。还以审计企业采购业务为例，管理目标为采购成本预算降低率8%，根据所采购的物资用途可以分类为生产原材料、生产辅助材料和行政管理用材，审计覆盖期仍为2019年1月1日至2020年6月30日，则我们需要分别审计企业生产原材料、生产辅助材料和行政管理用材采购业务在2019年1～12月、2020年1～6月、2019年1～4季度、2020年1～2季度、2019年度和2020年半年度里的实际成本预算降低率对比管理目标8%的实现程度和结果合规性情况，比如该类物资在此期间，是否出现过不符合合规义务的采购合同，违规采购行为是否低于公司设定的合规目标。有的单位将生产原材料定义为A类物资，生产辅助材料定义为B类物资，行政管理用材定义为C类物资，这是一种ABC分类，只是分类名称不同而已。同样也是通常情况下，选择最小等分时间区间进行审计。

任务3：审计评价抽取的具体业务样本事项执行结果合规性和实现管理目

标的程度。

工作标准:审计评价所抽取的具体业务样本事项执行结果合规性和实现管理目标的程度。每一个业务样本事项均有一个执行结果和是否合规的状态,审计小组需要对其执行结果的合规性和实现该业务管理目标的程度进行审计评价。审计结果为"合规"、"不合规"、目标"未实现"、目标"实现"情形。业务样本的合规性审计内容只有业务实施结果本身的合规状态审计评价。

6. 工作记录格式

任务1:审计评价某业务执行的整体结果合规性和实现该业务绩效管理目标的程度。

工作记录格式(见表2.8.3、表2.8.4)。

表2.8.3 合规审计(业务结果有效性审计)工作底稿1

受审计单位名称:

受审计业务名称:

审计内容:业务执行整体结果的合规性

时间分段	适用合规义务名称	业务实施结果描述(抽样获得)	业务实施结果是否合规	业务合规目标	对应时间段业务合规状态	合规目标是否实现
年			□合规 □不合规			□实现 □未实现
年 季度			□合规 □不合规			□实现 □未实现
年 季度			□合规 □不合规			□实现 □未实现
年 季度			□合规 □不合规			□实现 □未实现

续表

时间分段	适用合规义务名称	业务实施结果描述（抽样获得）	业务实施结果是否合规	业务合规目标	对应时间段业务合规状态	合规目标是否实现
年 季度			□合规 □不合规			□实现 □未实现
年 月			□合规 □不合规			□实现 □未实现
年 月			□合规 □不合规			□实现 □未实现

合规审计员： 工作组组长审核：

年 月 日 年 月 日

表 2.8.4 合规审计（业务结果有效性审计）工作底稿 2

受审计单位名称：

受审计业务名称：

审计内容：业务执行整体结果实现该业务管理目标的程度

时间分段	绩效管理目标	实际绩效结果	是否实现绩效管理目标
年			□实现 □未实现
年 季度			□实现 □未实现
年 季度			□实现 □未实现
年 季度			□实现 □未实现
年 季度			□实现 □未实现
年 月			□实现 □未实现
年 月			□实现 □未实现

合规审计员： 工作组组长审核：

年 月 日 年 月 日

任务2:将业务按轻重缓急、主次、重要性不同进行细分,审计评价各细分类业务事项执行结果合规性和实现绩效管理目标的程度。

工作记录格式(如表2.8.5、表2.8.6所示)。

表2.8.5　合规审计(业务结果有效性审计)工作底稿3

受审计单位名称:

受审计业务名称:

审计内容:业务类业务实施结果的合规性

时间分段	适用合规义务名称	业务实施结果描述(抽样获得)	业务实施结果是否合规	业务合规目标	对应时间段业务合规状态	合规目标是否实现
年			□合规 □不合规			□实现 □未实现
年　季度			□合规 □不合规			□实现 □未实现
年　季度			□合规 □不合规			□实现 □未实现
年　季度			□合规 □不合规			□实现 □未实现
年　季度			□合规 □不合规			□实现 □未实现
年　月			□合规 □不合规			□实现 □未实现
年　月			□合规 □不合规			□实现 □未实现

合规审计员:　　　　　　　　　　工作组组长审核:

年　　月　　日　　　　　　　　　年　　月　　日

表 2.8.6 合规审计(业务结果有效性审计)工作底稿 4

受审计单位名称:

受审计业务名称:

审计内容:业务类业务实施结果实现分类绩效管理目标的程度

时间分段	绩效管理目标	实际绩效结果	是否实现绩效管理目标
年			□实现 □未实现
年 季度			□实现 □未实现
年 季度			□实现 □未实现
年 季度			□实现 □未实现
年 季度			□实现 □未实现
年 月			□实现 □未实现
年 月			□实现 □未实现

合规审计员: 工作组组长审核:

年 月 日 年 月 日

任务 3:审计评价抽取的具体业务样本事项执行结果的合规性和实现绩效管理目标的程度。

工作记录格式(如表 2.8.7 所示)。

表 2.8.7　合规审计(业务结果有效性审计)工作底稿 5

受审计单位名称:

受审计业务名称:

审计内容:具体业务样本事项执行结果的合规性和实现绩效管理目标的程度

业务样本事项名称与完成日期	适用合规义务名称	业务实施结果描述	业务实施结果是否合规	管理目标	实际绩效结果	是否实现绩效管理目标
样本 1			□合规 □不合规			□实现 □未实现
样本 2			□合规 □不合规			□实现 □未实现
样本 3			□合规 □不合规			□实现 □未实现
……						

合规审计员:　　　　　　　　　　工作组组长审核:

年　月　日　　　　　　　　　　年　月　日

7. 工作方法

业务结果有效性审计核心方法是结果适用的合规义务检索法和目标对比法,即检索业务实施结果适用的合规义务要求,判定其合规性,判断业务合规目标的实现情况,并将业务实施结果对比业务管理目标,认证业务管理目标是否实现两个方面。任务 1、2 和任务 3 的工作方法均是如此。

审计对象——某业务的管理目标一般在该业务的主责部门年度管理目标责

任书中明确,并且可能有具体管理目标值,在公司的该业务管理办法中也明确定义了该业务的管理目标名称、含义、计算公式等内容。但是,有的企业,管理目标值不一定在年度管理责任书中明确,也不一定在公司的该业务管理制度中明确规定,如果两个地方都没有明确,业务实施结果审计过程中,目标对比法就没有参照标准了,这样的情形,在进行制度充分性审计时,审计评价制度充分性时,会发现制度中缺失业务管理目标方面的规定。

所有的业务实施结果都是可以检索业务实施结果是否符合其适用的合规义务要求。比如公司的一次原材料采购业务活动,形成的业务实施结果是采购合同,作为公司的一次采购业务管理活动,我们可以从两个维度来进行合规性鉴定,一是其采购业务过程是否合规,即前一节的合规审计——业务行为有效性审计;二是其采购业务实施结果是否合规,即本节的合规审计——业务结果有效性审计。后者需要考察其合同本身内容、签约方的合规性,假设签约方是一被有关监管机构列入黑名单的供应商,显然这个合同,作为采购活动的业务实施结果是不合规的,假如采购合同里约定的原材料环保标准低于公司对外的承诺标准,则该合同,作为业务实施结果,也是不合规,如果业务实施结果是不合规的,业务实施结果是否实现管理目标的审计就失去了前提,失去了价值意义,只有业务实施结果合规,再去判定其是否实现管理目标才符合企业合规价值观。

还有一种情形,业务制度中定义的业务管理目标比较抽象和空泛,难以参照对比,无法评价业务实施结果是否达到业务管理目标时,这样的情形,在后一节的合规审计——制度适用性审计时,会发现制度中定义的业务管理目标不适用。

在业务制度中明确定义了业务管理目标,责任书中也明确了当年的业务管理目标考核值以及合规目标,则就可以进行以下的业务实施结果合规性和目标有效性审计评价。

8. 工作记录格式（见表2.8.8）

表2.8.8　合规审计（业务行为有效性审计）工作底稿

受审计单位名称：　　　　合规审计员：　　　　年　　月　　日　　　　工作组组长：

描述与评价	工作步骤	实际执行部门	实际执行人与岗位	完成的工作任务	工作记录	达到的工作标准	采用工作方法	备注
实际业务行为描述								
制度规定								
业务行为合规性评价	□符合 □不符合	□符合 □不符合	□符合 □不符合	□符合 □不符合	□符合 □不符合	□符合 □不符合	□符合 □不符合	
实际业务行为描述								
制度规定								
业务行为合规性评价	□符合 □不符合	□符合 □不符合	□符合 □不符合	□符合 □不符合	□符合 □不符合	□符合 □不符合	□符合 □不符合	
使用说明：（1）根据抽取的业务样本全过程原始工作记录资料，描述实际业务行为开始到完成的全过程，对照业务制度充分性审计形成的制度分解描述，评价企业实际业务行为过程与业务制度规定的步骤和每步骤的责任部门、责任岗位、工作任务、工作记录、工作标准、工作方法的符合程度，作出业务行为合规性评价，并提出审计发现与审计建议或者审计决定；（2）业务抽样按照抽样技术进行样本抽取。								

业务样本说明：　　　　评价标准：□公司内部对应制度规定　□业务适用的合规义务

（四）合规审计——制度适用性审计

本节按照原理、目的、责任主体、工作任务、工作标准、工作记录格式、工作方法等7个方面，介绍如何审计各岗位、各业务对应的管理制度（措施）是否具有适用确保岗位、业务行为全过程合规的预期管理能力，发现各岗位、各业务对应的管理制度（措施）不适用合规风险控制的地方，鉴定合规管理体系的适用性程度，即制度适用性审计。

1.原理

业务流程是组织为实现业务的某一特定目的所采取的一系列有控制的步骤、活动与方法的集合。业务流程从结构的角度看，包括1个业务管理目标（业务绩效管理考核目标）和围绕业务管理目标完成所经历的工作步骤及对应每个步骤的组织（责任主体，包括责任部门、责任岗位）、工作任务、工作记录、工作标准、工作方法等6个方面，即“流程1+6要素”。

工作标准包括工作时间标准、工作质量标准和谁审核验收。

工作方法包括工作依据、工作组织方式和工作最佳实践。

规范和管理企业每类业务事项从启动到完成的全过程的制度在企业内部、外部环境变化和管理实践的不断探索与创新过程中，将变得不适用，需要进行及时的改进，并且制度改进永无止境。

制度适用性体现在内控、清楚、简洁、直观、好执行、管用。

制度改进的目标是能够保证业务行为过程和业务结果均合规前提下，让效果最佳、效益最高、效率最快。

2.目的

审计评价企业业务制度的合规管理能力适用性情况，通过发现不适用的地方，改进业务制度，体现内控、清楚、简洁、直观、好执行、管用，促进业务制度提高合规管理能力，确保企业合规管理体系具有持续适用性特征。

3. 实施主体

合规审计工作小组。

4. 工作任务

对企业业务制度的合规管理能力的适用性作出评价,发现制度规定不适用、需要持续改进的地方。

5. 工作标准

业务制度适用性审计检查内容包括业务合规目标和绩效管理目标设定、实现目标的业务执行与管理全过程的全部步骤和每步骤的责任部门与岗位、工作任务、工作记录、过程工作标准和工作方法等“1+6”个方面,审计评价工作标准包括工作时间标准、工作质量标准和谁审核验收,审计评价工作方法包括工作依据、工作组织方式和工作最佳实践。制度适用性审计评价聚焦于公司内部业务管理制度是否具有确保岗位、业务行为合规的预期管理能力,并且体现内控、清楚、简洁、直观、好执行、管用,促进制度改进,持续实现制度的两个作用:一是能够保证业务行为过程和业务结果均合规提供制度支持;二是让业务实施效果最佳、效益最高、效率最快提供制度支持。审计结果为“适用”“不适用”两个方面。

6. 工作记录格式(如表2.8.9所示)

表2.8.9 合规审计(制度适用性审计)工作底稿

受审计单位名称:

合规审计员: 年 月 日 工作组组长:

业务名称		合规审计依据	
涉及该业务的合规义务			
业务管理目标	业务绩效管理目标描述:□适用 □不适用 业务合规目标描述:□适用 □不适用		

续表

工作步骤	责任部门	责任岗位	工作任务	工作记录	工作标准	工作方法	合规义务对应“工作任务”的具体合规要求与合规承诺	是否适用	不适用合规要求与合规承诺的缺陷描述
业务启动					时间标准： 质量标准： 审核验收：	依据： 组织方式： 最佳实践：			
业务策划					时间标准： 质量标准： 审核验收：	依据： 组织方式： 最佳实践：			
若干业务实施步骤					时间标准： 质量标准： 审核验收：	依据： 组织方式： 最佳实践：			
……					时间标准： 质量标准： 审核验收：	依据： 组织方式： 最佳实践：			
关键步骤后面的专业复核					时间标准： 质量标准： 审核验收：	依据： 组织方式： 最佳实践：			
业务事项完成步骤					时间标准： 质量标准： 审核验收：	依据： 组织方式： 最佳实践：			
业务过程记录整理归档					时间标准： 质量标准： 审核验收：	依据： 组织方式： 最佳实践：			
业务过程台账登记					时间标准： 质量标准： 审核验收：	依据： 组织方式： 最佳实践：			

续表

工作步骤	责任部门	责任岗位	工作任务	工作记录	工作标准	工作方法	合规义务对应"工作任务"的具体合规要求与合规承诺	是否适用	不适用合规要求与合规承诺的缺陷描述
业务统计报告					时间标准： 质量标准： 审核验收：	依据： 组织方式： 最佳实践：			
说明：									

7. 工作方法

制度适用性审计的工作任务是对企业业务制度的合规管理能力的适用性作出评价，发现制度规定不适用、需要持续改进的地方。一般有以下不适用情形：一是非相容的两个业务行为在同一个责任岗位负责实施，出现两个业务行为之间不内控，存在潜在不合规发生的风险；二是制度规范中规定的内容表达空洞、模糊，内容指向不清楚，给合规风险发生提供混沌空间；三是内容重复、冗长、表达烦琐，内容表达不够简洁，实质未必能控制合规风险；四是制度规范中规定的内容抽象、晦涩、难懂，内容表达形式上不具体、直观，难以操作实施；五是制度规定的方法不是最佳实践，按照制度规定要求实施，不能够实现业务管理目标，不能够控制合规风险，或者不能够获得最佳工作效果、效率、效益和管理成本最节约，没有发挥管理合规风险、管理业务风险、规范行为的作用等。

如何对审计对象——某业务对应的制度规定的适用性进行审计，发现不适用，该如何处理？

核心审计方法是"制度 1 + 6 结构分析法"。企业业务对应的制度规定均为业务流程运行服务,业务流程从结构的角度看,其内容包括1个业务管理目标(业务绩效管理考核目标)和围绕业务管理目标完成业务事项所必须经历的工作步骤及对应每个步骤的责任主体(包括责任部门、责任岗位)、工作任务、工作记录、工作标准、工作方法等6个方面,其中,工作标准包括工作时间标准、工作质量标准和谁审核验收,工作方法包括工作依据、工作组织方式和工作最佳实践。按照这个结论,根据现有制度规定的业务流程,从业务启动到完成应达到的目标、实现目标需要的若干步骤和每个步骤的责任主体(责任部门、责任岗位)、工作任务、工作标准和工作方法,进行分解分析和整体分析、发现制度规定的业务流程不适用的地方,即"制度1+6结构分析法"。

制度适用性审计过程可以细分为制度规定业务流程"1+6"要素分解和业务制度适用性审计评价两部分内容。

对照制度适用性审计评价标准,要能够对企业目前的有效业务制度进行制度适用性审计评价,前提是,我们已经把业务流程直观、可视地描述出来。直观、可视描述业务流程,需要借用专门的工具表格,《合规审计(制度适用性审计)工作底稿表》(见表2.8.9)。我们需要将企业现有业务制度规定定义的绩效管理目标、合规目标和责任书设定目标值、业务结果、制度规定的业务流程与业务实际运行流程的工作步骤、责任部门、责任岗位、工作任务、工作记录、工作标准和工作方法等内容,客观地描述出来。在前面的业务行为有效性审计中,已经阐述如何将一个实际的业务样本事件所经历的实际业务流程描述出来,[1]此处就不再重复。下面重点讲讲制度规定的业务流程"1+6"要素分解。[2]

如某公司的采购管理制度在物资需求计划原文是这样规定的:

---

〔1〕 将实际的业务样本事件所经历的实际业务流程描述出来,目的是在适用性对标分析阶段,用实践中的好的工作经验和好的工作方法反过来对比分析制度规定流程中的"1+6"要素设计是否适用。

〔2〕 制度规定的业务流程"1+6"要素分解过程方法与充分性审计中的制度分解是一样的。

3.1 物资需求计划

公司物资使用部门按照公司物资计划管理办法，提报物资需求计划单，并将签字齐全的物资需求计划单提前15个工作日报公司采购招标工作小组。

3.2 物资招标计划

公司采购招标工作小组负责接收物资需求计划单，并根据物资采购招标授权额度、物资需求计划单和公司物资资源库存的实际情况，编制《物资设备招标计划表》，招标计划要确定招标标的名称、规格、质量技术标准、使用单位、招标形式、招标预算额，需要明确拟推荐投标单位，并报招标监督小组审批。通常情况下，招标必须有五家以上（含五家）单位参与投标，特殊情况下不得少于三家。

对以上制度的分解，如果充分性审计中对其按照《合规审计（制度充分性审计）工作底稿表》进行分解，可以直接在其基础上进行。也就是说，如果对该业务进行了充分性审计，充分性审计中的制度分解工作成果就可以直接拿来使用。首先将充分性审计中的《合规审计（制度充分性审计）工作底稿表》的分解描述记录复制进《合规审计（制度适用性审计）工作底稿表》（见表2.8.10）。

在表2.8.10的基础上，对复制过来的充分审计底稿记录进行制度适用性审计的进一步分解。

对该采购招标管理制度中的“物资需求计划”步骤1进行业务制度适用性审计分解描述如下：

（1）关于工作任务，工作任务“提报物资需求计划，报公司采购招标工作小组”不需要进一步作制度适用性审计分解；

（2）关于工作步骤，步骤名称仍然为“需求计划”；

（3）关于责任部门，仍然为“公司物资使用部门”；

（4）关于工作标准，在充分性分解的“工作标准”基础上，再进一步对“工作标准”进行细分，时间标准：“提前15个工作日”；工作质量标准：“签字齐全”；审核验收标准：未明确；

表 2.8.10　合规审计(制度适用性审计)工作底稿

<table>
<tr><td>业务名称</td><td colspan="5">采购业务管理</td><td colspan="1">合规审计依据</td><td colspan="3">《公司采购业务管理办法》</td></tr>
<tr><td>管理目标</td><td colspan="9">业务绩效管理目标描述:□适用　□不适用　　业务合规目标描述:□适用　□不适用</td></tr>
<tr><td>涉及该业务的合规义务</td><td colspan="9">通用法规:《刑法》有关贪污、贿赂、舞弊腐败量刑标准;
通用职业道德规范:有关廉洁从业规定;
行业规定:无;
特定业务法规:《招标投标法》;《招标投标法实施条例》;
企业合规承诺:产品零质量缺陷</td></tr>
<tr><td>工作步骤</td><td>责任部门</td><td>责任岗位</td><td>工作任务</td><td>工作记录</td><td>工作标准</td><td>工作方法</td><td>合规义务对应“工作任务”的具体合规要求与合规承诺</td><td>是否适用</td><td>不适用合规要求与合规承诺的缺陷描述</td></tr>
<tr><td>1. 需求计划</td><td>物资使用部门</td><td></td><td>提报物资需求计划,报公司采购招标工作小组</td><td></td><td>签字齐全;提前 15 个工作日报公司招标工作小组</td><td>按照公司物资计划管理办法</td><td>企业合规承诺:产品零质量缺陷</td><td>□适用
□不适用</td><td></td></tr>
<tr><td>2. 接收计划</td><td>公司采购招标工作小组</td><td></td><td>接收物资需求计划</td><td></td><td></td><td></td><td>无合规义务</td><td>□适用
□不适用</td><td></td></tr>
</table>

续表

工作步骤	责任部门	责任岗位	工作任务	工作记录	工作标准	工作方法	合规义务对应“工作任务”的具体合规要求与合规承诺	是否适用	不适用合规要求与合规承诺的缺陷描述
3. 招标计划	公司采购招标工作小组		编制物资设备招标计划	《物资设备招标计划表》	要确定招标标的名称、规格、质量技术标准、使用单位、招标形式、招标预算额，需要明确拟推荐投标单位，并报招标监督小组审批，通常情况下，招标必须有5家以上（含五家）单位参与投标，特殊情况下不得少于3家	根据物资采购招标授权额度、物资需求计划单和公司物资资源库存的实际情况	1. 通用法规：《刑法》有关贪污、贿赂、舞弊腐败量刑标准； 2. 通用职业道德规范：有关廉洁从业规定； 3. 特定业务法规 《招标投标法》：第3、4、5、6、7、12、13、14、15、16条； 《招标投标法实施条例》：第8、9条	□适用 □不适用	
说明：									

受审计单位名称：____________　合规审计员：　　年　月　日　工作组组长：

(5)关于工作方法,在充分性分解的“工作方法”基础上,再进一步对“工作方法”进行细分,工作依据:“按照公司物资计划管理办法”;工作组织形式:未明确;最佳实践:未明确。

具体分解描述见表2.8.11的步骤1。

对该采购招标管理制度中的“接收计划”步骤2进行制度适用性审计分解描述如下:

(1)关于工作任务,工作任务“接收物资需求计划”不需要进一步作制度适用性审计分解;

(2)关于工作步骤,步骤名称仍然为“接收计划”;

(3)关于责任部门,仍然为“公司采购招标工作小组”。

具体分解描述见表2.8.11的步骤2。

对该采购招标管理制度中的“物资招标计划”步骤3进行制度适用性审计分解描述如下:

(1)关于工作任务,工作任务“编制物资设备招标计划”不需要进一步作制度适用性审计分解;

(2)关于工作步骤,步骤名称仍然为“招标计划”;

(3)关于责任部门,仍然为“公司采购招标工作小组”;

(4)关于工作记录,仍然为“《物资设备招标计划表》”;

(5)关于工作标准,在充分性分解的“工作标准”基础上,再进一步对“工作标准”进行细分,时间标准:未明确;工作质量标准:“要确定招标标的名称、规格、质量技术标准、使用单位、招标形式、招标预算额,需要明确拟推荐投标单位,通常情况下,招标必须有五家以上(含五家)单位参与投标,特殊情况下不得少于三家”;工作验收标准:“报招标监督小组审批”;

(6)关于工作方法,在充分性分解的“工作方法”基础上,再进一步对“工作方法”进行细分,工作依据:“根据物资采购招标授权额度、物资需求计划单和公司物资资源库存的实际情况”；工作组织形式：未明确；最佳实践：未明确。

具体分解描述见表2.8.11的步骤3。

对应表2.8.11步骤1，“物资需求计划”中，其工作标准，在制度规定原文中，“工作质量标准”为“签字齐全”，其质量标准没有规定清楚，“工作验收标准”未明确。在步骤1“物资需求计划”中，其工作方法，在制度规定原文中，其“工作组织形式”未明确，“最佳实践”也未明确，因为这两项“未明确”，“物资需求计划”步骤，针对对应“工作任务”的具体合规要求与合规承诺：企业合规承诺：产品零质量缺陷，制度规定不能满足对应的合规风险控制要求，因此“物资招标计划”步骤的制度规定“不适用”。

对应表2.8.11步骤2，因为无对应的合规义务，无需评业务管理制度是否满足控制合规风险的能力。

对应表2.8.11步骤3，“物资招标计划”步骤的工作标准，在制度规定原文中“工作时间标准”未明确；“物资招标计划”步骤的工作方法，“工作组织形式”未明确；“最佳实践”未明确，“物资招标计划”步骤，针对对应“工作任务”的具体合规要求与合规承诺：

(1)通用法规：《刑法》有关贪污、贿赂、舞弊腐败量刑标准；

(2)通用职业道德规范：有关廉洁从业规定；

(3)特定业务法规。

《招标投标法》：第3、4、5、6、7、12、13、14、15、16条；

《招标投标法实施条例》：第8、9条；

从该步骤的制度规定内容看，不能满足对应的合规风险控制要求，因此“物资招标计划”步骤的制度规定“不适用”。

表 2.8.11　合规审计(制度适用性审计)工作底稿

<table>
<tr><td>业务名称</td><td colspan="5">采购业务管理</td><td colspan="2">合规审计依据</td><td colspan="2">《公司采购业务管理办法》</td></tr>
<tr><td>管理目标</td><td colspan="5">业务绩效管理目标描述:□适用　□不适用</td><td colspan="4">业务合规目标描述:□适用　□不适用</td></tr>
<tr><td>涉及该业务的合规义务</td><td colspan="9">通用法规:《刑法》有关贪污、贿赂、舞弊腐败量刑标准;
通用职业道德规范:有关廉洁从业规定;
行业规定:无;
特定业务法规:《招标投标法》;《招标投标法实施条例》;
企业合规承诺:产品零质量缺陷</td></tr>
<tr><td>工作步骤</td><td>责任部门</td><td>责任岗位</td><td>工作任务</td><td>工作记录</td><td>工作标准</td><td>工作方法</td><td>合规义务(对应“工作任务”的具体合规要求与合规承诺)</td><td>是否适用</td><td>不适用合规要求与合规承诺的缺陷描述</td></tr>
<tr><td>1. 需求计划</td><td>物资使用部门</td><td></td><td>提报物资需求计划,报公司采购招标工作小组</td><td></td><td>时间标准:“提前15个工作日”;质量标准:“签字齐全”;审核验收:未明确</td><td>依据:“按照公司物资计划管理办法”;组织形式:未明确;最佳实践:未明确</td><td>企业合规承诺:产品零质量缺陷</td><td>□适用
□不适用</td><td>不能确保公司需求计划工作满足“产品零质量缺陷”。未明确审核验收、组织形式和最佳实践</td></tr>
<tr><td>2. 接收计划</td><td>公司采购招标工作小组</td><td></td><td>接收物资需求计划</td><td></td><td></td><td></td><td>无合规义务</td><td>□适用
□不适用</td><td>—</td></tr>
</table>

续表

工作步骤	责任部门	责任岗位	工作任务	工作记录	工作标准	工作方法	合规义务（对应“工作任务”的具体合规要求与合规承诺）	是否适用	不适用合规要求与合规承诺的缺陷描述
3. 招标计划	公司采购招标工作小组		编制物资设备招标计划	《物资设备招标计划表》	时间标准：未明确；质量标准：“要确定招标标的名称、规格、质量技术标准、使用单位、招标形式、招标预算额，需要明确拟推荐投标单位，通常情况下，招标必须有5家以上（含五家）单位参与投标，特殊情况下不得少于3家”；审核验收：报招标监督小组审批	依据：“根据物资采购招标授权额度、物资需求计划单和公司物资资源库存的实际情况”；组织形式：未明确；最佳实践：未明确	1. 通用法规：《刑法》有关贪污、贿赂、舞弊腐败量刑标准； 2. 通用职业道德规范：有关廉洁从业规定； 3. 特定业务法规 《招标投标法》：第3、4、5、6、7、12、13、14、15、16条； 《招标投标法实施条例》：第8、9条	□适用 □不适用	时间标准、组织形式、最佳实践均未规定清楚，难以确保“招标计划”行为遵循对应的合规义务
说明：									

受审计单位名称：　　　　合规审计员：　　　　年　月　日　　　　工作组长审核：

第九章

合规危机管理

一、合规危机管理概述

作为企业管理的必修课,危机管理方面的著作、论文和案例研讨汗牛充栋,其中不乏经典之作。合规危机是企业可能遇到的一种类型的危机,适用危机管理的一般理论和实务。本章侧重于合规危机的特点,以及企业在管理合规危机时可以采取的结构化方法。

合规危机是由突发合规事件引起的。突发合规事件具有如下 4 个特征:

1. 事件的产生具有偶然性,由突然出现的情况诱发;

2. 事件的偶然性中存在必然性,从根本原因上来说是由于企业的合规风险管理不到位或麻痹大意;

3. 事态的发展和变化存在不可控因素;

4. 后果比较严重,可能使企业的持续经营发生困难,企业可能承担严重的法律后果,或者企业的声誉受到严重质疑。

诱发合规危机的可能性有很多种,但企业往往在危机发生后才能发现危机的诱发因素,尽管造成合规危机的根本原因是企业的合规管理体系不完整或是执行不到位,但我们都清楚,再完善的合规体系也不可能保证企业不发生任何风险。因此,企业对于是否发生合规危机很难进行预判,但是可以通过建立合规危机管理体系对危机进行控制和补救。

诱发合规危机的因素很多,其中最常见的有如下几种:

1. 执法行动。监管部门的工作职责之一即是发现和纠正监管对象的不合规问题。监管部门在例行检查或者接到投诉和举报后采取的执法行动是诱发合规危机的最常见因素。

2. 媒体曝光。官方媒体有广泛的观众和读者群体,这些媒体的曝光具有很强的权威性,可能影响公众舆论,并直接触发监管部门的执法行动。近年来,互联网媒体的发展使信息传播的途径多元化,公众按照自己的偏好订阅不同的媒体信息。互联网媒体运营者有很强的动力维护读者群体并吸引新的读者,因此努力拓宽信息来源,挖掘信息深度,紧跟信息热点甚至制造信息热点。通常情况下,负面信息比正面信息更容易获得关注,而且负面信息有比较高的阅读黏性。如果负面信息触发了公众的情感因素,尤其是共情效应,则更容易在短时间内形成爆款传播效果。与消费者权益密切相关的食品卫生、个人信息安全、售后服务欺诈等话题显然符合这些要素。高知名度企业和产品被广泛应用的企业也更容易因媒体曝光而陷入合规危机。

3. 灾难性事件。2018 年 8 月 25 日,哈尔滨市松北区北龙温泉酒店发生火灾,造成 40 多人伤亡。经黑龙江省应急管理厅调查认定,火灾是一起责任事件。北龙温泉酒店消防安全管理混乱,消防安全主体责任不落实,法律意识缺失、安全意识淡漠,自酒店开始建设直至投入使用,始终存在违法违规行为,消防安全管理极为混乱,最终导致事故发生。调查结束后,共有 20 人涉嫌刑事犯罪被追究刑事责任或被建议移送司法机关,另有多人被给予不同程度党纪、政务处分和组织处理。灾难性事件通常会带来责任追究,使原本潜在的合规风险变成现实的影响。而且,灾难性事件带有很强的传播性,容易引起公众的关注。痛定思痛,公众希望类似的灾难不再发生,因此对灾难性事件的审视经常影响到整个行业甚至整个产业链。

4. 政策或者执法环境的变化。在金融创新口号的鼓励下,互联网金融行业从 2011 年开始迅猛发展,各种 P2P 网络借贷平台、众筹网络投资平台、第三方支付平台、手机理财应用、虚拟货币等纷纷涌现,众多企业投身其中,竭力开发各种产品和模式。在这个过程中,出现了各种不合规或者导致负面影响的做法,有些企业意识到问题并通过业务取舍和内部管理进行自我约束,但是仍有很多企业一味追求业务扩张,在灰色甚至黑色地带寻求发展机会。从 2016 年年底开始,监管逐渐收紧,合规成为企业在行业中继续生存的前提条件,大量没有做好合规准备的企业被驱逐出市场。随着一系列暴雷跑路事件的发生,全行业陷入危机。

合规危机管理包括危机预案、危机预警、危机应对和危机善后等 4 个阶段,本章将分别进行探讨。

二、合规危机预案

合规危机预案是企业合规风险评估的组成部分,危机预案至少应包括两个核心方面:划分危机类别和等级、建立危机处理小组。必要的情况下还可以做出应急措施、资源配置、业务持续方案,通常还包括演练计划等。

(一)危机分类和危机等级

合规危机与合规风险密切相关。企业可以根据合规风险类别及合规风险等级划分合规危机类别和合规危机等级。

合规危机的性质可以从不同的角度来定义,很多时候同一个问题可能涉及数个领域。当同一问题涉及不同领域时,常见的做法是按照企业合规管理模块或者合规风险分项的方法来定义问题性质。列出全部可能相关的领域并区分主次。

(二)危机处理小组

合规危机涉及的部分问题具有很强的法律后果或者道德属性,因此需要组建专业的危机处理小组来应对,尽可能形成企业一致的沟通和行动窗口,避免出现企业人员消极回避或者各行其是的局面。危机处理小组包括核心团队和事件处理工作组。

核心团队由企业管理层成员构成,通常包括企业最高决策层人员,以便在情况紧急的情况下能够迅速的作出决策。核心团队的职责包括决定事件处理工作组的成员人选、为事件处理工作组提供方向性指导、就事件处理工作组的请示事项作出裁决、为事件处理工作组提供资源支持、审查和批准危机应对方案等。

事件处理工作组由通才或者某个领域的专家及企业相关业务部门的负责人构成,如合规专家、法律专家、公关专家、业务专家等,由其中一个具备管理才能的成员担任负责人。事件处理工作组的职责包括收集信息、评估事态、拟定方案、执行方案、跟踪效果等。

危机处理小组并非企业常设机构,但应获得临机处理的明确授权。危机处理小组应该提前订立明确的运行规则,包括危机管理启动程序、保密规则、对内交流规则、对外发言规则等。

企业自有人员可能不具备应对危机所需的全部知识、经验和技能,因此要考虑在危机处理小组中包括一部分外部专家。企业的合规危机预案中可能已经有一份外部专家的名录,但是这些外部专家不一定能够及时参与核心团队的工作,因此企业还要准备好临时调整外部专家，避免因烦琐的内部流程阻碍外部专家有效工作，同时要与外部专家就合作的条款和条件达成共识。

三、合规危机预警

美国安全工程师海因里希（Herbert William Heinrich）提出了"300：29：1"法则，即当一个企业有300起隐患或违章，非常可能要发生29起轻伤或故障，另外还有1起重伤、死亡事故，这被称为"海因里希法则"。海因里希法则针对的是生产过程中的安全问题，但相同的原理也适用于其他类型的合规问题。

在一个需要引起重视的合规危机爆发之前，可能已经有数个轻微的不合规事件发生，而这些轻微的不合规事件之下又隐藏着众多被忽视的不合规行为。因此，合规危机预警的要点是把曝光出来的不合规行为和事件作为预警信号，而不是孤立地看待这些事件和行为。当这些曝光已经表现出某种模式或者趋势时，及时加以深度关注，并采取必要的措施。

合规危机预警包括主动发现和信息接收两种方式。

1. 主动发现

考虑合规危机的主要诱因，企业应当对监管动向、舆论导向、行业新闻等进行跟踪，这种跟踪应当是有意识进行的，并侧重于听"坏消息"。

2. 信息接收

企业的合规管理部门应当建立顺畅的渠道，及时接收可能发生合规危机的信号，并汇总报告给企业管理层。这些渠道包括企业的投诉和举报系统，在合规检查或检测中的发现，审计发现等。

四、合规危机应对

如果企业通过危机预警系统接收到信号，判断可能发生危机预案中定义的合规危机时，应当连夜启动危机预案，合规危机团队人员应迅速就位，明确分工。

危机应对机制包括评估事态、拟定和实施应对方案。

（一）评估事态

事态评估是企业拟定和实施应对方案的基础。本章介绍一种从5个维度对事态进行全面评估的结构化方法，这5个维度是问题性质、影响后果、影响范围、组织关联度和事件曝光程度。

1.问题性质

企业可以从以下几个方面判断问题性质：(1)是否危及人身健康和生命；(2)是否涉嫌严重违法或违规；(3)是否违背社会伦理道德；(4)是否存在公众利益被侵害等。通常而言，危及人身健康和生命的问题比其他性质的问题更为严重。

2.影响后果

根据企业对问题性质的评估结论，不难作出合规危机事件影响结果的判断：一般包括法律责任、声誉损害、运营影响和财务影响。法律责任包括刑事责任、行政责任和民事责任。刑事责任可能涉及相关责任人，也可能由企业承担，或者双罚。监管后果是比较常见的行政责任，可能表现为经济性处罚、不良信用记录、许可证暂停和吊销、列入黑名单等。民事责任表现为合同违约、交易对方行使解约权、股东诉讼等形式。声誉损害与合规危机伴生，损害后果可能是短期的，也可能是长期的。财务影响和运营影响必然同样与合规危机伴生，主要体现为对企业持续经营和经营效益的影响。合规风险大部分不能通过购买保险进行转嫁，当发生合规危机时，财务后果会直接影响到企业的资产和收益。

3. 影响范围

定义合规危机的影响范围时，可以从受到影响的人群规模和相关人群对问题的关心程度设定四象限的坐标体系。受影响的群体和未受影响的群体之间对问题的关心程度和角度有时会存在非常大的不同，企业在处理这些不同时需要充分考虑危机应对措施的心理反映。受到合规危机影响的人群范围一般包括本企业员工、外部第三方、公众和社会秩序（无明确受影响者）。

4. 组织关联度

合规危机与企业的关联度可以分为个人联系、企业联系和输入性联系三类。个人联系是指相关问题可以归结为与企业中特定个人相关，即个人行为。个人行为可能对企业造成影响，这取决于当事人在企业里的组织层级和工作权限。企业联系表现为偶发事件、多发事件、结构性问题和企业价值观导向问题。输入性联系的输入方可能是业务伙伴、投资对象、投资人和其他第三方，甚至包括竞争对手。

在著名的大众"尾气门"事件中，德国大众汽车被指控在所售部分柴油车上安装了专门应对尾气排放检测的软件，可以识别汽车是否处于被检测状态，继而在车检时秘密启动，从而使汽车能够在车检时以高环保标准过关，而在平时行驶时，这些汽车却大量排放污染物。大众汽车最初声称作弊是个别工程师的个人行为，但是随着调查的深入，调查开始指向有组织的作弊。不仅如此，这一事件使整个德国汽车工业面临质疑，其他汽车企业也被调查是否使用了作弊软件。

5. 事件曝光程度

事件曝光程度可以分为小范围知情、企业内部传言、外部曝光和舆论热点等级别。显然，随着曝光等级的上升，应对危机的难度会加大，而且企业需要投入的精力越多。

事态评估应当建立在对相关信息进行收集的基础上，而且应当动态进行，因为随着事态的发展，更多的信息会浮出水面，而且问题的性质可能开始改变。

除了关心事件本身的相关信息外，在评估信息中还应当考虑外部环境的叠加因素。典型的叠加因素包括宏观政治、经济环境、涉及外国国家和境外组织、事件发生地的主流文化、当前的舆论导向、近期引起联想的热点事件等。

（二）拟定和实施应对方案

应对方案一般包括调查方案、沟通方案和问题处理方案。

1. 调查方案

虽然在事态评估中已经获得了部分信息，企业只有经过充分调查才能对危机相关的问题作出全面和准确的判断。取决于事件的复杂程度，调查可能需要不同的时间和深度。根据具体的情况，企业可能启用内部团队或者外部团队进行调查。在决定启用外部团队进行调查时，企业一般考虑外部团队的专业能力、时间投入、调查结论的权威性等问题。外部调查可以比较好地回避企业内部政治斗争或者利益冲突的困扰。合规调查的内容由本书其他章节进行详述。

2. 沟通方案

沟通方案是非常敏感的内容，包括沟通的时间、内容、方式、沟通对象和沟通者。就合规危机而言，危机初期的沟通非常关键。在移动互联网时代，信息通过扩张的人际关系网络和便捷的阅读工具传播，传播的广度和速度超过了以往任何时代，曾经被公共人员常用的沉默、拖延、闪烁其词、信息封锁等策略都很难再奏效。好的沟通可以为企业获得正面的印象，并赢得解决问题的时间。危机管理的著作对沟通方案一般浓墨重彩地加以讲解，本章不再赘述。沟通对象应考虑员工、媒体、公众、监管部门和其他外部相关方。

3. 问题处理方案

在调查的基础上，企业可以形成临时性和长久的问题处理方案。问题处理方案要考虑卷入合规危机的各个方面，一般包括投资人、监管部门、员工、客户、业务伙伴、竞争对手、媒体、公众、相关行业协会和社会团体等。

在拟定具体危机处理方案时，企业要重点考虑以下几方面的问题：上述各方在合规危机中各自有哪些诉求，这些诉求之间是否存在冲突，相互冲突的诉求如何协调，不能完全满足诉求时如何化解矛盾。

问题处理方案经常表现为一系列措施，这些措施包括针对人的措施、针对外部相关方的措施、针对业务决策的措施和对企业管理的措施。在形成问题处理方案时，企业需要考虑方案造成的"蝴蝶效应"和方案实施后可能产生的超出预期的后果。

为了尽快摆脱危机带来的干扰，企业可能对相关方提出的要求不加考虑地予以满足，甚至努力取悦难缠的对方，这使企业落入过度承诺的陷阱。过度承诺可以帮助企业在短期内摆脱质疑，但之后的逆火效应会使危机变得更加难以处理。

五、合规危机善后

合规危机的急性期过后，理想情况下，企业合规风险得到化解，即使企业需要承担责任，责任的范围和程度被限定在比较明确的范围内，企业重新获得对事态的控制，合规的业务得以继续进行，声誉的损害也开始恢复。

合规危机的善后包括安抚工作、经验总结和从应急措施到长效措施的过渡。

1. 安抚工作

安抚的对象包括员工、客户和业务伙伴。安抚的目的一方面是重新构建之间受到危机情形损害的信任关系,另一方面是暗示危机已经结束,使企业的运营重新回到日常轨道上来。

2. 经验总结

危机处理小组已经完成任务,即将解散,此时企业管理层应当对危机处理小组的工作进行评价。

危机处理小组应当整理危机处理过程中的资料和记录,并移交给合规负责人。合规负责人可以组织核心团队进行讨论,总结危机处理过程中的经验和教训,以及所采取的行动哪些取得了效果,哪些效果不明显甚至有负面效果。这些总结应当形成书面记录,供企业在未来面对合规危机时参考。

3. 从应急措施到长效措施的过渡

合规危机期间采取的措施有些是临时性的,是在压力情况下做出的行动,可能没有经过深思熟虑。在善后阶段,企业应当重新审视这些措施的合理性,并对其中需要保留的部分进行整合,以适应企业正常运营的需要。

第十章

未来的企业合规师

在过去的十多年里,[1]我们见证了合规在国家法规政策、国际标准、合规行业协会、企业合规制度、合规职业发展各层面、全方位的发展和演变。简单回顾中国在2017、2018年发生的合规大事件就可见一斑。

2017年6月,深圳《〈反贿赂管理体系〉深圳标准》正式出台;

2017年12月,国标《合规管理体系　指南》(GB/T 35770—2017)正式发布,2018年1月1日开始实施;

2018年5月,中国国际贸易促进委员会、中国企业联合会于北京新世纪跨国公司研究所共同发起了全国企业合规委员会;

2018年11月,国务院国资委发布《中央企业合规管理指引(试行)》;

2018年12月,国家发改委等七部门印发《企业境外经营合规管理指引》。

〔1〕 本章成文于2019年,合规理论、实践及政策在之后的发展,参见本书中其他的最新的文章。

根据《2017～2018中国年度合规蓝皮书》[1]调研结果显示，参加调研的8成以上的企业领导层重视合规工作，在外商投资企业中更有92%的企业表示有高层重视；一半以上企业有专门管理反腐败合规的部门，在外商投资企业中达84%；77%的被调研企业制定了合规政策。企业在经营中进行合规管理已经成为“新常态”，如何进行有效的合规管理成为日益受到关注的话题。

本书第一部分的前九个章节对合规的理论基础、合规体系的架构以及合规体系下的若干重要元素一一做了介绍。随后的第三部分会针对企业在跨国经营过程中需要面对的重点合规领域进行深入分析，反腐败、劳动人事合规、数据保护及出口管控等。

本章从探讨合规体系的有效性的角度介绍一下近年来合规业界比较前沿的观点，包括“合规2.0”及“首席合规官3.0”的兴起及对“连接的合规”的探索。

介绍这些前沿的观点并不代表笔者对这些观点完全认可，仅希望以此引起企业合规师对于合规走出技术层面、进行战略策略层面的思考，找到适合自己企业的合规之路，避免在打造合规体系的过程中走把合规流于形式的弯路，既浪费公司资源又无法到达有效管理风险、打造合规文化的根本目标。

一、“合规2.0”

唐娜·伯梅（Donna Boehme），美国一个组织合规策略公司的创始人，其公司为私有、公众、国有企业、政府、学术或非盈利组织提供合规方面的咨询服务。在2016年，伯梅提出了一个决定合规体系有效性的关键要素的理论体系，称为

[1] 详见《2017～2018中国年度合规蓝皮书》，由法制日报社中国公司法务研究院、中国国际贸易促进委员会企业权益保护中心、方达律师事务所共同发布。

"合规 2.0"。她认为，合规体系有效与否关键在于公司的首席合规官是否具有合规的专业知识和技能。要保证合规体系的有效，首席合规官必须是合规的专业人士，相关合规领域的专家，且具有设计和运营合规体系的经验。他不能仅仅是一个知名的检察官、执法者或者律所的合伙人，却没有合规的经验，或者他被任命为首席合规官的原因，仅在于取悦于调查机构、执法者或媒体。

建立在此基础上，还有 5 个成功要素，即：

1. 给予合规官充分的授权

给予合规官充分授权，包括 4 个方面。即给予他履行职责所需的权限、董事会给予支持、明确不含糊的授权及相应的行政级别。

2. 确保合规部门的独立性

确保合规部门独立履行被授权的职能，不受限制地向上反映问题、不仅仅是法律部下属的一个部门、不受干预地与董事会沟通及直接的汇报线。

3. 给予合规官参与权和话语权

合规官和其他公司管理人员是合作的关系而不是下属的关系，合规官要参加策略计划会、风险管理会、业务审核会及预算审核会。

4. 给予合规官信息权

综合管理合规风险领域，给予合规官全面的信息权、适当的汇报渠道、打破部门之间隔阂。

5. 给予合规部充分的资源

给予合规部门充分的人力资源和财务资源。人力资源包括全职、兼职及其他部门的"合规先锋"。有自己的财务预算，足够履行其职能。违规罚款比合规预算昂贵的多。合规官如果没有专业技能，就等于对资源的浪费。

下附"合规 2.0"绘图原图（见图 2.10.1），[1] 以免产生歧义。

---

〔1〕 Compliance 2.0 infographic, http://compliancestrategists.com/upgrade/.

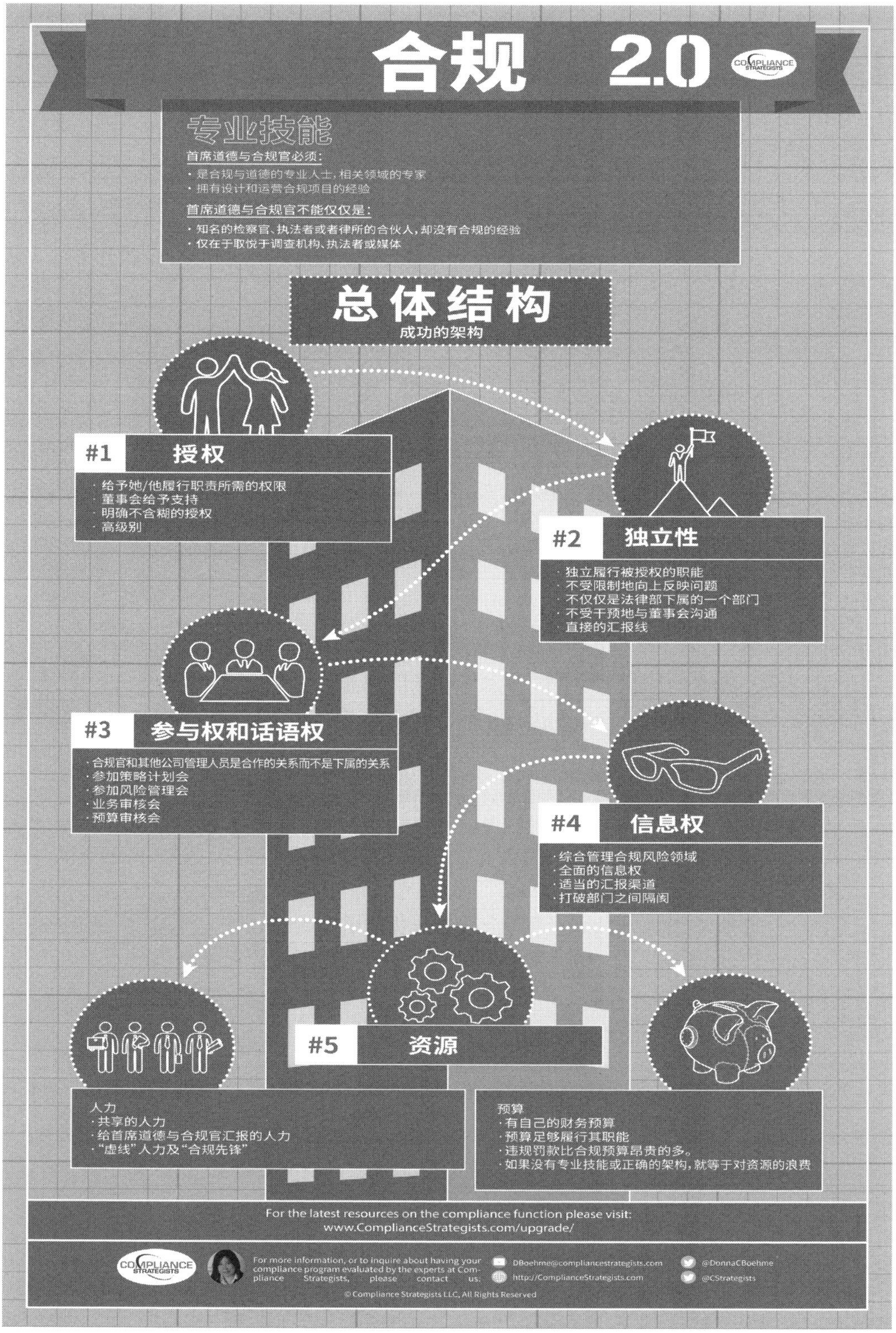

合规 2.0
COMPLIANCE STRATEGISTS
专业技能
首席道德与合规官必须:
· 是合规与道德的专业人士，相关领域的专家
· 拥有设计和运营合规项目的经验
首席道德与合规官不能仅仅是:
· 知名的检察官、执法者或者律所的合伙人，却没有合规的经验
· 仅在于取悦于调查机构、执法者或媒体
总体结构
成功的架构
#1 授权
· 给予她/他履行职责所需的权限
· 董事会给予支持
· 明确不含糊的授权
· 高级别
#2 独立性
· 独立履行被授权的职能
· 不受限制地向上反映问题
· 不仅仅是法律部下属的一个部门
· 不受干预地与董事会沟通
· 直接的汇报线
#3 参与权和话语权
· 合规官和其他公司管理人员是合作的关系而不是下属的关系
· 参加策略计划会
· 参加风险管理会
· 业务审核会
· 预算审核会
#4 信息权
· 综合管理合规风险领域
· 全面的信息权
· 适当的汇报渠道
· 打破部门之间隔阂
#5 资源
人力
· 共享的人力
· 给首席道德与合规官汇报的人力
· “虚线”人力及“合规先锋”
预算
· 有自己的财务预算
· 预算足够履行其职能
· 违规罚款比合规预算昂贵的多。
· 如果没有专业技能或正确的架构，就等于对资源的浪费
For the latest resources on the compliance function please visit:
www.ComplianceStrategists.com/upgrade/
COMPLIANCE STRATEGISTS
For more information, or to inquire about having your compliance program evaluated by the experts at Compliance Strategists, please contact us.
DBoehme@compliancestrategists.com
http://ComplianceStrategists.com
@DonnaCBoehme
@CStrategists
© Compliance Strategists LLC, All Rights Reserved

图 2.10.1

在伯梅 2016 年 8 月 3 日的博客里，她进一步阐述，“合规 2.0”已经成为“新常态”。她援引美国司法部的《反海外腐败试行项目》（FCPA Pilot Program）为例，说明美国的执法机构已经采纳了“合规 2.0”的理念。《反海外腐败试行项目》旨在公司在发现合规问题后，主动向执法机关申报以获得宽大处理，作为获得宽大处理的条件，明确提到了“合规 2.0”所阐述的要素。这些要素在以往的“合规 1.0”中是找不到的。

在 2018 年 12 月，国家发改委等七部委联合发布的《企业境外经营合规管理指引》中，5 要素中的合规独立性同样得到了采纳。[1]

继美国和中国之后，法国反腐机构（French Anti-corruption Agency）在 2019 年 2 月发布了《关于企业反腐合规实践指南》（Guide pratique La function comformité anticorruption dans l’entreprise），为法国大型企业的管理人员提供关键的指导，如何运营《萨宾第二法案》所要求的完善的反腐合规体系。这是 6 个系列指南中的第一个（以下简称《指南一》）。“合规 2.0”的多个观点在《指南一》中得到采纳。如首席合规官的重要性、合规部门的独立性、信息权、获得充分资源等。同时《指南一》明确强调在战略层面考量合规体系的有效性及与公司的“融合性”（integrated with the company）。后面会讨论，不少业界人士把这种合规与企业的融合性也称作“连接的合规”（connected compliance）。

关于“合规 2.0”，合规业界有不少认同的声音，甚至有较为流行的说法，首席合规官及合规专业人士们现在“用他/她们的双脚投票”（“vote with their feet”）。合规的定位和架构对他们至关重要，如果公司不能提供决定合规成败的权限和资源，他们会拒绝在这样的公司承担如此重大的责任和风险。

---

〔1〕 参见《企业境外经营合规管理指引》第 5 条中的“独立性原则”。

对于伯梅所提出的“合规2.0”,笔者最为认同的一点是一切取决于首席合规官的专业经验和技能。在合规这一学科领域,什么样的技能最为重要?毫无疑问,在合规领域艺不压身、多多益善,法律、财务、商业伦理、教育宣传、风险管理、审计、调查、政策制定、IT等各方面的技能都需要、都重要,但最核心的是领导力。关于这一点,合规领域的另一个活跃人士托马斯·福克斯(Thomas Fox),在他的《合规中有效的领导技能:首席合规官3.0及超越》[1]一书中有更多论述。

二、“首席合规官3.0”

福克斯的“首席合规官3.0”(CCO 3.0),超越了技术层面关于如何执行美国《反海外腐败法》、英国《反贿赂法》、法国《萨宾第二法案》等各国法律下要求的合规体系及最佳实践的讨论,专注于出色的合规官如何能够真正将合规融入企业的基因中,使其成为企业经营的方式。合规是一个新的学科领域,合规官是一个新的职业,还在不断的发展和成熟。福克斯的探讨,对走在合规道路上的专业人士会有不少启发。

在《合规中有效的领导技能:首席合规官3.0及超越》一书里,福克斯引导合规官们在战略、策略层面提高专业技能,只有掌握这些技能,合规官才能真正成为业务发展的一部分。如果做不到这一点,公司就没有能够有效地管理企业面临的合规方面的法律或是名誉风险。

该书分为三部分。第一部分探讨有效率的首席合规官必备的沟通技巧。例

〔1〕 Fox, *Effective Leadership Skills in Compliance: CCO 3.0 and Beyond*, 2016.

如,怎样说不,如何利用公共社交媒体,如何进行跨越文化界限的沟通等。第二部分探讨如何对合规体系进行创新,包括体系设计方面的创新和体系执行方面的创新。如何通过这些创新,不但把合规融入企业的组织架构,而且融入企业的基因中。第三部分探讨非常重要的话题——影响力,在一个庞大的组织中如何在合规管理中运用同理心有效地管理组织的各个层级,细致到本部门及公司的人才管理、如何有效地召开会议等。

整理该书中几点,相信对正在搭建合规体系的企业会有启示。

1. 不要一开始就试图面面俱到。公司的资源有限,投入合规的资源有限。如果以有限的资源试图覆盖所有合规可能涉及的领域,造成的风险就是疏漏了公司面临的最大的风险,在执法部门来敲门的时候,才发现我们在最大的风险领域做的不足,以至于未能预防或及时制止违法违规行为。对此,毫无疑问公司及负责人员有不可推卸的责任。这要求公司在投入资源前,对风险做了有效的评估,将有限的资源放在高风险的领域。日后即使在低风险领域发生了违法、违规,我们也可以在执法者面前合理地解释为什么公司没有投入更多。

2. 有效地进行跨越文化界限的沟通。对全球性公司来说,合规沟通的对象是国际化的,不管是合规培训、合规调查,还是召开合规会议,沟通的对象可能会跨地域、跨文化、跨部门。如果我们不了解沟通的环境背景,再好的信息内容,也无法有效传达,获得理解和共识。福克斯提供了 5 个建议来帮助我们进行有效的跨文化沟通。(1)调整表达异议的方式;(2)知道何时沉默何时倾诉;(3)学习不同的文化里如何建立信任;(4)避免使用“是”或“不是”的提问方式;(5)谨慎使用书面方式表达沟通。

3. 合规领域的创新多在社交媒体的使用和大数据的使用领域。社交媒体越来越多地在双向合规沟通中使用。企业大数据被更多地收集、开发用于合规风险的识别和合规的可视化管理。

4. 首席合规官的领导力体现为对合规文化的影响力。企业和员工在合规方面的成功在于选择做正确的事。在走向合规成功的道路上,首席合规官的领导力,表现为影响和激励部门和企业内外相关人员的能力。发挥领导力的方式各有不同,如利用社交媒体启发激励员工,帮助业务部门以合规的方式达成业务指标,帮助你的首席执行官和董事会解决他们的难题等。

三、连接的合规

另一个不容忽视的发展趋势,是所谓的"connected compliance",暂且翻译成"连接的合规"。

连接的合规,有多层含义。第一层是在技术层面,所有与合规有关的信息、数据、文档都集中在一个 IT 平台上,包括员工培训、供应商/第三方管理、差旅和报销、赞助/捐赠、合规举报、案件追踪,等等。在绝大多数公司,这些信息属于公司不同部门的管辖范围,但都和合规管理有密切联系。如果通过技术解决方案把所有相关信息连接到一个平台,运用大数据分析,从中辨识出高合规风险的交易和实践,时时提供给合规及相关风险管理部门深入跟进,采取必要预防或补救措施,那合规管理的效率会大大提高。从管理层角度,首席合规官及董事会可以对合规进行可视化、数据化的管理。从而帮助管理层从战略层面管理合规,更及时地做出更高效的决策,在需要的时候也可进入微观战术层面。合规管理效率的提高一定有助于整体业务管理效率的提高。[1]

美国司法部在 2017 年 2 月发布的《企业合规计划评估指南》(Evaluation of Corporate Compliance Programs, Guidance Document)中强调了合规的实操性

〔1〕 Thomas Fox 在他 2019 年 2 月的博客文章中有进一步论述。

(operationalizing compliance)。自此，合规更加向业务前沿转移。技术层面数据的连接为此提供可能。合规不能仅仅是一年或一个季度对合规计划的报告，而应该是时时的企业组织上下、跨部门、跨区域的合规信息的流动和沟通。在时时信息的基础上，企业做出相应的决策，采取相应的风险管理措施。这当然需要首席合规官对企业的业务有深入的了解，业务的物流和现金流是怎样的，员工聘用和管理的整个流程如何运作，公司与第三方合作是怎样操作的。只有对这些有深入的了解，才能知道风险管控点应该放在哪里才最有效。

连接的合规的第二个层面指合规与业务增长的连接。贝克·麦坚时国际律师事务所[1]在2017、2018年对位于英国的537家大型跨国公司的合规状态进行了研究，有趣地发现合规部大多是悄悄地做着“幕后”工作，保护公司免受违反法律法规接受调查的风险。如果合规工作做得好，合规不会引起任何业务管理层的注意。合规被看作是一个成本中心，业务的障碍。贝克·麦坚时国际律师事务所倡导，在当今的法律环境下，合规不仅仅局限于其传统的保护公司的名誉的角色，而且要更主动地参与到业务增长的决策中，对公司可持续性发展做出更大的战略层面的贡献。

贝克·麦坚时国际律师事务所在调查研究中发现，在重要的并购项目中，少于1/5的企业在重大并购交易的计划和执行阶段有合规团队的参与。40%的企业确认在并购交易完成后发现了被并购企业的合规问题。缺乏业务增长和合规的有效连接，企业会面临巨大风险。在现今竞争优势微弱、增长困难的情形下，公司如果再在并购中支付过高的价款或低估了接收后整合的成本，就得不偿失了。合规的早期介入、早发现问题，有助于并购谈判中获得更有利的交易条件。

换个角度，合规是针对法律问题的业务解决方案，需要根据市场变化、国际执法趋势变化，不断地调整和演变。首席合规官需要根据公司业务组织、人员工

---

〔1〕 详见 Baker McKenzie 2017/2018 Connected Compliance Report。

作的方式,对合规框架进行总设计,从而使合规融入公司业务员工的基因。整个设计应该从“用户”的考虑着手。

这种意义上的“连接的合规”的对立面就是各自为政的公司架构下孤立的合规。连接的合规有 4 个维度,即协作、灵活、策略及高效。连接的合规,通过清除重复、不足和困惑,来扩大合规的覆盖面、节约成本,帮助企业做出更好的业务增长决策。

贝克・麦坚时国际律师事务所调查研究发现,普遍存在的问题是公司内部缺乏合作,高增长的企业在合规方面的合作方面明显好过缓增产企业。在高增长企业里,83% 的企业确认公司里各部门清楚知道他们在合规方面的责任和义务。总的来说,企业试图把合规管理整合起来、减少重复,节约成本、提高效率,但并不成功。仅 18% 的企业认为他们以整合的方式进行合规管理。

贝克・麦坚时国际律师事务所认为,灵活性是连接的合规的一个重要特性,对外部法律环境的不断变化及时做出应对,降低内部的繁复程序,及时给企业及员工提供决策和行为指导。

连接的合规的第三个层面是指合规官及合规部门与“人”,包括员工及公司的管理人员的有效连接。合规政策、合规沟通培训、合规建议/审批、合规案件调查、违规惩处,要充分考虑行为学因素,以人为本。

借用福克斯所援引的例子,合规人员在与相关人员打交道的过程中是在给对方创造一种“合规”体验。合规人员的目标应该是给对方创造积极的正面的体验。对方应该感受到你的专业知识、经验、热情,真心感到你可以给他们创造价值。这应该是一种很好的个人体验,让对方在遇到问题或疑问的时候,愿意主动寻求你的意见,愿意和合规部门建立长久的经常性的连接。

沟通是合规领导力的很重要的一个方面,沟通的方式和沟通的内容同样重要。好的沟通方式应该是对话型的沟通。企业内部的沟通应该尽量接近我们的日常对话,让沟通的对方感到亲切、互动和连接,这样才能起到号召作用,获得沟通的对方对信息的接受并转化为行动。

首席合规官要想获得成功,必须建立广泛的关系网络,能够和公司各个级别层面的人员对话沟通,这可以帮助他把合规影响力延伸到企业的各个层面和角落。

与现实风险脱节、与个人的情感行为脱节的合规,注定流于形式,既不能帮助公司管理风险,又浪费了公司资源,甚至给业务制造无谓的障碍。

第三篇

具体的合规风险

第十一章

反贿赂合规

一、反贿赂合规的制度框架

（一）概述

贿赂是一个贯穿人类历史的问题，也是当前的世界性问题。

“贿赂”与“腐败”两个概念经常并用，也经常被混用，后者同样有着漫长的历史和广泛的影响。关于这两个概念的区别与联系，已经有很多讨论，本章不做赘述。出于本章内容的需要，我们在此进行简要的区分。我们认为，腐败既是一种行为，也是一种现象。作为行为，腐败是指权力受托管理者牺牲委托者的利益，利用权力为个体或者群体谋取利益。腐败行为包括受贿、勒索、贪污、侵占、滥用职权等具体表现形式。作为现象，腐败是指行使权力的过程受到与之冲突的个体利益腐蚀的状况，无论是否存在前述的具体表现形式。腐败既是法律概念，也是政治概念和道德概念，在后两个领域里，权力受托管理者的疏于履职和个体的道德缺陷也可能被纳入腐败的范畴。

贿赂是一种行为。作为名词使用时,贿赂也被用于指代受贿利益。广义的贿赂行为包括受贿和行贿,狭义的贿赂仅包括行贿。本章采用广义的贿赂概念。受贿的目的是获取受贿利益。这里的受贿利益既包括货币和实物,也包括其他形式的非物质利益。与受贿相对应的行贿的目的却并非为了给付贿赂利益,而是为了换取受贿人放弃履行其权力受托管理者的职责。因此,受贿与行贿并非对等交换关系。企业成员代表企业实施的贿赂行为又被称为外部贿赂或者主动贿赂,企业成员在履行企业职责中接受贿赂又被称为内部贿赂或者被动贿赂。

国际标准化组织于2016年10月发布了《反贿赂管理体系——要求和使用指南》(ISO 37001:2016),其中对贿赂的定义是,"无论在何地违反适用法律直接或间接地提供、承诺、给予、接受或索取任何价值的不当好处(可以是金钱的或非金钱的),以引诱或奖励个人利用职务之便作为或不作为"。[1] 该文件指出,贿赂会引发严重的社会、道德、经济和政治问题,破坏良好治理,阻碍经济发展,扭曲公平竞争。它侵蚀正义、危害人权,阻碍贫困的消除。它还会提高经商成本,在商业交易中增加不确定性,提高商品和服务的成本,降低产品和服务质量,从而可能导致生命和财产损失,破坏机构公信力并妨碍市场公平、高效运行。

对于企业而言,通过行贿推进业务发展可能带来短期的利益,但会降低企业成员之间的相互信任,破坏企业内部的良性文化氛围,更主要的是通过行贿获得的利益长期处于不确定状态,一旦被司法机关发现可能被追索并附加惩罚性的措施。

反贿赂合规,是指企业建立反贿赂管理体系以预防、发现和处置贿赂行为。反贿赂合规是所有企业共同面对的合规话题。

在跨国企业中,反贿赂合规早期是指对美国的《反海外腐败法(FCPA)》的合规。实际上,这也是合规概念与企业管理最初的结合点。因此,狭义的企业合

---

[1] 国际标准化组织《反贿赂管理体系 要求和使用指南》(ISO 37001:2016)第3.1条。

规即指 FCPA 合规。《反海外腐败法》是美国在 1977 年颁布的一部法律，其主要内容是禁止美国企业在海外业务中贿赂当地政府官员。这部法律颁布后很长的时间里，人们并没有对它加以特殊的关注，也没有知名企业因为违反这部法律遭受处罚，但随着 2007 年以来大型跨国企业因违反美国《反海外腐败法》被处罚的案件频繁爆发，企业界受到强烈的震动。在此背景下，跨国企业纷纷在组织结构中设立合规部门、团队或者岗位，并开始建立完整的合规管理体系。

美国《反海外腐败法》颁布之时遭到了一些美国企业的质疑，因为同一时期其他国家大多并未立法禁止本国企业在海外业务中贿赂当地政府官员，即使有这样的法律也没有被严格执行。在德国，企业在海外业务中贿赂当地政府官员甚至可以计入交易成本而获得税收利益。于是美国政府开始推动《反海外腐败法》的国际化。1997 年，在美国的影响下，经济合作与发展组织通过了《国际商务交易活动反对行贿外国公职人员公约》（Convention on Combating Bribery of Foreign Public Officials in International Business Transactions）。2003 年，43 个国家签署了《联合国反腐败公约》（The United Nations Convention Against Corruption），该公约要求各缔约国采取立法和其他措施，将贿赂外国公职人员确定为犯罪行为。2011 年 4 月生效的英国《反贿赂法》成为一个新的标志。英国《反贿赂法》比美国《反海外腐败法》适用的范围更广，违法的后果也更严重。这些发展让企业意识到，合规已经不仅仅是遵守美国《反海外腐败法》，还包括其他国家各种各样的反贿赂法律。

在我国，反贿赂的基础法律是 1979 年通过的《刑法》，该法于 1999、2001、2002、2005、2006、2009、2011、2015、2017、2020 年多次修订和修正。该法规定了行贿罪、对有影响力的人行贿罪、对单位行贿罪、介绍贿赂罪、单位行贿罪、对非国家工作人员行贿罪、对外国公职人员、国际公共组织官员行贿罪等多个罪名。最高人民法院和最高人民检察院发布了一系列司法解释，其中涉及行贿行为的内容主要是关于追诉标准和量刑标准。

反贿赂法律制度的另一个重要渊源是1993年发布的《反不正当竞争法》，该法于2017年修订。经修订后的《反不正当竞争法》第7条规定：

“经营者不得采用财物或者其他手段贿赂下列单位或者个人，以谋取交易机会或者竞争优势：

（一）交易相对方的工作人员；

（二）受交易相对方委托办理相关事务的单位或者个人；

（三）利用职权或者影响力影响交易的单位或者个人。

经营者在交易活动中，可以以明示方式向交易相对方支付折扣，或者向中间人支付佣金。经营者向交易相对方支付折扣、向中间人支付佣金的，应当如实入账。接受折扣、佣金的经营者也应当如实入账。

经营者的工作人员进行贿赂的，应当认定为经营者的行为；但是，经营者有证据证明该工作人员的行为与为经营者谋取交易机会或者竞争优势无关的除外。”

经过修订的《反不正当竞争法》关于商业贿赂的范围和认定要素与1996年由原工商行政管理总局发布的《关于禁止商业贿赂行为的暂行规定》不完全一致。《关于禁止商业贿赂行为的暂行规定》规定有：

第五条　在帐外暗中给予对方单位或者个人回扣的，以行贿论处；对方单位或者个人在帐外暗中收受回扣的，以受贿论处。

本规定所称回扣，是指经营者销售商品时在帐外暗中以现金、实物或者其他方式退给对方单位或者个人的一定比例的商品价款。

本规定所称帐外暗中，是指未在依法设立的反映其生产经营活动或者行政事业经费收支的财务帐上按照财务会计制度规定明确如实记载，包括不记入财务帐、转入其他财务帐或者做假帐等。

第六条　经营者销售商品，可以以明示方式给予对方折扣。经营者给予对方折扣的，必须如实入帐；经营者或者其他单位接受折扣的，必须如实入帐。

本规定所称折扣，即商品购销中的让利，是指经营者在销售商品时，以明示并如实入帐的方式给予对方的价格优惠，包括支付价款时对价款总额按一定比例即时予以扣除和支付价款总额后再按一定比例予以退还两种形式。

本规定所称明示和入帐，是指根据合同约定的金额和支付方式，在依法设立的反映其生产经营活动或者行政事业经费收支的财务帐上按照财务会计制度规定明确如实记载。

第七条　经营者销售或者购买商品，可以以明示方式给中间人佣金。经营者给中间人佣金的，必须如实入帐；中间人接受佣金的，必须如实入帐。

本规定所称佣金，是指经营者在市场交易中给予为其提供服务的具有合法经营资格中间人的劳务报酬。

第八条　经营者在商品交易中不得向对方单位或者其个人附赠现金或者物品。但按照商业惯例赠送小额广告礼品的除外。

违反前款规定的，视为商业贿赂行为。

除本国法律外，对于在境外开展业务的企业，外国法律可能也会成为企业进行反行贿合规管理需要参照的法律渊源，对于在美国等海外市场上市的企业、参与国际市场竞争的企业、“一带一路”走出去的企业，这一点尤其重要。

其中，美国的《反海外腐败法》因为发布时间长、执法活跃、执法力度强而被跨国企业普遍重视。美国《反海外腐败法》包括两类条款：(1)反行贿条款和(2)账簿和记录条款。按照反行贿条款要求，企业和企业人员不得出于拉拢腐蚀的目的，在明知的情况下向外国政府官员给予、承诺给予或授权给予现金或其他有价值物，以图获取或保持业务或者其他不当的业务优势。按照账簿和记录条款要求，企业必须制作和保留能够真实并准确反映付款、支出和资产处理情况的账簿和记录，必须维持有效的内部财务控制系统，以保证所有的付款、支出和资产处理情况是按照管理层的指示执行的，得到妥善记录，并且支持企业按照会计准则的要求生成准确的财务报告。美国《反海外腐败法》对“政府官员”采取宽泛的定义，包括但不限于政府机构的雇员、国立教育机构的雇员、国有或地方政府拥有或者运营的企业的雇员、公务员、军人、政党成员、政治组织的候选人、国际组织的雇员、政府事业单位雇员、政府拥有或控制的组织的雇员、政府持股50%以上的机构的雇员、代表上述组织行使官方权力的任何人，以及政府雇员的配偶、子女和近亲属。

有相当一部分行贿是由企业成员实施的，但并不代表企业的意志。例如，企业的销售人员为了完成业绩指标而向客户方的采购负责人行贿。但是，行贿行为可能导致行贿人和企业共同承担法律后果。这种两罚机制在世界各国逐渐发展为普遍趋势。当发生这种情况时，律师会建议企业以行贿人的“个人行为”作为企业不承担责任的抗辩理由，但是如果企业不能提供建立了有效的反贿赂管理体系作为证据，则前述抗辩很少被接受(所谓的“合规抗辩”)。

无论企业和企业成员行贿还是受贿，企业的管理层和治理机构都会被质疑是否尽到管理职责。在很多案例中，当企业因行贿被追究法律责任时，企业的管理层和治理机构也被司法机关追究法律责任，遭受损失的股东会可能要求企业的管理层和治理机构承担管理责任、被制裁或者赔偿损失。当发生这种情况时，企业的管理层和治理机构以未参与、不知情或者个人修养作为不承担责任的理由通常不会被接受。

总体来看，反贿赂的法律制度具有普遍禁止、无避风港、属地管辖和属人管辖并存以及强道德属性的特征。

（二）普遍禁止

贿赂行为在世界各国都被法律制度所否定，因此反贿赂的法律制度以禁止性规定为主，这些禁止性规定一般包括概括的行为描述和法律后果两个部分。法律对被禁止行为的描述以定性为主，通常描述比较宽泛。

法律后果包括企业和个人承担行政责任、民事责任、刑事责任和其他类型的制裁。行政责任是由监管机构对不合规责任主体进行的处罚。个人可能受到的处罚包括警告、没收违法所得、罚款、吊销资格证书等。企业可能受到的行政处罚包括警告、没收违法所得、罚款、吊销许可证、吊销营业执照等。民事责任是由不合规责任主体向民事行为相对方承担的责任。因贿赂导致的民事责任包括违约责任也包括侵权责任。情节严重的贿赂行为可能触犯刑法,导致个人和企业遭受刑事处罚。

除以上后果外,严重的不合规可能导致企业和个人被列入公示系统。当前企业普遍开展对业务伙伴的合规尽职调查,如果发现业务伙伴列名于这些系统,一般会在与其合作中采取非常谨慎的态度,或者可能拒绝与其合作。有相当多的企业在新员工入职前会对其进行背景调查,当发现员工有贿赂行为记录时,一般会对建立雇用关系谨慎考虑。这些公示系统包括国家企业信用信息公示系统中的严重违法失信企业名单、中国政府采购网的政府采购严重违法失信行为记录名单、最高人民检察院行贿犯罪档案库等。

严重不合规的企业和个人还可能被列入监管机构的黑名单。这些黑名单除了起到公示作用外,还直接导致相关企业和个人不能从事某些业务。例如,世界银行(World Bank)网站上公布了一份《不得交易的单位和个人名单》(Listing of Ineligible Firms & Individuals)。这些单位和个人因行贿或欺诈行为而在一定时期内不得承接由世界银行提供资金支持的合同项目,该名单随时维护和更新。世界银行与亚洲开发银行(Asian Development Bank)、欧洲复兴开发银行(European Bank for Reconstruction and Development)、美洲开发银行(Inter-American Development Bank)和非洲开发银行(African Development Bank)相互参照彼此的黑名单。

(三)无避风港

反贿赂领域的法律规范很少有操作性规范,即不存在企业履行法定程序或者达到法定标准即可免责的情形。在某些司法辖区,当发生贿赂事件时,企业可以用建立了反贿赂管理体系作为无责或者减责的抗辩,但监管机构不接受打钩式(box-ticking)的反贿赂管理体系,而是要根据实际情况评估其反贿赂管理体系的有效性,以决定是否接受该抗辩。

例如,英国《反贿赂法》第7条规定了"商业组织预防贿赂失职罪"(failure of commercial organization to prevent bribery),规定商业组织疏于建立预防贿赂机制导致行贿行为发生时,需要承担刑事责任。如果一个商业组织的关联人员为了获取或保留该组织的业务,或者为获取或保留该组织在商业活动中的优势而向他人行贿的,则该商业组织构成本罪,除非该组织能够证明其已制定了"充分程序"以预防关联人员从事行贿行为。"关联人员"是指为了或代表商业组织而提供服务的人员,该类人员需要根据具体情况予以确定,包括但不限于商业组织的雇员、代理人或分支机构。英国执法部门认为,商业企业处于减少甚至消除因贿赂带来的巨大危害的最佳地位,而无论是刑事还是民事诉讼都难以有效地打击那些将贿赂作为建立、扩张其商业地位而倾向于允许其雇员贿赂的经济实体,与其忽视这一现象,不如选择一种有效的规范模式,这对于确保在所有商业实体中贯彻一个较高的商业道德标准是必不可少的。2011年3月英国国务大臣颁布了《2010年贿赂法案指南》,提出了构建"充分程序"的6项原则,即程序比例原则、最高层责任原则、风险评估原则、尽职调查原则、沟通原则、监督和复查原则。该罪名采取了严格责任,在发生关联人员为商业组织利益行贿的情况下,商业组织除非能提出有效抗辩,证明已经制定了充分的预防行贿程序,否则将承担刑事责任。

(四)属地管辖和属人管辖并存

大多数国家有自己的反贿赂法律而且这些法律的原则、规定和执行情况有很大差别。另外,越来越多的国家开始重视本国公民和企业在本国地理疆域之外实施的贿赂行为。

美国《反海外腐败法》是一部典型的具有域外效力的法律。截至2019年1月,美国司法部依据该法共执法351起,美国证券交易委员会依据该法执法224起,这些执法行动中产生了超过184亿美元罚款,而执法中被调查的贿赂行为绝大多数发生在美国本土之外。[1]

英国《反贿赂法》的适用对象更加广泛,几乎所有与英国有关系的企业和个人都在法案的适用范围中:在英国注册的企业自然包含其中。对于并非在英国注册的企业,只要其在英国设有分支机构,或者在英国经营业务、或者在英国的某个证券交易所上市、甚至仅仅聘请了英国居民,都受到该法案的约束。该法案也可能对一些与英国关联并不是很明显的企业发挥效力:比如通过一个英国的账户而收受贿赂;或者资助在英国的活动(会议等)。亚太地区约150家企业的总部在伦敦股票交易所上市,而中国有不计其数的企业雇用英国籍雇员,或者在英国有经营项目,这些企业都可能被该法案管辖。大量在英属维京群岛注册的中国企业也可能受到这部法案的管辖。

我国《刑法》第164条第2款也规定了对外国公职人员、国际公共组织官员行贿罪的罪名。

(五)强道德属性

关于贿赂行为的罪与非罪、具体的罪名、应当承担的后果等方面,在法律界仍有诸多争论,这也是当企业遭到贿赂指控时需要律师介入以尽量减轻责任的原因。然而,即使不是法律专家,在一般情况下也可以基于常识对某一行为是否涉嫌贿赂做出判断。就公众而言,对贿赂普遍持否定态度,认为贿赂行为是不道德的。当企业遭到贿赂指控时,面对媒体和公众的指责,很少有企业以不构成犯

---

〔1〕 载http://fcpa.stanford.edu/statistics-analytics.html,最后访问日期:2019年3月3日。

罪为自己辩白。

需要注意的是，并非所有的贿赂行为都可以依据道德观念判断。例如，我国市场监管执法机关把某些妨碍竞争的交易行为视为贿赂行为，尽管其中不涉及对权力受托管理人的不当影响。美国《反海外腐败法》除了禁止行贿行为外，还对企业的账簿和记录管理提出要求，如果违反了这些要求，尽管不能证明实际发生了行贿行为，美国监管机构仍然可以依据美国《反海外腐败法》做出巨额处罚。

二、常见合规风险

贿赂行为几乎无孔不入，可能涉及企业中的每一个人，也可能涉及每一个业务活动，因此无法穷举在企业经营活动中可能发生的贿赂风险。本质上，贿赂行为是贿赂利益与权力受托管理者的忠诚义务之间的交换。权力、非等价利益交换和曝光机会是影响贿赂行为发生的三个重要因素。概括来看，企业面临的反贿赂合规风险比较集中在下面这些领域。需要注意的是，这些风险领域可能存在交叉。

（一）涉及公务人员的贿赂风险

1. 获得行政许可中的贿赂风险

行政机关对某些业务领域或者经营活动设定了一般禁止，只有获得相应许可的企业才能从事。行政许可可能采用普通许可、特殊许可、认证、核准、登记或其他名目，但其性质都是对一般禁止的解除，是企业不受制裁地从事某些业务活动的基础。很多因素影响到企业能否获得许可，以及什么时候能获得许可，例如，行政许可可能要求企业符合某些条件，有配额限制，或者需要比较长的排队等候时间。如果这些影响因素不透明，或者公务人员有很大裁量权，则贿赂风险会相应地上升。

2. 获得行政优惠待遇中的贿赂风险

这种优惠待遇可能表现为很多形式，涉及税收、通关、检验、申报等很多活动。能否获得这些优惠待遇可能影响到企业的经营效果和效率，决定着企业在市场中的竞争力。同上，影响因素的多少、透明度和裁量权与贿赂风险有密切的关系。

3. 获得行政机关控制的有限资源中的贿赂风险

这些资源包括土地使用权、政府补贴、研究经费等。

4. 政府采购中的贿赂风险

政府部门可能对某些产品或服务进行集中采购，一般会通过公开招标的形式。招标活动中的贿赂风险既会发生在政府采购中，也会发生在普通的商业采购中，但是发生在政府采购中的贿赂行为会给企业带来更严重的制裁后果。

5. 行政处罚中的贿赂风险

从发生受处罚行为，到做出处罚决定，再到处罚决定的执行会经历一定过程，企业在这个过程中可能为自己申辩，也可能通过各种方式影响做出和执行处罚决定的执法人员。执法依据的科学性、执法过程的透明程度、执法人员的裁量权、执法活动的一致性等因素都导致贿赂风险。

6. 游说活动和政治献金中的贿赂风险

企业可能自行或者通过意见领袖影响政府接受自己的观点，从而在立法、产业政策、执法行动等领域做出调整。企业也可能合法地资助与自己持有相同政见的政客参加选举。这些游说活动中可能产生贿赂公务人员的风险，而且某些司法辖区对游说活动和政治献金做出限制性和程序性规定，违反这些规定可能构成贿赂。

（二）涉及商业客户的贿赂风险

1. 关系营销中的贿赂风险

通常情况下，企业应当凭借产品性能、价格和服务质量优势参与竞争并赢得客户。但是，不可否认的是人际关系在商业活动中也扮演着重要的角色。在关系营销中，成功的要素之一是企业和企业成员努力寻求、建立和强化与客户方决策人员的非商业关系，影响客户方决策人员对本企业和本企业产品的情感。在大多数情况下，关系营销无可厚非，但是有些企业和企业成员通过利益交换的方式“走捷径”，这可能构成商业贿赂。

有些企业主张本企业并不鼓励行贿，行贿是企业成员的个人行为，但是《反不正当竞争法》第7条第3款明确规定，“经营者的工作人员进行贿赂的，应当认定为经营者的行为；但是，经营者有证据证明该工作人员的行为与为经营者谋取交易机会或者竞争优势无关的除外”。在本条款中，经营者的工作人员行贿被默认为经营者行贿，并不要求经营者的工作人员以经营者的名义或者使用经营者的资源行贿；相反，经营者需要提供证据证明该工作人员的行为与经营者谋取交易机会或者竞争优势无关。

2. 并购活动中的贿赂风险

商业环境中企业间的并购活动时有发生。并购活动涉及对象选择、尽职调查、估值、收购条件、支付条件、高管人员留用和遣散等诸多环节，其中大量活动是在秘密情况下进行的，需要在信息不完整的情况下做出判断，或者在海量信息中进行取舍，有多重标准可供考量，需要依赖经验和直觉做出决定。所有这些因素都导致并购活动是贿赂高发的领域。

3. “人头费”类型的商业贿赂

虽然现行《反不正当竞争法》把交易相对方排除在商业贿赂的对象之外，交易相对方的认定仍然是一个复杂的问题。原国家工商行政管理局《关于旅行社或导游人员接受商场支付的“人头费”、“停车费”等费用定性处理问题的答复》规定,“经营者无论将这种利诱给予交易对方单位或个人,还是给予与交易行为密切相关的其他人,也不论给予或收受这种利益是否入帐,只要这种利诱行为以争取交易为目的,且影响了其他竞争者开展质量、价格、服务等方面的公平竞争,就构成《反不正当竞争法》第八条禁止的商业贿赂。”

执法机关这样认定的依据是相关费用的支付是否影响了市场竞争关系,是否妨碍了消费者的选择权。法律界关于这个问题有很多争议,目前并没有形成共识,在实际执法中存在不一致的现象,企业也有很多困惑。

4. 账簿和记录违规导致商业贿赂指控

《反不正当竞争法》规定,经营者在交易活动中,可以明示方式向交易相对方支付折扣,或者向中间人支付佣金,双方均应如实入账。如果企业支付折扣或者佣金本身并没有商业贿赂的意图,也不产生商业贿赂的后果,但是账簿和记录管理不符合会计准则的规定,仍然可能被认定为商业贿赂。

在美国《反海外腐败法》等司法辖区的法律中,企业账簿和记录不合规或者未能建立有效的内部控制体系可能导致企业被指控违法。

5. 行业性贿赂风险

医药行业在全世界都是贿赂风险高发的行业,在我国也是如此。针对这种情况,国家近年来出台了各种改革措施,如目前正在推行的“两票制”改革、“医药代表备案制”等。这些措施尚在完备过程中。

不同于在查实行贿行为后进行处罚,新的措施从预防贿赂发生的角度对相关企业提出了要求。尽管可能没有实际发生行贿行为,但对这些措施执行不力本身就构成了不合规。这些措施的要求一般是比较具体的,因此相关企业应当关注这些措施的出台和落实情况,并对自身的管理活动进行调整以实现合规。

（三）企业成员受贿风险

企业成员受贿的风险几乎无处不在，因为所有成员都代表企业履行一定职责，掌握某些权力。樊光中先生针对企业内部不同岗位产生受贿行为的风险，归纳了岗位职责中可能具备的8项权力。[1]

三、反贿赂合规措施

反贿赂法律制度以禁止性规定为主，赋予企业消极义务，而对企业积极行动的操作性要求不多，因此企业很难依据这些法律制度实施反贿赂合规管理。换一个角度来看，如果企业把不违反法律规定作为反贿赂合规管理的底线，在实践中的风险极大，因为不同司法辖区认定贿赂的法律构成要件不同，但是贿赂行为在所有国家和地区都受到主流道德观念的排斥，法律规定和道德标准之间的差距可能使企业和企业成员在认知和情感上处于无法锚定的状态，最终出现劣币驱逐良币的逆淘汰。

因此，企业在实施反贿赂合规管理时，一般通过企业制度把法律规定转化为内部准则、流程和标准，为企业决策和企业成员的行为提供稳定的指导。

2012年，美国司法部和美国证券交易委员会发布了《美国反海外腐败法资源指南》（A Resource Guide to the U. S. Foreign Corrupt Practices Act），该文件不具有法律约束力，但为解读美国《反海外腐败法》提供了帮助，其内容也经常被跨国企业在建立反行贿合规管理体系时参照。

---

〔1〕 8项权力的详细内容，参见本书第四章“二、合规风险（四）合规风险源”。

反贿赂合规管理具备企业合规管理的一般要素，而且作为合规管理中最先发展的话题，反贿赂合规管理的内容非常丰富，在跨国企业之间的做法也逐渐趋同，通常包括如下措施。

（一）反贿赂立场

在一定程度上，无论行贿还是受贿，可能是企业和当事人的理性决定。

对于企业而言，通过行贿来赢得和保持业务，获得竞争优势，这是很难断然拒绝的选择。行贿可能给企业和当事人带来当期利益，而且相关的风险未必变成现实的后果，或者风险要在很长时间之后才会显现，彼时已经物是人非。在这一点上，企业的实际控制者、股东、投资人、董事、高级管理人员和其他成员可能有共同的认识，在行动中也心照不宣。因此，实施反贿赂合规并非企业当然的选择，而且在实施中可能遇到强大的阻力。从跨国企业的经验来看，很多企业实施有效反贿赂合规管理的动因是遭到处罚，例如在 FCPA 执法中被处以巨额罚款，并且按照相关和解协议的要求必须在一定期限内建立有效的合规管理体系，否则企业可能面临更严厉的处罚，甚至无法继续经营。如果企业在面临绝境之前即着手建立有效的反贿赂合规管理，需要企业的实际控制者和最高管理层下定决心，并且自上而下地推行。

在反贿赂的问题上，企业可能就某些情形下是否妥协产生犹豫。这些情形包括：

（1）在某些贿赂成风的国家，是否可以入乡随俗？

（2）在某些行业或者业务领域，是否可以与低标准的同行业企业保持一致？

（3）在某些关键活动中，出于长远经营需要考虑，是否可以偶尔放松一次？

（4）在遇到索贿时，是否可以被动妥协？

显然，这些情形都不容易处理，企业坚持反贿赂立场的难度很大。但是，如果企业采取见风使舵的立场，则利益相关方很容易看穿企业功利主义的态度。

绝大多数企业反对其成员受贿,即便有行贿行为的企业也是如此。企业成员因受贿而放弃履行职责或者实施舞弊行为可能使企业的利益遭受超过贿赂利益的损失,并且可能向第三方承担违约责任。因此,企业一般旗帜鲜明地反对成员受贿,并不遗余力地进行防范和查处。但是,企业行贿和成员受贿经常是伴生的,企业成员在知悉企业行贿后通常会对自己的受贿不再有负罪感,而且认为是理所当然。这让企业的反受贿努力处于一种抱薪救火的窘境中。

总之,企业实际控制人和管理层首先应当坚定反贿赂的立场,这是建立反贿赂管理体系的基础,否则大部分努力都停留于浮夸的层面。

(二)贿赂风险评估

贿赂风险评估适用合规风险评估的一般原理和做法,在此不赘述。需要特别注意的是,由于贿赂可能涉及所有企业成员和所有业务活动,是一种全面的合规管理,在全面的同时,必须兼顾重点风险领域。《美国反海外腐败法资源指南》指出,如果企业耗费大量的精力去管理鸡毛蒜皮的娱乐和赠送礼品活动,而不关注大额的政府招标、向第三方机构支付的可以费用、向经销商提供的过度折扣,这可能显示该企业的合规计划是无效的。

在贿赂风险评估中,风险矩阵是一种常见的工具。矩阵图会着重考量业务行为所在地的营商环境风险,行业风险,业务模式风险等。

很多跨国企业会参照透明国际发布的清廉指数。透明国际是总部在德国柏林的一个非政府组织,它每年会发布清廉指数(corruption perception index),对世界各个国家和地区的清廉状况进行打分和排行。

(三)反贿赂合规管理方案

与其他话题项下的合规管理方案相同,反贿赂合规管理方案应当包括合规管理的范围、管理目标、主要机制、行动计划、行动时间、负责人、绩效考核标准等。

就范围而言，在反贿赂法律普遍具有域外效力的情况下，企业的反贿赂合规不能限于不违反企业所在地或者经营活动发生地的反贿赂法律，而是要通盘考虑本企业的合规义务。因此，大多数企业的反贿赂合规以反对一切形式的贿赂为目标，而不限于遵守某一司法辖区的反贿赂法律要求。当然，如果某一司法辖区的反贿赂法律提出了比其他地区更严格的要求，企业在自身的经营活动可能涉及该司法辖区时需要予以特别的关注并做出特殊的安排。

就目标而言，反贿赂合规并不能杜绝贿赂的发生，但是可以降低贿赂的风险，并在实际发生贿赂事件时保护企业、企业的管理层和治理机构不承担或者少承担不利后果。

尽管反贿赂合规与企业内部某些职能部门的关系比其他职能部门更密切，这仍然是一个与所有部门和所有成员都相关的话题。"全员合规"是一个很动听的说法，但也很容易流于口号。在贿赂风险评估的基础上，很多跨国企业指定或者建立专门的合规部门并配备有能力的人员承担反贿赂合规的全面职责。出于开展工作的需要，合规部门的负责人一般是企业高管层成员，以保证部门的权威性和部门负责人与其他内部职能部门的负责人可以进行平等的对话。

（四）反行贿合规的主要机制

除企业合规管理体系中通用的机制外，反行贿合规的机制主要包括：

1. 行为准则

行为准则是企业合规管理的核心文件，反行贿是行为准则中不可缺少的内容。行为准则要明确企业在行贿问题上的立场，企业和企业成员与外部各方之间交往的基本准则。很多跨国企业的行为准则用大量的篇幅描述反行贿合规的具体规定。

2. 礼品管理制度

礼品是由给予方向接受方提供，而且无需接受按照市场价值收取回报的物品。礼品包括货币、货币等价物（如购物卡、提货券等）、会员卡、电子券和实物等。礼品在正常情况下是交往的润滑剂，因此很少有企业绝对禁止赠送礼品，但是有必要予以约束。

企业在反行贿合规管理中一般会制定向第三方提供礼品的制度。该制度通常包括如下6个方面：

（1）适用范围

礼品制度适用于所有向第三方提供礼品的情形，但是不包括在市场推广活动中向个人消费者提供的赠品、在与其他企业的交易中列明于合同的赠品和企业向员工提供的福利。

（2）基本原则

企业宜禁止任何以企业名义或者在与企业有关联的情况下，为了对接受方造成不当影响而赠送礼品。这里的不当影响包括赠送礼品者主观上有不当影响的意愿，也包括接受方可能认为赠送礼品者有不当影响的意愿，或者第三方可能认为赠送礼品者有不当影响的意愿。

（3）控制点

企业一般对礼品的市场价值做出限定，并使用货币作为衡量单位。需要注意的是，这里的市场价值仅供参考，因为市场价值没有确定的判断标准。更重要的是，企业需要让所有成员理解，并非该价值以下的礼品即被默认许可。市场价值限制并非"大拇指规则"（rule of thumb）。

企业一般禁止以货币或者货币等价物作为礼品。如果当地风俗认为在某些特殊场合用小额现金作为礼品是适当的，可以考虑尊重当地的风俗。除了货币外，其他形式的礼品也需要结合当地风俗和赠送礼品的场合判断是否妥当。有些企业会根据需要集中采购礼品，供员工在需要时领用。有些企业会在礼品上印刷本企业的标识或者其他推介信息，则这些礼品同时具备了宣传品的性质。能否使用本企业的产品作为礼品是很多企业纠结的问题，如果是出于试用的目的，应当按照试用品管理，否则需要结合其他控制措施综合判断，这里也没有“大拇指规则”。

企业一般会限制向同一接受者赠送礼品的频度。

某些礼品实际的市场价值不高，但是给人以奢侈品的印象，例如，镀金饰品、珠宝饰品、高档烟酒。企业一般限制赠送这些礼品。

赠送礼品需要考虑接收者的身份和接收者所在组织的要求。例如，国家行政机关及其工作人员在国内公务活动中接受礼品是被禁止的。

企业一般禁止在可能导致不当影响的时点或者场合赠送礼品，例如，在投标过程中向招标方相关负责人赠送礼品。

(4)审批

很多企业规定赠送礼品要经过企业内部的事前审批，企业为此设定审批权限和审批流程，有些企业要求合规部门参与审批或者对审批结果复核。

(5)记录

礼品的购买、领取和使用应当按照财务制度形成记录。有些企业要求生成更详细的记录，包括礼品的接受人等信息。

(6)报告

企业一般要求成员在遇到以下情况时向企业的合规部门报告：

①被索要礼品；

②接受人明示或者暗示因为收到了礼品会帮助企业实施某一行为；

③赠送礼品后发现可能存在不合规或者被认为不合规的情形；

④礼品被退回。

3. 招待制度

招待活动在企业经营中经常发生。招待活动一般包括接送、交通、餐饮、娱乐、住宿等内容。招待活动通常由邀请和提供两个部分组成，但有些情况下，邀请本身即构成招待，例如，境外企业或者跨国企业出具邀请函。

除了与礼品共性的原则和控制措施外，企业在防止招待活动涉嫌行贿中一般采取以下措施：

(1)招待是为了被招待方更好地了解本企业的经营状况、生产能力、产品和服务的特征等；

(2)不能为被招待方家属支付费用；

(3)在招待过程中不能向被招待方支付现金补贴；

(4)如果提供交通协助，不超过本企业为员工提供的同等待遇，例如，一般不提供头等舱机票；

(5)如果提供住宿，不超过本企业为员工提供的同等待遇，例如，一般不为被招待方支付小冰箱的费用；

(6)餐饮避免过于奢华的印象；

(7)娱乐活动不应安排不妥当的内容，例如，"成人娱乐"。

实践中，除了临时发生的餐饮活动外，企业一般提前向被接待方所在组织发送正式的邀请函。邀请函会注明邀请的目的、行程安排、费用支付等内容。邀请函应当发送到被邀请方所在组织的官方地址或者官方电子邮箱。

与招待活动相关的一个重要风险是公务招待被认定为私人旅游。一方面，这可能是招待活动的行程安排本身存在问题，例如，娱乐或者在工作时间自由活动的比例过大，或者招待活动安排在与活动本身没有内在联系的旅游景点；另一方面，有些招待活动在执行中发生了重大的调整，与原计划严重不符。出于这个风险考虑，很多企业要求合规部门对招待活动的形成进行事前审核，并在事后结合相关记录审计是否有不合规情形出现。

4. 样品管理制度

样品包括研发过程中用于测试和客户体验的测试品，也包括正式投产后用于推广的促销品。企业一般对测试品的发放有严格的管理程序,这既是出于产品责任的考虑,也是为了实现测试本身的目的,例如,获得测试数据和反馈。与测试品相关的行贿主要发生在测试对象的选择环节。企业应当区分测试品和礼品的管理,就测试对象的选择设立明确的标准,对测试品的申请、协议签订、领用、发放、反馈征集、回收和处理的流程进行管控,并把获得测试品后未按照协议约定进行反馈的情况列为“红旗信号”。

促销品如果被作为礼品发放,应当按照礼品进行管理。有些企业在对公交易中按照订单规模向对方提供促销品,则该促销品应视为赠品,列入合同内容并如实记账,以免在不透明的情况下该赠品被实际接收该促销品的对方组织成员截留而使本企业陷入行贿的指控。

5. 公益赞助和慈善捐助管理制度

企业以资金、产品、服务等形式向非盈利组织提供公益赞助和慈善捐助是为了履行社会责任,也可能建立和维护企业良好的社会声誉,但是公益赞助和慈善捐助也可能涉嫌行贿。

当公益赞助和慈善捐助存在以下情形时,企业要特别关注:

(1)第三方(例如,对企业有管理职责的公务人员)提议或者要求企业进行赞助或者捐助;

(2)赞助或者捐助是基于受赞助或捐助方及其人员对本企业有利的行为或承诺。例如,医药企业将赞助医生参加学术会议与医生开具本企业所生产或销售的药物处方挂钩。

企业比较好的做法是制定明确的公益赞助和慈善捐助制定和流程,保留完整的记录。有些企业设定专门的基金,在统一的时段接受申请,并按照透明的原则和程序决定赞助和捐助的项目,避免个别企业成员出于行贿目的影响基金的使用。

与公益赞助不同,商业赞助是一种市场推广活动,企业在商业赞助活动中会获得相应的回报,但是如果回报的价值明显低于企业付出的成本,则企业也应当对商业赞助的过程进行合规审查。

6. 利益相关方人员聘用制度

有的企业选择雇用利益相关方人员的子女和亲属,以此作为利益交换的手段。例如,某投资银行制定了一个"王子公主计划",定向录用能够利用职权为其提供业务便利的政府官员的子女。该投资银行向这些官员子女支付不合理的高薪,薪资水平明显超出市场为具备相同工作能力的员工支付的薪资。该投资银行甚至对这些官员子女的出勤情况和业绩完成情况不做考核。这种做法被认定为是一种行贿行为。把人力资源管理作为行贿手段是不可取的,而且在实践中会破坏企业内部的人力资源管理秩序,造成其他员工的不公平感,对员工整体的士气和业绩考核机制造成不利影响,进一步可能成为其他员工在进行违规行为时自我合理化的理由。

有的企业从上面的案例中吸取教训,在员工招聘中要求候选人披露家属信息,在获取这些信息后对利益相关方的子女和亲属一律避免雇用。这种做法未免矫枉过正。利益相关方人员的子女可能在相关的业务领域中有个人兴趣,并且受到家庭环境和教育选择的影响,可能在相关领域发展出个人专长,仅仅由于父母的关系而失去进入心仪的企业工作的机会,这也有不公平的嫌疑。

因此,应当从以下三个角度处理雇用利益相关方人员的子女和家属的问题。

(1)避免因人设岗。即岗位的设定应当按照企业人力资源管理的流程进行,增设岗位应当是出于企业业务发展的需要,避免专门为某个目标候选人设立岗位的情况,更不能为目标候选人量身定制岗位需求。

(2)人力资源团队在招聘中应客观地评价候选人情况与岗位要求之间的契合度,避免考虑无关因素。企业在收集候选人信息时,应只收集与其个人能力、经验和过往业绩相关的信息,不应收集其家属成员信息。如果因为某种原因家属人员信息被企业实际获得,企业应控制其知情范围。例如,经理知悉候选人的家属人员信息后，不应向人力资源团队披露，以免给人力资源团队造成不必要的压力和干扰。人力资源团队在招聘过程中应当发挥中立的作用，关注候选人自身的适职情况，对经理的人事决策权形成制衡。

（3）由合规专业团队对整个招聘过程进行评估。做出聘用决定后，知情的经理应当向合规专业团队披露已知的员工家属信息，并保留招聘全过程的材料。合规专业团队对招聘过程的合规性进行审查，如果没有发现合规疑虑则形成合规报告备查。

7. 合规审查

高行贿风险的业务应列入强制性合规审查的范围。高行贿风险业务由企业通过行贿风险评价来判断。评价标准包括：

（1）业务活动的结构、性质和复杂程度（如直接销售还是间接销售、折扣水平、签约方式、招标程序）；

（2）支付安排；

（3）客户的声誉；

（4）业务涉及地域的社会腐败指数等。

公司应当明确合规审查的有权发起人、审查人、审查流程、审查标准、审查结论、对审查结论发生争议的申诉方式、附条件通过审查的跟踪方式。除事前审查外，企业对高行贿风险业务还可以进行交易过程跟踪和事后审计。

公司应当通过内部控制体系对合规审查的执行情况进行监督，尤其是通过订单和物流等系统确保未经合规审查的事项无法生成或者执行订单。

8. 合规人力资源管理

业绩压力和激励机制可能是导致企业成员参与行贿的直接原因。业绩压力，即完成业绩目标的压力，是企业成员承担的最直接、最显著的工作压力。在企业本身遇到经营压力或者高速增长期，董事会倾向于给管理层设置更高的业绩目标。在相当一部分企业中，管理层对业绩目标并无磋商的能力，而是否完成业绩目标会直接影响管理层个人的经济收入和职业发展。管理层会把业绩目标分解,最终由中层经理和基层员工承担,于是业绩压力贯穿整个企业。管理层也会选择使用各种沟通手段让全体员工理解业绩压力的存在和每个人被期待在完成业绩目标中的贡献。

经典理论认为业绩目标应当设置为经过努力可以完成。也就是说,一方面,业绩目标不能轻易被完成,因为那样会造成团队无压力感,也失去差异化业绩考核的基础;另一方面,业绩目标不能无法完成,否则会导致团队失去希望而士气低落。当业绩目标过高时,团队可能开始寻找通过不合规手段达成业绩目标的方法,并且把业绩目标过高作为理由为自己开脱。

即使在业绩目标合理的情况下,员工也会感觉到压力,这是由员工的自我认知、行为特征、个性倾向和气质类型决定的。经理和人力资源团队应当对这种个体压力保持敏感,并采取切实有效的措施协助员工进行压力管理,这是员工个体成长要经历的过程,也是经理和人力资源团队的责任。有些企业成员在面临业绩压力时会采用不合规的手段化解压力,包括借助行贿在短期内实现业绩目标。

激励机制包括基本工资、奖金、期权、晋升、福利等丰富的内容。激励机制的存在让企业能够保留住员工,并鼓励员工发挥工作积极性,但是激励机制也可能激发人性中贪婪的一面,让员工为了实现利益最大化铤而走险。实践中,有的企业向员工支付远远超过市场水平的薪酬,而员工将其中一部分用于行贿以完成业绩目标,企业对此采取默许的态度。企业认为员工用个人收入行贿不会导致企业承担责任。但是,要证明这一点,除了提供证据证明本企业有反行贿合规制度和进行了反行贿合规管理外,还需要证明该行贿行为并非受本企业的激励机制影响。

企业在合规风险评价中应当关注业绩压力和激励机制对企业成员的影响以及企业成员达成业绩目标的方式,这是降低行贿风险的关键因素。

9. 强化合规培训

合规培训是合规管理体系的必要组成部分。基于贿赂风险评估，企业可以发现某些内部职能部门或者某些人员暴露在更高的行贿风险中，因此需要强制这些部门和人员参加更严格的合规培训。强化合规培训体现在培训的密度、时长、参与方式、内容的相关性等方面。

10. 业务伙伴行贿风险管理

企业在业务活动中会与各种业务伙伴发生往来，如供应商、经销商、中介机构、品牌合作方、技术合作方、市场合作方等。这些业务伙伴也可能以外包服务商的形式出现。这些业务伙伴的行贿行为可能给企业正常经营的持续性和企业的声誉带来影响。有的企业故意将业务交由业务伙伴完成，并明示或者暗示业务伙伴向第三方行贿，这种外包行贿活动并不能免除企业因行贿产生的责任。

因此，企业有必要对业务伙伴进行合规管理，这些管理活动包括：

（1）在相关协议中包括反贿赂条款或专门的反贿赂附件；

（2）对业务伙伴进行反贿赂合规尽职调查；

（3）对业务伙伴执行反贿赂协议的情况、高风险业务的合规情况、合规管理体系的运行情况等进行合规审计；

（4）对业务伙伴的企业和主要管理人员进行合规培训。

11. 折扣和佣金管理

2017 年《反不正当竞争法》第 7 条以列举的方式排除了交易相对方为受贿人，即确认企业与交易相对方之间不存在贿赂关系。但是，对于如何认定交易相对方仍然存在很多争议。例如，在学校向学生收费然后集中采购校服时，对于供应商而言，学校和学生究竟哪个是交易相对方。法律要求企业向交易相对方提供折扣时，双方应明确约定，且双方都要如实入账。同时，执法机关仍然以是否妨碍竞争、是否妨碍消费者选择权作为商业贿赂案件的判断标准。例如，车贷企业向汽车经销商支付的佣金和服务费仍然可能被工商机关认定为商业贿赂，无论该费用是否如实入账。

由于理论和实践中存在很多争议,企业在涉及折扣和佣金事项时应聘请有专业能力的咨询机构对相关商业模式进行审查,以降低被认定为商业贿赂的风险。

12. 日常合规咨询

由于贿赂风险的广泛存在,企业的固有合规管理机制难以应对所有的情况,因此合规部门应当在日常的基础上为内部职能部门和企业成员提供反贿赂相关的咨询服务。

日常合规咨询包括主动咨询和响应咨询两种方式:主动咨询是指合规部门参加管理层和业务团队的各种业务主题会议,并在会上或者事后提供合规建议。合规部门应当根据贿赂风险评估的结果有选择地参加业务会议,不需要参加所有会议。这一点是评判合规管理体系有效性的依据。如果要求合规部门无差别地参加所有业务会议,这在实践中既不可行也造成有限的合规部门资源的浪费。反之,如果合规部门在重要的业务会议中缺席,将失去了解业务的机会,不利于向管理层和业务团队及时提供合规专业支持,更重要的是给企业成员造成合规部门缺位的印象。

合规部门在这些业务会议中的任务包括:

(1)报告企业合规管理体系运行状况;

(2)有针对性地提示合规风险和合规风险的变化;

(3)了解业务和业务的变化,如业务模式、业务方向和战略等;

(4)就与合规相关的问题参与会议讨论并从合规角度提供专业意见。

在参加这些会议时,合规部门应当明确自己的角色定位——业务团队可以信赖的内部伙伴。如果某个与会者提出的意见与企业合规管理的原则相左,合规部门可以在讨论中从合规角度给出专业的意见和建议,但要避免从道德或价值观角度对该与会者进行指责或者评判,因为在形成最后的决议前,所有的与会者应当有机会畅所欲言，这是在决议作出后能够被所有与会者接受和执行的基础。会议纪要不必把讨论的过程全部记录下来，因为某些内容可能被断章取义将来用作不利企业的证据，更主要的是，这可能导致社会赞许现象，即发言者是按照自己被期许的角色进行表演，而不是表达真实的想法，这会对业务会议中决策的科学性和效率造成不利影响。

响应咨询是指合规部门响应管理层、业务团队和员工就合规相关问题进行的咨询并从合规的角度给出具体的建议。这些问题可能是针对企业合规管理体系的内容，例如企业行为准则中某条规定的含义，也可能是针对某项业务决策可能存在的合规风险。合规专业团队提供响应咨询应当尽量做到形式灵活、响应及时、答案明确具体。对于复杂的、合规风险高的问题，应当采用书面形式并保留记录。

13. 强化的举报和调查机制

举报和调查是合规管理体系的常规内容，但是对反贿赂合规管理有特别重要的意义。在实践中，已经发生的贿赂案件通常是在举报线索的提示下通过调查发现的，数量远远超过企业通过主动检查或者审计发现的案件。举报人通常是案件的知情人，甚至在很多情况下是贿赂行为的参与者之一，因此提供的线索有很强的指向性，为企业节约很多资源。

企业可以扩大就贿赂案件接受举报的范围，在可能发生贿赂行为的业务环境中加强对举报渠道的宣传力度，对涉嫌贿赂的案件优先处理，配置更有力的调查人员。

（五）反受贿合规的主要机制

以上反行贿合规的机制大部分适用于防止企业成员受贿，但是企业成员受贿的管理难度更大，因为企业成员受贿行为往往发生在企业工作时间和工作地点范围之外，企业成员的个人信息不受企业控制（如个人银行账户和信用卡交易数据)。

企业中的某些工作岗位有较多的机会暴露于受贿风险中,企业可以根据一定标准将这些岗位确定为受贿风险关注岗位。针对这些岗位的受贿风险,企业可以采取如下特殊机制:

1. 合规筛查

企业可以在做出管理层成员和其他企业成员的最终任命或者聘任决定前进行合规筛查。合规筛查也可以在做出任命或聘任决定后但管理层成员和其他企业成员任职或入职前进行。如果是后一种情况,应当向候选人说明通过合规筛查是任命或者聘任决定最终生效的前提条件,并确定通过或者不通过合规筛查的标准,以免事后引发劳动争议。

合规筛查一般考察但不限于以下方面:

(1)候选人的学历、过往任职经历等是否真实;

(2)候选人过去若干年中是否因故意犯罪遭到刑事处罚;

(3)候选人过去若干年是否因违规行为遭到原雇主单位的纪律处分;

(4)候选人在此前职业经历中处理合规相关事务的案例;

(5)候选人如果任职是否会造成任何形式的利益冲突。

合规筛查可以与基础的入职前的背景调查合并进行,但是承担合规筛查任务的人员应当接受专业的培训并具备必要的能力,以避免合规筛查流于形式。合规筛查报告应提交给做出任命或聘任决定的机构或人员,作为最终决策的参考之一。

2. 合规倾向测试

企业在任命或者聘用管理层成员和其他企业成员时,一般从德、能、勤、绩四个方面考察。能力、勤勉和过往业绩可以通过笔试、面试、背景调查进行考察,有客观的参考依据,也有一定的人事测评方法在候选人之间进行比较,因此是任命或者聘用中的重点。道德水准虽然位列第一,但是难以比较和衡量,而且站在道德制高点上对候选人的道德水准进行品评是很难令人信服的，因此在实践中企业往往回避这方面的考察。有些企业在面试中会对候选人的价值观进行考察，但由于问题过于直白，出于社会赞许性的考虑，候选人可以轻易地推测出面试官期待的答案，因此考察的效果并不理想。

合规倾向测评不同于道德或者价值观考察。由于企业在合规管理中经常遇到两难困境，对这些两难困境的处理并无标准答案或者难以进行简单的对错判断。合规倾向测评的目标是评估候选人是否具备依靠自身观念对抗合规风险的潜力。合规倾向测评是以心理学和行为科学为基础，综合使用多种测评手段，在大量实验数据支撑下对受评者未来的合规行为倾向做出的测评，并没有正确或错误答案，结果也不是善恶评价。

3. 高风险流程控制

企业应通过贿赂风险评估，确定本企业业务流程的哪些环节存在比较高的受贿风险，并针对这些风险设定控制措施。这些控制措施包括：

(1)不相容职务相分离；

(2)四眼原则；

(3)岗位轮换；

(4)重点交易审查等。

4. 反舞弊合规

受贿通常会引发企业内部的舞弊行为，而与发现企业成员舞弊相比，发现企业成员受贿更容易，因此很多企业通过反舞弊来实现反受贿的目标。反舞弊合规本身是一个复杂的话题，详细内容请参见相关专著。

第十二章

劳动用工合规

一、劳动用工合规概述

（一）定义

关于“劳动用工合规”一词的由来。《中央企业合规管理指引(试行)》(国资发法规〔2018〕106号)第13条作出了加强企业8大重点领域的合规管理规定,其中“劳动用工”被作为8大合规重点领域之一:“劳动用工。严格遵守劳动法律法规,健全完善劳动合同管理制度,规范劳动合同签订、履行、变更和解除,切实维护劳动者合法权益。”所以,我们将用人单位的劳动用工行为符合劳动法之合规要求称之为“劳动用工合规”。

所谓“劳动用工合规”,是指为了保护劳动者合法权益和社会公共利益,促进经济发展和社会进步,用人单位在签订、履行、变更、解除或终止劳动合同过程中严格遵守了劳动法律法规,且用人单位的用工行为符合劳动用工法律法规的全部要求,以及用人单位自愿选择遵守的要求。所谓“社会公共利益”,是指广大公民所能享受的利益。社会公共利益是“个体利益”行使的边界。凡劳动基准则均与社会公共利益直接相关,所以,凡违反劳动基准的行为,均属于损害劳动者合法权益和社会公共利益的行为。关于用人单位自愿选择遵守的要求,如用人单位自愿加入和遵守国际或国内某个行业规范(包括行业标准)、在用人单位内部建立的公司章程、劳动规章制度及集体合同中关于公共利益的要求等即属于此类。

实践证明用人单位劳动用工合规的目的有两个:一是积极目的。用人单位在使用劳动者过程中,通过遵守劳动法律法规,来保护劳动者的合法权益,以构建和发展和谐稳定的劳动关系,促进经济发展和社会进步。二是消极目的。用人单位通过遵守劳动法律法规,达到避免或减轻因违法违规使用劳动者而可能承担的劳动法上的赔偿或补偿责任、行政责任和刑事责任之目的,使用人单位行稳致远。

(二)劳动用工合规要求

用人单位要实施劳动用工合规,首先必须明确其要求。因为这个“要求”是参照标准,劳动用工是不是合规,只有将劳动用工行为与这个“要求”进行比对,才能得出结论,符合就是合规,不符合就是不合规。所以,确定“要求”是实施劳动用工合规的首要任务。

“合规”就是合乎规矩。规矩就是底线。在劳动法中,劳动用工的底线就是劳动基准。所以,劳动用工合规的要求是劳动基准(广义)。劳动法律法规中与劳动基准无关的规定,虽然用人单位应当遵守,但不是劳动用工合规之“底线”或“要求”。具体理由如下:

1. 劳动基准与劳动用工合规的“要求”一致

从“劳动基准”的含义来看,其与劳动用工合规的“底线”或“要求”是一致的。劳动基准即法定最低劳动标准。广义的劳动基准,是指劳动法中关于劳动权利的强行性规范。如《国际劳工公约》、《日本劳动基准法》和我国台湾地区“劳动基准法”的内容,既涵盖作为实体利益(如劳动报酬、劳动安全卫生等)的劳动权利,又涵盖作为获取实体利益之工具(如集体合同、职工民主管理、法律救济等)的劳动权利;既涵盖劳动关系中的劳动权利,又涵盖劳动关系成立前(如择业自由)和消灭后(如社会保险)的劳动权利。[1] 广义的劳动基准分为三类:一是劳动关系运行基准;二是劳动条件基准;三是劳动保障基准。狭义的劳动基准仅指劳动条件基准和劳动保障基准。

2. 遵守劳动基准可达到劳动用工合规之目的

从劳动用工合规之消极目的来看,用人单位实施劳动用工合规之目的是避免或减轻可能承担的三个方面责任,即劳动法之赔偿或补偿责任、行政责任和刑事责任。实践证明如果用人单位严格遵守了劳动基准之规定,则自然不会承担上述“三个责任”,这就达到了劳动用工合规之目的和效果。所以,劳动基准可以作为劳动用工合规之要求。同时,与避免或减轻“三个责任”无关的其他劳动法规定,虽然用人单位也应当遵守,但这不是用工合规之必然要求,无须给予过多关注。

3. 劳动基准特征决定其可作为用工合规之要求

劳动基准具有法定性、强行性、单方权利性、保底性和监察保障性等5个特征。(1)法定性要求劳动基准只能法定而不能由劳动合同、集体合同或劳动规章制度规定;(2)强制性要求劳动基准是强行性规范,而不是任意性规范,必须遵守且不能自由选择;(3)单方权利性说明劳动基准是劳动法赋予劳动者一方的权利,对用人单位来说是义务;(4)保底性要求只能高于或等于劳动基准,且不能低于劳动基准,如果低于则无效;(5)监察保障性说明劳动基准是由政府劳动行政部门(具体为劳动监察)来保障实施的,用人单位违反劳动基准的,政府

[1] 王全兴:《劳动法》(第4版),法律出版社2017年版,第65页。

可以给予行政处罚。所以，劳动基准的上述5个基本特征，特别是“监察保障性”特征，说明劳动基准对切实保护劳动者合法权益，以及促进经济发展和社会进步具有重大意义，这决定了其可以作为劳动用工合规之要求。

（三）用工合规风险来源

建立劳动用工合规的消极目的，是避免或减轻可能承担3个方面责任，即劳动法之赔偿或补偿责任、行政责任和刑事责任。而造成用人单位承担以上3个法律责任的原因，可能有如下3点：(1)违反了劳动关系运行基准；(2)违反了劳动条件基准；(3)违反了劳动保险基准。由于劳动关系运行基准、劳动条件基准和劳动保险基准均是强行性规则，是用人单位必须遵守和执行的，是不能因用人单位或劳动者的个人意志而予以变更和排除适用的，用人单位在劳动关系运行过程中均不得违反，一旦违反则必须担责。所以，劳动用工合规之风险，主要来源于用人单位实施了违反劳动基准的用工行为。

（四）用工不合规的后果

1. 承担违反强行性规则的劳动法之赔偿或补偿责任

一般法律归责原理告诉我们，用人单位违反强行性规则时，一般会对私益或公益造成损害，以及造成私人成本或社会成本的增加，此时法律一般也会规定违法主体向受损主体承担赔偿或补偿责任。这个赔偿或补偿责任可以是经济法责任、劳动法责任、民事责任或者是其他责任。承担责任的方式可分为两种：一是物质性责任，如赔偿损失、返还财产、支付违约金等；二是精神性责任，如赔礼道歉、消除影响、恢复名誉等。上述赔偿责任包括支付惩罚性赔偿金的责任。

在劳动用工合规中，用人单位违反劳动用工强行性规则的，则需要承担劳动法之赔偿或补偿责任。这个责任与民事责任、经济法责任或其他赔偿或补偿责任并不关联且不相同，不能画等号。但是，劳动法之赔偿责任承担方式中也有惩罚性赔偿责任,例如,《劳动合同法》第 82 条规定未签书面劳动合同的双倍工资差额、第 83 条规定的违法约定试用期的赔偿金、第 87 条规定的违法解除或终止的赔偿金,就属于惩罚性赔偿性质。这些赔偿金从性质上来讲属于请求赔偿金,由劳动者通过申请劳动仲裁、劳动诉讼的途径获得,而不能直接提起民事诉讼获得,也不能通过行政处理途径获取。

2. 承担行政法律责任

行政法律责任是指因违反行政法或基于行政法规定的事由而应当承担的法定的不利后果。行政法律责任即包括行政机关及其工作人员、授权或委托的社会组织及其工作人员在行政管理中因违法失职、滥用职权或行政不当而产生的行政法律责任,也包括公民、社会组织等行政相对人因违反行政法而产生的行政法律责任。[1] 在用人单位用工合规中,其作为违法主体而应当承担因违反行政法而产生的行政法律责任。根据现行行政法规定,对劳动用工不合规之常见行政处罚措施有责令关闭、罚款、支付滞纳金、加付赔偿金、责令赔偿金、责令改正等方式。[2]

3. 被追究刑事责任

所谓刑事责任,是指因违反刑事法律而应当承担的不利后果。刑事责任的主体可以是公民、法人或其他社会组织。我国《刑法》(2020 年修正)第 30、31 条规定,用人单位严重违法时也可成为犯罪主体,并需承担相应刑事责任。其承担刑事责任的方式有:判处罚金、对其直接负责的主管人员和其他直接责任人员判

---

〔1〕 张文显主编:《法理学》(第 5 版),高等教育出版社 2018 年版,第 170 ~ 171 页。

〔2〕 例如,《劳动保障监察条例》(2004 年)第 30 条规定:"有下列行为之一的,由劳动保障行政部门责令改正;对有第(一)项、第(二)项或者第(三)项规定的行为的,处 2000 元以上 2 万元以下的罚款:(一)无理抗拒、阻挠劳动保障行政部门依照本条例的规定实施劳动保障监察的;(二)不按照劳动保障行政部门的要求报送书面材料,隐瞒事实真相,出具伪证或者隐匿、毁灭证据的;(三)经劳动保障行政部门责令改正拒不改正,或者拒不履行劳动保障行政部门的行政处理决定的;(四)打击报复举报人、投诉人的。"

处刑罚。

实践中,有关用人单位劳动用工合规刑事犯罪常见类型主要有:拒不支付劳动报酬罪、强令违章冒险作业罪、重大劳动安全事故罪、非法拘禁罪、强迫劳动罪、雇用童工从事危重劳动罪等。

4. 额外增加用人单位管理费用

用人单位一旦发生不合规案件,其为了及时配合政府或司法机关的调查,以及应对处理不合规行为,往往额外增加较多费用,如调查费用、落实整改费用、律师费、审计费、差旅费、专家咨询费等。这些费用均是用人单位在正常管理费用之外的额外支出,这无疑加重了用人单位负担,降低了用人单位的盈利能力。

5. 品牌受损

用人单位的劳动用工不合规行为,可能会直接损害用人单位的品牌。品牌是用人单位的形象,品牌是一种给用人单位带来溢价、产生增值的无形的资产。所以品牌具有经济性是显而易见的。由于品牌建设具有长期性,并需要投入大量成本塑造。如果品牌因用工不合规行为而受到损害,特别是违反道德规范造成的不合规,其将在较长时间内难以恢复,并严重影响用人单位的盈利能力,增加经营成本,不利于用人单位发展。

6. 失信惩戒

如果用人单位劳动用工不合规,根据相关规定可对该单位采取失信惩戒措施,即将该用人单位纳入失信人名单中。例如,2004 年《劳动保障监察条例》第 22 条规定:“劳动保障行政部门应当建立用人单位劳动保障守法诚信档案。用人单位有重大违反劳动保障法律、法规或者规章的行为的,由有关的劳动保障行政部门向社会公布。”《社会保险领域严重失信人名单管理暂行办法》第 5 条规定,对不依法办理社会保险登记的企业,经行政处罚后仍不改正的,县级以上地方人力资源社会保障部门将其列入社会保险严重失信人名单。同时第 9 条规定:“人力资源社会保障部门应当自作出列入决定之日起 7 个工作日内,上传社会保险严重失信人名单信息至人力资源社会保障信用信息平台和全国信用信息共享平台，由相关部门依据《关于对社会保险领域严重失信企业及其有关人员实施联合惩戒的合作备忘录》(发改财经〔2018〕1704号)规定实施联合惩戒。”

（五）用工合规分析框架

为规范研究方式，我们在陈述用工合规重点时，将按以下思路对各具体用工合规事项分别作出以下4个方面的合规分析与说明：

1. 找出“合规点”：主要目的在于根据劳动用工合规体系之分类，整理、提炼并例举出某个领域的用工合规重点，以引起用人单位重点关注。

2. 揭示“合规风险”：此部分包含两个方面的内容：一是列明合规义务；二是进行风险提示。其意在于提示并列举“合规点”中的合规义务的内容，以及存在的重大合规风险，包括引起重大合规风险的依据和理由。

3. 提出“合规措施”：此部分内容在于告知用人单位，在面对具体用工“合规点”的合规风险时，应如何操作才能有效预防用工风险，或者用工风险如果已发生应如何避免或减轻三大法律责任(劳动法之赔偿或补偿责任、行政责任和刑事责任)的承担。此部分中提出的合规措施并非程序性合规措施，而是针对不同的用工“合规点”提出的有针对性的实体性合规措施。所谓程序性合规措施，是指对每个合规点均普遍适用的有效的合规程序措施，一般包括建立和制订合规计划、实施维护和评价合规计划、管理不合规且持续改进合规计划等流程。其中，合规计划包括合规宪章、合规组织体系、合规政策和合规程序4个基本要素。其合规程序要素包括3大体系，即防范体系、识别体系和应对体系。

4. 关于“延伸阅读”：此部分内容主要对劳动用工合规实务操作中的一些实体性的疑难重点问题进行梳理、归纳和说明，以帮助用人单位正确理解劳动用工合规之要点和关键内容。

二、实体性之劳动用工合规体系

（一）构建体系的标准及其体系

按内容的性质不同，我们将合规分为两个类型：一是实体性合规；二是程序性合规。因此，劳动用工合规也可以分为实体性之劳动用工合规和程序性之劳动用工合规。并且，每个实体法之劳动规范性文件，均具有不同的调整劳动关系的职能，各种职能不同的实体性劳动法律法规，组成了一个完整的劳动实体法体系。所以，我们借鉴劳动实体法此“职能性”标准，同样可以建构起一个对应劳动实体法体系的实体性之劳动用工合规体系，具体见图3.12.1。

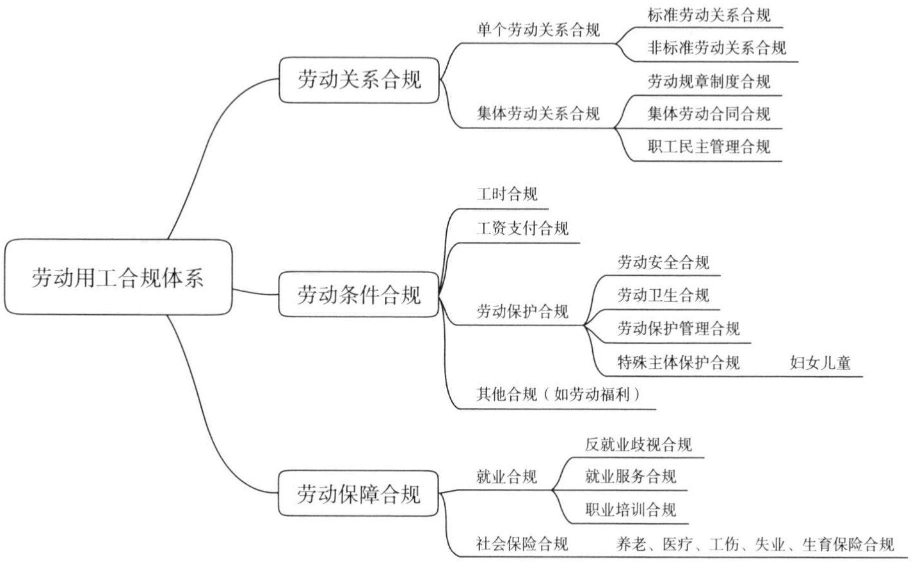

图3.12.1 实体法的劳动用工合规体系结构

（二）单个劳动关系合规

关于单个劳动关系合规，论其性质为劳动合同关系合规。所谓劳动合同关系合规，是指用人单位在用工过程中遵守了劳动合同法中的强行性规则的要求。劳动合同关系合规包括两个子类：（1）标准劳动关系合规；（2）非标准劳动关系合规。其中，非标准劳动关系合规中包括劳务派遣用工合规、非全日制用工合规和其他非标劳动关系合规。不管是标准劳动关系还是非标准劳动关系，均应遵守劳动合同法之强行性规则，否则就是不合规。

（三）劳动法体系之外的用工合规

上述劳动用工合规体系是在参照劳动实体法体系之基础上构建的，但在此之外还存在一些劳动用工合规义务，这些用工合规由劳动实体法体系之外的其他法律法规进行规范。如《劳动保障监察条例》第35条规定："劳动安全卫生的监督检查，由卫生部门、安全生产监督管理部门、特种设备安全监督管理部门等有关部门依照有关法律、行政法规的规定执行。"具体来讲，我国目前其他劳动用工合规类别主要有：（1）农业劳动者的劳动用工合规（由国家农业农村部门制订用工合规义务规范）；（2）特种设备的劳动用工合规（由国家质量监督检验检疫部门制订用工合规义务规范）；（3）建筑工地的劳动用工合规（由国家建设部门制订用工合规义务规范，包括建筑农民工工资支付）；（4）安全生产管理方面的劳动用工合规（由国家安全生产监督管理部门制订用工合规义务规范）；（5）职业安全、卫生方面的劳动用工合规（由国家卫生健康部门、安监部门制订用工合规义务规范）；（6）其他专门事项的劳动用工合规（由国家相应的职能部门制订用工合规义务规范）。

三、劳动合同法中强行性规则的识别

（一）识别的必要性

劳动条件基准和劳动保障基准均为强行性规则，不存在识别之问题。但劳动合同法则不同，劳动合同法中既有强行性规则也有任意性规则，只有成功识别这两者，才能实施劳动用工合规管理。按广义的劳动基准理论，劳动合同法中的强行性规则也属于广义的劳动基准，即劳动关系基准。在劳动合同法中强行性规则和任意性规则相互交织，不易识别。而用工合规则要求我们区别这两者，因为用工合规要求必须遵守这些强行性规则，且对任意性规则却不作要求。故有必要首先在劳动合同法中清晰地识别出强行性规则，即只有准确地识别出劳动关系基准，才能成功地实施劳动关系合规。

（二）劳动监察识别法

我们认为劳动合同法中的劳动监察事项属于广义的劳动基准，也属于劳动合同运行之强行性规则，故可以借鉴劳动监察事项之范围，来对劳动合同法中的强行性规则进行识别。

1.《劳动保障监察条例》中的劳动合同强行性规则

关于劳动监察的职责，2004 年《劳动保障监察条例》第 10 条规定，劳动监察部门享有法定的劳动用工行政执法权。关于劳动监察的事项和范围，《劳动保障监察条例》第 11 条规定："劳动保障行政部门对下列事项实施劳动保障监察：（一）用人单位制定内部劳动保障规章制度的情况；（二）用人单位与劳动者订立劳动合同的情况；（三）用人单位遵守禁止使用童工规定的情况；（四）用人单位遵守女职工和未成年工特殊劳动保护规定的情况；(五)用人单位遵守工作时间和休息休假规定的情况；(六)用人单位支付劳动者工资和执行最低工资标准的情况；(七)用人单位参加各项社会保险和缴纳社会保险费的情况；(八)职业介绍机构、职业技能培训机构和职业技能考核鉴定机构遵守国家有关职业介绍、职业技能培训和职业技能考核鉴定的规定的情况；(九)法律、法规规定的其他劳动保障监察事项。”我们认为以上劳动监察事项均属于广义的劳动基准，即均属于强行性规则的范畴。其中，涉及劳动合同的只有第2项即“用人单位与劳动者订立劳动合同的情况”。

2.《劳动合同法》中劳动监察事项体现的强行性规则

但劳动合同中属于劳动监察事项并非只有劳动合同订立这一事项。因为2008年1月1日实施的《劳动合同法》，规定了大量的劳动合同强行运行规则即劳动监察事项，该法第74条规定了7种监察事项：“县级以上地方人民政府劳动行政部门依法对下列实施劳动合同制度的情况进行监督检查：(一)用人单位制定直接涉及劳动者切身利益的规章制度及其执行的情况；(二)用人单位与劳动者订立和解除劳动合同的情况；(三)劳务派遣单位和用工单位遵守劳务派遣有关规定的情况；(四)用人单位遵守国家关于劳动者工作时间和休息休假规定的情况；(五)用人单位支付劳动合同约定的劳动报酬和执行最低工资标准的情况；(六)用人单位参加各项社会保险和缴纳社会保险费的情况；(七)法律、法规规定的其他劳动监察事项。”以上除了第(四)、(五)、(六)项属于劳动条件基准和劳动保障基准之重申规定之外，其他均属于劳动合同监察事项即劳动关系基准(劳动合同之强行性规则)。所以，劳动合同之强行性规则涉及范围非常广泛，包括劳动合同的订立、履行、解除等全过程。

(三)语词识别法

我们可以从强制性规则和任意性规则之区别来对劳动合同强行运行规则进

行识别。首先,排除任意性规则,即凡使用“可以”一词的即为任意性规则,并予以排除。因为“可以”表明当事人能够选择,没有强制或限制之意。其次,如果使用“应当”“必须”“不得”“禁止”等语词规定用人单位劳动用工义务时,则很有可能属于强行性规则,但不绝对。因为有时上述语词并没有强制或限制之意,所以,要根据规则内容来进行具体判断。最后,语词识别法中还存在隐藏语词之特殊情形。因为在劳动合同法规则中有时并未使用“应当”“必须”“不得”“禁止”等语词,也同样属于强行性规则,即规则中隐含有“应当”“必须”“不得”“禁止”之意。

四、劳动关系合规重点

从实体法的劳动用工合规体系结构图可知,用人单位劳动关系合规包括两个类型:一是单个劳动关系合规即劳动合同合规;二是集体劳动关系合规。其中,单个劳动关系合规又可分两个类型:标准劳动关系合规、非标准劳动关系合规;集体劳动关系合规又可分为三个类型:劳动规章制度合规、集体合同合规和职工民主管理合规。对上述合规中的重点领域,我们将从3个方面(合规点、合规风险和合规措施)逐个予以介绍和提示,以帮助用人单位预防劳动用工风险、避免或减轻承担劳动法律责任。

(一)标准劳动关系合规重点

1. 书面劳动合同签订合规

(1)合规风险

合规义务:《劳动合同法》第10条规定:“建立劳动关系,应当订立书面劳动合同。”等等。

风险提示：根据《劳动合同法》第 82 条第 1 款规定：“用人单位自用工之日起超过一个月不满一年未与劳动者订立书面劳动合同的，应当向劳动者每月支付二倍的工资。”所以，用人单位如果未与劳动者签订书面劳动合同，则存在可能支付 2 倍工资的合规风险，等等。

(2) 合规措施

①用人单位可以实行“先签合同后入职”制度；②将签订书面劳动合同纳入员工入职必办事项中；③加大监督检查避免因工作失误造成未签书面合同之情况出现；④建立失误追究制度，惩处相关责任人员。

2. 电子劳动合同的签订合规

(1) 合规风险

合规义务：《劳动合同法》第 10 条规定：“建立劳动关系，应当订立书面劳动合同。”《电子劳动合同订立指引》（人社厅发〔2021〕54 号）第 2 条规定：“依法订立的电子劳动合同具有法律效力，用人单位与劳动者应当按照电子劳动合同的约定，全面履行各自的义务。”等等。

风险提示：虽然电子劳动合同也属于书面劳动合同之性质，但如果用人单位与劳动者签订的电子劳动合同不合规，则有可能会被认定属于未签订书面劳动合同，存在支付二倍工资的风险，等等。

(2) 合规措施

签订电子劳动合同的，用人单位应当合规操作，以保证成立并生效，具体来讲应做到如下几点：①签订电子劳动合同必须征得劳动者同意。要先与劳动者在合同内容和形式上进行充分沟通、协商一致，然后再签订电子合同，这是前提条件。②电子合同内容应包含《劳动合同法》第 17 条规定之必备条款内容且不违法。③电子劳动合同的形式要符合《电子签名法》规定。例如，用人单位和劳动者要使用符合《电子签名法》要求、依法设立的电子认证服务机构颁发的数字证书和密钥进行电子签名。④应遵守《电子劳动合同订立指引》规定之签订程序。例如,要在订立电子劳动合同前,明确告知劳动者订立电子劳动合同的流程、操作方法、注意事项和查看、下载完整的劳动合同文本的途径。订立后要以手机短信、微信、电子邮件或者 App 信息提示等方式通知劳动者电子劳动合同已订立完成。⑤劳动者因其他需要要求用人单位提供纸质合同或证明的,用人单位应当允许。⑥有纸质合同又有电子合同的,应约定以纸质版本劳动合同为准。⑦用人单位应建立电子印章管理制度,加强密钥或密码管理,以防盗盖印章。⑧签约平台要首选政府公共服务平台或政府认证的第三方平台。

(3)延伸阅读

用人单位在签订电子劳动合同时要注意网络安全,要通过国家认可的电子签名平台,保证电子劳动合同的生成、传递、储存等满足电子签名法等规定的要求,且要确保电子劳动合同完整、准确,不被篡改。要通过电子邮件、内部办公系统等手段留存相关电子信息及证明资料。但对技术条件不成熟之用人单位或劳动者,我们建议尽量签订书面形式订立纸质劳动合同,以避免争议和规避风险。

3. 劳动者个人信息保护合规

(1)合规风险

合规义务:《劳动合同法》第 8 条规定:“……用人单位有权了解劳动者与劳动合同直接相关的基本情况,劳动者应当如实说明。”《个人信息保护法》(2021 年)第 2 条规定:“自然人的个人信息受法律保护,任何组织、个人不得侵害自然人的个人信息权益。”所以,用人单位获得员工信息后应当合法、合理使用,且不得侵犯劳动者合法权益。

风险提示：根据《个人信息保护法》第66[1]～71条规定，对违反个人信息保护规定的行为，政府行政部门可责令用人单位改正，也可给予警告、没收违法所得、给予100万元以下罚款、对直接责任人员给予1～10万元罚款。情形严重的可给予用人单位5000万元以下或者上一年度营业额5%以下罚款，并可以责令暂停相关业务或者停业整顿、通报有关主管部门吊销相关业务许可或者吊销营业执照，给劳动者造成损失的还应当赔偿，构成犯罪的依法追究刑事责任，等等。

（2）合规措施

①招聘阶段：收集员工信息要遵守前置程序要求，如获取拟入职员工信息要有合法来源，进行背景调查前要获得员工本人同意或书面授权，未被录用人员信息要及时销毁，不得要求员工提供与签订劳动合同无关的信息，一般禁止收集处理劳动者的敏感个人信息。②在职阶段：对获得的劳动者个人信息要妥善保管且不得泄露（向第三方披露要事先征得员工同意），对员工的电子邮箱、聊天记录等进行监控要提前告知员工并获得书面授权，对员工的处分决定及工作绩效的披露应限定范围且合理。③离职后：未经书面授权不得向第三人披露个人信息（如不得向背景调查第三人披露），超过法定保存期限的个人信息要定期销毁，一般不得使用离职员工个人信息（依法合理使用除外）。④信息储存：用人单位储存员工信息时要区分敏感信息或非敏感信息，且一般不得收集储存员工

---

[1] 《个人信息保护法》(2021年11月1日实施)第66条规定："违反本法规定处理个人信息，或者处理个人信息未履行本法规定的个人信息保护义务的，由履行个人信息保护职责的部门责令改正，给予警告，没收违法所得，对违法处理个人信息的应用程序，责令暂停或者终止提供服务；拒不改正的，并处一百万元以下罚款；对直接负责的主管人员和其他直接责任人员处一万元以上十万元以下罚款。有前款规定的违法行为，情节严重的，由省级以上履行个人信息保护职责的部门责令改正，没收违法所得，并处五千万元以下或者上一年度营业额百分之五以下罚款，并可以责令暂停相关业务或者停业整顿、通报有关主管部门吊销相关业务许可或者吊销营业执照；对直接负责的主管人员和其他直接责任人员处十万元以上一百万元以下罚款，并可以决定禁止其在一定期限内担任相关企业的董事、监事、高级管理人员和个人信息保护负责人。"

的原始个人生物识别信息（如指纹、面部图像原始文件等）。⑤信息传输：未经员工单独书面同意不向境内外第三人传输其个人信息，也不得公开其个人信息。建议一般不向境外传输劳动者个人信息，接收欧盟范围内的员工个人信息数据向国内传输的，要慎重操作，不能违反《通用数据保护条例》的相应规定。⑥劳动者权利：劳动者请求查阅、复制其个人信息的，用人单位应当及时提供。劳动者撤回同意的，用人单位应当主动删除其个人信息。⑦制度规范：在劳动规章制度、劳动合同、集体合同等文件中要有依法保护个人信息的宣示性条款、书面同意并授权单位处理个人信息条款、单位处理个人信息的规程及操作指引条款等内容，且要告知员工不得侵犯他人的个人信息及违反后的处分措施。⑧敏感信息：用人单位收集、存储、使用、加工、传输、提供、公开劳动者的敏感个人信息的，如指纹、人脸识别、行踪轨迹等，应事先取得劳动者的单独的书面同意，即不能采用"一揽子"告知同意的方式，另外还应向个人告知处理敏感个人信息的必要性以及对个人权益的影响，且得到劳动者本人"充分知情"的确认。

（3）延伸阅读

关于对劳动者个人信息的收集、存储、使用或传输是否合理的认定标准，笔者认为除不违法之外，还具有以下条件之一的即为合理：①为签订和履行劳动合同的；②经劳动者本人同意的；③为履行用人单位法定义务所必须的；④为保护劳动者合法权益的；⑤为保护社会公共利益的；⑥为追求合法的正当利益的；⑦其他对劳动者个人信息的合理处理行为。[1]

4. 试用期合规

（1）合规风险

合规义务：《劳动合同法》第 19 条规定："劳动合同期限三个月以上不满一年的，试用期不得超过一个月；劳动合同期限一年以上不满三年的，试用期不得

〔1〕 胡燕来：《劳动法之完善研究》，法律出版社 2020 年版，第 332～333 页。

超过二个月;三年以上固定期限和无固定期限的劳动合同,试用期不得超过六个月。同一用人单位与同一劳动者只能约定一次试用期。以完成一定工作任务为期限的劳动合同或者劳动合同期限不满三个月的,不得约定试用期。……"

风险提示:《劳动合同法》第 83 条规定:"用人单位违反本法规定与劳动者约定试用期的,由劳动行政部门责令改正;违法约定的试用期已经履行的,由用人单位以劳动者试用期满月工资为标准,按已经履行的超过法定试用期的期间向劳动者支付赔偿金。"所以,用人单位违法约定试用期的法律责任较重,例如,签订 1 年期合同约定了 6 个月试用期,则用人单位可能会向劳动者另行对付 4 个月工资的赔偿金,且正常工资照付。上述赔偿金的性质属于惩罚性赔偿金。

(2)合规措施

①用人单位要严格审查,不超法定标准约定试用期;②应事先在签订劳动合同时约定试用期,不能补充约定;③不能单独签订试用期协议,否则试用期不成立,该期限为劳动合同期限;④要事先设立或明确试用期录用条件且让员工签收或确认;⑤续订劳动合同、非全日制用工、以完成一定工作任务为期限的劳动合同或者劳动合同期限不满 3 个月的不得约定试用期;⑥解除或终止后重新招聘入职的,即使存在间隔时间也不得约定试用期。

(3)延伸阅读

①试用期内不得任意解除,只有经过考核不符合录用条件时才能解除;②不作延长试用期的操作,因为在司法实践中存在分歧,有可能会被认定延长试用期无效;③解除劳动者应当在试用期进行,超过则属于违法解除;④不与劳动者口头约定试用期。如果有书面合同而又口头约定试用期的,该约定无效。如果无书面合同且口头约定试用期的,试用期视为劳动合同期限,且试用期期满后仍未签订书面劳动合同的,应按《劳动合同法》第 82 条规定支付双倍工资。

5. 证件扣押与担保合规

（1）合规风险

合规义务：《劳动合同法》第 9 条规定："用人单位招用劳动者，不得扣押劳动者的居民身份证和其他证件，不得要求劳动者提供担保或者以其他名义向劳动者收取财物。"等等。

风险提示：《劳动合同法》第 84 条规定，劳动行政部门可责令限期退还，可处每人 500～2000 元罚款，并赔偿劳动者损失。

（2）合规措施

①应当建立劳动规章制度，规定不扣押劳动者的身份证、居住证、职业资格证、就业证、经纪人资格证书或其他证件；②不得要求劳动者提供任何形式的担保；③用人单位不得以任何形式或名义收取劳动者的财物；④要加强监督检查，在日常监督检查过程发生存在不当证件扣押与违规担保行为的，应当立即纠正，退还劳动者证件及财物。

（3）延伸阅读

上海市高级人民法院针对一些特殊情况作出了特别规定，位于上海的用人单位可以参考：劳动者占有用人单位价值较高的财产时，用人单位与劳动者约定设置担保的效力。在劳动合同履行过程中，对于劳动者占有单位价值较高的财物，单位为防止财物灭失或被轻易毁坏，与劳动者约定设置了相应的合理担保的，法律没有禁止，可以认定有效。但该约定为流押、流质担保，或者名义上为财务"担保"实际上却是要求劳动者购买该财物的，该约定无效。[1]

---

〔1〕《上海市高级人民法院关于适用劳动合同法若干问题的意见》（沪高法〔2009〕73 号）第 12 条。

6. 签订无固定期限劳动合同合规

(1)合规风险

合规义务:符合《劳动合同法》第14条第2款规定之法定情形之一,劳动者提出或者同意续订、订立劳动合同的,除劳动者提出订立固定期限劳动合同外,应当订立无固定期限劳动合同。

风险提示:《劳动合同法》第82条第2款规定:“用人单位违反本法规定不与劳动者订立无固定期限劳动合同的,自应当订立无固定期限劳动合同之日起向劳动者每月支付二倍的工资。”所以,应当签订无固定期限合同而没有签订之法律责任是较重的,即用人单位需要支付2倍的工资。

(2)合规措施

①连续订立2次固定期限劳动合同,用人单位一般应主动与之签订无固定期限劳动合同(上海司法实践观点为用人单位有权选择终止),但员工拒绝的除外;②要尊重劳动者的选择权,可在劳动合同期满前通过书面形式,向劳动者征求包括无固定期限在内之续订意见;③用人单位不得人为设置障碍,阻止签订无固定期限条件的成就,且不得故意规避。

7. 劳动合同效力合规

(1)合规风险

合规义务:《劳动合同法》第26条第1款规定:“下列劳动合同无效或者部分无效:(一)以欺诈、胁迫的手段或者乘人之危,使对方在违背真实意思的情况下订立或者变更劳动合同的;(二)用人单位免除自己的法定责任、排除劳动者权利的;(三)违反法律、行政法规强制性规定的。”所以,用人单位有义务与劳动者订立有效劳动合同。

风险提示:根据《劳动合同法》第28、38、85、86条和《劳动保障监察条例》第30条之规定,用人单位存在如下合规风险:一是继续支付劳动者的劳动报酬;二是劳动者可随时解除劳动合同,且用人单位应当支付经济补偿;三是给劳动者造成损失的应当予以赔偿;四是逾期不支付劳动报酬或经济补偿的,责令用人单位按应付金额50%以上100%以下的标准向劳动者加付赔偿金;五是被劳动行政部门处2000元以上2万元以下的罚款;等等。

(2)合规措施

比照《劳动合同法》第26条规定,用人单位应采取如下合规措施:①招用劳动者时,应如实告知劳动者工作内容、工作条件、工作地点、职业危害、安全生产状况、劳动报酬,以及劳动者要求了解的其他情况;②用人单位在劳动合同中不得有免除自己的法定责任、排除劳动者权利之约定,如工伤概不负责、不缴纳社保、不得恋爱、结婚或生育等;③不约定违反法律、行政法规强制性规定之内容。例如,不录用童工、不在竞业限制和服务期情形之外与劳动者约定违约金、不在法定情形之外约定解除或终止条件等。

(3)延伸阅读

司法实践中常见用人单位签订的劳动合同无效或部分无效的情形主要有:①约定不缴或少缴社保。例如,劳动者同意不为其缴纳社保、员工自愿放弃社保等。②在竞业限制和服务期情形之外与劳动者约定违约金。这违反了《劳动合同法》第25条之禁止性规定。③女职工劳动保护方面的约定。主要指违反《劳动法》第七章中关于女职工之强制性保护规定,如安排禁忌从事的劳动、不足额支付产假待遇、不安排定期健康检查等。④违反就业许可制度。如未经许可违法招聘外国人、违反职业资格许可制度聘用为医师、教师、电工、工程师等。⑤录用童工。因为《劳动法》第15条第1款规定:“禁止用人单位招用未满十六周岁的未成年人”。⑥违反最低工资工资。⑦违反工作时间、休息时间约定。

8. 招聘双重劳动关系员工合规

(1)合规风险

合规义务:从《劳动合同法》第39条第4项规定可知,我国并不禁止双重劳动关系,但有限制条件,即后用人单位招聘双重劳动关系员工不得给前用人单位造成损害，等等。

风险提示：《劳动合同法》第91条规定："用人单位招用与其他用人单位尚未解除或者终止劳动合同的劳动者，给其他用人单位造成损失的，应当承担连带赔偿责任。"所以，用人单位存在承担连带赔偿责任的风险，等等。

(2)合规措施

①一般情况下不招聘双重劳动关系员工，即使有必要招聘，也不招聘存在利益冲突的双重劳动关系员工；②不招聘可能影响前一用人单位工作任务完成的双重劳动关系员工；③不招聘知晓或可能知晓前一用人单位商业秘密，或被采取了保密措施的双重劳动关系员工，如签订了竞业限制协议、保密协议等。

(3)延伸阅读

为了保护本单位的商业秘密，建议用人单位不要招聘双重劳动关系员工担任本单位的高管或成为涉密人员，以避免形成利益冲突，给本单位造成损失，或者给前一单位造成损失。

9. 用人单位单方解除或终止劳动合同合规

(1)合规风险

合规义务：通说认为用人单位单方解除或终止劳动合同的，必须符合《劳动合同法》第四章规定的法定情形，否则属于违法解除或终止，等等。

风险提示：《劳动合同法》第87条规定："用人单位违反本法规定解除或者终止劳动合同的，应当依照本法第四十七条规定的经济补偿标准的二倍向劳动者支付赔偿金。"所以，用人单位违反解雇保护规定的，属于违法解除或终止，并要按《劳动合同法》第48[1]、87条规定承担相应的法律责任，如恢复劳动关系的须支付其处理劳动争议期间的工资，等等。

---

〔1〕《劳动合同法》第48条规定："用人单位违反本法规定解除或者终止劳动合同，劳动者要求继续履行劳动合同的，用人单位应当继续履行；劳动者不要求继续履行劳动合同或者劳动合同已经不能继续履行的，用人单位应当依照本法第八十七条规定支付赔偿金。"

(2)合规措施

在解除或终止前要审查是否完全符合以下条件：首先，要审查是否有法律依据。即要审查是否符合法定情形，是否符合法定条件。没有法律依据、非法定情形或不符合法定条件的，用人单位不得单方行使解除或终止权。其次，要审查是否有经过民主程序制订且生效的劳动规章制度，作为单方解除或终止的内部配套依据。然后，要审查是否有证据予以证明，如在严重违反规章制度解除中，要审查是否有证据证明劳动者存在严重违纪之事实。最后，要符合法定程序。如《劳动合同法》第43条规定："用人单位单方解除劳动合同，应当事先将理由通知工会。……"第41条规定了裁员程序："……需要裁减人员二十人以上或者裁减不足二十人但占企业职工总数百分之十以上的，用人单位提前三十日向工会或者全体职工说明情况，听取工会或者职工的意见后，裁减人员方案经向劳动行政部门报告，可以裁减人员……"

(3)延伸阅读

解雇劳动者要遵守后手段性原则。解雇之最后手段性，是指解除劳动关系是终极、无法回避、不得已的必要的手段。考察《劳动合同法》中的解雇制度，在体现最后手段性原则方面，主要表现在3个方面：一是劳动合同已无法履行；二是劳动合同履行已没有必要；三是劳动合同已失效。[1]

10. 离职证明合规

(1)合规风险

合规义务：《劳动合同法》第50条规定，"用人单位应当在解除或者终止劳动合同时出具解除或者终止劳动合同的证明"。所以，不管劳动者是何种原因离职，即使是严重违纪被解除的，用人单位也有出具离职证明的义务，等等。

风险提示：《劳动合同法》第89条规定："用人单位违反本法规定未向劳动

〔1〕 胡燕来：《解雇：人力资源法律实务指引》，法律出版社2016年版，第12～13页。

者出具解除或者终止劳动合同的书面证明，由劳动行政部门责令改正；给劳动者造成损害的，应当承担赔偿责任。”等等。

(2)合规措施

①在办理离职工作交接或送达解除或终止劳动合同通知书时，应主动立即向劳动者送达书面离职证明。地方规定有固定格式的按固定格式出具。②如果劳动者拒绝签收的，应当快递送达给劳动者确认的通信地址上的收件人，同时通过手机、短信、微信、邮件等方式向劳动者发出通知，要求其及时查收，如未收到可到公司来补办离职证明。

(3)延伸阅读

即使劳动者不依法办理工作交接就离职的，用人单位也应当通过合适的方式向其出具解除或者终止劳动合同的书面证明。为防止劳动者离职时拒签或拒收离职证明等相关文件，我们一般建议用人单位在入职时，就要求劳动者书面提供以下两个方面的通信地址和联系人：①签署文书送达地址确认书。确认之后常用文书的送达地址、邮件、手机、微信等信息。②提供紧急状态下的联系人通信信息。在无法联系到劳动者或劳动者回避的情形下，可向紧急状态下的联系人快递离职证明。

11. 经济补偿支付合规

(1)合规风险

合规义务：有《劳动合同法》第46条规定情形之一的，用人单位应当向劳动者支付经济补偿。

风险提示：《劳动合同法》第85条[1]规定，未依法向劳动者支付经济补偿

---

〔1〕《劳动合同法》第85条规定：“用人单位有下列情形之一的，由劳动行政部门责令限期支付劳动报酬、加班费或者经济补偿；劳动报酬低于当地最低工资标准的，应当支付其差额部分；逾期不支付的，责令用人单位按应付金额百分之五十以上百分之一百以下的标准向劳动者加付赔偿金：(一)未按照劳动合同的约定或者国家规定及时足额支付劳动者劳动报酬的；(二)低于当地最低工资标准支付劳动者工资的；(三)安排加班不支付加班费的；(四)解除或者终止劳动合同，未依照本法规定向劳动者支付经济补偿的。”

的,由劳动行政部门责令限期支付。逾期不支付的,责令用人单位按应付金额50%以上100%以下的标准向劳动者加付赔偿金;等等。

(2)合规措施

首先要依据事实和法律确认是否需要支付经济补偿。按《劳动法》《劳动合同法》等规定,用人单位需要支付经济补偿的法定情形有17种。[1] 其次要准确计算经济补偿,防止多付或少付,如经济补偿的分段计算。再次要及时支付经济补偿。根据《劳动合同法》第50条第2款规定,用人单位最迟支付时间节点为“在办结工作交接时支付”。最后要告知劳动者经济补偿的计算标准、公式、依据、金额和支付时间,并听取劳动者的意见,劳动者意见正确的应当及时采纳并纠正。

12. 解雇保护合规

(1)合规风险

合规义务:《劳动合同法》第42条规定:“劳动者有下列情形之一的,用人单位不得依照本法第四十条、第四十一条的规定解除劳动合同:(一)从事接触职业病危害作业的劳动者未进行离岗前职业健康检查,或者疑似职业病病人在诊断或者医学观察期间的;(二)在本单位患职业病或者因工负伤并被确认丧失或者部分丧失劳动能力的;(三)患病或者非因工负伤,在规定的医疗期内的;(四)女职工在孕期、产期、哺乳期的;(五)在本单位连续工作满十五年,且距法定退休年龄不足五年的;(六)法律、行政法规规定的其他情形。”

---

[1] 根据经济补偿规定在我国劳动法律法规政策中出现时间的先后顺序,以及《劳动法》与《劳动合同法》等文件的相关规定,用人单位需要支付经济补偿的法定情形主要有以下17种:(1)协商解除合同的;(2)医疗期满后依法解除的;(3)不胜任工作的;(4)客观情况发生重大变化的;(5)经济性裁员的;(6)强迫劳动的;(7)未足额支付劳动报酬的;(8)未提供劳动条件的;(9)低于最低工资标准的;(10)用人单位规章制度违法的;(11)劳动合同无效的;(12)危及劳动者人身安全的;(13)合同期满用人单位不续订的;(14)用人单位关闭、撤销和解散的;(15)未缴社保的;(16)任务完成的;(17)经营期限届满。

风险提示:《劳动合同法》第 87 条规定:“用人单位违反本法规定解除或者终止劳动合同的,应当依照本法第四十七条规定的经济补偿标准的二倍向劳动者支付赔偿金。”所以,用人单位违反解雇保护规定的,属于违法解除,并需要按《劳动合同法》第 48[1]、87 条承担违法解除或终止的法律责任,等等。

(2)合规措施

①在单方解除决定作出之前应当进行内部审核,属于老弱病残妇等解雇保护对象的不得解除;②可以尝试与解雇保护对象依法协商解除劳动合同,如提高经济补偿支付标准等;③不能安排解雇保护对象待岗并按停工、停产情形支付工资;④不得打击报复不同意协调解除的解雇保护对象,如违法调岗、降薪或变更工作地点等。

(二)非标准劳动关系合规重点

1. 劳务派遣合规

(1)合规风险

合规义务:《劳动合同法》第 63 条规定,“被派遣劳动者享有与用工单位的劳动者同工同酬的权利”。第 66 条规定:“劳动合同用工是我国的企业基本用工形式。劳务派遣用工是补充形式,只能在临时性、辅助性或者替代性的工作岗位上实施。前款规定的临时性工作岗位是指存续时间不超过六个月的岗位;辅助性工作岗位是指为主营业务岗位提供服务的非主营业务岗位;替代性工作岗位是指用工单位的劳动者因脱产学习、休假等原因无法工作的一定期间内,可以由其他劳动者替代工作的岗位。……”

风险提示:《劳动合同法》第 92 条、《劳动合同法实施条例》第 35 条规定,违

---

[1] 《劳动合同法》第 48 条规定:“用人单位违反本法规定解除或者终止劳动合同,劳动者要求继续履行劳动合同的,用人单位应当继续履行;劳动者不要求继续履行劳动合同或者劳动合同已经不能继续履行的,用人单位应当依照本法第八十七条规定支付赔偿金。”

反派遣规定的，劳动行政部门可责令限期改正；逾期不改正可以罚款（最高处罚5000元）或吊销其劳务派遣业务经营许可证；并向劳动者承担连带赔偿责任。

（2）合规措施

①用工单位要切实做到同工同酬，在劳动报酬上不能区别对待；②使用派遣工的岗位必须符合“三性”标准；③辅助性岗位的确定要符合法定程序，即应当经职工代表大会或者全体职工讨论，提出方案和意见，与工会或者职工代表平等协商确定，并在用工单位内公示；[1]④用工单位应当严格控制劳务派遣用工数量，不得超过其用工总量的10%。

2. 非全日制用工合规

（1）合规风险

合规义务：《劳动合同法》第68条规定：“非全日制用工，是指以小时计酬为主，劳动者在同一用人单位一般平均每日工作时间不超过4小时，每周工作时间累计不超过二十四小时的用工形式。”所以，非全日制用工一般平均每日工作时间不超过4小时，每周工作时间累计不超过24小时。第72条第2款规定，“非全日制用工劳动报酬结算支付周期最长不得超过十五日”，等等。

风险提示：《劳动保障监察条例》第11条规定，“用人单位遵守女职工和未成年工特殊劳动保护规定的情况”属于劳动保障行政部门的监察事项。根据第18、30条规定，劳动保障行政部门对违反女职工特殊劳动保护规定的应当改正而没有改正的，可以责令改正，如仍拒不改正的可处以2000～20000元罚款。如果非全日制用工被认定为劳动关系，则需要承担相应的劳动法律责任，如未签订书面合同双倍工资，等等。

（2）合规措施

①严格遵守非全日制用工4小时和24小时的工作时间规定，避免被认定为

[1]《劳务派遣暂行规定》（2014年3月1日施行）第3条第3款。

劳动关系;②一般不要安排非全日制职工加班或延长工作时间;③应为聘用的非全日制职工缴纳工伤保险;④尽量签订书面劳动合同,以明确双方的权利义务;⑤不能与非全日制职工约定试用期。

(3)延伸阅读

非全日制用工与全日制用工的区别:①非全日制用工可以不签订书面劳动合同;②非全日制用工的工作时间有限制,即一般平均每日工作时间不超过4小时,每周工作时间累计不超过24小时;③非全日制用工不得约定试用期;④用人单位应当为非全日制职工缴纳工伤保险,而全日制则应当缴纳"五险";⑤用人单位或劳动者均可随时无条件解除劳动合同,且解除或终止非全日制职工无须支付经济补偿或赔偿金。

(三)劳动规章制度合规重点

1. 合规风险

合规义务:《劳动合同法》第4条[1]规定,用人单位有依法制订劳动规章制度的权利和义务,直接涉及劳动者切身利益的规章制度或者重大事项应当经过法定的民主程序制订,制订后要进行公示或者告知劳动者,等等。

风险提示:《劳动合同法》第80条规定:"用人单位直接涉及劳动者切身利益的规章制度违反法律、法规规定的,由劳动行政部门责令改正,给予警告;给劳动者造成损害的,应当承担赔偿责任。"《劳动保障监察条例》第18、30条规定,

---

[1] 《劳动合同法》第4条规定:"用人单位应当依法建立和完善劳动规章制度,保障劳动者享有劳动权利、履行劳动义务。用人单位在制定、修改或者决定有关劳动报酬、工作时间、休息休假、劳动安全卫生、保险福利、职工培训、劳动纪律以及劳动定额管理等直接涉及劳动者切身利益的规章制度或者重大事项时,应当经职工代表大会或者全体职工讨论,提出方案和意见,与工会或者职工代表平等协商确定。在规章制度和重大事项决定实施过程中,工会或者职工认为不适当的,有权向用人单位提出,通过协商予以修改完善。用人单位应当将直接涉及劳动者切身利益的规章制度和重大事项决定公示,或者告知劳动者。"

应当改正而没有改正的，劳动行政部门可以责令改正，如仍拒不改正的可处以2000～20000元罚款，等等。

2. 合规措施

（1）制订和发布主体要合法。劳动规章制度应当用人单位的董事会或执行董事制订，由法定代表人签署并以用人单位名义发布。因为公司法虽然规定董事会或执行董事享有基本管理制度的制订权，但没规定其享有发布权。（2）劳动规章制度的内容要合法，要符合劳动基准，且不违反人权。（3）要严格按法定的民主程序制订，即经职工代表大会或者全体职工讨论，提出方案和意见，与工会或者职工代表平等协商确定。（4）关联企业、子公司应当通过本单位的民主程序制订自己的劳动规章制度，但内容可以与集团公司或母公司保持一致。不能直接适用集团公司或母公司的规章制度。（5）分支机构或职能部门无权以自己的名义制订劳动规章制度，但经董事会授权的除外。（6）劳动规章制度的内容要具有合理性，在处罚上要宽严相济。

3. 延伸阅读

（1）关于"平等协商确定"的理解

《劳动合同法》第4条规定中的"平等协商确定"的表述含糊不清，我们认为可以理解为"先民主，后集中"，即在民主讨论、听取工会或职工代表意见基础上，最终由用人单位决定。但是，如果各省市对民主程序有特别规定的除外，例如，《上海市职工代表大会条例》（2017年修正）第11条规定，"国有、集体及其控股企业的薪酬制度，福利制度，劳动用工管理制度，职工教育培训制度，改革改制中涉及的职工安置方案，以及其他涉及职工切身利益的重要事项"，应当向职工代表大会报告，并由职工代表大会审议通过。即未经职工代表大会审议通过，与上述内容相关的劳动规章制度不发生效力。

（2）民主程序上的注意事项

实践中，在完善规章制度民主程序问题上，要重点注意以下几个方面：①不能通过工会进行全体讨论程序,也不能通过职代会进行平等协商程序,否则该民主程序可能被认定无效。②平等协商中的“职工代表”并非“职工代表大会代表”,应按照集体协商的选举办法进行选举。③两个民主程序可以分别进行,也可以合并进行,但应对相关主体和内容进行记录并保存备查。④原则上规章制度只需要职工代表大会讨论即可,但特殊情况下的规章制度需要职工代表大会通过,在国有企业和国有控股企业中,涉及职工切身利益的规章制度和企业规章制度,必须由职工代表大会或是职工大会“审查同意”。[1]

(四)集体劳动合同合规重点

1. 合规风险

合规义务:2004 年《集体合同规定》第 32 条第 2 款规定:“一方提出进行集体协商要求的,另一方应当在收到集体协商要求之日起 20 日内以书面形式给以回应,无正当理由不得拒绝进行集体协商。”《劳动合同法》第 51 条第 1 款规定:“……集体合同草案应当提交职工代表大会或者全体职工讨论通过。”第 54 条规定:“集体合同订立后,应当报送劳动行政部门;劳动行政部门自收到集体合同文本之日起十五日内未提出异议的,集体合同即行生效。”等等。

风险提示:《劳动保障监察条例》第 18、30 条规定,用人单位应当改正而没有改正的,劳动行政部门可以责令改正,如仍拒不改正的可处以 2000 ~ 20000 元罚款,等等。

2. 合规措施

(1)用人单位无正当理由不能拒绝集体协商要求。劳动者一方提出符合法定条件的集体协商要求的,应当在 20 日内及时书面回应和处理并启动集体协商

[1] 陆敬波、周斌主编:《解雇管理》,中信出版集团 2015 年版,第 125 页。

程序。(2)集体合同或专项集体合同期限一般为1～3年。[1] (3)应当遵守特定的法定程序要求，如集体合同草案应提交职工代表大会或者全体职工讨论通过、订立后要报送劳动行政部门审查等，以避免不生效。(4)用人单位要核对职工代表的选任和组成符合法定程序和条件，以确保协商的有效性。如要有适当比例的女职工、劳务派遣职工代表等。(5)集体合同的订立、变更、解除和终止要符合法定程序。

3. 延伸阅读

严格来讲，不同主体之间的协议或合同，其相互之间是不存在效力高低之分的，即合同之间均为平等关系。但相同或不完全相同主体之间的合同除外，如新合同与旧合同、主合同与从合同等。在劳动法领域中，依据最高人民法院关于劳动合同与集体合同效力之相关规定，结合以上最低效力和最高效力之分析，我们认为三者效力的一般效力排序(从高到低)为：劳动合同、集体合同和规章制度。但有一个例外，即当集体合同或劳动规章制度更加“有利于劳动者”时，应当适用该集体合同或劳动规章制度。

(五)职工民主管理合规重点

1. 合规风险

合规义务：《劳动法》第8条、2012年《企业民主管理规定》第3、6条均规定企业有义务实行民主管理，促进企业健康发展。

风险提示：《上海市职工代表大会条例》第48、49条规定，企事业单位违反本条例规定的，可责令改正，拒不改正的，依法处理。《劳动保障监察条例》第18、30条规定，用人单位应当改正而没有改正的，劳动行政部门可以责令改正，如仍拒不改正的可处以2000～20000元罚款，等等。

---

[1] 《集体合同规定》(2004年)第38条。

2. 合规措施

(1)要适当确立职工民主管理的广度,即依法确定职工是否可以参与或者应当参与的范围和界限。(2)要适当确立职工民主管理的深度,即职工对其所参与的管理事务的介入程度,由浅到深主要有以下几个层次:一是知情;二是参与性意见;三是质询或检查(调查);四是约束性意见;五是同意或否决;六是决定或批准。(3)要依法确定职工民主参与的形式。主要有如下4类:一是组织参与;二是代表参与;三是岗位参与;四是个人参与。(4)要谨慎创新职工民主管理制度,建议依法即可,因为职工民主管理制度尚处于初创期且远未完善,相关制度还需要进一步探讨。(5)企业管理人员对职工代表不能进行侮辱、诽谤或者以暴力、威胁等手段进行打击报复、人身伤害。(6)应当提交职工代表大会审议和审议通过的事项,用人单位应当按照法定程序提交。

五、劳动条件合规重点

(一)工时制度合规重点

1. 合规风险

合规义务:《国务院关于职工工作时间的规定》(1995年修订)第3条规定:“职工每日工作8小时、每周工作40小时。”此为标准工作时间的规定。第6条规定,“任何单位和个人不得擅自延长职工工作时间”;《劳动法》第38条规定:“用人单位应当保证劳动者每周至少休息一日。”第41条规定:“用人单位由于生产经营需要,经与工会和劳动者协商后可以延长工作时间,一般每日不得超过一小时;因特殊原因需要延长工作时间的,在保障劳动者身体健康的条件下延长工作时间每日不得超过三小时,但是每月不得超过三十六小时。”第39条规定:

“企业因生产特点不能实行本法第三十六条、第三十八条规定的，经劳动行政部门批准，可以实行其他工作和休息办法。”所以，“企业因生产特点不能实行《中华人民共和国劳动法》第三十六条、第三十八条规定的，可以实行不定时工作制或综合计算工时工作制等其他工作和休息办法。”〔1〕

风险提示：《劳动法》第90条规定：“用人单位违反本法规定，延长劳动者工作时间的，由劳动行政部门给予警告，责令改正，并可以处以罚款。”《劳动保障监察条例》第18、30条规定，用人单位应当改正而没有改正的，劳动行政部门可以责令改正，如仍拒不改正的可处以2000～20000元罚款，等等。

2. 合规措施

（1）延长工作时间应当事先取得劳动者同意；（2）延长工作时间的前提条件是必须保障劳动者身体健康；（3）加班加点的用人单位应当依法支付加班加点工资；（4）用人单位要建立加班加点审批制度，未经用人单位审批同意不得加班加点；（5）实施不定时工作制或综合计算工时工作制的，应当事先提出申请并得到劳动行政部门批准，一般情况下未经批准不要在劳动合同中约定适用特殊工时制；〔2〕（6）从标准工时制变更为特殊工时制度的，应事先取得劳动者书面同意或签订相应协议；（7）异地适用特殊工时制的，用人单位应当遵守当地规定进行备案或单独审批。〔3〕

3. 延伸阅读

所谓工作时间，是指劳动关系中，劳动者从事职业从属劳动的时间，包括作

〔1〕《关于企业实行不定时工作制和综合计算工时工作制的审批办法》（1994年）第3条。

〔2〕《北京市企业实行综合计算工时工作制和不定时工作制的办法》（京劳社资发〔2003〕157号）第16条规定“企业中的高级管理人员实行不定时工作制，不办理审批手续”。

〔3〕原则上无须重新审批，依据为国务院法制办公室对《关于提请解释〈中华人民共和国行政许可法〉有关适用问题的函》的复函（国法函〔2004〕293号）第2条规定：“法律、行政法规规定的取得有关行政许可的条件、标准应当是全国统一的。只要申请人取得的行政许可的适用范围依法没有地域限制，被许可人在一个地方取得了行政许可，就可以在全国范围内从事被许可的活动，无需在其他地方再次申请同一行政许可或者目的相同的行政许可。……”

业时间、准备与结束时间、各类宽放时间和非劳动者个人原因造成的且劳动者在工作场所内处于随时准备给付劳动之状态的非生产工作时间、停工时间。其中，作业时间是指直接用于产品加工、完成生产或者工作任务所消耗的时间；准备与结束时间是指为加工产品、执行特定工作任务事前准备和事后结束工作所消耗的时间；宽放时间包括现场组织管理需要（交接班、安全检查、布置工作、整理现场、设备、资料等）所发生的组织性宽放时间、工艺技术装备需要（设备调整、检查等）所发生的技术性宽放时间、劳动者个人生理需要以及为消除过分紧张疲劳安排的间歇等个人需要与休息宽放时间。“工作间歇”时间是不是工作时间？笔者认为工作间歇，是指用人单位在保障正常生产运营的情况下，根据规章制度、工作习惯、工作规律和身体需要，在工作一定时间后，应当保证劳动者享受的工间休息时间。工间休息时间应当计入工作时间。如用人单位规章制度规定，公交机动车驾驶员，每驾驶 2 小时应当保证不少于 10 分钟的休息时间等。工作时间可分为两个类型：正常工作时间和非正常工作时间。[1]

（二）休息休假合规重点

1. 合规风险

合规义务：《劳动法》第 3 条规定了劳动者享有“休息休假的权利”；第 45 条规定：“国家实行带薪年休假制度。劳动者连续工作一年以上的，享受带薪年休假。……”第 51 条规定：“劳动者在法定休假日和婚丧假期间以及依法参加社会活动期间，用人单位应当依法支付工资。”第 62 条规定：“女职工生育享受不少于九十天的产假。”等等。

风险提示：《职工带薪年休假条例》（2007 年）第 7 条规定：“单位不安排职工休年休假又不依照本条例规定给予年休假工资报酬的，由县级以上地方人民

〔1〕 胡燕来：《工资实务研究》，法律出版社 2018 年版，第 63～64 页。

政府人事部门或者劳动保障部门依据职权责令限期改正;对逾期不改正的,除责令该单位支付年休假工资报酬外,单位还应当按照年休假工资报酬的数额向职工加付赔偿金……”《劳动保障监察条例》第18、30条规定,用人单位应当改正而没有改正的,劳动行政部门可以责令改正,如仍拒不改正的可处以2000~20000元罚款,等等。

2. 合规措施

(1)用人单位应当依法安排和保障劳动者休息休假。(2)安排休假日工作的应当事先征得劳动者同意,并依法支付加班工资或调休。(3)劳动者请假的,应审查其合理性,具有合理性且不严重影响工作的应当予以批准。(4)用人单位根据生产、工作的具体情况,并考虑职工本人意愿,统筹安排职工年休假。年休假在1个年度内可以集中安排,也可以分段安排,一般不跨年度安排。单位因生产、工作特点确有必要跨年度安排职工年休假的,可以跨1个年度安排。[1](5)用人单位应当建立休息休假管理制度,如病假管理制度,以加强假期管理,预防劳动者滥用休息休假权。

(三)工资支付合规重点

1. 合规风险

合规义务:《劳动法》第46条规定:“工资分配应当遵循按劳分配原则,实行同工同酬”。第48条第2款规定:“用人单位支付劳动者的工资不得低于当地最低工资标准。”第50条规定:“工资应当以货币形式按月支付给劳动者本人。不得克扣或者无故拖欠劳动者的工资。”第51条规定:“劳动者在法定休假日和婚丧假期间以及依法参加社会活动期间,用人单位应当依法支付工资。”《工资支付暂行规定》(劳部发〔1994〕489号)第5条规定:“工资应当以法定货币支付。

---

〔1〕《职工带薪年休假条例》(2007年)第5条。

不得以实物及有价证券替代货币支付。”第7条规定：“工资必须在用人单位与劳动者约定的日期支付……工资至少每月支付一次……”等等。

风险提示：《工资支付暂行规定》第18条规定，用人单位侵害劳动者合法权益行为的，由劳动行政部门责令其支付劳动者工资和经济补偿，并可责令其支付赔偿金。根据《劳动保障监察条例》第18、30条之规定，用人单位应当改正而没有改正的，劳动行政部门可以责令改正，如仍拒不改正的可处以2000～20000元罚款，等等。

2. 合规措施

(1)用人单位应及时足额支付劳动报酬，不无故拖欠劳动者的劳动报酬；(2)企业确因生产经营困难，资金周转受到影响，暂时无法按时支付工资的，经与本企业工会或职工代表协商一致，可以延期在1个月内支付劳动者工资，延期支付工资的时间应告知全体劳动者；[1](3)用人单位不得低于最低工资标准支付工资；(4)用人单位支付工资应当坚持同工同酬原则；(5)用人单位减少劳动者劳动报酬的，应当符合法定条件，不得克扣工资；(6)用人单位每月扣除的部分不得超过劳动者当月工资的20%。

3. 延伸阅读

关于扣发与减发的区别。虽然扣发与减发均是非足额支付，即减薪行为，但两者之间存在差别。所谓扣发，是指劳动关系中，用人单位减少支付劳动者应得工资的行为。违反劳动法律法规或劳动合同约定而扣发劳动者工资的属于克扣。所谓减发，是指劳动关系中，用人单位按照劳动法律法规、规章制度或劳动合同约定，降低原工资支付标准后支付工资的行为。所以，从以上定义可以看出，扣发与减发的区别主要在于减少的工资是否属于应得工资。扣发的工资属于应得工资，如属违法扣发，则用人单位应当补发给劳动者，如属合法扣发，则用

[1] 《上海市企业工资支付办法》(2016年)第10条。

人单位无须补发，因为扣发的工资系劳动者应当承担的法律责任；而减发的该部分工资不是应得工资，用人单位无义务必须支付且有权单方决定降低发放标准，所以，减发工资应当有法律法规规定或劳动合同约定作依据。[1]

（四）女职工保护合规重点

1. 合规风险

合规义务：《劳动法》第58条规定“国家对女职工和未成年工实行特殊劳动保护”；《女职工劳动保护特别规定》（2012年）第4条第1款规定：“用人单位应当遵守女职工禁忌从事的劳动范围的规定……”第5条规定：“用人单位不得因女职工怀孕、生育、哺乳降低其工资、予以辞退、与其解除劳动或者聘用合同。”等等。

风险提示：根据《劳动法》第95条、《女职工劳动保护特别规定》第13条之规定，可责令用人单位改正，造成损害的应当赔偿，同时可处每人1000~5000元标准的罚款或责令关闭。

2. 合规措施

（1）用人单位应在劳动规章制度中使用例举的方式列明女职工特殊待遇相关内容，以便单位权力行为人或劳动者了解和适用，也可避免工作人员失职而陷用人单位于风险之中；（2）依法适用女职工劳动保护方面的特殊规定，保障女职工及时享受各项相关待遇；（3）工会、妇女组织依法对用人单位遵守女职工保护规定的情况进行监督时，单位应积极配合和支持；（4）及时回复和处理女职工的投诉和举报，畅通内部维权渠道；（5）不得在招聘过程中歧视女性；（6）只能安排女职工在国家规定允许的岗位上工作；（7）针对女职工的特殊情况，要及时调整其工作时间，如加班禁止、夜班禁止、孕检允许、工间休息允许、哺乳允许等；

---

〔1〕 胡燕来：《工资实务研究》，法律出版社2018年版，第159页。

(8)保障女职工依法休息休假,如产前假、哺乳假、病假、保胎假等;(9)要保障女职工获得公平、合理的收入,如生育津贴、产假工资、病假工资等;(10)在解除或终止劳动合同问题要对女职工予以特殊保护,如应续延且不得终止三期女职工的劳动合同等。

(五)反职场性骚扰合规

1. 合规风险

合规义务:(1)《妇女权益保障法》(2018 年修正)第 40 条规定:"禁止对妇女实施性骚扰。受害妇女有权向单位和有关机关投诉。"(2)《女职工劳动保护特别规定》第 11 条规定:"在劳动场所,用人单位应当预防和制止对女职工的性骚扰。"[1]所以,我国将禁止职场性骚扰作为劳动条件基准来进行规范。

风险提示:《劳动保障监察条例》第 11 条规定,"用人单位遵守女职工和未成年工特殊劳动保护规定的情况"属于劳动保障行政部门的监察事项。根据第 18、30 条规定,劳动保障行政部门对违反女职工特殊劳动保护规定的应当改正而没有改正的,可以责令改正,如仍拒不改正的可处以 2000 ~ 20000 元罚款。《劳动合同法》第 80、81、84 条中均规定,用人单位"给劳动者造成损害的,应当承担赔偿责任。"参照适用上述规定,职场性骚扰事件中用人单位违反管理义务给劳动者造成损害的,也应当承担赔偿责任。[2] 但对用人单位反职场性骚扰方面的犯罪和用人单位是否承担行政责任却未规定。因为虽然《刑法》第 236、237

---

〔1〕《民法典》也对用人单位义务作出了相同规定,即第 1010 条规定:"违背他人意愿,以言语、文字、图像、肢体行为等方式对他人实施性骚扰的,受害人有权依法请求行为人承担民事责任。机关、企业、学校等单位应当采取合理的预防、受理投诉、调查处置等措施,防止和制止利用职权、从属关系等实施性骚扰。"

〔2〕《民法典》对此作出了赔偿规定,即第 1191 条规定:"用人单位的工作人员因执行工作任务造成他人损害的,由用人单位承担侵权责任。用人单位承担侵权责任后,可以向有故意或者重大过失的工作人员追偿。"

条分别规定了强奸罪和强制猥亵、侮辱妇女罪，但打击的均是个人犯罪，而没有规定单位犯罪，故不能追究单位的刑事责任。同时，也未见有规定可以追究用人单位因违反反职场性骚扰的行政责任。[1]

2. 合规措施

(1)用人单位应设立反职场性骚扰职能的内部职能机构。一般选择女职工担任该部门的专职负责人(中小企业可兼职)，该部门对反职场性骚扰事宜享受专项管理权，要能够独立行使预防、宣传、评估、接受投诉举报和处理的职能。(2)建立反职场性骚扰劳动规章制度。要明确禁止职场性骚扰行为，并表明立场即职场性骚扰零容忍，且要规定接受投诉职能部门、流程、渠道和多种联系方式，制定处罚规则(包括对处理人员渎职的处罚)。对反职场性骚扰制度要进行培训和宣传。(3)要严肃查处职场性骚扰行为。收到投诉后要及时着手调查取证，面谈听取辩解意见，对事实清楚、证据确凿且被认定构成职场性骚扰的要给予处分，直至解除劳动合同。(4)要建立被害职工的求助制度，要注意保护被害人隐私，避免二次伤害。同时也要注意防止受害人被打击报复。(5)采取技术措施预防性骚扰发生，如采用透明或开放的办公设计，在公共场所安装监控设备等。

3. 延伸阅读

关于职场性骚扰的定义。2021年全国妇联权益部编写的《防治职场性骚扰指导手册》对职场性骚扰进行了定义。所谓“职场性骚扰”，是指发生在工作场所的，以动作、语言、文字、图片、电子信息等方式实施的，与性有关的、违背员工

---

[1] 例如，《妇女权益保障法》(2018年修正)第58条规定：“违反本法规定，对妇女实施性骚扰或者家庭暴力，构成违反治安管理行为的，受害人可以提请公安机关对违法行为人依法给予行政处罚，也可以依法向人民法院提起民事诉讼。”虽然《治安管理处罚法》第18条规定“单位违反治安管理的，对其直接负责的主管人员和其他直接责任人员依照本法的规定处罚”，但从实践来看，针对职场性骚扰《治安管理处罚法》只处罚实施性骚扰的个人，而不处罚用人单位，因为性骚扰行为无法由用人单位实施。

意愿的行为。具体而言,构成职场性骚扰主要包含以下三个条件:一是骚扰者实施了与性有关的行为;二是骚扰者是在职场上利用职权或职务之便实施的;三是违背受害员工的意愿。在职场实施性骚扰行为的是骚扰者,被骚扰的是受害人。职场性骚扰可能发生在老板与员工之间、领导与下属之间、同事之间、顾客客户与员工之间。我们基本同意全国妇联的上述定义,但不赞同将“违背员工意愿”作为要件,理由有二:一是“禁止职场性骚扰”是劳动条件基准。社会公共利益的保障并不以个人是否同意为前提,个人同意或不同意均必须保障社会公共利益的实现,例如,工时基准、社保缴纳就由不得员工同意或不同意。二是即使在员工同意的情况下,也同样会发生职场性骚扰现象。

实践证明,由于用人单位无须承担行政责任和刑事责任,而仅须承担赔偿责任,且在赔偿之后还可以向劳动者追索,所以,用人单位对反职场性骚扰的动力普遍不足。因为用人单位实施用工合规之消极目的是规避用人单位的用工风险,而现阶段用人单位风险十分有限,故预防和处理的积极性不高。

如何避免成为骚扰者?全国妇联建议:一是尊重他人。提高法律意识和道德修养,尊重他人合法权益。二是说话得体。说话时要注意场合,言语要得体,不要挑逗异性、说暧昧语言、开“黄色”玩笑。三是举止文明。和异性在一起,行为举止应文明礼貌,不要有过于亲昵的行为,要保持一定的距离。

六、劳动保障合规重点

(一)反就业歧视合规重点

1. 合规风险

合规义务:《就业促进法》(2015 年修正)第 3 条第 2 款规定:“劳动者就业,

不因民族、种族、性别、宗教信仰等不同而受歧视。”第 26 条规定：“用人单位招用人员、职业中介机构从事职业中介活动，应当向劳动者提供平等的就业机会和公平的就业条件，不得实施就业歧视。”《人力资源市场暂行条例》(2018 年) 第 24 条第 1 款规定：“用人单位发布或者向人力资源服务机构提供的单位基本情况、招聘人数、招聘条件、工作内容、工作地点、基本劳动报酬等招聘信息，应当真实、合法，不得含有民族、种族、性别、宗教信仰等方面的歧视性内容。”等等。

风险提示：《就业促进法》第 68 条规定：“违反本法规定，侵害劳动者合法权益，造成财产损失或者其他损害的，依法承担民事责任；构成犯罪的，依法追究刑事责任。”《人力资源市场暂行条例》第 43 条规定：“违反本条例第二十四条、第二十七条、第二十八条、第二十九条、第三十条、第三十一条规定，发布的招聘信息不真实、不合法，未依法开展人力资源服务业务的，由人力资源社会保障行政部门责令改正；有违法所得的，没收违法所得；拒不改正的，处 1 万元以上 5 万元以下的罚款；情节严重的，吊销人力资源服务许可证；给个人造成损害的，依法承担民事责任。违反其他法律、行政法规的，由有关主管部门依法给予处罚。”等等。

2. 合规措施

(1) 用人单位发布招聘信息时，不得含有民族、种族、性别、宗教信仰等方面的歧视性内容；(2) 发生就业歧视投诉、举报或诉讼事件应当及时查处、改正错误或主动承担责任；(3) 在操作单位内部招聘或职务晋升等相关事务中，应当平等对待且不得实施歧视性行为；(4) 对求职者或本单位职工，在就业问题上不得作出不合理的差别对待。

3. 延伸阅读

我国法律对歧视和就业歧视未作定义。“歧视”一词中的“歧”是指“叉开”之意，见《后汉书 · 张堪传》“麦穗两歧”，引申为歧异，不相同。所以，“歧视”是指不平等看待。[1]《现代汉语辞海》对"歧视"一词解释为"(动)不平等地看待"。[2] 所以我国对"歧视"一词的理解几乎一致,即为"不平等看待"之意。简言之,所谓就业歧视,是指劳动者在求职或劳动有关系存续期间,遭受了不合理的差别对待。上述不合理的差别,是指劳动者之间没有合理依据的差别。合理的差别,是指劳动者之间具有合理依据的差别。合理的差别符合实质平等原则,不合理的差别违反了实质平等原则。就业歧视之所以应当禁止,原因就是其违反了平等原则。同时要注意的是就业歧视之"差别对待",不是指用人单位与劳动者之间的纵向不平等,而是指劳动者之间的横向不平等。前者不平等问题的解决办法,是通过制订劳动法来实现,即通过劳动法,来实现劳资双方之间的实质平等;而后者不平等问题的解决办法,是通过禁止就业歧视行为,来实现平等。[3]

司法实践中常见的就业歧视行为有:民族歧视、性别歧视、宗教信仰歧视、残疾歧视、前科歧视、容貌歧视、健康歧视、年龄歧视和学历歧视。

(二)社会保险合规重点

1. 合规风险

合规义务:《社会保险法》第 4 条第 1 款规定:"中华人民共和国境内的用人单位和个人依法缴纳社会保险费……"第 10 条第 1 款规定:"职工应当参加基本养老保险,由用人单位和职工共同缴纳基本养老保险费。"等等。

风险提示:《社会保险法》第 84 条规定:"用人单位不办理社会保险登记的,由社会保险行政部门责令限期改正;逾期不改正的,对用人单位处应缴社会保险

[1] 辞海编辑委员会主编:《辞海》(第 6 版缩印本),上海辞书出版社 2010 年版,第 1467 页。
[2] 现代汉语辞海编辑委员会主编:《现代汉语辞海》(全新版),中国书籍出版社 2003 年版,第 859 页。
[3] 胡燕来:《劳动法之完善研究》,法律出版社 2020 年版,第 338 页。

费数额一倍以上三倍以下的罚款,对其直接负责的主管人员和其他直接责任人员处五百元以上三千元以下的罚款。"第 86 条规定:"用人单位未按时足额缴纳社会保险费的,由社会保险费征收机构责令限期缴纳或者补足,并自欠缴之日起,按日加收万分之五的滞纳金;逾期仍不缴纳的,由有关行政部门处欠缴数额一倍以上三倍以下的罚款。"等等。

2. 合规措施

(1)用人单位应当在自成立之日起 30 日内申请办理社会保险登记;(2)用人单位应当依法为建立劳动关系的劳动者缴纳社会保险费;(3)用人单位不得故意实施规避社会保险缴纳之行为,如故意分解工资以达到降低社保基数之目的等;(4)用人单位应按月及时保额缴纳社会保险费;(5)用人单位应及时为失业人员出具终止或者解除劳动关系的证明,并将失业人员的名单自终止或者解除劳动关系之日起 15 日内告知社会保险经办机;[1](6)拒绝与劳动者签订不缴纳社保协议、拒绝录用不同意缴纳社保的劳动者,已经录用的应当解除。

七、劳务用工合规

(一)合规风险

合规义务:《民法典》第 2 条规定:"民法调整平等主体的自然人、法人和非法人组织之间的人身关系和财产关系。"第 770 条规定:"承揽合同是承揽人按照定作人的要求完成工作,交付工作成果,定作人支付报酬的合同。承揽包括加工、定作、修理、复制、测试、检验等工作。"劳务用工中定作人为用人单位,承揽

[1] 《社会保险法》第 50 条。

人应特定为自然人，而不包括法人或组织，等等。

风险提示：如果劳务关系被认定为劳动关系，则用人单位应当根据劳动法规定承担劳动法律责任，而不是依据《民法典》承担民事责任。而承担劳动法律责任与民事责任的差别巨大，如劳动关系中需缴纳社保且未签书面劳动合同需支付双倍工资，而民事责任中则无此缴纳社保和双倍劳务报酬之规定。

（二）合规措施

(1)用人单位一般不要与劳动者个人签订劳务协议并用工，因为此用工方式极易被劳动仲裁委或法院认定为劳动关系；(2)退休返聘的应当要求劳动者提供退休证明资料（达到法定退休年龄和已领取养老保险待遇），并在劳务协议约定双方的权利义务；(3)招用实习生应当要求学生提供学校的证明或介绍信，因为存在学生私自打工等现象；(4)达到法定退休年龄之劳务用工要注意不能前后连续用工，中间应有时间间隔，即先办理终止劳动关系手续，然后再重新办理劳务用工手续。

（三）延伸阅读

关于劳动关系认定的制度依据。司法实践中，我国司法机关在认定劳动关系时，一般引用原劳动和社会保障部（现人力资源与社会保障部）2005 年的相关规定进行处理。《关于确立劳动关系有关事项的通知》（劳社部发〔2005〕12 号）第 1 条规定，用人单位招用劳动者未订立书面劳动合同，但同时具备下列情形的，劳动关系成立。(1)用人单位和劳动者符合法律、法规规定的主体资格；(2)用人单位依法制定的各项劳动规章制度适用于劳动者，劳动者受用人单位的劳动管理，从事用人单位安排的有报酬的劳动；(3)劳动者提供的劳动是用人单位业务的组成部分。从以上规定可以看出，司法实践中适用的劳动关系法定标准，也是依据传统的劳动关系从属性理论而作出的，并同样可以概括为：人格从属性是劳动关系的根本性判断标准，经济从属性是辅助性判断标准。人格从属性的核心，从劳动者角度来看就是服从，从用人单位角度来看就是直接的管理、指挥和监督。

八、外包用工合规

（一）合规风险

合规义务：《民法典》第2条规定："民法调整平等主体的自然人、法人和非法人组织之间的人身关系和财产关系。"第770条规定："承揽合同是承揽人按照定作人的要求完成工作，交付工作成果，定作人支付报酬的合同。承揽包括加工、定作、修理、复制、测试、检验等工作。"外包用工中上述规定中的承揽人特定为法人或组织，不包括自然人，等等。

风险提示：《劳务派遣暂行规定》第27条规定："用人单位以承揽、外包等名义，按劳务派遣用工形式使用劳动者的，按照本规定处理。"这个"本规定"是指《劳务派遣暂行规定》，即按劳务派遣之法律责任进行处理。"本规定"中第20条规定："劳务派遣单位、用工单位违反劳动合同法和劳动合同法实施条例有关劳务派遣规定的，按照劳动合同法第九十二条规定执行。"[1]等等。

---

〔1〕《劳动合同法》第92条规定："违反本法规定，未经许可，擅自经营劳务派遣业务的，由劳动行政部门责令停止违法行为，没收违法所得，并处违法所得一倍以上五倍以下的罚款；没有违法所得的，可以处五万元以下的罚款。劳务派遣单位、用工单位违反本法有关劳务派遣规定的，由劳动行政部门责令限期改正；逾期不改正的，以每人五千元以上一万元以下的标准处以罚款，对劳务派遣单位，吊销其劳务派遣业务经营许可证。用工单位给被派遣劳动者造成损害的，劳务派遣单位与用工单位承担连带赔偿责任。"

（二）合规措施

(1)外包单位要监督承包单位是否与劳动者签订了劳动合同、缴纳了社保；(2)外包单位要确认承包方工商登记的经营范围中是否具有从事承包业务之内容；(3)外包协议中应当约定资金、设备、材料等主要生产资料由承包方提供；(4)外包协议中不约定以工资、社会保险费和管理费等作为结算参考依据；(5)要约定劳动者应当服从承包方且由承包方直接管理和指挥；(6)不与个人签订外包协议。

（三）延伸阅读

1. 统一使用“外包用工”一词的基本逻辑

自从我国1994年《劳动法》第一次使用“用人单位”和2007年《劳动合同法》第一次使用“用工单位”以来，劳动法上的“用人”和“用工”这两个词，均被法律赋予了新的含义，同时两者之间也有了明显区别。一般情况下“用人”在劳动关系语境下使用，而“用工”在非劳动关系语境下使用。鉴于这一法定用语规范之事实，不难发现“业务外包”、“灵活用工（灵活就业）”、“劳务外包”、“劳务承揽”、“人力资源外包”、“共享用工”和“劳务派遣”均属于“用工”之范畴。由于客观上我国劳动法理论界，对上述“业务外包、灵活用工（灵活就业）、劳务外包、劳务承揽、人力资源外包”这几个词的内涵和外延，以及相互之间的区别与联系，尚未形成通说，所以为了研究法律适用的方便，笔者建议从以上几个词的共同之处（均属于“用工”）着手，将“业务外包、灵活用工（灵活就业）、劳务外包、劳务承揽、人力资源外包”这几种用工形式统称为“外包用工”。所以本章中除特别说明外，“外包用工”一词，均包含有“业务外包、灵活用工（灵活就业）、劳务外包、劳务承揽、人力资源外包”之意。之所以将“劳务派遣”“共享用工”这两种用工方式剔除，是因为我国《劳动合同法》对“劳务派遣”以及政府主管部门对

“共享用工”这两种用工方式的已明确定性，且不存在争议，故实务操作中按其用工性质适用法律即可。[1]

2. 外包用工的定义

所谓“外包”即外部承包，是指独立存在于发包人之外的主体作为承包人，承包经营发包人所发包的工程或业务项目。外包用工即外部承包中的用工，指由承包人招用劳动者完成其对外承包的工程或业务项目。[2]

九、涉外用工合规

（一）合规风险

合规义务：《外国人在中国就业管理规定》（2017 年修订）第 5 条规定：“用人单位聘用外国人须为该外国人申请就业许可，经获准并取得《中华人民共和国外国人就业许可证书》（以下简称许可证书）后方可聘用。”《出境入境管理法》（2012 年）第 45 条规定：“聘用外国人工作或者招收外国留学生的单位，应当按照规定向所在地公安机关报告有关信息。……”《外国人入境出境管理条例》（2013 年）第 22 条第 1 款规定：“持学习类居留证件的外国人需要在校外勤工助学或者实习的，应当经所在学校同意后，向公安机关出入境管理机构申请居留证件加注勤工助学或者实习地点、期限等信息。”等等。

风险提示：《出境入境管理法》（2012 年）第 80 条第 3 款规定：“非法聘用外国人的，处每非法聘用一人一万元，总额不超过十万元的罚款；有违法所得的，没

〔1〕 胡燕来：《劳动法之完善研究》，法律出版社 2020 年版，第 301 ~ 302 页。
〔2〕 王全兴、黄昆：《外包用工的规避倾向与劳动立法的反规避对策》，载《中州学刊》2008 年第 3 期。

收违法所得。"《外国人入境出境管理条例》(2013 年)第 32 条第 1 款规定:"外国人被遣送出境所需的费用由本人承担。本人无力承担的,属于非法就业的,由非法聘用的单位、个人承担;属于其他情形的,由对外国人在中国境内停留居留提供保证措施的单位或者个人承担。"等等。

(二)合规措施

(1)招用外国人在校外勤工助学或者实习的要注意申请办理签注手续,否则属于违法聘用外国人;(2)未取得《就业许可证书》的外国人,用人单位不得聘用,但获得《外国人永久居留证》等特殊情况除外;(3)用人单位聘用外国人工作或者招收外国留学生的,应当按照规定向所在地公安机关报告有关信息;(4)用人单位应为外国人缴纳社会保险;(5)用人单位与外国人协商一致可以为其缴纳公积金。

(三)延伸阅读

1. 外国人在中国内地投资,按照有关规定,不视为就业,不需办理就业审批手续,但是在该投资的外资企业担任总经理、副总经理职务的除外。

2. 外国人劳动争议的处理只能适用中华人民共和国法律。根据《涉外民事关系法律适用法》第 4 条规定:"中华人民共和国法律对涉外民事关系有强制性规定的,直接适用该强制性规定。"同时,最高人民法院《关于适用〈中华人民共和国涉外民事关系法律适用法〉若干问题的解释(一)》(2020 年修正)第 8 条规定:涉及劳动者权益保护的,属于涉及中华人民共和国社会公共利益、当事人不能通过约定排除适用、无需通过冲突规范指引而直接适用于涉外民事关系的法律、行政法规的规定,人民法院应当认定为涉外民事关系法律适用法第 4 条规定的强制性规定。

十、国际外派劳务合规

（一）合规风险

合规义务:《企业境外经营合规管理指引》(发改外资〔2018〕1916号)第3条规定:“本指引所称合规,是指企业及其员工的经营管理行为符合有关法律法规、国际条约、监管规定、行业准则、商业惯例、道德规范和企业依法制定的章程及规章制度等要求。”等等。上述合规要求中包含了国际外派劳务用工合规的事项。

风险提示:商务部办公厅《关于开展规范外派劳务市场秩序专项行动的通知》(商办合函〔2017〕215号)第4条第4项规定:“各地方、各部门对排查中发现的违法违规行为,要及时妥善处理,并依法依规对违法违规外派进行处罚。对于未依法取得对外劳务合作经营资格从事外派劳务的,由商务主管部门提请工商行政管理部门查处;构成犯罪的,依法追究刑事责任。商务、外交、公安、国资、工商等部门在专项行动中实行信息共享和联合惩戒,有效遏制违法违规行为。”

（二）合规措施

(1)对外承包工程企业要依法及时足额缴存备用金;(2)不将外派劳务单独分包或转包;(3)要与劳务人员签订劳动合同的;(4)要及时发放工资并指派专人负责劳务人员管理;(5)分包企业不得将工程和外派劳务转包或再分包;(6)不能通过国内无对外劳务合作经营资格或有重大违法行为的中介机构外派劳务;(7)要为其招用的劳务人员办理合法境外务工手续的;(8)要建立涉外劳

务纠纷预防和处置机制。

（三）延伸阅读

“外派劳务人员”在我国法律、政策并未给其定义。笔者认为，所谓外派劳务人员，是指为境内企业为了向其他国家或地区投资、承包工程或进行劳务合作等经营性活动，而向其他国家或地区派出的人员。根据《对外承包工程管理条例》的相关规定，对外承包工程企业对外派出的人员，叫做“对外承包工程外派人员”。[1] 所谓“国际劳务争议”，是指在劳务输出与劳务输入的国际劳务贸易中，劳动者与雇主之间发生的劳动争议。[2] 从政府管理角度来看，造成产生国际劳务争议的原因是外派企业管理不规范。除上述文件体现外派劳务存在的问题之外，从司法实践和管理实践两个角度来看，还存在以下几个方面违法行为：(1)向劳务人员虚假承诺或提供虚假信息。(2)滥用劳务派遣，压低劳务价格，拖欠工资。(3)违规收取服务费、中介费、押金、保证金等，或者要求外派人员提供财产担保。(4)个别外派劳务人员为了个人目的故意挑事，引起群体事件。(5)合同或规章制度规定不明确，引起劳动报酬争议。如涉及加班费、津贴或补贴等。(6)发生安全事故，对损害赔偿不满意。(7)对分包企业外派劳务人员监管不严。因为总包企业对整个项目项下外派劳务管理负总责。[3]

---

〔1〕 胡燕来：《劳动法之完善研究》，法律出版社2020年版，第411页。

〔2〕 胡燕来：《劳动法之完善研究》，法律出版社2020年版，第431页。

〔3〕 商务部《关于切实做好对外承包工程项下外派劳务管理工作的紧急通知》（商合函〔2008〕11号）第5条。

十一、劳动用工刑事合规

用人单位在劳动用工过程中因违法而构成犯罪的属于单位犯罪。根据《刑法》第30、31条规定:“公司、企业、事业单位、机关、团体实施的危害社会的行为,法律规定为单位犯罪的,应当负刑事责任。”“单位犯罪的,对单位判处罚金,并对其直接负责的主管人员和其他直接责任人员判处刑罚。本法分则和其他法律另有规定的,依照规定。”用人单位因劳动用工不合规而带来承担刑事责任的风险,常见主要有如下几个类型:

(一)拒不支付劳动报酬刑事合规

1. 合规风险

合规义务:《劳动法》第50条规定:“工资应当以货币形式按月支付给劳动者本人。不得克扣或者无故拖欠劳动者的工资。”等等。

风险提示:按《刑法》第276条之一规定,构成拒不支付劳动报酬罪的,对单位可判处罚金,并对其直接负责的主管人员和其他直接责任人员可判处有期徒刑,最高7年,可并处罚金。

2. 合规措施

(1)如单位经营出现严重困难的,应当如实向全体职工说明情况,而不能以转移财产、逃匿等方法逃避支付;(2)用人单位应及时足额支付劳动报酬;(3)在被刑事立案后提起公诉前,用人单位要支付完毕劳动者的劳动报酬,以争取减轻或者免除处罚。

3. 延伸阅读

所谓拒不支付劳动报酬罪，是指以转移财产、逃匿等方法逃避支付劳动者的劳动报酬或者有能力支付而不支付劳动者的劳动报酬，数额较大，经政府有关部门责令支付仍不支付的行为。立案标准：拒不支付 1 名劳动者 3 个月以上的劳动报酬且数额在 5000 元至 2 万元以上的；拒不支付 10 名以上劳动者的劳动报酬且数额累计在 3 万元至 10 万元以上的。不支付劳动者的劳动报酬，尚未造成严重后果，在刑事立案前支付劳动者的劳动报酬，并依法承担相应赔偿责任的，可以不予立案追诉。[1]

（二）强令、组织他人违章冒险作业刑事合规

1. 合规风险

合规义务：《劳动法》第 53 条规定："用人单位必须建立、健全劳动安全卫生制度，严格执行国家劳动安全卫生规程和标准，对劳动者进行劳动安全卫生教育，防止劳动过程中的事故，减少职业危害。"

风险提示：《刑法》第 134 条第 2 款规定："强令他人违章冒险作业，或者明知存在重大事故隐患而不排除，仍冒险组织作业，因而发生重大伤亡事故或者造成其他严重后果的，处五年以下有期徒刑或者拘役；情节特别恶劣的，处五年以上有期徒刑。"

2. 合规措施

（1）用人单位要建立、健全劳动安全制度，并对全体劳动者进行培训；（2）要严格执行国家劳动安全卫生规程和标准；（3）不强令劳动者违章冒险作业；（4）用人单位要建立内部监督检查制度，如定期进行检查并及时整改。

---

〔1〕 最高人民检察院、公安部《关于公安机关管辖的刑事案件立案追诉标准的规定（一）的补充规定》（公通字〔2017〕12 号）第 6 条。

3. 延伸阅读

最高人民检察院、公安部《关于公安机关管辖的刑事案件立案追诉标准的规定(一)》(公通字〔2008〕36号)第9条规定:"强令他人违章冒险作业,涉嫌下列情形之一的,应予立案追诉:(一)造成死亡一人以上,或者重伤三人以上;(二)造成直接经济损失五十万元以上的;(三)发生矿山生产安全事故,造成直接经济损失一百万元以上的;(四)其他造成严重后果的情形。"

(三)重大劳动安全事故刑事合规

1. 合规风险

合规义务:《劳动法》第53条规定:"劳动安全卫生设施必须符合国家规定的标准。新建、改建、扩建工程的劳动安全卫生设施必须与主体工程同时设计、同时施工、同时投入生产和使用。"

风险提示:《刑法》第135条规定:"安全生产设施或者安全生产条件不符合国家规定,因而发生重大伤亡事故或者造成其他严重后果的,对直接负责的主管人员和其他直接责任入员,处三年以下有期徒刑或者拘役;情节特别恶劣的,处三年以上七年以下有期徒刑。"

2. 合规措施

(1)用人单位使用的安全生产设施或者安全生产条件要符合国家规定;(2)要建立劳动安全生产专项制度,并定期对全体职工或其他劳动者进行培训;(3)要定期对安全生产设施进行检测,及时排除隐患,确保生产安全;(4)要设立企业劳动用工合规管理机构,建立用工合规制度,如举报、投诉、监督、调查和惩处等制度,并保障得到实施和持续改善;(5)要建立劳动安全用人单位之"一把手"负责制,并追究相关责任人的纪律责任。

3. 延伸阅读

所谓"重大劳动安全事故罪",是指安全生产设施或者安全生产条件不符合国家规定,因而发生重大伤亡事故或者造成其他严重后果的行为。立案标准:安全生产设施或者安全生产条件不符合国家规定,涉嫌下列情形之一的,应予立案追诉:(1)造成死亡1人以上,或者重伤3人以上;(2)造成直接经济损失50万元以上的;(3)发生矿山生产安全事故,造成直接经济损失100万元以上的;(4)其他造成严重后果的情形。[1]

(四)非法拘禁刑事合规

1. 合规风险

合规义务:《劳动法》第4条规定:“用人单位应当依法建立和完善规章制度,保障劳动者享有劳动权利和履行劳动义务。”

风险提示:《刑法》第238条规定,构成非法拘禁罪的,可判处有期徒刑,致人死亡的,处10年以上有期徒刑。

2. 合规措施

(1)用人单位不使用非法剥夺他人人身自由的方式来管理或指挥劳动者;(2)用人单位应当建立规章制度,尊重和保障劳动者享有劳动权利;(3)加班加点的要事先取得劳动者同意,不强迫劳动者提供劳动。

3. 延伸阅读

所谓“非法拘禁罪”,是指以拘押、禁闭或者其他强制方法,非法剥夺他人人身自由的犯罪行为。立案标准:“有组织地多次短时间非法拘禁他人的,应当认定为《刑法》第二百三十八条规定的‘以其他方法非法剥夺他人人身自由’。非法拘禁他人三次以上、每次持续时间在四小时以上,或者非法拘禁他人累计时间

---

〔1〕 最高人民检察院、公安部《关于公安机关管辖的刑事案件立案追诉标准的规定(一)》(公通字〔2008〕36号)第10条。

在十二小时以上的,应当以非法拘禁罪定罪处罚。”[1]

(五)强迫劳动刑事合规

1. 合规风险

合规义务:《劳动法》第17条规定:“订立和变更劳动合同,应当遵循平等自愿、协商一致的原则,不得违反法律、行政法规的规定。”

风险提示:按《刑法》第244条规定,构成强迫劳动罪的,对单位可判处罚金,并对其直接负责的主管人员和其他直接责任人员可判处有期徒刑,最高10年,并可并处罚金。

2. 合规措施

(1)用人单位不强迫劳动者与其建立劳动关系或变更劳动关系;(2)用人单位管理劳动者不使用暴力、威胁或者限制人身自由的方法;(3)加班加点的要用人单位要事先取得劳动者同意;(4)劳动者拒不依法提供劳动的,用人单位不得强迫其之劳动,但可以依法给予相应的纪律处分,包括解除劳动合同。

3. 延伸阅读

立法追诉标准:以暴力、威胁或者限制人身自由的方法强迫他人劳动的,应予立案追诉。明知他人以暴力、威胁或者限制人身自由的方法强迫他人劳动,仍为其招募、运送人员或者有其他协助强迫他人劳动行为的,应予立案追诉。[2]

---

〔1〕 最高人民法院、最高人民检察院、公安部、司法部《关于办理实施“软暴力”的刑事案件若干问题的意见》(2019年4月9日)第6条。

〔2〕 最高人民检察院、公安部《关于公安机关管辖的刑事案件立案追诉标准的规定(一)的补充规定》(公通字〔2017〕12号)第6条。

第十三章

数据保护合规

一、基本制度框架、目的及内容

（一）网络安全法下数据保护的框架、目的和内容

1. 数据保护框架

我国数据合规领域的法律制度体系以《网络安全法》为核心，加之一系列相关配套规范和措施而共同组成。

作为我国第一部网络安全领域的综合性法律，《网络安全法》广泛地适用于在中国境内建设、运营、维护和使用网络等行为。在“网络运行安全”与“网络信息安全”两大维度下，《网络安全法》进一步规定了相关主体的权利、义务和责任，以及国家层面为维护网络安全而建立的监测预警与应急处置等机制。

就网络运行安全层面，《网络安全法》针对网络运营者和关键信息基础设施运营者两类主体，从内部制度、技术措施、采购对象、数据存储和跨境传输等多个方面规定了相应的责任和义务。

就网络信息安全层面,《网络安全法》梳理了此前散见于不同法律法规中关于个人信息保护的规定。例如,《网络安全法》在第四章总结了网络运营者在保护个人信息安全方面的义务,以及公民对其个人信息的重要权利,并在第六章中规定了侵害公民个人信息安全的行为相应的法律责任。除此以外,《网络安全法》还对网络信息内容管理做出了提纲挈领的要求。

同时,自《网络安全法》2017 年 6 月 1 日正式实施以来,以国家互联网信息办公室(以下简称网信办)、工业和信息化部(以下简称工信部)、公安部及国家认证认可监督管理委员会(以下简称认监委)为主的多个监管部门根据《网络安全法》的授权制定或修改了多项与《网络安全法》具体实施相关的法规和规范性文件。此外,以全国信息安全标准化技术委员会(以下简称信安标委)为主的国家与行业的标准制定组织也从不同角度制定并公开了一系列重要标准正式文件与征求意见稿,作为《网络安全法》及其配套法规的重要补充,为企业合规工作提供进一步指引。

2. 目的

《网络安全法》立足于总体国家安全观,将维护网络空间主权和国家安全作为立法宗旨,针对我国网络安全领域的突出问题,以制度建设提高国家网络安全保障能力,掌握网络空间治理和规则制定方面的主动权,是面对迫在眉睫的问题进行的与时俱进、符合国情、顺应民生的立法活动。

《网络安全法》在第一章总则部分第 1 条,开宗明义地总结了其四大基本立法目的:第一,保障网络安全;第二,维护网络空间主权和国家安全、社会公共利益;第三,保护公民、法人和其他组织的合法权益;第四,促进经济社会信息化健康发展。

3. 重点内容

在个人信息保护方面,《网络安全法》主要从网络运营者义务和个人信息主体权利的角度出发。对于网络运营者而言,《网络安全法》要求其收集、使用个人信息应当遵循合法、正当、必要原则的要求。具体来说，网络运营者应公开收集、使用规则，明示其收集、使用个人信息的目的、方式和范围，并且收集前需经被收集者同意。收集个人信息的范围不得超过必要性的限度，不得收集与其提供的服务无关的个人信息。同时，网络运营者不得泄露、篡改、毁损其收集的个人信息；在发生或者可能发生个人信息泄露、毁损、丢失的情况时，应当立即采取补救措施，并按照规定及时告知用户并向有关主管部门报告。对于被保护的个人信息主体而言，《网络安全法》下规定了删除权、更正权以及投诉权等权利。在罚则部分，网络运营者若违反《网络安全法》相关的规定，可能承担民事责任，更甚至是行政责任和刑事责任。除此之外，《个人信息保护法》，信安标委颁布的推荐性国家标准《信息安全技术　个人信息安全规范》(GB/T 35273—2017，以下简称2017年《个人信息安全规范》)为个人信息控制者在收集、保存、使用、共享、转让、公开披露等信息处理环节中的相关行为的原则和要求进行进一步规范，因此对于企业数据保护合规具有非常重要的指引价值。

在关键信息基础设施保护方面，对于从事公共通信和信息服务、能源、交通、水利、金融、公共服务、电子政务等重要行业和领域的关键信息基础设施运营者，《网络安全法》提出其需要在网络安全等级保护制度的基础上，进一步实行重点保护。除了履行一般网络运营者的网络运行安全义务外，由于关键信息基础设施的重要性，还需履行更为细致和严格的责任，包括：(1)安全技术措施同步规划、同步建设、同步使用；(2)额外的安全保护义务，包括但不限于安全管理机构和负责人员的设置、从业人员的培训和考核、重要系统和数据库的容灾备份、网络安全事件的定期演练等；(3)采购特定网络产品和服务需要经过国家安全审查，并需要与供应商签署保密协议；(4)在中国境内收集的个人信息和重要数据需在境内存储，确有跨境需求的，需要经过国家安全评估；(5)定期的网络安全检测评估，目前有关关键基础设施保护制度的具体规定包括《关键信息基础设施安全保护条例》、《信息安全技术关键信息基础设施安全检查评估指南(征求意见稿)》以及正在制定中的《关键信息基础设施识别指南》等。

在网络安全事件管理制度方面,《网络安全法》首先要求网络运营者制定网络安全事件的应急预案,使得网络运营者在面临系统漏洞、计算机病毒攻击、网络攻击或侵入等安全事件时能够在应急行动、措施和保障等方面有章可循。其次要求在面临网络安全事件时,网络运营者应及时启动应急预案,根据应急预案采取补救措施,并按照规定向有关主管部门和用户报告。此外,网信办制定了《国家网络安全事件应急预案》,指导各级网络安全监管机构的网络安全事件应对工作。工信部以此为依据,制定了《公共互联网网络安全突发事件应急预案》,适用于面向社会提供服务的基础电信企业、域名注册管理和服务机构、互联网企业(含工业互联网平台企业)发生网络安全突发事件的应对工作。除此之外,在能源、交通、金融等关键行业,各行业主管部门也已经或正在积极出台各行业的网络安全事件应急预案机制。

在网络信息内容管理方面,《网络安全法》规定了网络服务提供者在内的网络运营者负有主动管理用户发布的信息的义务要求。若网络运营者发现法律、行政法规禁止发布或者传输的信息的,应当立即停止传输该信息,采取消除等处置措施,防止信息扩散,保存有关记录,并向有关主管部门报告。结合《网络安全法》的要求,网信办从行业、适用场景等方面对互联网信息内容管理进行了全面地细化,已制定并出台了一系列互联网信息内容管理规范,并成为各级网信部门主要的行政执法依据。

(二)刑法下数据保护的框架、目的和内容

我国《刑法》中有关数据保护的规定主要集中在第253条之一、第285条和第286条之一中,即侵犯公民个人信息罪、非法侵入计算机信息系统罪、非法获取计算机信息系统数据罪和拒不履行信息网络安全管理义务罪。但部分规定仅针对特定的主体或客体,不具有一般适用性。除此之外,最高人民法院专门针对

侵犯公民个人信息的刑事案件制定并发布了司法解释，与《刑法》共同组成了我国刑法制度下数据保护的框架。这一系列的法律法规旨在依法惩治侵犯公民个人信息犯罪活动，保护公民个人信息安全和合法权益。

就侵犯公民个人信息罪而言，根据《刑法》第253条之一，国家机关或者金融、电信、交通、教育、医疗等单位的工作人员，将本单位在履行职责或者提供服务过程中获得的公民个人信息，出售或者非法提供给他人，且情节严重的，处以相应的刑事处罚。随后，在2017年，最高人民法院、最高人民检察院发布了《关于办理侵犯公民个人信息刑事案件适用法律若干问题的解释》，其中进一步明确侵犯公民个人信息罪中的相关概念，包括界定了公民个人信息的内涵、提供个人信息的具体方式和非法获取的情形等，为侵犯公民个人信息罪的具体适用提供了更细致的规定。此外，根据不同类型公民个人信息的重要程度，司法解释设置了不同的数量标准：对于行踪轨迹信息、通信内容、征信信息、财产信息，非法获取、出售或者提供50条以上即为“情节严重”；对于住宿信息、通信记录、健康生理信息、交易信息等其他可能影响人身、财产安全的公民个人信息，标准则是500条以上；对于其他公民个人信息，标准为5000条以上。

此外，《刑法》第285条禁止非法侵入计算机信息系统以及非法获取计算机信息系统数据的行为。出于对国家事务、国防建设、尖端科学技术领域的计算机信息系统安全的特殊保护，对于非法侵入上述计算机信息系统的行为，《刑法》对犯罪主体处以有期徒刑或者拘役，并处或者单处罚金。同时，对于非法侵入上述计算机信息系统以外的计算机信息系统或者采用其他技术手段，获取该计算机信息系统中存储、处理或者传输的数据，情节严重的，《刑法》同样对犯罪主体处以有期徒刑或者拘役，并处或者单处罚金。

2015年11月，《刑法修正案（九）》新增拒不履行信息网络安全管理义务罪的相关内容，规定网络服务提供者若不履行法律或行政法规规定的网络安全管理义务，造成违法信息大量传播、用户信息泄露等危害后果的，将构成犯罪。

（三）民法总则下数据保护的框架、目的和内容

2017年3月18日颁布的《民法总则》（已废止）原则性地规定自然人的个人信息受法律保护。《民法总则》第111条规定："自然人的个人信息受法律保护。任何组织和个人需要获取他人个人信息的，应当依法取得并确保信息安全，不得非法收集、使用、加工、传输他人个人信息，不得非法买卖、提供或者公开他人个人信息。"此外，《民法总则》还明确了应按照法律规定对数据、网络虚拟财产进行保护。

在《民法总则》的框架下，《侵权责任法》和《消费者权益保护法》等法律中关于隐私权保护与侵权救济条款均有对于个人信息保护的体现，并规定了侵犯个人信息的违法行为应当承担相应的民事责任，如赔偿损失、消除影响、赔礼道歉等。

就《侵权责任法》而言，尽管没有明确规定个人数据权利，但就类似的自然人隐私权保护进行了相应的规定。最高人民法院在2014年颁布的《关于审理利用信息网络侵害人身权益民事纠纷案件适用法律若干问题的规定》中，对利用网络侵害他人隐私权的行为做出了更为具体的规定。该规定的第12条指出，"网络用户或者网络服务提供者利用网络公开自然人基因信息、病历资料、健康检查资料、犯罪记录、家庭住址、私人活动等个人隐私和其他个人信息，造成他人损害，被侵权人请求其承担侵权责任的，人民法院应予支持"。上述规定针对较为敏感的个人隐私，防止自然人因个人隐私的不当公开而受到损害。

虽然《消费者权益保护法》并未规定与数据保护直接相关的内容，但在其第50条有关于消费者个人信息权利的规定，经营者侵害消费者依法得到保护的个人信息权利时，应当停止侵害、恢复名誉、消除影响、赔礼道歉，并赔偿损失。

（四）其他行业性法律法规对于数据保护的框架、目的和内容

除上述一般性规则外，在部分特殊行业中存在针对该行业数据保护所适用的专门性规则，下文将以金融和医疗两个行业为例。

1. 金融行业

在金融行业中相关数据保护的对象包括个人金融信息、支付敏感信息、个人信用信息和其他金融数据等。以下（见表 3.13.1）将简要梳理几个主要数据类型的定义、相关数据处理规定及主要的规则名称。

表 3.13.1　金融行业数据处理规定

类型	定义	相关数据处理规定	主要规则名称
个人金融信息	个人金融信息指金融机构通过开展业务或者其他渠道获取、加工和保存的个人信息，包括个人身份信息、财产信息、账户信息、信用信息、金融交易信息及其他反映特定个人某些情况的信息	收集：应当遵循合法、合理、必要原则，按照法律法规要求和业务需要收集个人金融信息，不得收集与业务无关的信息或者采取不正当方式收集信息，需符合“最少必需”原则。 使用：使用个人金融信息应当符合收集该信息的目的。不得向金融机构以外的其他机构和个人提供个人金融信息，但为个人办理相关业务所必需并经个人书面授权或同意的，或法律法规及中国人民银行另有规定的除外。 跨境传输：在中国境内收集的个人金融信息的存储、处理和分析应当在中国境内进行。除法律法规及中国人民银行另有规定外，金融机构不得向境外提供境内个人金融信息	中国人民银行《关于银行业金融机构做好个人金融信息保护工作的通知》 中国人民银行《关于银行业金融机构进一步做好客户个人金融信息保护工作的通知》 中国人民银行《金融消费者权益保护实施办法》 中国人民银行《个人金融信息保护专项检查》

续表

类型	定义	相关数据处理规定	主要规则名称
征信信息	个人信用信息包括个人基本信息、个人信贷交易信息以及反映个人信用状况的其他信息。 个人基本信息是指自然人身份识别信息、职业和居住地址等信息。 个人信贷交易信息是指商业银行提供的自然人在个人贷款、贷记卡、准贷记卡、担保等信用活动中形成的交易记录。 反映个人信用状况的其他信息是指除信贷交易信息之外的反映个人信用状况的相关信息	收集:征信机构采集个人信息应当经信息主体本人同意,未经本人同意不得采集,除非法律法规另有规定;禁止征信机构采集个人的宗教信仰、基因、指纹、血型、疾病和病史信息,以及法律、行政法规规定禁止采集的其他个人信息;不得采集个人的收入、存款、有价证券、商业保险、不动产的信息和纳税数额信息,除非征信机构已明确告知信息主体提供该信息可能产生的不利后果并取得其书面同意。 使用:信息主体可以向征信机构查询自身信息。除法律法规另有规定,向征信机构查询个人信息的,应当取得信息主体本人的书面同意并约定用途。 存储:征信机构对个人不良信息的保存期限,自不良行为或者事件终止之日起为5年;超过5年的,应当予以删除。 跨境传输:征信机构在中国境内采集的信息的整理、保存和加工,应当在中国境内进行。征信机构向境外组织或者个人提供信息,应当遵守法律、行政法规和国务院征信业监督管理部门的有关规定	《征信业管理条例》 《征信机构管理办法》 《个人信用信息基础数据库管理暂行办法》
支付敏感信息	支付敏感信息包括银行卡磁道或芯片信息、卡片验证码、卡片有效期、银行卡密码、网络支付交易密码等	各商业银行、支付机构(从事银行卡收单业务、网络支付业务的非银行支付机构)、银行卡清算机构应严禁留存非本机构的支付敏感信息,确有必要的应取得客户本人及账户管理机构的授权。 严禁从业人员非法存储、窃取、泄露、买卖支付敏感信息	《关于加强银行卡敏感信息安全管理防范终端机具改装的倡议书》

2. 医疗行业

由于医疗行业的特殊性质,医疗行业中有关数据保护规则也较为特殊。根据相关法律法规的规定,医疗行业中受保护的数据类型包括:(1)人口健康信息;(2)健康医疗大数据;(3)病历信息;(4)人类遗传资源等。以下将简要梳理上述数据类型的定义、相关数据处理规定及主要的规则名称(见表3.13.2)。

表3.13.2 医疗行业数据处理规定

类型	定义	相关数据处理规定	主要规则名称
人口健康信息	依据国家法律法规和工作职责,各级各类医疗卫生计生服务机构(含中医药服务机构,统称为责任单位)在服务和管理过程中产生的人口基本信息、医疗卫生服务信息等人口健康信息	采集:责任单位应当按照"一数一源、最少够用"的原则采集人口健康信息。 使用:对人口健康信息的利用采取责任单位授权利用的方式,利用的目的应当仅限于提高医学研究、科学决策和便民服务水平。 存储:实行分级存储。责任单位按照国家统一规划,负责存储、管理工作中产生的人口健康信息,应当具备符合国家有关规定要求的数据存储、容灾备份和管理条件,建立可靠的人口健康信息容灾备份工作机制,定期进行备份和恢复检测,确保数据能够及时、完整、准确恢复,实现长期保存和历史数据的归档管理。 跨境传输:不得将人口健康信息在境外的服务器中存储,不得托管、租赁在境外的服务器	《人口健康信息管理办法(试行)》
健康医疗大数据	在人们疾病防治、健康管理等过程中产生的与健康医疗相关的数据	收集:各级各类医疗卫生机构和相关企事业单位(责任单位)采集健康医疗大数据,应当严格执行国家和行业相关标准和程序,符合业务应用技术标准和管理规范,做到标准统一、术语规范、内容准确,保证服务和管理对象在本单位信息系统中身份标识唯一、基本数据项一致,所采集的信息应当严格实行信息复核终审程序,做好数据质量管理。 使用:责任单位应严格规范不同等级用户的数据接入和使用权限,并确保数据在授权范围内使用。任何单位和个人不得擅自利用和发布未经授权或超出授权范围的健康医疗大数据,不得使用非法手段获取数据	《国家健康医疗大数据标准、安全和服务管理办法(试行)》 国务院办公厅《关于促进和规范健康医疗大数据应用发展的指导意见》 国务院办公厅《关于促进"互联网+医疗健康"发展的意见》

续表

类型	定义	相关数据处理规定	主要规则名称
		存储：责任单位应当具备符合国家有关规定要求的数据存储、容灾备份和安全管理条件，包括采取数据分类、加密认证、数据容灾备份、数据访问控制等，加强对健康医疗大数据的存储管理。 跨境传输：健康医疗大数据应当存储在境内安全可信的服务器上，因业务需要确需向境外提供的，应当按照相关法律法规及有关要求进行安全评估审核	
病历信息	医务人员在医疗活动过程中形成的文字、符号、图表、影像、切片等资料的总和，包括门（急）诊病历和住院病历	使用：医疗机构及其医务人员应当严格保护患者隐私，禁止以非医疗、教学、研究目的泄露患者的病历资料。 除为患者提供诊疗服务的医务人员，以及经卫生计生行政部门、中医药管理部门或者医疗机构授权的负责病案管理、医疗管理的部门或者人员外，其他任何机构和个人不得擅自查阅患者病历。 存储：门（急）诊病历由医疗机构保管的，保存时间自患者最后一次就诊之日起不少于15年；住院病历保存时间自患者最后一次住院出院之日起不少于30年	《医疗机构病历管理规定》（2013年版）
人类遗传资源	人类遗传资源包括人类遗传资源材料和人类遗传资源信息。 人类遗传资源材料是指含有人体基因组、基因等遗传物质的器官、组织、细胞等遗传材料。 人类遗传资源信息是指利用人类遗传资源材料产生的数据等信息资料	采集：采集前需告知人类遗传资源提供者采集目的、用途、对健康可能产生的影响、个人隐私保护措施及其享有的自愿参与和随时无条件退出的权利，并征得其书面同意；采集特定的人类遗传资源需经科技部批准。 保藏：保藏我国人类遗传资源、为科学研究提供基础平台的，应当经由科技部批准；保藏单位负有特定义务。 利用：外方单位利用遗传资源需采取合作形式；前及重大变更需审批、特定情形下的备案要求；协议签订要求；中方参与要求；成果分配；负有报告义务。 对外提供：人类遗传资源材料对外提供需取得出境证明；人类遗传资源信息向外方开放使用的，需进行备案并提交信息备份，特定情形下还需通过安全审查	《人类遗传资源管理条例》 《人类遗传资源管理暂行办法》（已废止）

二、主要的合规风险

（一）数据处理流程中的合规风险

1. 数据收集和用户告知

《网络安全法》要求，网络运营者收集、使用公民个人信息，应当遵循合法、正当、必要的原则，明示收集、使用信息的目的、方式和范围，并经被收集者同意。这也是国内其他一些法律规定的对于收集、使用公民个人信息的基本原则。

本部分将重点就个人信息收集的必要性、收集个人信息时对用户的告知、用户被告之后作出同意进行介绍。此外，除一般的个人信息保护要求，个别行业监管也对数据的收集提出了一定的规定。

(1)法律要求及风险

①正当必要原则

首先，收集个人信息前，应当确保该信息的收集是合法、正当且必要的。合法性原则系指满足《民法典》《消费者权益保护法》《电子商务法》等法律中有关个人信息收集的规定，在此不展开叙述。我们主要对正当和必要的原则进行阐述。

正当与必要的原则具有同质性，主要是指应当将收集的信息限定在实现特定目的所需的最小范围内。通常对企业来说，即意味着企业可以收集的信息应当是提供服务所需的最少信息，没有该信息的参与，产品或服务的功能无法实现。若用户提供一般个人信息即可达到提供服务的目的，则不应收集个人敏感信息。

此外，正当必要原则也意味着应当避免将服务的核心功能与附加功能相捆绑，而导致额外收集个人信息。实践中，常有企业将核心功能与附加功能进行捆绑，若不同意附加功能所收集的数据，则用户也无法使用核心功能。根据正当必要原则，若用户不同意附加功能所要求的信息，可不提供相应的附加功能，但不应以此为理由停止提供核心业务功能。这一要求也体现在2017年《个人信息安全规范》中。例如，对于一款社交类App而言，聊天、沟通、交流是其核心功能，购物则是非核心的附加功能。如果该App因为用户拒绝提供购物所需的信息（如银行卡）而停止提供聊天功能，那么则可能违反正当必要原则。

②用户告知

在确定数据收集的最小范围后，应当将数据收集的相关情况告知用户，包括收集、使用信息的目的、方式和范围。实践中，企业一般通过隐私政策、弹窗提示等方式来达到该要求。

依据《个人信息安全规范》，企业通常应当告知用户的内容包括：收集和使用个人信息的目的、收集方式和频率、数据来源、存放地域、存储期限、自身的数据安全能力、对外共享、转让、公开披露的有关情况等。2017年《个人信息安全规范》进一步对隐私政策中应当涵盖的内容进行了详细描述，在此不作赘述。除隐私政策的内容以外，向用户展示隐私政策的时间点也同样重要。通常而言，应当在收集数据之前即向用户展示隐私政策，以便用户在掌握了足够信息的情况下作出是否同意收集的决定。

③用户同意

向用户告知收集、使用个人信息的规则后，还需获取用户的同意。用户同意可以大致分为一般同意和明示同意。对于敏感程度较低的一般个人信息，仅需取得用户的一般同意即可。而对于敏感程度较高的个人敏感信息，则应当取得用户的明示同意。例如，对于基于位置信息的服务，收集的用户实时位置信息则构成个人敏感信息，需要征得用户的明示同意。又如，对于视频内容服务、拍照服务，用户上传视频时，企业可能会收集视频、照片中的人脸信息，也可能构成个人敏感信息，需征得用户的明示同意。明示同意是指个人信息主体通过书面声明或主动作出声明、主动勾选、主动点击“同意”“注册”“发送”“拨打”等肯定性动作,对其个人信息进行特定处理作出明确授权的行为。

应当注意的是,在提供某些服务的过程中,除需获取接受服务对象的同意以外,可能还需获取其他相关人士的同意。例如,在社交服务中,企业时常会收集通讯录信息,其中包括通讯录中联系人的姓名和电话号码等,这种情况下,可能需要取得该联系人就收集其姓名和电话号码的同意。

此外,随着智能手机的普及,互联网用户低龄化趋势明显,企业在提供产品和服务中也应更加重视对该类特殊群体的权利保护,在收集、处理未成年人个人信息时更应慎重。《儿童个人信息网络保护规定》要求,收集、使用、转移、披露不满14周岁的儿童的个人信息的,应当以显著、清晰的方式告知儿童监护人,并应当征得儿童监护人的同意。

④行业特殊要求

除一般的个人信息保护要求外,特定行业也要注意自身的特别要求,具体可参考上一部分"(四)其他行业性法律法规对于数据保护的框架、目的和内容"。

⑤个人信息收集合规性的社会监督与执法情况

实践中,随着《网络安全法》和2017年《个人信息安全规范》的颁布,针对个人信息收集合规性的社会监督与执法活动愈加活跃。中国消费者协会于2018年8~10月参考2017年《个人信息安全规范》开展了App个人信息保护情况测评活动,对App用户协议、隐私政策进行审核。在其检查的100款产品中,47款App隐私条款内容不达标,34款App没有隐私条款。测评结果显示,当前有关隐私条款存在的典型问题包括隐私条款笼统不清,对收集、使用个人信息的目的、方式、范围、保存期限和地点等没有明确说明,以及不主动向用户展示隐私条款,或展示内容晦涩冗长。[1] 2018年8月,信安标委同样启动了"2018年隐私

---

〔1〕《100款App个人信息收集与隐私政策测评报告》,载中国消费者协会官网2022年4月1日,http://www.cca.org.cn/jmxf/detail/28310.html。

条款专项工作”，按照《网络安全法》等法律法规中关于个人信息保护的要求，依据2017年《个人信息安全规范》，对其选取的40款网络产品的隐私政策进行了评审，其中涉及“2017年隐私条款专项工作”中的微信、新浪微博、淘宝、京东商城、支付宝、高德地图、百度地图、滴滴、航旅纵横、携程网等10款产品，以及此后“2018年隐私条款专项工作”中的出行旅游、生活服务、影视娱乐、工具资讯和网络支付等5大类30款产品。[1]

这些均表明，现阶段我国执法机构及相关社会团体均对互联网企业收集个人信息行为的合规性予以较高关注。互联网企业也应充分重视我国对法律法规及行业规范对于收集用户个人信息方面的要求，确保隐私政策等文本完整披露其收集、使用个人信息的具体情况，从文本构建上充分保障用户知情、同意的权利。

(2)具体场景分析

互联网产品的多元化发展，互联网企业在从不同维度满足用户需求的同时，也从自身产品属性出发，有针对性地开发并采用不同的技术方法用户信息收集、使用和分享模式，如搜索引擎利用爬虫技术抓取用户信息，社交、电商平台利用开放应用编程接口(Application Programming Interface，API)向第三方共享信息等。同时，随着大数据产业的蓬勃发展，也催生了众多专门提供数据分析服务的企业。上述场景均难免涉及用户数据的流转和交互。企业在享受多种模式收集用户信息便利的同时，也仍应重视相关立法对用户数据收集提出的合规要求。

①通过Open API、SDK等方式自第三方平台处收集该平台上用户个人信息

Open API即开放API，是互联网开放平台常用的应用开发模式。互联网开放平台允许第三方开发者通过API接入平台，使得第三方开发者可调用开放平

[1]《2018年隐私条款专项工作专家评审会议召开》，载中国电子技术标准化研究院官网2022年4月1日，http://www.cesi.cn/201812/4582.html? from = singlemessage。

台上的数据实现商业化应用。与开放 API 类似,互联网企业为发挥其数据资源的价值,通常会在其产品中部署第三方软件开发工具包 SDK(Software Development Kit),允许第三方收集、获取产品内的用户数据。

目前,司法实践尚未针对部署 SDK 插件收集用户数据提出具体合规要求,但考虑到 SDK 与开放 API 模式相类似的数据收集路径,企业在实际操作中也应注意就收集用户数据而言实现充分的用户告知,并同时获得用户和被部署 SDK 互联网产品运营者的同意。

➢ **典型案例:**

北京知识产权法院曾在"新浪诉脉脉不正当竞争案"中对开放 API 开发合作模式中的个人信息的获取规则予以明示,要求应遵循"用户授权 + 平台授权 + 用户授权"的三重授权原则。〔1〕 三重授权原则意味着,企业在通过 API 接口方式从互联网开放平台获取用户数据时,应确保开放平台获取用户数据取得用户同意;同时,针对企业通过 API 获取开放平台中用户数据的行为,也应在明确告知用户的基础上,获得用户同意。

同时,"新浪诉脉脉不正当竞争案"也明确企业通过合法经营获取的用户数据应属于企业自身的重要商业资源,能够为企业带来一定的竞争优势。如他人不当获取企业积累的用户数据,将可能构成侵害其商业资源,截取其竞争优势的不正当竞争行为。

因此,如企业违背与开放平台的合作协议,在未经用户同意的情况下,超越开放平台的权限设置获取用户数据的,将不仅可能产生侵犯用户个人信息相关权利的风险,也存在违反《反不正当竞争法》的可能性。

---

〔1〕 北京知识产权法院,(2016)京 73 民终 588 号民事判决书。

②利用爬虫技术收集个人信息

网络爬虫(又称网页蜘蛛、网络机器人),是一种按照既定的规则,自动抓取网页内容信息的程序或者脚本,通常是搜索引擎识别并抓取网页内容的一种技术手段。实践操作中,也存在部分企业通过爬虫技术来抓取用户个人信息的情况,如社交平台上公开的用户个人信息等。

如前所述,收集、获取用户个人信息应当在保证用户知情的基础上,并在获得用户同意的前提下进行。由于爬虫技术并不依赖于目标网页为第三方企业开放的平台接口,因此在抓取用户个人信息时更应谨慎,防止在未经用户同意的情形下获取其个人信息。实践中,多数企业会通过爬虫技术抓取网络用户自行公开的个人信息。对此,2017 年《个人信息安全规范》提出,企业从合法公开披露的信息中收集个人信息的,其收集、使用个人信息的行为无需征得个人信息主体的授权同意。但值得注意的是,《网络安全法》对个人信息收集的授权同意并未作出例外规定。

此外,企业在利用爬虫技术获取数据时,还应尤为注意被爬取网站对爬虫访问其网页内容所设置的限制条件。例如,绝大多数网页均设置了 Robots 协议文档,明确告知爬虫程序本网站允许哪些搜索引擎对网站内容进行抓取,以及对哪些内容进行抓取。一般情况下,在访问该文档后,搜索引擎的爬虫程序则会根据该文档的内容来确定其访问该网站的权限、抓取内容的范围。在"百度诉奇虎 360 案"中,法院明确指出,Robots 协议"应当被认定为行业内的通行规则,应当被认定为搜索引擎行业内公认的、应当被遵守的商业道德";对于违反 Robots 协议抓取网页内容的行为,应属"明显不当,应当承担相应的不利后果"。[1] 虽然目前我国法律法规尚未对网络爬虫技术进行明确规制,但是对故意违反网站

---

〔1〕 北京百度网讯科技有限公司、百度在线网络技术(北京)有限公司与北京奇虎科技有限公司不正当竞争纠纷案,北京市第一中级人民法院(2013)一中民初字第 2668 号民事判决书。

Robots 协议的网络爬虫行为，有较高风险的将被认定为不正当竞争行为，违反《反不正当竞争法》。[1]

又如，部分网页还通过设置身份验证措施等对网页内容进行保护，防止爬虫过于频繁访问而导致网站系统瘫痪。如在爬取数据的过程中采取各类技术手段绕过目标网页设置的保护措施的，也有可能产生一定的侵权风险，甚至可能导致刑事责任。在“上海晟品网络科技有限公司、侯明强等非法获取计算机信息系统数据罪”[2]一案中，法院认为在数据抓取过程中使用伪造设备 ID 绕过服务器身份校验，使用伪造 UA 及 IP 绕过服务器的访问频率限制，均为非法。

2. 数据存储的安全和实现

各种类型数据在被收集后，通常无法直接作为产品、服务或特定功能输出，而是需要经过一定的处理才能体现其价值。而这些处理前后的数据，将最终沉淀为企业的数据资产。为此，从数据的全生命周期来看，存储环节是数据流转过程中的关键节点。对个人信息，尤其是对于一些较为敏感的个人信息如《网络安全法》下的个人敏感信息和欧盟《通用数据保护条例》中的特殊类型个人数据而言，数据控制者需要履行相应的安全保障义务。

作为网络安全领域的统领性法律，《网络安全法》对于个人信息的存储亦作出了原则性的要求。其中，第 42 条规定，网络运营者应当采取技术措施和其他必要措施，确保其收集的个人信息安全，防止信息泄露、毁损、丢失；第 37 条则针对关键信息基础设施提出了要求，即关键信息基础设施运营者在中国境内运营中收集和产生的个人信息和重要数据应当在境内存储。

而作为配套的指引性规定，2017 年《个人信息安全规范》则在《网络安全法》的原则性规定基础上，更为细致地从保存时间、保存技术手段和停止运营等

[1] 在“百度诉奇虎 360 案”中，法院在论述被告人奇虎 360 违反百度“Robots 协议”爬取相关网页内容时，主要援引《反不正当竞争法》第 2 条作为基本法律依据。

[2] 北京市海淀区人民法院，(2017)京 0108 刑初 2384 号刑事判决书。

多个方面提出了相应的要求。具体而言,主要有:

(1)保存时间的最小化原则,即保存个人信息的时间应是实现目的所必需的最短时间,超出时间期限后应立即进行删除或匿名化处理。

(2)采取技术手段确保存储安全,即收集个人信息后,宜立即进行去标识化处理,并将去标识化后的数据与可用于恢复识别个人的信息分开存储;在存储个人敏感信息时,采用加密等安全措施;存储个人生物识别信息时,采用技术措施处理后再进行存储,如仅存储个人生物识别信息的摘要。

(3)在停止运营时,应对其所持有的个人信息进行删除或匿名化处理。

与不断完善的法律制度相对的,是频频发生的数据泄露等各类网络安全事件。仅在 2018 年,中国境内外即发生了多起规模较大的网络安全事件:2018 年 3 月,美国体育运动装备品牌 Under Armour 发现,其健康和健身追踪应用 My Fitness Pal 遭到黑客攻击,大约有 1.5 亿用户受到影响,泄露的信息包括用户名、电子邮件地址以及密码等;2018 年 8 月,国内知名酒店集团华住集团因未落实充分的安全技术措施,数据库中 5 亿条个人信息被泄露,内容涉及姓名、身份证号、家庭住址、开房记录等众多个人敏感信息;近日,全球知名社交平台 Facebook 被爆出安全漏洞,导致第三方应用软件获取用户未公开的私人照片,据初步估计,受影响的用户数量多达 680 万。

为此,为落实法律规定中的相关义务,避免动辄海量级别的数据在存储过程中发生损害或其他风险,作为控制、管理这些数据的企业,至少需要相应采取多方面的管理和技术手段,以面对越发严峻的网络安全形势。通常而言,我们建议企业可以从以下几个方面入手开展合规工作:

(1)谨慎选择存储介质

数据的存储介质一定程度上决定了数据存储过程中可能面临的风险类型和相应大小。

非电子类型的存储介质,如纸质文档,由于实体物质的存在而导致修改可能性很低,因此可篡改性很低,通常能够确保准确和真实;然而,非电子类型的存储介质也同样因为实体物质的存在形式,导致可复制性和传播能力上具有相应的局限性,同时容易因实体物质的损毁而带来原始数据的彻底灭失。相应地,电子化的存储介质由于可以很容易的拷贝、复制,在传播能力上具有极强的优势,同时可复制性带来了备份的可能,在抵抗因实体物质损毁带来的数据灭失风险上将显著更低。

此外,就电子化的存储介质而言,还可进一步区分为线上存储介质和线下存储介质、公有存储介质和私有存储介质等各个不同维度的不同类型,并且分别具有一定的优势和不足。企业在存储特定类型的数据前,应当合理根据数据存储中对于完整性、保密性、可用性等多方面因素的需要进行综合判断、选择。

➤ **典型案例:**

某民营企业为保障员工福利,给所有正式员工均在"五险一金"以外另行购买了商业保险,含人身保险、大病医疗保险等多种类型。

由于该企业员工流动性较大、员工入职投保时间和续保周期不确定,该企业与保险公司进行了磋商,不再需要每位员工自行与保险公司联系,而采取员工自行填写完成投保单并粘贴包含重大疾病历史等资料后,放置于该企业前台旁的一个文件箱中;人力部门职员每周下单一笔快递订单,由快递员前往该企业,从文件箱中取走相关资料并送至保险公司,保险公司收到快递后办理所涉员工的投保事宜。

在本案中,该企业选择了用纸质文档的方式存储员工的个人信息,并将存储介质放置于公开环境(文件箱)中;同时,使用快递的方式将存储员工个人信息的存储介质共享给保险公司。从本案涉及的数据类型看,投保过程不仅需要严格验证投保人的身份信息，投保医疗保险等类型保险还将涉及员工重大疾病历史；针对这些准确性要求高、敏感程度高、一旦泄露后可能给员工带来重大影响和损害的个人信息，无论是因为手写过程导致的不准确，公开环境导致的泄露，还是快递过程导致的遗失、损毁，均是该企业选择不恰当的存储介质带来的必然风险。

为此，在类似的场景下，如涉及该等敏感性较高但必然面临共享要求的数据时，选择电子化的存储方式，使用安全性有所保障的信息系统，同时确保传输过程妥善加密，相较而言应是该企业的更优选择。

(2)适时选择必要的技术处理

如2017年《个人信息安全规范》中所述，收集使用个人信息过程中，企业应当适时采取必要的技术处理手段以确保存储安全。

在个人信息收集完成后，为了避免数据泄露后造成个人信息的明文可读取，企业应当在可行时尽早进行去标识化处理，并将去标识化后的数据与可用于恢复识别个人的信息分开存储；而在涉及个人敏感信息的存储时，由于数据类型的敏感性，企业应当切实采用加密等安全措施。以苹果公司为例，其采取的隐私保护措施[1]与2017年《个人信息安全规范》中规定和推荐的内容重叠度较高。除了其本地存储数据的芯片隔离和加密技术外，苹果公司还使用了差分隐私技术，先将个体的数据打乱，然后与其他数百万人的数据混合存储，以确保包括苹果公司在内的其他方即便阅读这些数据也只能看到整体的状况，而无法看到或判断出可追踪至单个个人的具体数据。又如Apple Pay产品中需要的信用卡信息，在存储时将会转换成一个独特的代码，并与设备中的其他部分隔离开。值得

---

〔1〕 主要可参见苹果公司官网，https://www.apple.com/cn/privacy/。

一提的是，虽然近年来美国联邦调查局多次向苹果公司寻求解密帮助，这并不意味着苹果公司的加密芯片存储技术能保证绝对安全，只不过是调查和诉讼过程中对于证据合法性的要求限制了美国联邦调查局的破解手段。因此，对于大多数企业而言，即便已采取了类似的物理层的加密保护技术，仍应当适时考虑采取去标识化以及相应的隔离存储措施。

2017 年《个人信息安全规范》中还针对个人生物识别信息的存储单独进行了强调，即企业应当采用技术措施处理后再进行存储而非直接存储原始数据，例如仅存储个人生物识别信息的摘要。换言之，如果涉及个人生物识别信息的产品或功能，例如使用指纹识别、面部识别等验证身份时，企业应当使用数学方式（如安全的摘要算法）对这些生物识别信息进行摘要表述后再行存储。

此外，企业还可以适时采取自动化的去标识或匿名技术，进一步控制和降低存储过程中数据泄露后造成的影响与风险。从实践和技术角度来看，这类自动化技术已有多方面的实践：在中国，上海大数据交易中心基于公安第三研究所 eID 技术开发的 xID 技术平台实现了自动化的匿名标识，为数据合规流转提供了基础；就国外企业实践而言，谷歌街景产品中同样应用了自动化模糊处理的算法，实现了大多数情况下有效避免街景图片中出现涉及个人隐私的内容。

（3）完善数据分类分级保护

前述安全保障措施的综合、配合使用能够在大多数情况下保护企业所存储的数据免受互联网风险威胁，但这些保障措施也需要企业付出巨大的技术研发、采购、部署和管理成本，同时也对业务开展过程带来了诸多阻碍和限制。为此，针对所有类型的数据采取统一的保护标准和措施并非效率最高的选择，因此数据分类分级和相应的分级保护成为了平衡安全保障和成本管控的重要途径。

就数据分类分级的标准而言，在大多数情况下，企业可以考虑借鉴信息安全领域常用的“CIA”3 要素划分方式：

①保密性（confidentiality）维度，是最常用的数据分类维度之一，即指数据不

被泄露给非授权的用户、实体或过程。保密性的高低需要根据数据本身应当披露和使用的范围属性，结合意外泄露后可能造成的损害进行综合判断；对应的，保密性的技术实现手段通常包括加密、身份认证、访问控制、安全通信协议等。

②完整性（integrity）维度，指数据在存储过程中不被破坏、遗失、损毁、插入、乱序的特性，保证真实的数据从存储过程无失真地到达数据使用过程；数据的完整性是最为基本的安全特征。

③可用性（availability）维度，指保证合法用户在需要时能够确实地使用所需数据；可用性与危机应对、备份恢复等应急措施紧密相关，需要匹配具有相应能力的存储介质和措施，以确保危机意外发生时在必要的时间和限度内恢复数据的价值和使用能力。

此外，可控性、不可抵赖性等其他标准也可用于数据分类分级的过程。

如前所述，数据分类分级并非为了标识和形式区分，最终的目的其实是根据不同的分类分级结果确定针对性的保护水平并采取相应保护措施，以在成本可控的前提下尽可能地对抗风险。为此，针对不同类别的数据，通常而言，企业可以考虑基于前述多方面的保护措施选择不同程度的保护标准，包括但不限于不同存储介质的选择、处理记录的要求和留存、逻辑隔离与物理隔离的选择、是否备份、是否加密等。

（4）合理确定存储时间和地点

除存储安全相关合规要求以外，考虑到数据安全等国家战略规划以及公民的个人信息权利，《网络安全法》及其配套措施中还对企业存储数据的时间和地点提出了相应的要求：

①从数据存储的地点选择来看，关键信息基础设施运营者境内运营中收集和产生的个人信息和重要数据应当在境内存储。

②从数据存储的时间选择来看，一般而言，存储时间应为实现目的所必需的最短时间；特定情况下，法律法规中可能对特定数据的存储时间提出相应要求，

例如原劳动部《工资支付暂行规定》第6条要求用人单位必须书面记录支付劳动者工资的数额、时间等信息，并保存两年以上备查。

➢ **典型案例：**

某大型信息技术企业为多家中国航空公司提供信息技术服务，受托建设、运维并管理包括航空公司在线零售网站、旅客值机终端等在内的信息系统，收集并存储了大量航空业旅客个人信息和航班信息；此外，该企业为拓展个人业务，还开发了一款面向个人用户的App，用于个人出行记录查询和管理。

由于涉及大量旅客和航空业敏感信息，该企业用于对外提供信息技术服务的业务系统被认定为关键信息基础设施，为此，该企业严格按照《网络安全法》等相关规定，将业务系统及数据库均设置于中国境内。

根据中国个人信息保护的有关要求，该企业根据业务开展的必要性和存储时间最小化要求，仅留存6个月内的处理记录，原始旅客个人信息和航班信息保存两年，并通过对外的业务合同、公开的法律文本等向旅客个人及航空公司进行了充分告知。然而，基于航空业监管的需要，民用航空监管部门依法向该企业提出，其业务所涉的个人信息和航班信息不得删除。

在本案中，该企业严格遵照了关于数据存储位置的法律要求；而就数据存储时间而言，该企业虽然在个人信息保护要求下不得长期存储相关个人信息，但由于监管需要而提出的法定要求，该企业不得删除涉及的个人信息。为此，该企业可考虑将超出业务合理必需存储期限的个人信息和航班信息进行冷库备份，未经监管机构提出法定要求，不再启用，以协调不同法律体系下的强制性义务要求。

(5)应急制度的建立与风险感知

网络世界,没有绝对的安全,即便“机关算尽”,也难逃不法分子“武艺高强”。哪怕企业切实采取了制度、管理、技术和人员等多个方面的安全防护措施,网络安全威胁依然随时可能到访。为此,感知、识别并合理应对网络安全威胁将是互联网时代每一个企业的“必修课”。

而网络安全事件应急制度,则是企业在危机时刻的生存手册,指引企业在危机中尽可能地控制影响、避免损失。通过划分不同安全威胁的等级,建立相应的组织机构,构建不同层次的网络安全防线,明确不同类型的紧急事件处置流程,固定危机中的信息上报和决策机制等多方面内容的提前规划,网络安全事件应急制度通过事前的假设和演练可将各种情形下的不利后果与应对统筹规划,最终实现在真实面对危机时从容处理,消解可能产生的重大影响。

➢ **典型案例:**

某大型云服务企业为妥善保护用户存储在数据中心中的数据,考虑了互联网环境的复杂,选择部署了入侵检测系统等多种安全产品;同时,该企业严格按照国家法律法规的规定,制定了网络安全事件应急响应预案,并不时演练。

2019年年初,不怀好意的黑客研发出一种新型敲诈木马病毒“Justcry”,用于加密受害者文件,索要比特币赎金。由于该病毒针对主流防火墙软件开发,一时间无法被查杀并迅速在互联网上广泛传播。

该企业依靠其入侵检测系统等多种安全产品,在黑客前期试图入侵数据中心时即发现异常情况,随即按照应急预案的规定进入预警状况,开始搜集重大网络安全威胁信息;随后,在前几起病毒爆发后,该企业迅速通过公开渠道和对接官方的网络安全态势信息共享平台获得警报信息,并及时采取封锁端口、临时禁止上传等应对措施，避免了数据中心存储的数据受到该病毒的波及。

本案中，该企业依靠预先规划、设定的应急预案，及时获知安全威胁信息，并积极采取相关应对措施，顺利避免了受到传统病毒防御软件对其无能为力的新型病毒威胁。这一过程中，充分体现了应急预案对于紧急情况下企业合理应对的指导价值。

3. 数据使用（内部账号打通、外部数据共享）

对个人信息的使用行为而言，《网络安全法》提出了概括性的核心要求，即“遵循合法、正当、必要的原则”，“不得违反法律、行政法规的规定和双方的约定收集、使用个人信息”，以及“未经被收集者同意，不得向他人提供个人信息（经过处理无法识别特定个人且不能复原的除外）”。在前述“依法依规”和“授权同意”的基础上，2017 年《个人信息安全规范》则进一步细化了在不同使用行为下，企业理应遵循的相关规定，如个人信息的（内部）使用限制（第 7.3 条）、个人信息的（对外）委托处理、共享、转让、公开披露（第 8 条）。

一方面，企业在内部使用个人信息时，应严格秉持“授权同意”与“必要性原则”开展相关的处理活动。

如一项业务活动对个人信息的处理，将可能超出与收集个人信息时所称的目的具有直接或合理关系的范围，那么企业应针对这种额外的处理范围征得用户的同意。同时，企业在选择个人信息的处理方式时，也应尽可能选择仅为目的所需、成比例的手段进行，而不应在不必要的场景中选择处理敏感程度较高的个人信息。又如，出于准确评价个人信用状况的目的，企业可有选择性地使用直接用户画像，直接基于个人信息主体活动产生的信用信息（如个人财产状况、消费记录等），对其资信状态进行判定和评估；相较而言，如仅为了推送商业广告的目的,企业则可以考虑使用间接用户画像(如群体性画像、统计型标签等)。

另一方面,如企业基于自身或外部第三方的目的,需要对外提供个人信息进行处理,个人信息的处理链条变得更长,个人信息主体对其个人信息的控制力和感知力则变得更弱,这就要求在上述合规要求的基础上,企业则可能还需要切实保障“数据安全”与“用户知情”。

无论是在委托处理还是共享的场景中,均建议企业在开展相关处理活动前开展必要的安全影响评估,以确保外部第三方具备足够的数据安全能力,能够提供足够的安全保护水平。此外,企业(以及个人信息主体)在委托处理或共享的场景中,均应对外部第三方拟议开展的处理活动具备必要的知情,准确记录和保存委托处理和共享的情况,并通过协议约定、行为审计等方式对外部第三方进行必要的监督。

实践中,为了实现信息融合与数据共享,实现数据价值最大化,企业纷纷尝试在内部或外部打破“信息孤岛”,促进数据的自由流动与交互;而这些处理活动都需要在合规的前提下进行。因此,在合规监管体系日益成熟的阶段,如何实现“(内部)数据打通”与“(外部)数据委托处理与共享”,成为了数据驱动型(Data-driven)企业不可回避、必须回答的问题。

(1)(内部)数据打通

数据打通,通常系指企业将来源渠道不同(和/或采集目的)不同的个人信息进行融合处理,目的在于通过分析不同渠道、不同来源的用户个人信息,利用相关用户信息所形成的用户画像,更好地理解用户需求,优化产品;并在服务过程中,同步更新用户信息,进一步细化和完善用户画像,形成自我强化的良性循环。

原则上,狭义的数据打通,系指企业将其独立运营的多个业务条线/产品所收集和产生的用户个人信息进行融合、聚类分析;而广义的数据打通,则包括同一集团内不同实体之间的数据融合(关联实体之间的数据融合),以及非关联实体之间的数据融合。

①狭义数据打通

如前所述，在企业内部使用数据时，其应着重关注“授权同意”与“必要性原则”的合规情况。

就内部数据打通而言，企业应当在不同的业务条线或其运营的不同产品中，以妥当的方式获得用户的授权同意。针对授权同意的充分性与有效性，可参见“数据收集和用户告知”部分的论述。其中，企业应当注意在隐私政策或类似文本中明确向用户告知其将进行数据打通的情况，保障个人信息处理的透明度。正如“谷歌案”中，“谷歌跨业务融合数据及使用于个性化广告时，应当以更加清晰以及可理解的方式，让用户了解谷歌处理的数据类型、数量以及所产生的后果。即使谷歌采取了与行业内其他公司同等程度的描述，但其数据处理行为的大规模性和复杂性，使得法国数据保护监管机构认为谷歌不符合《通用数据保护条例》的要求”。[1]

另外，就“必要性原则”而言，企业所进行的数据打通，应是与特定产品或服务具有直接或合理关联性的融合、分析和处理行为。例如，为用户提供租房/购房经纪服务过程中所采集的个人信息，如用于向用户推荐房产金融服务或家居装修信息，其关联性则相对较强，而如用于推荐车辆购置服务，企业主张关联性的空间则可能相对较小。基于此，考虑针对超出初始范围的个人信息处理活动再获得授权的可行性较低（尤其在间接收集个人信息的场景中），企业则应注意在初始授权范围中保留一定的弹性空间，以尽可能符合目的关联性的要求。

尽管如此，考虑企业旗下的产品与服务可能存在显著的多样性，而数据打通的最终目的可能是为了能够向用户进行精准营销，根据 2017 年《个人信息安全

〔1〕 朱铃凤：《从数据融合角度分析 CNIL 处罚谷歌案》，载安全内参网，https://www.secrss.com/articles/9189，最后访问日期：2019 年 5 月 8 日。

规范》的相关规定,企业应当构建最低限度的关联性(如"用户体验增值服务——为了向您提供个性化程度更高的服务体验,我们可能会在您明确授权后调用本公司其他产品或服务中所收集的您的数据,务求让您能够在不同产品之间享受到程度统一、更符合您需求的功能或服务"),并注意保障用户拒绝接收基于其个人信息推送的商业广告的权利,如在短信营销中提供"退订"的方法,在移动应用中提供关闭广告推送的按钮等。[1]

此外,如数据打通的客体,系对原始数据进行加工后产生的衍生数据,企业也应注重具体情况具体分析。例如,企业通过对产品 M 所收集的数据进行用户行为习惯分析,以形成标识用户特征的标签或画像,并将该等标签或画像使用于产品 N,在产品 N 中根据该等标签和画像对用户进行内容推荐。一般情况下,该等标签或画像可能较难识别到具体个人,可能不构成个人信息。那么,对该等数据的互通使用可不需要获得用户的授权同意。

但值得注意的是,根据 2017 年《个人信息安全规范》的要求,对所收集的个人信息进行加工处理而产生的信息,如能够单独或与其他信息结合识别自然人个人身份,或者反映自然人个人活动情况的,应将其认定为个人信息,对其处理应遵循收集个人信息时获得的授权同意范围。因此,如前述互通使用的衍生数据中包含个人信息,那么如果在产品 N 中使用该等衍生数据的目的超出了此前在产品 M 中获得授权同意的范围时,则应当再次获得用户的授权同意。

---

〔1〕 我们注意到,由公安部网络安全保卫局、公安部第三研究所和北京市网络行业协会等相关专家共同研究制定的《互联网个人信息安全保护指南》(以下简称《指南》)已正式发布。《指南》中明确指出"完全依靠自动化处理的用户画像技术应用于精准营销、搜索结果排序、个性化推送新闻、定向投放广告等增值应用,可事先不经用户明确授权,但应确保用户有反对或者拒绝的权利"。基于《指南》的此规则,我们理解,部分出于精准营销的个人信息处理行为可能构成用户事先明确授权的豁免例外,前提条件是确保用户拒绝和退出的权利。即便如此,考虑《指南》的效力位阶较低,对企业实践和主管部门执法的意义仍有待阐明,建议企业适当关注相关部门的官方意见。

②广义数据打通

就广义的"数据打通"所可能涉及的同一集团内不同实体之间的数据融合,与非关联实体之间的数据融合,其本质将构成(外部)数据委托处理与共享。因而,在前述两种广义的数据打通场景中,除了应当遵守"授权同意"与"必要性原则"以外,企业更应结合具体的商业计划,明确在计划中不同实体所承担的个人信息处理行为及相应的责任,以便企业采取不同的方式约定其与各方之间的法律关系,并进行必要的风险和责任隔离。

➢ 典型案例:

A公司系A+集团为数据商业化专门设立的技术实体,主要承担着A+集团用户的精准营销工作;换言之,A公司对A+集团旗下其他实体在开展业务过程中所采集的用户个人信息具有独立的处理目的与方式。相应地,A+集团下的其他实体向A公司提供用户个人信息,以供其进行精准营销的行为,将构成个人信息的共享,应当遵循个人信息共享的合规要求。

又如,在上述组织架构前提下,如A公司自身并不承担实质的精准营销工作,而仅通过运营和维护一个数据管理平台,为A+集团下的其他实体提供数据融合的技术支持工作,协助该等实体获取聚类分析的结果。在这一场景设定中,A公司则更多地承担接受A+集团下其他实体委托,对相关个人信息进行处理,将构成个人信息的委托处理,应当遵循个人信息委托处理的合规要求。

(2)(外部)数据委托处理与共享

对外委托处理或共享数据的行为,多见于数据商业化合作;而在数据商业化合作中,不可避免地涉及多方参与,如原始数据提供商、数据加工服务提供商、信息技术服务商等。如何将商业实践中不同实体所扮演的角色（如控制者、处理者、共同控制者等），对位到个人信息处理流程中的法律定位，将直接影响各方的权利、义务与责任的分配。

①委托处理：控制者与处理者

➤ **典型案例：**

电商平台A为了更好地提供售后用户服务，将其售后电话回访的业务外包给了呼叫中心B。呼叫中心B事实上系以A的名义，利用A平台上购物的用户个人信息向用户拨出电话，对用户进行售后回访。

在这一典型的场景中，考虑用户售后电话回访系以电商平台A的名义完成，个人信息的收集、处理和使用目的均是为电商平台A的商业利益，则A应当认定为数据控制者。相应地，呼叫中心B以电商平台A的名义向其用户直接拨打了电话进行回访，提供此服务的过程中伴随着用户个人信息的处理，但呼叫中心B的回访行为是由电商平台A通过合同方式约定，系以A的利益为出发点且受A的指示进行，故呼叫中心B应当认定为数据处理者。

在上述委托处理的实践中，就控制者（电商平台A）而言，虽然其不需要针对这种委托处理向用户重新或额外征求用户的授权同意，出于维护用户个人信息安全和控制自身合规风险的需要，应当从技术和协议角度采取相应的合规措施。

①对处理者的数据安全能力和资质背景进行审查（在条件允许且必要的情况下，甚至可以考虑采用采样审计的方式对处理者进行尽职调查）；

②以协议的方式，明确规定处理者进行个人信息处理的目的和方式，并对其违反约定处理个人信息的行为拟制必要的责任条款；

③要求处理者至少采取行业通行的技术手段,对个人信息进行保护;

④相应地,控制者也应准确地记录和保存委托处理的情况,以便在发生任何纠纷时,能够为自身的合规操作提供必要的证据。

而就处理者(呼叫中心B)而言,考虑其处理行为系以控制者的名义作出,其应该:

①严格按照与控制者之间的协议约定,处理相关的个人信息(包括在委托关系结束后删除或归还原始数据),并尽可能在协议中阐明发生安全事件时双方的应对策略,提高协议义务的明确性;

②在发生任何安全事件时,及时根据协议约定向控制者进行反馈,采取必要的减损措施并做好相应的记录,以便作为履行勤勉义务的基本证明。

②共享:控制者与控制者

➢典型案例:

社交平台C是一个社交类互联网服务企业,用户注册账户后可使用添加好友、私密聊天、上传并公开发布信息等相关功能,并积累了大量的用户及信息。D公司为开发一款社交意向测评软件需要大量的用户社交历史信息,因此通过社交平台C开放的API接口,获取了其数据库中用户的相关个人信息。

在上述场景中,社交平台C基于自身目的,如为用户提供社交平台服务,收集方式为从用户处直接收集,因此社交平台C独立决定了数据处理过程的目的和方式,应当认定为控制者。而D公司也基于自身目的,如开发特定用途的App,实现其相关业务功能收集和处理用户个人信息,收集方式为从第三方获取;而由于D公司的数据处理目的和方式由其独立决定,也应当认定为控制者。

因此,社交平台C和D公司都将独立地构成控制者,因而双方都承担着合规采集和使用个人信息的义务。由于社交平台C作为个人信息的初始采集者,其具备与用户请求授权的交互界面,因而社交平台C需要向用户针对共享行为进行必要的告知,如共享目的、接收方类型、共享的个人信息类型等内容,且应征得用户的授权同意。就D公司而言,其除了应当关注在用户授权的范围内进行个人信息处理、避免越权处理外,同样需要注重确认社交平台C所提供的个人信息的来源合法性,避免因个人信息初始收集的授权瑕疵,影响后续处理的合法合规性。

同时,鉴于社交平台C需承担因共享个人信息对个人信息主体合法权益造成损害的相应责任,为了尽可能地隔离风险,可以通过协议或审计等方式对数据接收方(D公司)的背景资质和数据安全能力进行必要的审查。而在相关的协议中,双方也应清晰、明确地说明后续个人信息处理的情况,并约定个人信息共享的技术方式,以便就个人信息安全风险的转移形成更好的共识。

总而言之,在涉及与外部第三方处理个人信息的场景中,我们建议企业:

①无论是直接采集还是间接采集,应着重考察获得授权同意的充分性;

②基于自身在数据商业化合作中的角色定位,采取技术、组织和/或合同等形式的数据保障措施;

③通过权利义务划分明确的合同,建立企业与外部第三方的“风险责任防火墙”;

④在可行的范围内,尽量将个人信息(如IMEI码或其他设备ID)采取适当

的技术措施进行去标识化，利用专线加密传输等手段，降低传输或处理过程中发生泄露的风险；

⑤指定数据合规负责人，订立权限控制、数据处理活动记录等制度，为合规措施留存必要的证明。

4. 数据跨境的合规风险（多司法辖区管辖的冲突与协调）

一方面，随着互联网应用的迅速普及特别是信息通信技术在云计算模式上的整合，和世界经济与全球贸易需要的人、物、货币和资本的全球流动一样，数据也需要实现全球范围内的流动。另一方面，数据作为未来世界数字经济的新"石油"，其不仅关系个人和企业利益，更影响国家的长远经济发展和公共利益。将数据留存在国内，减少跨境存储可能带来的风险，从而保护个人信息的安全是许多国家解决这一问题的基本思路之一。因此，各国监管机构的数据跨境监管制度均致力于在保证数据跨境流动、优化全球资源配置与保护国家、企业和国民利益之间寻求最佳的平衡点。

作为拟在中国境内开展业务运营的企业而言，需了解将数据从中国境内跨境传输至境外的风险、从境外将数据跨境传输至境内的风险以及多司法辖区管辖的冲突与协调问题。

(1) 数据从中国境内跨境传输至境外的风险

总体而言，企业如拟将数据从中国境内跨境传输至境外，需考虑《网络安全法》、相关配套性规范（包括征求意见稿）及其他行业法律法规的要求。

①《网络安全法》下数据本地化存储与数据跨境传输的合规风险

《网络安全法》对关键信息基础设施运营者提出了数据本地化要求，规定其仅在业务需要情形下经过安全评估后可以出境。而在网信办于 2019 年 6 月 13 日发布的《个人信息出境安全评估办法（征求意见稿）》、于 2019 年 5 月 28 日发布的《数据安全管理办法（征求意见稿）》中，将数据跨境安全评估义务扩展至一般网络运营者，并且从体例上体现出未来对个人信息和重要数据跨境传输监管

“分而治之”的治理模式。

具体而言，《网络安全法》下第37条规定，关键信息基础设施的运营者在中华人民共和国境内运营中收集和产生的个人信息和重要数据应当在境内存储。因业务需要，确需向境外提供的，应当按照国家网信部门会同国务院有关部门制定的办法进行安全评估；法律、行政法规另有规定的，依照其规定。

以下将根据《网络安全法》及相关征求意见稿的主要内容梳理出我国数据跨境传输方面需重点关注的问题，以作为企业向中国境外传输数据的参考。

第一，关键信息基础设施运营者的主体认定。

目前，《网络安全法》仅对关键信息基础设施可能涉及的行业在第31条中进行了列举，即“国家对公共通信和信息服务、能源、交通、水利、金融、公共服务、电子政务等重要行业和领域，以及其他一旦遭到破坏、丧失功能或者数据泄露，可能严重危害国家安全、国计民生、公共利益的关键信息基础设施，在网络安全等级保护制度的基础上，实行重点保护。关键信息基础设施的具体范围和安全保护办法由国务院制定”。

截至目前，《网络安全法》下有关如何认定关键信息基础设施运营者的识别指南尚未发布。企业在判断自身是否属于关键信息基础设施运营者时，通常参考的是2016年6月网信办对关键信息基础设施运营者进行检查时，配套下发的《国家网络安全检查操作指南》（以下简称《操作指南》）。[1]

依据《操作指南》，关键信息基础设施的确定，通常包括三个步骤：(1)确定关键业务；(2)确定支撑关键业务的信息系统或工业控制系统；(3)根据关键业务对信息系统或工业控制系统的依赖程度，以及信息系统发生网络安全事件后

---

[1] 由于《操作指南》发布的时间早于《网络安全法》的颁布时间，其不属于《网络安全法》下的配套文件。此外，随着网信办网络安全检查于2016年12月底结束，《操作指南》作为本次检查的指导性文件理论上也一并失去了法律效力。但作为网信办发布的指导性文件，对企业目前评估自身是否为关键信息基础设施运营者时，具有一定的参考价值。

可能造成的损失认定关键信息基础设施。

首先,与《网络安全法》第31条类似,《操作指南》列举了可能涉及关键信息基础设施的行业,分别为能源、金融、交通、水利、医疗卫生、环境保护、工业制造(原材料、装备、消费品、电子制造)、市政、电信与互联网、广播电视和政府部门。

其次,《操作指南》进一步列举了关键行业中的关键业务,值得注意的是,即便某企业从事《操作指南》认定的关键行业,如果其并非从事《操作指南》列举的关键业务,也可能不涉及拥有关键信息基础设施,并被相应认定为关键信息基础设施运营者。以金融行业为例,《操作指南》仅将银行运营、证券期货交易、清算支付和保险运营列举为可能存在关键信息基础设施的重点业务。对于金融行业中的其他业务而言,被认定为关键信息基础设施的可能性相对较低。

最后,在梳理出支撑关键业务运行或与关键业务相关的信息系统或工业控制系统之后,仍需综合考虑各系统的性质、用户量以及发生网络安全事故以后的影响,以确定最终是否被认定为关键信息基础设施。《操作指南》将关键信息基础设施进一步划分为网站类、平台类和生产业务类,并通过日均访问量、注册用户或活跃用户、信息安全事件后可能影响的用户数、可能造成的经济损失等指标确定最终的关键信息基础设施。

第二,重要数据的范围认定

《网络安全法》规制的数据本地化存储和跨境安全评估对象,除了个人信息还包括重要数据。在2019年5月公布的《数据安全管理办法(征求意见稿)》中"重要数据"是指,一旦泄露可能直接影响国家安全、经济安全、社会稳定、公共健康和安全的数据,如未公开的政府信息,大面积人口、基因健康、地理、矿产资源等信息。重要数据一般不包括企业生产经营和内部管理信息、个人信息等。这一概念与此前在《2017安全评估指南(草案)》的附录A中的定义存在一定的差异。具体而言,《2017安全评估指南(草案)》将"重要数据"定义为相关组织、机构和个人在境内收集、产生的不涉及国家秘密,但与国家安全、经济发展以及公共利益密切相关的数据(包括原始数据和衍生数据),一旦未经授权披露、丢失、滥用、篡改或销毁,或汇聚、整合、分析后,可能造成严重后果。相比而言,《数据安全管理办法(征求意见稿)》限制了“重要数据”的范围,在影响上要求“直接影响”,另外将“企业生产经营和内部管理信息、个人信息等”一般排除在重要数据的范围外。考虑到“重要数据”收集、发布、共享、交易和传输按照《数据安全管理办法(征求意见稿)》将可能会触发备案及跨境审批等要求,未来就“重要数据”的概念将可能进行进一步澄清,建议企业持续关注相关立法动态。

第三,跨境安全评估的要求

有关跨境安全评估的具体要求规定于尚未生效的各个征求意见稿中。

(1)数据出境的认定

依照《2017安全评估办法(草案)》的规定,数据出境是指网络运营者将在中华人民共和国境内运营中收集和产生的个人信息和重要数据,提供给位于境外的机构、组织、个人。

以上定义实际上规定了一个物理边界,将数据提供给位于境外的主体,即构成数据的出境,而不论接受数据者的身份。我们理解,以下情形的数据传输构成评估办法规定的数据出境情形:境内的网络运营者将数据通过网络直接传输给境外的主体;允许境外主体通过网络访问,读取境内的数据;境内的网络运营者通过网络传输外的其他方式(如携带)提供给境外的主体。

值得注意的是,在《2017安全评估指南(草案)》中第3.7条进一步列举了可以不被认定为数据出境的两种情形:非在境内运营中收集和产生的个人信息和重要数据经由本国出境,未经任何变动或加工处理的(“数据过境”);非在境内运营中收集和产生的个人信息和重要数据在境内存储、加工处理后出境,不涉及境内运营中收集和产生的个人信息和重要数据的(“境外数据境内处理”)。

(2)评估流程

如前所述,在近期出台的征求意见稿文本中,数据跨境传输呈现“重要数据”与“个人信息”双轨制监管模式的趋势,从而受制于不同的评估流程。具体而言:对于重要数据,《数据安全管理办法(征求意见稿)》第 28 条规定,网络运营者发布、共享、交易或向境外提供重要数据前,应当评估可能带来的安全风险,并报经行业主管监管部门同意;行业主管监管部门不明确的,应经省级网信部门批准。

而对于个人信息,依据《个人信息出境安全评估办法(征求意见稿)》,个人信息出境前,网络运营者应当向所在地省级网信部门申报个人信息出境安全评估。省级网信部门收到申报材料并核查其完备性后,将组织专家或技术力量进行安全评估,安全评估应当在 15 日内完成,情况复杂的可以适当延长。评估后,省级网信部门会将个人信息出境安全评估结论通报网络运营者的同时,报国家网信部门。如果网络运营者对省级网信部门的个人信息出境安全评估结论存在异议的,可向国家网信部门提出申诉。

(3)安全评估的内容

《数据安全管理办法(征求意见稿)》中未对重要数据跨境传输的安全评估内容进行展开规定。依据《2017 安全评估办法(草案)》第 8 条的规定,数据出境安全评估应重点评估以下内容:

①数据出境的必要性;

②涉及个人信息情况,包括个人信息的数量、范围、类型、敏感程度,以及个人信息主体是否同意其个人信息出境等;

③涉及重要数据情况,包括重要数据的数量、范围、类型及其敏感程度等;

④数据接收方的安全保护措施、能力和水平,以及所在国家和地区的网络安全环境等;

⑤数据出境及再转移后被泄露、毁损、篡改、滥用等风险;

⑥数据出境及出境数据汇聚可能对国家安全、社会公共利益、个人合法利益带来的风险;

⑦其他需要评估的重要事项。

而根据《个人信息出境安全评估办法(征求意见稿)》,个人信息出境安全评估重点评估以下内容:

①是否符合国家有关法律法规和政策规定;

②合同条款是否能够充分保障个人信息主体合法权益;

③合同能否得到有效执行;

④网络运营者或接收者是否有损害个人信息主体合法权益的历史、是否发生过重大网络安全事件;

⑤网络运营者获得个人信息是否合法、正当;

⑥其他应当评估的内容。

(4)不得出境的情形

按照《2017 安全评估办法(草案)》第 10 条的规定,存在如下情形的数据不得出境:

①个人信息出境未经个人信息主体同意,或可能侵害个人利益;

②数据出境给国家政治、经济、科技、国防等安全带来风险,可能影响国家安全、损害社会公共利益;

③其他经国家网信部门、公安部门、安全部门等有关部门认定不能出境的。

依据《个人信息出境安全评估办法(征求意见稿)》,经安全评估认定个人信息出境可能影响国家安全、损害公共利益,或者难以有效保障个人信息安全的,不得出境。

(5)年度评估和重新评估

《2017 安全评估办法(草案)》建立了年度评估和重新评估制度。按照第 12 条的规定,网络运营者应每年对数据出境至少进行一次安全评估,及时将评估情况报行业主管或监管部门。而对于评估情形发生了变化,比如当数据接收方出现变更,数据出境目的、范围、数量、类型等发生较大变化,数据接收方或出境数据发生重大安全事件时,应及时重新进行安全评估。

而依据《个人信息出境安全评估办法(征求意见稿)》,对于个人信息的跨境传输而言,企业每2年应当重新评估一次,或者个人信息出境目的、类型和境外保存时间发生变化时应当重新评估。此外,网络运营者应当在每年12月31日前将本年度个人信息出境情况、合同履行情况等报所在地省级网信部门,即其具有年度备案的义务。

截至2021年,就数据跨境已出台多个征求意见稿,企业需要紧密关注本领域规定(包括征求意见稿)的更新和生效情况,以便及时判断自身数据跨境是否需要进行安全评估以及具体适用的流程。

(1)行业规定

值得注意的是,在企业考虑数据跨境传输的风险时,还需要考虑业务部门的特殊规定。就目前而言,对于数据跨境存在限制的主要行业规定如表3.13.3所示。

表3.13.3 数据跨境限制性规定

法条名称	限制性规定
《保守国家秘密法》	防止含有国家秘密的数据流出中国
《地图管理条例》	互联网地图服务所产生的数据应存放于我国境内
《关于银行业金融机构做好个人金融信息保护工作的通知》	在中国境内收集的个人金融信息的存储、处理和分析应当在中国境内进行
《信息安全技术——公共及商用服务信息系统个人信息保护指南》	未得到用户明示同意或政府批准的情况下,禁止将数据传输至境外实体
《征信业管理条例》	征信机构在中国境内采集的信息的整理、保存和加工,应当在中国境内进行

续表

法条名称	限制性规定
《关于大力推进信息化发展和切实保障信息安全的若干意见》	为政府机关提供服务的数据中心、云计算平台等要设在境内
《人口健康信息管理办法(试行)》	不得将人口健康信息在境外的服务器中存储,不得托管、租赁在境外的服务器
《保险公司开业验收指引》	业务数据、财务数据等重要数据应存放在中国境内,具有独立的数据存储设备以及相应的安全防护和异地备份措施
《网络预约出租汽车经营服务管理暂行办法》	网络约车平台公司应当遵守国家网络和信息安全有关规定,所采集的个人信息和生成的业务数据,应当在中国内地存储和使用,保存期限不少于2年

(2)入境

数据资产作为未来国家间竞争的新“石油”,我国对于数据入境的限制较少,仅对于来源于国外的法律、行政法规禁止发布或者传输的信息采取技术措施和其他必要措施阻断传播。对于数据入境而言,更多需考虑数据输出国对数据传出境外的限制要求。

(3)多司法辖区管辖的冲突与协调

除了以上我国有关个人信息和重要数据跨境传输的要求以外,对于全球部署的企业而言,还需要考虑多司法辖区对于数据跨境传输的管辖冲突与协调的问题。

①我国数据回传的要求与当地数据保护主义的冲突

无论基于集团管理的需要还是满足我国行政机关对企业境外分支机构的监管要求,境内企业可能都面临将境外关联企业运营中收集或产生的数据传输至境内的需求。

以俄罗斯为例,《俄罗斯联邦个人数据法》要求“公民个人信息及相关信息和数据库需要在俄罗斯境内存储"，"对俄罗斯公民的个人数据的处理活动需要使用俄罗斯境内的数据库"。对于在俄罗斯境内提供产品和服务并梳理俄罗斯境内数据主体个人信息的企业而言，须在俄罗斯境内设立服务器并且不太可能将个人数据传出俄罗斯境外。这将导致在面临集团化管理或中国境内监管相关要求时，企业对于俄罗斯境外公司收集、使用的个人数据须在匿名化后才能跨境传输至中国境内。

对于在中国境外开展业务活动的中国企业而言，需要全面平衡集团合规风险统一管控以及满足境内监管要求，与不违反境外数据合规和个人信息保护之间的关系。例如，在具有本地化数据存储要求的国家设立单独的服务器，而仅将匿名化后的个人信息传回中国境内。

②境外数据调取与我国数据保护理念的冲突

多司法辖区的数据保护管辖冲突还体现在境外数据保护法律的域外管辖权与我国司法主权之间的矛盾。

以欧盟《通用数据保护条例》为例，其规定非设立于欧盟境内的数据控制者或处理者为欧盟境内的数据主体提供产品或服务的过程中涉及的数据处理行为需受制于《通用数据保护条例》的管辖，而不论数据主体是否被要求付费[1]。对于向欧盟境内提供货物或服务的中国企业而言，依据《通用数据保护条例》的要求，（欧盟）检查机构有权对境外数据输入方进行检查。类似地，以美国云法案为代表的域外证据调取制度，进一步扩大了境外执法部门访问海外数据的权限，使执法机构可以更容易地访问存储与其他国家的在线信息。当境外监管机构或法院要求调取的数据属于我国法律法规规定不得向境外提供的数据时，则可能产生我国司法主权与境外法律域外管辖的冲突问题。

---

〔1〕《通用数据保护条例》第3条第2款第1项。

（4）企业合规建议

在数据全球化流动的背景下，当企业涉及与中国相关的数据跨境传输时，建议着重考虑以下几方面问题：

①企业性质的认定

《网络安全法》目前主要对关键信息基础设施运营者施加了数据本地化存储与跨境传输前的安全评估义务，同时目前尚未生效的《数据安全管理办法（征求意见稿）》《个人信息出境安全评估办法（征求意见稿）》等则将跨境安全评估义务的履行主体进一步扩大为了网络运营者。企业需要首先判定其是否为网络的所有者、管理者或网络服务提供者，以及结合自身从事的行业和业务，确定是否可能被定为具有相应义务的网络运营者或关键信息基础设施运营者。

②公司跨境数据的梳理和分类

对于不同类型的数据跨境，各国有关限制程度存在差异。例如，以服务于监控目的的本地化政策会严格要求数据禁止出境，不得传输至境外，也不得为境外所访问。而出于保护个人隐私目的，则一般会留有例外情况，企业可根据例外条款实现部分或个别的数据转移。例外情况包括获得用户的同意，以及完成数据跨境安全评估和相关行业主管部门的备案或批准等。因此，企业在数据跨境传输之前，需梳理拟跨境数据的类型如是否包含个人信息或重要数据，并结合拟跨境数据的体量选择合法的数据跨境流程。

③全面考虑行业监管对于数据本地化的要求

我国数据本地化的要求有时并不体现在一般性的法规中，在特殊的行业、领域，例如医疗健康、金融征信等领域也有类似的要求。因此，企业在判断是否能将数据传输出境时，应当做到对一般性法律和行业特殊规定的全面梳理。

④全球数据中心部署的协调

各国跨境数据流动政策或数据本地化政策不仅对公司合规层面带来重大影响，甚至也对公司的业务不熟、技术方案带来挑战。对于严格要求数据本地化存储的国家，企业可能需要在当地兴建数据中心，以在本地存储数据，并能够为本地政府所监控。除此以外，考虑到建设与运营数据中心的成本较大，对于没有数据本地化存储义务要求的国家而言，企业可以考虑在一定的地理区域范围内选取某一特定国家或地区兴建数据中心存储数据，或者将数据统一传回总部做数据处理以后再回传。在选择建设区域性数据中心或将总部所在地设定为全球数据中心时，需考虑该地数据保护水平受其他国家认可的程度，以及对于数据进一步传输至境外的限制。

（二）侵害个人信息主体权利请求的合规风险

1. 个人信息主体的权利响应

(1)法定权利类别

个人信息主体的权利在《网络安全法》和2017年《个人信息安全规范》中均有规定。两部文本中规定的权利类别存在差异，具体权利类型如表3.13.4所示。

表3.13.4　个人信息主体权利类型对比

名称	权利类型
《网络安全法》	删除权、更正权、知情权和访问权
2017年《个人信息安全规范》	访问权(含知情权)、更正权、删除权、撤回同意权、注销账户权、获取个人信息副本的权利和约束信息系统自动决策的权利

《网络安全法》第四章中规定的有关个人信息的权利主要包括个人信息的删除权、更正权、知情权和访问权。上述权利可分为两类：基本权利和衍生权利。基本权利是指法条中明确说明的权利，包括个人信息的删除权和更正权，以及知情权。其中，删除权和更正权这两项权利在《网络安全法》第43条中有直接的明确规定："个人发现网络运营者违反法律、行政法规的规定或者双方的约定收

集、使用其个人信息的，有权要求网络运营者删除其个人信息；发现网络运营者收集、存储的其个人信息有错误的，有权要求网络运营者予以更正。网络运营者应当采取措施予以删除或者更正。”知情权是在第41条下间接规定：“网络运营者收集、使用个人信息，应当……公开收集、使用规则，明示收集、使用信息的目的、方式和范围……”上述规定表明网络运营者有公开和明示相关信息的义务，因此被收集者作为该义务主体的相对方就有对被公开和明示的信息知情的权利。

不同于被直接规定的基本权利，衍生权利是指未被直接规定，但作为行使基本权利的前提而必须实现的权利，或根据法条的具体规定可推演出的适用于一般情况的权利。衍生权利主要为个人信息的访问权。

访问权的行使是删除权和更正权的前提：个人只有在查询或访问网络运营者存储、处理的其个人信息的具体内容后，才能够判断其个人信息是否被违法、违约处理或是否有误。但在实践中，个人并非只能在以行使删除权和更正权为目的的情况下才能查询相关信息，因为访问权还可被视为个人事后再次行使知情权。

2017年《个人信息安全规范》第7.4～7.10条直接规定了个人信息主体的7项权利：访问权（含知情权）、更正权、删除权、撤回同意权、注销账户权、获取个人信息副本的权利和约束信息系统自动决策的权利。其中，个人信息主体的知情权并无单独规定，而是被涵盖在访问权的范畴内，故此处的访问权为包含了事前知情的广义访问。可见，2017年《个人信息安全规范》在《网络安全法》的基础上扩展了个人信息主体的权利类型，增加了4项权利。

（2）权利响应的途径

对上述个人权利的响应可分为无需个人提出请求的主动响应和在收到个人具体请求后的被动响应。

主动响应个人权利的情形一般表现为主动向个人提供与处理其个人信息相

关的信息,即响应个人信息主体的知情权或广义的访问权。实践中,前述权利响应通常以向用户提供隐私政策配以特定服务或产品的用户协议的形式实现的。对此,2017年《个人信息安全规范》第5.6条规定了隐私政策的内容和发布方面的要求。

除对知情权和广义的访问权的主动响应外,其他权利的响应均属于被动响应,即在收到个人对于其个人信息的具体请求后,如更正、删除其个人信息的请求,做出的对具体请求的执行。

2017年《个人信息安全规范》第7.4~7.10条除对个人权利的含义进行阐述外,还包含权利响应的具体规定。实践中,除常见的个人信息控制者收到个人请求后协助其完成某项对信息的操作外,出于提高个人对其信息的掌控力的考量,被动地请求响应中还包括由个人自主完成相关操作的情形,尤其是对授权范围的变更。此外,访问权、删除权、更正权以及部分账户注销权都可以为个人提供登录个人账户后自助查询、删除、更正(或补充)和关停服务或账户的渠道。

综上,在遵从《网络安全法》第四章和2017年《个人信息安全规范》第7.4~7.10条中对个人权利响应的要求外,企业还应考虑实际操作中多大程度上实现了个人对其信息的掌控,并以使个人信息主体广泛参与到信息控制中为原则设计适用于个人信息控制者实际情况的具体权利响应机制。

（三）数据商业化利用中的不正当竞争合规风险

在国内,个人信息权作为数据主体的独立人格权已经得到了《民法总则》的明确。对于个人信息相关的财产权益、用户信息相关的数据资产的权属问题,虽然现行的法律法规并没有做出任何明确的规定,但国内多个典型的互联网不正当竞争纠纷案件都认可了网络平台对其数据资产的权益,行业、法律实务界和学术界也逐步认可了网络平台之间共享用户数据的“三重授权原则”,即“用户授权+平台方/公司授权+用户授权”。

以下将对网络平台的数据权益、平台之间的数据共享规则进行梳理,提示可能存在的不正当竞争合规风险。

1. 平台的数据类型

网络平台运营者在经营过程中收集和产生的数据是多种多样的，按照与用户的关联度，我们认为可以将平台数据分为以下三类：

(1)用户个人信息

按照《网络安全法》的定义，指以电子或者其他方式记录的能够单独或者与其他信息结合识别用户个人身份的各种信息，包括但不限于用户的姓名、出生日期、身份证件号码、个人生物识别信息、住址、电话号码等。“淘宝(中国)软件有限公司与安徽美景信息科技有限公司不正当竞争纠纷案”[一审(2018)浙01民终7312号，二审(2018)浙01民终7312号，以下简称“淘宝－美景案”]在判决中直接引用了《网络安全法》中的定义。

但值得注意的是，最高人民法院、最高人民检察院《关于办理侵犯公民个人信息刑事案件适用法律若干问题的解释》和2017年《个人信息安全规范》在上述“可识别标准”定义的基础上，对个人信息的界定做了进一步延伸，除了“以电子或者其他方式记录的能够单独或者与其他信息结合识别特定自然人身份”，还包括“反映特定自然人活动情况的各种信息”，包括姓名、身份证件号码、通信联系方式、住址、账号密码、财产状况、行踪轨迹等。

(2)个人信息以外的用户数据

在平台经营过程中，网络平台从公用设备中收集的众多用户行为数据、用户设备数据，平台运营者通过用户行为数据或用户个人信息分析获得的用户个人画像数据等，虽然可能不构成《网络安全法》下可识别自然人个人身份的个人信息，但依旧属于用户数据的范畴，受到《网络安全法》第22条对于用户信息的一般性保护。用户个人信息和个人信息以外的用户数据共同构成用户数据。

(3)非用户数据

平台运营过程中产生的与用户无关的数据，包括平台和平台商户或合作方的经营数据，平台网络的运维状况数据、匿名化分析数据等。

2. 平台的数据权益

对应不同的平台数据类型，用户和平台各自的数据权益会有所差异，第三方在收集和使用相关平台数据的条件也会有所不同。

对于用户个人信息，个人信息的所有权属于用户个人。通过用户授权，平台在用户授权范围内享有用户个人信息的使用权。同时，按照《网络安全法》第41、42条的规定，平台还应当确保其对个人信息的收集和使用遵循合法、正当、必要的原则，并采取技术措施和其他必要措施确保个人信息的安全。平台如果希望向第三方提供或共享用户个人信息，应当确保该数据共享行为已经获得了用户的有效授权，否则会被认定为"非法出售或者非法向他人提供个人信息"的行为。

对于个人信息以外的用户数据。根据《网络安全法》第22条的规定，平台在收集用户的此类数据时，应当向用户明示并取得同意。但由于此类用户数据并不构成个人信息，因此并不需要遵守上述个人信息的特殊保护要求，包括数据使用的最小必要原则、数据共享的授权等。鉴于《网络安全法》和最高人民法院、最高人民检察院《关于办理侵犯公民个人信息刑事案件适用法律若干问题的解释》及2017年《个人信息安全规范》对于"反映特定自然人活动情况的信息"是否构成个人信息存在差异，"淘宝－美景案"中，法院虽然认为"网络用户行为痕迹信息"不构成《网络安全法》下的个人信息，但是由于"网络用户行为痕迹信息包含有涉及用户个人偏好或商户经营秘密等敏感信息。因部分网络用户在网络上留有个人身份信息，其敏感信息容易与特定主体发生对应联系，会暴露其个人隐私或经营秘密。因此，对于网络运营者收集、使用网络用户行为痕迹信息，除未留有个人信息的网络用户所提供的以及网络用户已自行公开披露的信息之外，应比照《网络安全法》第四十一条和第四十二条关于网络用户个人信息保护的相应规定予以规制"。此外，用户的评论、照片等还可能构成用户的著作权、肖像权等其他合法权益，平台在使用此类数据时，还应当取得用户的特别授权。

对于上述用户数据，“淘宝－美景案”以及之前的“北京淘友天下技术有限公司等与北京微梦创科网络技术有限公司不正当竞争纠纷案”［（2016）京73民终588号，简称“微博诉脉脉案”］都明确了网络平台作为服务提供方，在用户同意的前提下对其基于自身经营活动收集并进行商业性使用的用户数据拥有合法权益，第三方不能未经网络平台授权直接收集和使用。

对于非用户数据，可以进一步分为第三方相关数据和其他数据。

第三方相关数据的相关权益，如果不涉及终端用户数据，相关的权益分配主要依赖于平台和第三方（包括平台内商户、平台技术服务方等合作第三方）之间的《平台服务协议》或其他同类合作协议。

对于平台自身的经营数据、平台网络运维状况等数据，由于是平台运营自身相关的数据，不具有任何的用户身份识别性，部分数据还可能构成平台的商业秘密，因此，平台应当拥有相关数据的所有权和独立控制权。对于无法识别到用户本人的匿名化分析数据，比如用户群体画像数据、用户消费趋势等，如果原始数据是从用户处收集取得，在收集时应当参照用户数据向用户明示并取得同意。但在后续的使用中，由于相关数据已经无法识别到用户身份，并且是平台利用自有的资源和技术开发所得，因此，平台对此类数据的使用有独立的决策权，不再受到用户授权的限制。在“淘宝－美景案”中，法院将此类数据产品相关的权益称为竞争性财产权益，数据产品开发者可以以此作为权利基础获得反不正当竞争法的保护。未经许可使用他人数据产品获取商业利益、攫取市场竞争优势的，构成不正当竞争行为。

根据上述分析，基于不同的数据类型，我们对平台的数据权益做了简单归纳，如表3.13.5所示。

表 3.13.5　平台数据权益

数据类型	平台的数据权益	第三方商业化使用数据的前提
用户个人信息	在用户授权范围内收集、使用和共享,同时应当遵循合法、正当、必要的原则,保障数据安全	三重授权,即用户授权平台、平台授权第三方、用户授权第三方
个人信息以外的用户数据	收集时向用户明示并取得同意。 如果平台拥有该用户的个人身份信息且用户并未选择自行公开披露,相关数据应当参照用户个人信息保护。 如果构成著作权、肖像权等其他用户合法权益,在收集和使用相关数据时应当取得用户的单独授权	三重授权,即用户授权平台、平台授权第三方、用户授权第三方
非用户数据	如果涉及第三方的数据,相关权益可以根据合同约定。 对于平台自身的经营数据、平台网络运维状况等数据,平台拥有所有权和独立控制权。 如果原始数据是从用户获取,在收集时应当向用户明示并取得同意。如果经过处理成为匿名化数据,后续的使用、共享不再受到用户授权的限制	平台授权第三方

3. 收集和使用第三方平台的合规要求

如前所述,对于不同的平台数据类型,网络平台的数据权益会有所差异,但无论是否构成用户数据,如果企业希望从第三方平台收集其平台数据并进行商业化使用,企业应当取得第三方平台的有效授权。如果涉及用户数据的,还应当取得用户的授权。

实践中,如果企业希望从第三方平台收集平台数据,通常会通过两种方式进行。

第一种是直接与第三方平台合作,通过 API 接口或 SDK 等方式直接从平台获取用户数据或其他平台数据。通过这种方式收集和使用平台数据,企业应当遵守与第三方平台的约定，如果超出第三方平台授权范围收集和使用用户数据，除涉嫌违约外，还可能构成不正当竞争行为。在“微博诉脉脉案”中，脉脉与微博签署了《开发者协议》，约定脉脉在合同规定期间可以利用合同中约定的微博系统开放接口，获取微博用户信息资料用于脉脉应用的使用。但在合作过程中，脉脉超出约定范围收集了微博用户的教育信息和职业信息等内容，并有将非法获取的信息与自身应用搜集到的信息非法关联等行为。脉脉的行为被法院认定为违反诚实信用原则和商业道德，构成不正当竞争行为。

第二种是跳过第三方平台，公司直接以外部匿名访问者的身份或者以平台注册会员的身份通过爬虫技术收集第三方平台的用户数据或非用户数据。如果是以平台注册会员的身份进行数据收集，在此模式下，公司通常已经取得了用户授权，以用户身份登录后通过爬虫技术迅速抓取与用户本人相关的所有数据，如果仅仅收集和使用用户本人的数据，在用户充分授权的基础上，公司的数据收集行为应当是存在法律基础的。但对于数据抓取的方式，依旧需要遵守行业内的公认准则，比如应当遵守网站的 Robots 协议，尤其不能采用破坏第三方平台信息系统的方式等违法手段进行数据抓取。此外，部分平台通常会在与会员的隐私政策或用户协议中明确规定，用户不得通过爬虫技术抓取平台内的任何数据，然而鉴于 2017 年《个人信息安全规范》参照欧盟《通用数据保护条例》规定了用户获取其个人信息副本的权利，此类用户协议的有效性需要根据实际情况进一步评估。如果是非用户数据，企业在收集和使用时也应当遵守网站的 Robots 协议，并获得平台的有效授权。

（四）个人信息组织管理架构及泄露的合规风险

1. 个人信息管理制度的合规风险

(1)个人信息保护在立法、执法、司法领域的发展

随着互联网产业的发展和大数据时代的来临，信息成为商业竞争中的核心

生产要素之一，通过收集用户个人信息，了解其服务需求和偏好，以便优化企业生产和提高服务质量成为提升企业竞争力的重要方式；而信息收集作为对信息进行利用的基础，其重要性不言而喻。

但个人信息不仅仅是商业经营的重要资源，也与个人的权益保护息息相关，"无孔不入的个人信息收集和利用行为可能带来破坏性的后果"。在2016年中国青年政治学院互联网法研究中心和封面智库联合发布的《中国个人信息安全和隐私保护报告》中，有近72万受访者认为个人信息泄露问题严重或者非常严重，同年的一次社会调查中，有超过80%的受访者认为目前商家对用户的信息收集行为超过必要限度。

可以说，随着商业领域中数据收集和生产的急剧增长，数据在商业场景中的应用日趋多元化，但大数据的使用在帮助经营者在市场上获取更大竞争优势的同时，也成为一把可能伤害企业信誉、阻碍企业发展的双刃剑，不正当的数据使用为企业的发展埋下隐患。

我国已经意识到个人信息保护对推动经济健康发展、保护公民合法权益的重要性，近年来逐渐加强了个人信息安全监管，主要表现为三方面：

第一，立法方面，《网络安全法》《关于加强网络信息保护的决定》《刑法》《民法总则》《消费者权益保护法》《征信管理条例》《关于办理侵犯公民个人信息刑事案件适用法律若干问题的解释》《电信和互联网用户个人信息保护规定》等法律法规中均明确了个人信息应受到合理保护，非法侵犯公民个人信息可能需要承担民事责任、行政责任乃至刑事责任。

民事责任：《网络安全法》第74条第1款规定，违反本法规定，给他人造成损害的，依法承担民事责任。在未取得相关个人授权的情况下，收集、使用相关个人信息，个人信息主体可依据《民法总则》第111条、《侵权责任法》（已废止）第2条、《消费者权益保护法》第50条的有关规定，向经营行为不合法不合规的企业主张侵权责任。

行政责任:根据《网络安全法》第 64 条规定,违反《网络安全法》第 41 条侵害个人信息(包括未经授权收集个人信息)的行为将面临警告、没收违法所得、罚款、暂停相关业务、停业整顿、关闭网站、吊销相关业务许可证和吊销营业执照等法律责任;对直接责任人员的罚款数额可达 10 万元,对网络运营者的罚款数额更高可达 100 万元。

刑事责任:违反有关规定,向他人出售或者提供公民个人信息还可能违反《刑法》第 253 条之一的侵犯公民个人信息罪。一旦企业收集、使用他人个人信息未取得该个人的同意,在“情节严重”构成刑法“侵犯公民个人信息罪”情况下,应承担刑事责任,即对直接负责的主管人员和其他直接责任人员定罪处罚,并对单位判处罚金。

第二,执法方面,在个人信息保护方面,执法实践向常态化发展。一方面,从公安机关的执法来看,由于侵犯公民个人信息犯罪高发,且常与绑架、敲诈勒索、诈骗等犯罪相联系,社会危害极为严重,因此,公安部已经多次部署全国公安机关打击整治侵犯公民个人信息犯罪专项行动。另一方面,自《网络安全法》实施以来,各地开始了密集的执法行动,经营者因不当收集、使用个人信息而被处罚的案例层出不穷。

第三,司法方面,个人信息保护方面的诉讼案例多发,民事诉讼和刑事诉讼均多有涉及。既有司法案例中,涉案公司数量众多,且不乏知名公司,特别是互联网企业。

(2)企业的自我保护——建立个人信息管理制度

在个人信息保护的基础立法逐步确立,在民事、行政和刑事保护紧密结合的立体框架下,为保护自身数据资产的安全,树立企业的良好信誉,企业应当建立合理的个人信息管理制度,保护自身运营安全,规避法律风险。

➢ 典型案例：

雀巢个人信息案：

2011 年至 2013 年 9 月，郑某等 6 名雀巢公司的员工为推销配方奶粉，通过支付好处费等不正当手段，从兰州市多家医院医务人员处获取孕妇及产妇姓名、手机号码等个人信息，共计 12 万余条。2016 年 10 月 31 日，兰州市城关区人民法院一审宣判，以侵犯公民个人信息罪分别判处郑某等人从拘役 4 个月到有期徒刑 1 年 6 个月不等的刑罚。一审宣判后，郑某等雀巢员工不服一审判决，以涉案行为属于单位犯罪等理由提出上诉。2017 年 5 月 31 日，兰州市中级人民法院作出二审终审裁定，判决驳回郑某等雀巢员工的上诉，维持原判。判决指出，单位犯罪是为本单位谋取非法利益之目的，在客观上实施了由本单位集体决定或者由负责人决定的行为。而雀巢公司政策、员工行为规范等证据证实，雀巢公司禁止员工从事侵犯公民个人信息的违法犯罪行为。郑某等员工为推销配方奶粉，通过支付好处费等方式获取孕产妇个人信息，属于违反公司管理规定，为提升个人业绩而实施的个人犯罪行为，因此雀巢公司不应承担法律责任。

雀巢员工为推销奶粉而通过不正当手段非法获取个人信息，尽管行为违法，但确实客观上推动了雀巢业绩的发展。那么，该等行为为什么没有被判定为职业行为呢？雀巢向法院提交的其制定和实施的含有个人信息保护合规内容的《员工行为规范》等企业政策成为了关键证据。法院认为，正是因为雀巢制定实施了个人信息保护的企业政策，因此足以证明雀巢作为经营者是反对员工从事侵犯公民个人信息的违法犯罪行为的，尽管雀巢员工的犯罪行为推高了雀巢业绩，但仍应被认定为为谋取自身利益的个人行为。雀巢作为一家跨国企业免于单位犯罪，无刑事责任，对企业自身发展的重要性特别是名誉的保护不言而喻。

雀巢案例凸显了企业内部合规的重要性，为保护企业自身的合法权益，我们建议企业建立合理的个人信息保护制度。

2. 个人信息安全事件处置

互联网深刻改变和影响着世界各主要国家的政治、经济、文化和人们生活方式。一方面，互联网为经济的互利开放和知识的广泛传播贡献着重要力量；另一方面，网络漏洞、个人信息泄露等导致的网络安全问题日益突出。为掌控互联网这把双刃剑，减轻网络安全事件对社会带来的负面影响，世界各主要国家普遍以法律规制等方式针对网络安全事件的应急响应进行规范和引导。

本书总结了国内外对网络安全事件应急响应的相关规定，如表 3. 13. 6 所示。

表 3.13.6 网络安全应急规定

国家或组织	年份	名称	网络安全应急相关规定摘录
美国	2008	《国家网络安全综合计划》	部署了覆盖整个联邦的入侵检测系统和入侵防御系统，连接所有的网络行动中心以加强态势感知，并制定了覆盖整个政府部门的网络情报对抗计划
	2009	《〈网络空间政策评估〉报告》 《网络空间国际战略》 《网络空间行动战略》	明确设立了网络安全协调官一职，负责全国网络安全事件的协调

续表

国家或组织	年份	名称	网络安全应急相关规定摘录
	2014	《联邦信息安全现代化法案》	明确联邦机构网络安全事件报告要求,责成管理和预算局负责该法实施,并向国会报告网络安全事件情况
	2016	《国家网络安全事件应急预案》	作为动态的战略框架,详细规定了应急管理各方的职责、核心能力和重大网络安全事件响应的协调机制
	2017	《国家网络安全事件响应计划》	定义了全国性的网络事件处理方法,并强调了联邦和非联邦机构的作用
	2017	《网络安全框架》	取代当前《联邦信息安全现代化法案》的网络安全要求
欧盟	2013	欧盟《网络安全战略》	依据该战略,欧盟计算机应急响应小组负责实时监控网络动态并做出应急对策,欧盟内各国均设立了网络安全专门机构如国家网络应急响应小组、数据局和网络安全机构,负责监控网络安全动态以便调整策略
	2015	德国《网络安全法》 德国《联邦信息技术安全法》	明确关键基础设施的运营者进行重点保护
	2016	欧盟《网络与信息系统安全指令》	要求欧盟各成员国加强跨境管理与合作;制定本国的网络信息安全战略;建立事故应急机制,对能源、金融、交通和饮水、医疗等公共服务重点领域的基础服务运营者进行梳理,强制这些企业加强其网络信息系统的安全,增强防范风险和处理事故的能力
	2016	英国《国家网络安全战略(2016~2021)》	重新勾勒英国未来网络安全发展路线图,确保英国免受不断变化的网络威胁,有效响应网络事件,确保英国网络、数据和系统得到保护和恢复

续表

国家或组织	年份	名称	网络安全应急相关规定摘录
	2016	德国《网络安全战略计划》	要求在联邦信息安全办公室建立一支网络应急响应中心，并加强同欧洲及全球的网络安全信息共享和协作
	2018	英国《最低网络安全标准》	涵盖了确保网络安全的五个方面（识别、保护、检测、响应和恢复）以及对应的10项举措
日本	2003	日本《信息安全综合战略》	通过强化内阁功能，全面保障国家信息安全
	2006	《第一份国家信息安全战略》	明确提出日本信息安全保障的基本目标是建设“安全的IT环境”，不仅要实现安全，而且要通过“预防”、公民的“认可与体验”、安全的“可持续性”3项条件的满足，使国民在使用信息网络时具有安全感
	2009	《第二份国家信息安全战略——打造IT时代强大的个人与社会》	对日本面临的网络安全现状进行了分析，提出了保障信息安全的基本原则、目标、行动措施和组织保障。与第一份战略的关注重点为信息安全技术研发等“预防措施”不同，第二份战略关注重点在“应急响应”，侧重于紧急情况发生时的应急措施和及时恢复工作，力求建立重大网络安全突发事件紧急状态下一体联动的安全措施，突出强调了信息安全风险的难以避免，没有绝对安全，应当采取措施建立起稳定快速的应急响应系统
	2010	日本《保护国民信息安全战略》	立足于安全保障、危机管理和保护用户权益三个基本点，主动采取适应信息安全环境变化的新措施
	2014	《网络安全基本法》	进一步明确计算机应急反应小组协调中心（JPCERT/CC）的职责，即网络安全事件应急响应时的情报收集、联络工作，在政府机构、网络业务提供商、安全厂商，以及相关产业联盟之间发挥桥梁作用

续表

国家或组织	年份	名称	网络安全应急相关规定摘录
	2015	《为强化网络安全政策而进行审计工作的基本方针》	进一步细化了网络安全和应急响应的相关规定，包括建议公司认识到网络安全风险并制定全公司范围的安全政策，建立网络安全风险管理结构、流程，制定符合公司实际的识别网络攻击风险政策，开发应急响应系统，管理网络安全风险等
	2017	《网络安全管理指南》	
中国	2007	《突发事件应对法》	是专门针对突发事件的预防与应急准备、监测与预警、应急处置与救援、事后恢复与重建的立法
	2016	《国家网络空间安全战略》	对完善网络安全监测预警和网络安全重大事件应急处置机制进行部署
	2017	《网络安全法》	对监测预警与应急处置提出了明确要求
	2017	《国家网络安全事件应急预案》	为国家层面组织应对涉及多部门、跨地区、跨行业的特别重大网络安全事件的应急处置提供政策性、指导性和可操作性方案。随后各行业各地区，也纷纷制定了行业/地区网络安全事件应急预案
	2017	《关键信息基础设施安全保护条例》	对关键信息基础设施范围、运营者安全保护义务、产品和服务安全、监测预警、应急处置和检测评估等一系列事项进行了详细的规定，构建了关键信息基础设施安全保护制度的具体框架
	2018	《网络安全等级保护条例(征求意见稿)》	第30条和第32条对网络安全事件的监测预警和通报工作做了规定

在网络安全威胁的范围和内容不断扩大和演化的情况下，网络安全形势与挑战日益严峻复杂。各种信息安全事件越来越多，攻击手段不断翻新，严重危及企业的正常运转，也威胁公民的个人信息安全。

就企业而言，建立应急管理体系和制度刻不容缓，一方面，从合规角度而言，建立应急制度是《网络安全法》等法律的内在要求；另一方面，合理建立网络安全突发事件的应急管理体系，能够使得企业在有限投入的基础上，最大限度地降低网络安全突发事件的负面影响，维护企业的良好声誉。

三、数据合规工作总结性合规建议

在全球数据合规形势趋紧的背景下，诸如“Facebook/剑桥分析案”、“数据堂案”等的经验教训不停告诫企业：数据经济价值的挖掘可以促成企业的快速发展，但合法合规的数据商业模式才能保证企业的长期繁荣；而数据合规已然成为一个重要的竞争维度，一旦出现瑕疵或重大安全事件，将给企业在市场竞争中带来巨大的负面影响，导致极其严重的竞争劣势。

就数据合规自身而言，应形成完善的合规管理流程，从起初的规划、实施，并形成一个持续改进、不断完善和提高的循环过程，为业务运行保驾护航。具体而言，我们建议，企业通常可以从以下几个方面入手，展开数据合规工作。

（一）合规自查

合规完善和整改的工作基础是对企业现状的充分了解，因此，合规工作的第一步必然是根据相关法律要求结合自身经营模式、业务场景及数据流转方式进行技术、制度等方面的全面数据合规现状自查。通过实地调查，了解企业业务中可能涉及的数据类型，整理出全面的数据字典或数据清单，结合相应的数据生命周期情况，考察企业当前的数据合规现状，才能为后续的完善和整改提供坚实的基础。

（二）优化企业对外的法律文本和窗口界面

基于自查中发现的风险点，为尽快建立外部风险防火墙，企业需要迅速完善、优化对外的法律文本和窗口界面。通常而言，这些对外界面至少包括：(1)业务合同模板；(2)数据处理协议；(3)企业整体隐私保护的原则性声明；(4)不同产品和独立功能的隐私政策与声明；(5)面向员工的劳动合同与补充协议。

（三）建立有效、高标准的内部数据风险控制体系

为固化数据合规工作成果，确保企业内部数据风险管控水平达到对外承诺的标准，企业还应尽早建立有效、高标准的内部数据风险控制体系。通常而言，该等风险控制体系应至少包含：(1)内部数据保护指南(作为综合性指引)；(2)数据访问与权限配置制度；(3)数据分类分级指南；(4)数据处理日志/记录制度；(5)网络与数据安全事件应急预案；(6)数据保护奖惩制度。

（四）落实合规措施，以合理隔离相关主体、商业操作和数据实践

现实中，企业往往重视合规工作的形式，而忽视了最后且是最为重要的一步——合规措施的落实，这使得合规措施的制定、完善仅停留于文本层面，失去了其本身的价值，也无法给企业带来实际的收益。在合规措施蓝本的指引下，企业应当切实进行内部业务流程和信息系统的整改，通过外部产品采购、网络架构改良、数据流转途径优化、员工培训和应急演练等多种方式将合规措施切实部署、配置到企业的全数据生命周期，方才是合规整改工作的初步完成。由于不同企业的实际情况各有不同，通常而言，这些合规整改工作无法完全依赖于外部律师或顾问的建议，需要企业的法律团队与技术、业务等各团队紧密配合、共同推进，这也是企业的数据合规工作与传统合规工作之间的重大差异。

而如何评价数据合规工作的成效，或者说合规工作的目标，企业可通过以下

几方面隔离措施的达成综合进行判断。

1. 是否达成与员工个人行为的隔离

“雀巢员工侵犯个人信息案”已经充分证明了完善的合规制度能将员工的个人违规行为与企业责任之间进行彻底的界分，为企业铸成内部防火墙；同时，这些合规制度也是指引和约束员工行为的重要依据，将从数据合规的角度为企业内部治理提供新的思路。

2. 是否达成与客户/合作方行为的隔离

随着数字经济的发展，数据合作和共享越发频繁，完善的合规制度不仅是对企业内部行为的约束，同时也应当确保在合作开展过程中明确划分与客户/合作方之间的责任义务，避免商业合作过程导致合规风险传递到企业，带来不必要的损失和不利影响。

3. 是否考虑不同的国家（地区）各自法律要求而进行了商业操作和数据实践层面的隔离

随着经济的全球化、一体化，企业尤其是中国企业的业务地理范围将迅速向其他国家（地区）拓展；不同的国家（地区）关于数据各自的法律要求使得企业统一协调全球性的数据合规制度存在超乎寻常的成本。结合全球不同司法辖区普遍呈现的数据跨境规则限制和潜在的数据本地化要求，在未来的数据实践中，本地化将很可能成为一个极为重要的合规模式。为此，对于跨国企业而言，数据实践的地理隔离将成为数据合规工作评价的重要因素。

此外，长期、稳定、持续地维持前述合规体系的整体有效运行，还有赖于企业在业务经营过程中的定期、不定期合规的复核、复查，针对新发现和新出现的问题及时采取相应措施。

基于此，我们认为，合规创造价值，数据合规也将成为数据时代的企业合规重心之一。同时，我们建议，所有企业均应当将数据合规作为长期性的经营理念之一，切实展开数据合规工作，以在数字经济的角逐中走得更快、更远。

第十四章

出口管制法合规

一、出口管制法概述

（一）出口管制合规应了解的政策逻辑

在各国的出口管制法之中，美国出口管制法最为完备和复杂。其相关法律和法规的基本逻辑是要在国家安全、外交政策以及工商业的利益这三者之间找到平衡。然而，维持国防产业与追求外包和供应链的全球化的潮流之间往往是冲突的。[1]

通常，生产企业和出口企业需要有秩序化的出口管制行政管理程序，它们需要可预见性和确定性。而且，美国政府担负着国家安全和外交政策的职责，所以，往往需要非常大的灵活性，并且不希望受到什么先例的束缚。由于存在这些利益的交换和平衡，因此，在适用美国出口管制法的时候存在高度的不确定性。

〔1〕 Nunn-Wolfowitzustry, "*Best Practices*" *Regarding Export Compliance Programs*, Page 6 (25 Jul. 2000).

所以了解法律和法规是必要的,但更应注意其背后的政策考量及获得出口许可的步骤,这些并不完全体现在出口管制的法律法规之中。这些规则步骤和政策会随着政治经济和技术水平的变化而处于持续的演变之中。

（二）出口管制法的国际法框架

出口管制方面国际法框架的达成是因为管制通常要与联盟者一起行动才能有效果。这些国际条约可以分为两大类,第一类是对特定的商品和特定的技术加以限制。限制核实验的条约主要包括《部分禁止核试验条约》《全面禁止核试验条约》《不扩散核武器条约》;限制生物与化学武器的条约主要包括《日内瓦协定》《禁止生物武器公约》《禁止化学武器公约》;限制常规军备的条约主要包括《打击跨国有组织犯罪公约》《禁雷公约》《防止弹道导弹扩散海牙行为准则》。第二类是对特定的地区加以限制。对国际区域加以限制的条约,主要包括《外太空公约》《海底武器控制条约》《关于各国在月球和其他天体上活动的协定》;对无核区加以限制的条约,主要包括《拉丁美洲禁止核武器条约》《南太平洋无核区条约》《东南亚无核区条约》《非洲无核区条约》。

这些国际条约仍然需要通过成员方转化为国内法才能有效实施。

（三）主要国家或地区的出口管制制度

1. 美国出口管制

美国有一整套严密复杂的出口管制法律体系。目前,美国出口管制制度的法律主要有《出口管制改革法案》(Export Control Reform Act,ECRA)、《出口管理条例》(Export Administration Regulations,EAR)、《武器出口管制法》(Arms Export Control Act,AECA)、《国际武器贸易条例》(International Traffic in Arms Regulations,ITAR)、《国际紧急经济权力法案》(International Emergency Economic Powers Act,IEEPA)等。此外,美国还加入了大量的国际条约,主要包

括《不扩散核武器条约》《禁止生物武器公约》《禁止化学武器公约》《打击跨国有组织犯罪公约》《核安全公约》《海底武器控制条约》《核材料实物保护公约》《各国和国际原子能机构关于实施保障的协定》《部分禁止核试验条约》《防止弹道导弹扩散海牙行为准则》等。这些共同构成了美国出口管制的成文法基础。

根据这些成文法,美国多个政府参与出口管制监管。军事用品的出口与临时进口由美国国务院国防贸易管制理事会(Directorate of Defense Trade Controls,DDTC)负责;军事用品的永久性进口由美国司法部酒精烟草和枪支管理局(Bureau of Alcohol Tobacco and Firearms,BATF)负责;核材料的出口由美国核管理委员会(Nuclear Regulatory Commission,NRC)和能源部(Department of Energy,DOE)负责;两用物品的出口由工业与安全局(Bureau of Industry and Security,BIS)负责;经济禁运和制裁由海外资产控制办公室负责。

美国出口管制的对象主要分为两用物品以及军用物品两大类。《美国防务目录》(United States Munitions List,USML)是管制军品清单。BIS 将两用管制物项分类载于《美国商业管制清单》(the Commerce Control List,CCL),并编制出口管制分类代号(Export Control Classification Number,ECCN)对应不同的管制要求。CCL 主要包含了十大行业:(1)核和相关材料;(2)材料、化学品、微生物和毒素;(3)材料加工;(4)电子;(5)计算机;(6)电信与信息安全;(7)传感器和激光;(8)导航和航空电子设备;(9)航海;(10)航空和推进器。管制理由包括,国家安全(001~099)、导弹技术(100~199)、核不扩散(200~299)、生化武器(300~399)、瓦森纳安排(600~699)、地区稳定、反恐、犯罪控制及联合国制裁等(900~999)。

《国家(地区)管制清单》将不同的国家或地区分为 A、B、D、E 四级,并对不同的国家或地区以不同的理由,加以出口限制。A 级是美国战略合作伙伴,如加拿大;B 级是较少限制国家和地区,如中国香港特别行政区;D 级是受关注的国家或地区,如中国内地;E 级是支持恐怖主义的国家或地区,包括古巴、伊朗、叙利亚、朝鲜、苏丹。国家(地区)清单中列举了不同国家收到管控的理由,如果出口物项属于 X 表示的范围,且无豁免理由,则需要向 BIS 申请许可证。以表 3.14.1 为例:

表 3.14.1 国家(地区)管控清单

国家(地区)	【D:1】国家(地区)安全	【D:2】核	【D:3】生化武器	【D:4】导弹技术	【D:5】美国武器禁运国家(地区)
阿富汗			X		X
亚美尼亚	X		X		
阿塞拜疆	X		X		
巴林			X	X	
白俄罗斯	X	X	X	X	X
缅甸	X		X		X
柬埔寨	X				X
中非共和国					X
中国	X		X	X	X
中国台湾			X		
刚果民主共和国					X
古巴		X	X		X
塞浦路斯					X
埃及			X	X	
厄立特里亚					X
格鲁吉亚	X		X		
海地					X
伊朗		X	X	X	X
伊拉克	X	X	X	X	X
以色列		X	X	X	
约旦			X	X	

续表

国家(地区)	【D:1】国家(地区)安全	【D:2】核	【D:3】生化武器	【D:4】导弹技术	【D:5】美国武器禁运国家(地区)
哈萨克斯坦	X		X		
朝鲜	X	X	X	X	X
科威特			X	X	
吉尔吉斯斯坦	X		X		
老挝	X				
黎巴嫩			X	X	X
利比亚	X	X	X	X	X
澳门	X		X	X	
摩尔多瓦	X		X		
蒙古	X		X		
阿曼			X	X	
巴基斯坦		X	X	X	
卡塔尔			X	X	
俄罗斯	X	X	X	X	X
沙特阿拉伯			X	X	
索马里					X
南苏丹共和国					X
苏丹					X
叙利亚			X	X	X
塔吉克斯坦	X		X		
土库曼斯坦	X		X		
阿拉伯联合酋长国			X	X	
乌兹别克斯坦	X		X		
委内瑞拉	X	X	X	X	X
越南	X		X		
也门	X		X	X	
津巴布韦					X

除“ECCN号+国家（地区）清单”的基本管理外，交易的各方、最终用户、生产商、出口商、承运人、出口后的可能涉及的其他方的身份也都必须合规。在评价此项合规时，需要参考不同部门提供的黑名单：与出口相关的清单主要包括排除清单（Debarment List）、不扩散清单（Non-proliferation List）、SDN清单（Specially Designated National and Blocked Persons List）、实体清单（Entity List）、军事最终用户清单（Military End Users List）、未核实清单（Unverified List）、被拒绝人员清单（Denied Persons List）等。

而EAR作为美国两用物项出口管制的主要法律依据，其管辖范围其实是十分宽广的。不少没有ECCN号的商品实际上也是受EAR管辖的，这类商品有一个统称——EAR99。实践中，有不少企业由于在CCL上找不到自己的产品，便误以为自己的产品不受EAR管辖，出口该产品不需要申请许可证。上述观点显然过于简单片面。事实上，在特定条件下，出口EAR99项下的商品，甚至CCL上明确列名的产品都有可能不需要许可证。相反地，哪怕是EAR99项下的产品，如果是被出口至禁运国家（地区）、受限制的实体或个人（如实体清单、SDN清单等），或是最终用途不当，则该出口行为仍需要申领出口许可证。为了帮助实体或个人确定其在EAR下的义务，EAR有提供了一系列的问题和步骤用以判断出口物项是否受制于EAR约束。

（1）进出口交易前阶段的要求

在这个阶段需要分析并且掌握如下信息：

第一，什么交易标的？对于这个问题的分析必须彻底，任何与核武器、生化武器或者导弹相关的技术或产品，都必须立即引起注意。

第二，谁是最终用户？谁是生产者？还有谁会卷入到交易之中？谁是出口商？谁是承运人？出口之后，是不是会有生产商进行生产，是不是还有人提供服务，提供测试，提供检验检测？在送抵最终用户之前，还有谁会接触到这个标的？是不是还有人为交易提供辅助的服务，如金融谈判，或者居间服务？在这个审查过程之中，不同部门提供的黑名单，需要一一核对，包括但不限于排除清单、不扩散清单、SDN 清单、实体清单、未核实清单、被拒绝人员清单等。

第三，这个交易标的要去哪儿？分析这个问题，还要和第二个问题相结合，这里的“去哪儿”，不仅包括出口或再出口的最终目的地，还包括交易涉及的人员的国籍。此时应当注意，所申请的许可证范围，可能要覆盖交易之中所涉及的所有人员的国籍。

第四，为什么这项交易标的需要出口？为什么这个标的需要去这个目的地？为什么这个标的需要经过所有的相关人员？如果相关理由解释不清的话，这些经手人可能必须被排除在交易之外。

第五，此项交易将在什么时候进行？以及其中的每一个步骤，都在什么时间需要发生？

第六，管辖权。对于以下的任何一个问题，如果回答是肯定的，那么就需要对于交易进行进一步分析。即将进行的交易是否涉及从美国出口任何材料、软件或者技术？即将进行的交易是否会涉及美国人？即将进行的交易是否会涉及美国公司的某个分支机构？即将进行的交易是否会涉及由美国人所控制或持有的一家公司？即将进行的交易是否会涉及由美国人提供服务？即将进行的交易是否会涉及原产于美国的产品或技术的转让或再出口？即将进行的交易是否会涉及某项标的的出口，而这项标的之中包含了原产自美国的货物或技术？即将进行的交易是否会涉及向美国的客户销售产品的一方是美国所禁运的国家，或者美国所制裁的实体？即将进行的交易是否会涉及一方使用从美国出口的产品而该方却是美国所禁运的国家，或者美国所制裁的实体？将要进行的交易是否会涉及对核武器、生化武器和导弹技术相关的国际公约的违反？

第七，决策程序。确定特定物项的许可程序，首先需要确定该物项属于什么机构主管。根据主管机构的不同，特定物项的许可程序也有所不同。

(2)进出口阶段的要求,此部分仅适用于两用物品

军用物品的相关要求不在此赘述。本阶段主要分为四步:

第一,判断该交易是否受到 EAR 的管制。对下列问题做肯定回答,即意味着所涉标的并非受美国出口管制法的约束。交易是否属于其他的联邦机构的排他管辖范围?交易标的是否为公开可获得的技术和软件?交易所涉及的产品是外国生产并且其中美国成分低于最低标准?是否受到 EAR 约束的判断过程如图 3.14.1 所示。

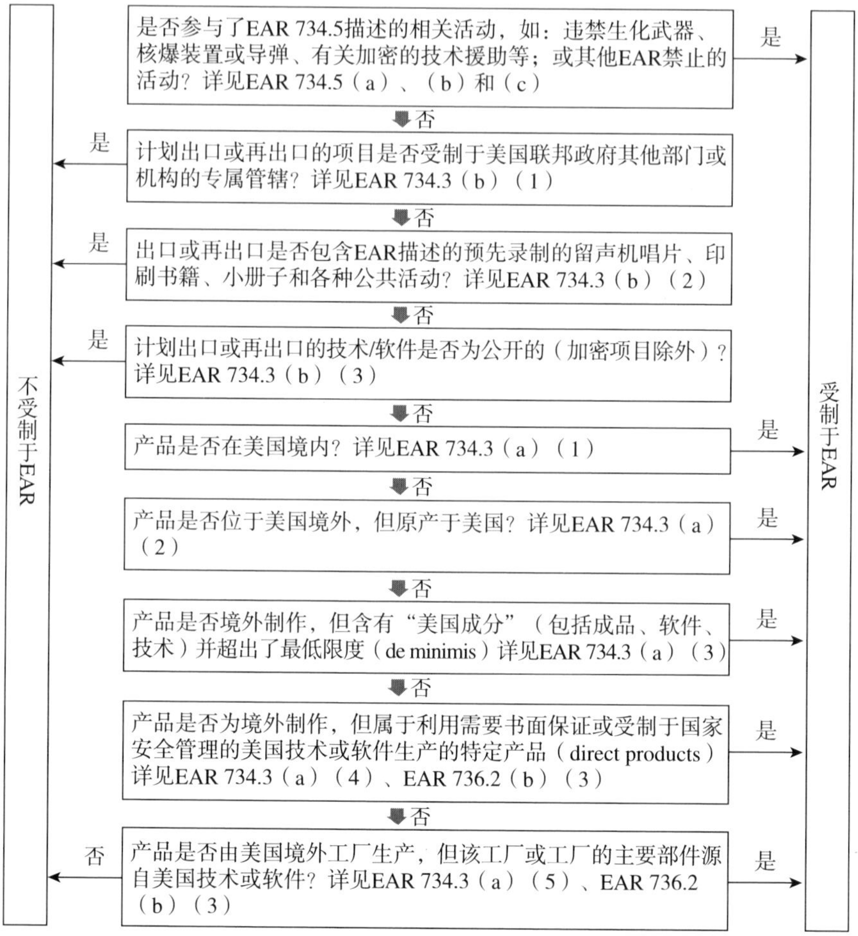

图 3.14.1　交易受 EAR 管制情况

第二，如果对于上面的问题都是否定的，那么就需要对交易标的进行 ECCN 编号。ECCN 是在 CCL 中使用的 5 个字母数字编号，用于识别出口管制的两用物品。以编号“9A001”为例，前两位的数字字母代表了该物项的分类，即航空和推进器的系统、装备和部件；后三位数字代表实施出口管制的理由，即国家安全。交易的标的如果没有对应的编号，则对应的商品分类是 EAR99。如果找到了适用的编号，则再进一步依据以下的条件判断最终用途、最终用户与最终的目的国，相关的许可证要求就可以确定了。

第三，判断该项交易是否存在一般禁止的情况。如果存在一般性禁止的情况，那么就必须取得相应的许可证才能够出口。一般禁止包括以下 10 种情况：

①不得从美国境内向特定国家（地区）出口或再出口受管制物项。该情形适用于物项在 ECCN 中列明了受管制的原因，并且 EAR 的国家清单中列明了出口目的国因该管制原因而需要出口许可。例如，在国家清单中，对中国管制的物项包括与国家安全、生化武器、导弹等相关的两用物品，而出口的物项正是由于以上原因而受到管制，那么该物项就必须申请许可证才能出口至中国。对于 E 级国家来说，因为美国将其归为支持恐怖主义的国家，所以向其出口的所有两用物品均需申请出口许可证。

②不得在美国境外出口和再出口含有“美国成分”（包括成品、软件、技术）的外国产品，且其“美国成分”含量超过最低含量标准。该情形适用于外国产品中美国管制物项的含量超过最低含量标准，物项在 ECCN 中列明了受管制的原因，并且 EAR 的国家清单中列明了出口目的国因该管制原因而需要出口许可。这里值得特别关注的是，上述含有“美国成分”的产品是否受控根据美国“最低限度原则”进行确定。对于一般国家及一般物项，“美国成分”占比大于 25% 时即认定受控；但对于古巴、朝鲜、苏丹、叙利亚和伊朗等国，“美国成分”占比超过 10% 即认定受控。此外，对于特别物项，包括部分信息安全、IC 芯片、燃气涡轮发动机相关设备、软件和技术等，受到更严格的限制。

具体分类如表 3.14.2 所示。

表 3.14.2

不适用于最低限度	10%	25%
调整峰值性能(Adjusted Peak Performance)超标且包含美国原产的受控半导体的境外制造计算机; 使用了信息安全相关的美国原产加密技术; 使用了燃气涡轮发动机相关的美国原产技术; 特定国家生产的特定“军用商品”; 使用 9 * 515 或 600 系列项目的美国原产内容,且产品目的地为 D5 类或 E 类国家或中国; OFAC 规定的部分例外项目	使用了信息安全相关的商品或软件,但:加密源代码公开,或 BIS 授权许可例外的 ENC; 使用了大众市场中的美国原产加密项目	其他境外制造的一般物项

③不得在美国境外出口和再出口利用美国技术和软件直接生产的外国产品。该情形适用于外国产品属于用书面保证作为许可证支持材料的技术或软件的直接产品,并且在 ECCN 中被指定为国家安全管制的范畴。

④不得从事行政禁令禁止的行为。行政禁令是禁止某些人从事出口或接受美国出口产品的官方制裁。一般该禁令是因为被禁止人严重或多次违反出口管理制度而做出的。

⑤不得向被禁止的最终用户和最终用途出口和再出口,除非获得出口许可。

⑥不得向禁运目的地出口和再出口,除非获得出口许可。

⑦不得从事支持扩散以及某些军事情报最终用途和最终用户的活动。

⑧不得在经过某些国家的运输途中卸下受控物项。

⑨不得违反有关命令和条款的规定。

⑩不得故意违规从事交易。

第四,判断该项交易是否存在许可证豁免的情况。EAR 第 740 条规定了 17

种许可例外的交易类型如表 3.14.3 所示。

表 3.14.3　17 种许可例外的交易类型

序号	许可例外情形
1	LVS:有限价值装运(15 CFR § 740.3)
2	GBS:运输至 B 组国家或地区(15 CFR § 740.4)
3	TSR:受限的软件和技术(15 CFR § 740.6)
4	APP:计算机(15 CFR § 740.7)
5	TMP:临时进口、出口、再出口及(国内)转让(15 CFR § 740.9)
6	RPL:设备及零部件维修和更换(15 CFR § 740.10)
7	GOV:政府、国际组织、根据化学武器公约进行的国际视察及国际空间站(15 CFR § 740.11)
8	GFT:礼品包裹和人道主义捐赠(15 CFR § 740.12)
9	TSU:非受限的软件和技术(15 CFR § 740.13)
10	BAG:行李(15 CFR § 740.14)
11	AVS:飞机、船只及航天器(15 CFR § 740.15)
12	APR:额外的再出口许可(15 CFR § 740.16)
13	ENC:加密产品、软件及技术(15 CFR § 740.17)
14	AGR:农业商品(15 CFR § 740.18)
15	CCD:消费类通信设备(15 CFR § 740.19)
16	STA:战略贸易授权(15 CFR § 740.20)
17	SCP:支持古巴人民(15 CFR § 740.21)

如果交易的标的,无法取得任何一项豁免,就是确定需要许可证的,需要向 BIS 提出申请。相应的表格,需要向 BIS 进行订购。这些表格可以在线提交:https://snapr.bis.doc.gov/registration/Register.do。

BIS 也是根据上述 4 个步骤来判断两用物品的出口是否需要申领许可证。具体流程如图 3.14.2 所示。

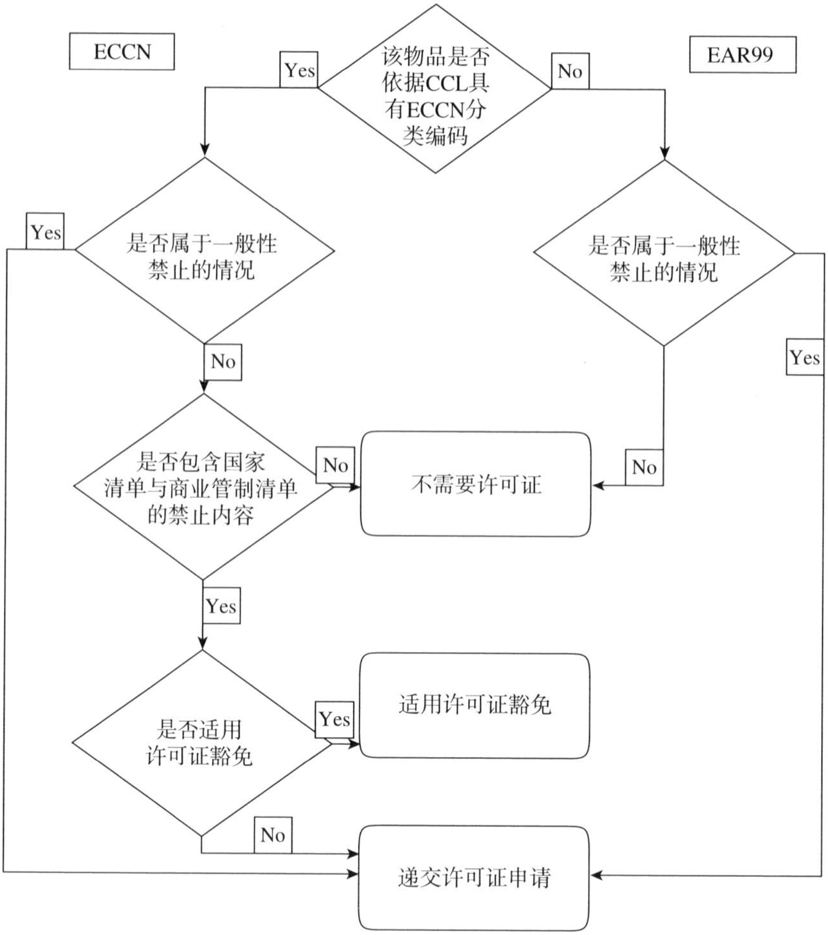

图 3.14.2　BIS 许可证决定程序

(3)调查机关与处罚机关

对于违反 EAR 的情况,BIS 出口执行办公室会进行调查。在调查程序中,根据案件性质,其他机构也会配合参与,包括美国联邦调查局、海关和边境保护局、移民和海关执法署等。如果案件涉及刑事控告和诉讼,则在进入司法程序后由司法部主导。

(4)管辖范围与法律风险

美国出口管制的范围很广。按照 EAR 的规定,原产自美国的产品、原材料及技术终身受到管辖。只要被管制的交易标的不曾灭失,再次出口或再一次转让时许可证的要求就会仍然继续。在 EAR 下,还有大量的视同出口,比如,一美国人向一外国人转让产品,即便是双方在美国境内,都可能被视同出口。

美国《2018 年出口管制改革法案》第 1760 条规定了违反 EAR 将会受到的民事、刑事及行政处罚。在民事处罚中,违规者应就每一次违规在 307,922 美元或者交易金额两倍的限额内做出赔偿,以两者中较高的为准。刑事处罚可能会高达 20 年的监禁,以及 100 万美元的罚金。根据 EAR,违规者的行政责任为:在最长为 10 年的时间里,剥夺从事出口业务的资格。若企业被纳入出口管制黑名单,如"实体清单",则对受控商品、软件和技术的出口、再出口及国内转让,相关企业皆需要获得许可证。自然人被纳入制裁名单,将可能被禁止入境美国,其代表的企业的行为也将受到一定的限制。如被纳入制裁清单,例如特别指定国民 SDN 清单,会使企业的财产和财产权益被冻结,同时被禁止与美国的人、企业进行交易。这意味着,受惩罚的人不能以任何角色参与到可能涉及 EAR 的交易之中。更进一步,其他的企业和个人也不能与这些被剥夺出口权利的人进行交易,或让他们参与到交易的任何一个环节。

受到指控的人可以依据 EAR 第 766 条要求举行听证。如果涉及刑事责任的话,有权要求进行陪审团审理。

(5)出口管制改革法案

2018 年 8 月 13 日,美国总统特朗普正式签署了国会提交的《国防授权法案》(National Defense Authorization Act, NDAA)。其中,《出口管制改革法案》(ECRA)被作为 NDAA 第 17 章的 Subtitle B。ECRA 通过双轨制将现有的美国出口管制实践纳入了立法,为现行两用物品出口管制规则提供永久的立法基础。ECRA 第 1768 条规定,所有在出口管制领域的现行法规、命令、决定、许可或其他规则依然继续有效，除非该法案授权下进行特别修改、取代、宣告无效或撤销。

此外，ECRA 还将扩大 EAR 的适用范围，特别是增加了对美国的“新兴和基础技术”的出口控制，同时也扩大了受 EAR 管制的“技术”的范围，将“基础信息”和“专有技术”囊括了进来，借此将 EAR 的管制范围拓宽至目前不会触发管制的研发性活动。

2018 年 11 月 19 日，BIS 在美国联邦公报发布了《特定新兴技术管制审视》，列出了拟进行管制的代表性新技术类别，包括生物技术、人工智能（AI）和机器学习技术、定位导航授时（PNT）技术、微处理器技术、领先的计算机技术、数据分析技术、量子信息和传感技术、物流技术、增材制造、机器人技术、人机接口、高超音速、先进材料、先进的检控技术，共 14 个技术大类。ECRA 第 1758 条要求美国商务部、国防部、能源部和国务院等政府部门协调制定一个常规程序，用于划分对美国国家安全而言至关重要的“新兴和基础”技术。因此，在这些代表性新技术大类下，美国商务部将通过一个多部门程序决定是否存在具体的，影响美国国家安全的新兴技术，形成管制清单，从而避免造成对美国在科学、技术、工程和制造领域领先地位的负面影响。而在对具体新兴技术和产品进行评估认定时，美国商务部将会充分考虑“新兴和基础”技术在外国的发展现状、出口管制可能对美国技术发展造成的影响、出口管制在限制这些新兴技术和产品向国外扩散方面的效力、相关技术潜在的最终用途和最终用户以及禁运国家的相关情况等因素。一旦某新兴技术及产品被美国商务部等多部门共同决定列入管制名单，美国商务部将有权对该技术和产品的出口、再出口以及技术转让进行管制，包括临时管制。

2020 年 1 月 5 日，基于“用于自动分析地理空间图像的软件”技术“有可能为进口国提供巨大的对美军事优势及对美情报优势，或由于外交政策的原因证明了加以管制是正当的”，BIS 在经过美国商务部确认，并经由国防部和州及其他相关机构同意后更新了 EAR，将“用于自动分析地理空间图像的软件”列入管制范围，ECCN 号为 0Y521，自 2020 年 1 月 6 日生效。据此，美国企业现在若要出口某些地理空间图像软件时，必须得到许可方能将软件发送到除加拿大以外的所有目的地。

新规中所指的“地理空间图像软件”为训练深度神经网络以自动分析地理空间图像和点云（point clouds）而专门设计的软件。需要注意的是，点云是由给定坐标系统定义的数据点的集合，也被称为数字表面模型。这类软件包括以下特征：

第一，提供图形用户界面，使用户能够从地理空间图像和点云中识别对象（如车辆、房屋等），以便提取感兴趣的对象的正面和负面样本。

第二，通过对正面样本进行尺度、颜色和旋转归一化来减少像素变化。

第三，训练深度卷积神经网络以从正、负样本中检测出感兴趣的目标。

第四，利用训练过的深度卷积神经网络，将正面样本的旋转模式与地理空间图像中目标的旋转模式进行匹配，实现对地理空间图像中目标的识别。

根据这些特征不难发现，智能化传感器、无人机、卫星和其他自动化设备的目标识别软件（无论民用或军用）都在限制范围之内。

该清单的更新是自 2018 年 8 月美国总统特朗普通过 ECRA，将管控范围扩大至“新兴技术和基础技术的出口、再出口（转出口）或转让”的以来，首次针对具体技术领域发起的专项管制。这标志着美国将管制政策从管控“产品”扩展至管控“技术”的重大转变和具体实践，也预示着美国针对新兴和基础技术的管制范围将扩大，值得我国高度关注。

（6）美国出口管制合规的难点

近年来，美国政府不断修改 EAR 规则并制定新名单。例如，2020 年 4 月 28 日 BIS 升级了对中国军事最终用户和军事最终用途的管制，并取消了许可证例外 CIV（因国家安全原因而受到管制的物项出口到 D:1 组国家和地区时需要向 BIS 申请出口许可证）；2020 年 12 月 21 日 BIS 发布了军事最终用户清单；2021

年1月15日BIS发布了军事情报最终用途(military-intelligence end uses)及军事最终情报最终用户(military-intelligence end users)等。此外,美国总统拜登于2021年6月3日签署了针对59家中国企业证券投资禁令的第14032号行政令。同日,美国国防部还发布了“中国军事企业”(Chinese Military Companies)清单。

除上述涉军政策外,BIS将中国实体纳入实体清单的理由也已不再局限于违反EAR,而是借口各种理由,包括军事、人权等问题。

在美国EAR下,对于违反出口管制规定的惩罚可谓极为严厉。而这种严厉惩罚建立在两大制度性基础:“域外管辖”和“次级制裁”之上。这两大制度也是美国出口管制合规的难点所在。

①域外管辖

域外管辖,原本是指美国国内法可以具有域外适用的效力。以该制度涵摄美国出口管制制度,对外国人在外国的交易亦可进行管辖,而不是仅限于美国域内或美国人。

美国出口管制制度的域外管辖基于两个基础性概念:再出口(Re-export)与视同出口(Deemed Export)。“再出口”是指:只要被管制的交易物项不曾灭失,在其“再次出口”或“再次转让”时,相关许可要求就会仍然继续有效,相当于出口管制措施“附着”在物项上。“视同出口”是指受管制物项转移至外国人或公司,即使没有跨国界运输,也仍会被视为出口。其转移形式是包罗万象的,比如,美国商品出口到德国公民手中,然后转移到访问德国的一名伊朗公民手中,那么即使该商品从未离开德国,也会被视为向伊朗出口。而将此规则适用于技术或数据时,问题就变得更加尖锐。因为传输技术数据要比传输物理项目容易得多,任何对计算机网络的访问、观看都可能构成“视同出口”。

一直以来,美国出口管制中适用“域外管辖”的合法性在国际上存在很大的争议。比如,20世纪80年代的“西欧－西伯利亚天然气管道案”风波,许多欧洲学者认为,该案中美国的出口管制是对外国主体在外国的行为行使管辖权,有违国际法。然而,美国官方及一些学者坚持从美国国内法的角度为其辩护认为,出口管制的目的在于防止受管制的物项流入受限制的国家,特别是敌对国家,进而防止不利后果及于美国,故对管制物项"再出口"与"视同出口"的限制都是"属地管辖"的范围,因而是合法的。

②次级制裁

次级制裁也一直被认为是美国出口管制等行政管理法律体系中的重要制度,属于"执行管辖权"的范畴。通常地,大多数的美国制裁为"一级制裁",通常仅要求美国人(包括美国公民和合法永久居民、根据美国法律设立的实体,以及位于美国的其他组织)遵守。启动一级制裁的前提是相关主体属于"美国人",或者相关交易在"人""财""物"等方面与美国存在联系。例如,OFAC 在 SDN 名单中列出了受到美国政府制裁的实体。美国人禁止与被列入 SDN 的实体,以及该等实体持股达 50% 的任何实体进行形式的交易。而次级制裁,指的是在其一,相关主体不属于"美国人",其二,相关交易没有利用或者通过"美国人"来"促成、批准或者保证",其三,相关交易没有使用美国的金融系统,且其四,相关交易不涉及美国原产货物和美国含量超过特定比例的货物的情况下,美国仍然禁止或限制相关主体与受制裁对象进行该交易,如果第三国企业或个人(包括中国个人和公司)实施了该交易将面临美国的制裁。次级制裁并不直接规制非美国人,而是禁止美国人与参与受制裁行为的非美国人开展交易,由此禁止非美国人进入美国市场。具体而言,如果某个实体或个人被列入了美国的 SDN 清单,且在 SDN 清单中该个人或实体被加上标注:"额外制裁信息——受到次级制裁",则第三国的企业与该实体或个人进行交易将受到次级制裁。但需要注意的是,如果某个自然人被列入 SDN 清单且含有如上关于"次级制裁"的标注,则第三国企业与该自然人任职的企业进行交易,也可能受到制裁。此外,SDN 清单并不是一份穷尽式的清单,SDN 清单上实体或个人拥有 50% 以上财产利益的企业“自动”被视为也在 SDN 清单中，与这些企业进行交易也可能受到制裁。

近些年来，美国政府多次针对中国公司实施“次级制裁”，尤其是和伊朗、朝鲜有商业往来的中国公司。在一些案例中，受“次级制裁”的实体已被禁止进入美国金融市场。

美国政府也将其他案例中受次级制裁的实体列入 SDN 名单。这意味着这些实体将被禁止与美国人进行商业交易（通过冻结这些实体由美国人占有或控制的，或位于美国境内的全部资产实现制裁）。

鉴于此，尽管在无纸化、互联网的合作工作环境下，要求对所有参与人的国籍身份进行确认，是一项几乎不可能的工作，但按照美国 EAR 却是必需的。此外，如果项目外包和供应链的管理不是非常严格，也可能带来严重的合规问题。因此，建议中国公司对所有潜在交易合作伙伴进行尽职调查，以识别交易中直接或间接涉及的高风险客户，尤其是避免与 SDN 清单中的企业或个人进行交易。在此情况下，出口管制合规系统的建立是防控相关风险的最好选择。

2. 中国出口管制

（1）中国出口管制概述

我国自 20 世纪 90 年代末，根据履行防扩散等国际义务的需要，陆续建立涉及“核、生物、化学、导弹、军品”等物项作为规制对象的 6 部出口管制行政法规及相应部门规范性文件，初步形成了出口管制法律制度体系。但是，原有的出口管制法规及部门规范性文件法律层级不高，法律体系相对松散，在缺乏上位法统筹协调的情况下在执法实践中存在诸多问题。为更好地履行相关国际义务，适应新形势下出口管制工作的需要，我国于 2020 年 10 年 17 日出台《出口管制法》，并于 2020 年 12 月 1 日实施。故中国现行的出口管制法律体系是以《出口管制法》为核心，全面覆盖核、生物、化学、导弹、以及军品等物项的新出口管制法律制度体系，主要包括：

①一般性规定

◆《出口管制法》

◆《对外贸易法》

◆《海关法》

◆《刑法》

◆《技术进出口管理条例》

◆《货物进出口管理条例》

②核领域

◆《核出口管制条例》

◆《核两用品和相关技术出口管制条例》

◆《核产品转运及过境运输审批管理办法(试行)》

◆《核材料管制条例》

③生物领域

◆《生物两用品和相关设备和技术出口管制条例》

④化学领域

◆《监控化学品管理条例》及实施细则

◆《有关化学品及相关设备和技术出口管制办法》

◆《向特定国家(地区)出口易制毒化学品暂行管理规定》

◆《麻黄素易制毒化学品出口企业核定暂行办法》

◆《易制毒化学品管理条例》

⑤军品领域

◆《导弹及相关物项和技术出口管制条例》

◆《军品出口管理条例》

⑥两用领域

◆《两用物项和技术进出口许可证管理办法》

◆《两用物项和技术出口通用许可管理办法》

◆ 商务部《关于两用物项和技术经营企业建立内部出口控制机制的指导意见》

◆ 商务部《关于做好两用物项和技术进出口管制许可工作的通知》

◆《敏感物项和技术出口经营登记管理办法》

此外,中国还加入了国际上防扩散的主要条约,包括《不扩散核武器条约》《禁止生物武器公约》《禁止化学武器公约》《核安全公约》《海底武器控制条约》《各国和国际原子能机构关于实施保障的协定》等。

中国的出口管制涉及诸多政府部门,各部门之前既有分工也有协作。其中,核两用品、导弹相关两用物项和技术的出口,由商务部会同国防科工局进行审查;与动植物相关的生物两用品和技术的出口,由商务部根据需要会同农业农民部进行审查;与人相关的生物两用品和技术的出口,由商务部根据需要会同卫健委进行审查;生物两用品的相关设备和技术,以及有关化学品的相关设备和技术的出口,由商务部根据需要会同工业和信息化部进行审查;监控化学品出口由工业和信息化部会同商务部进行审查。核出口由国防科工局会同商务部等政府部门进行管理。军品出口由国防科工局、中央军委装备发展部管理。涉及维护国家安全和利益、履行防扩散等国际义务的项目,主管部门将会同其他部门报国务院批准,或者报国务院、中央军事委员会批准。海关总署负责上述物项和技术的出口监管工作,并参与相关违法出口案件的调查处理。海关有权对出口经营者出口货物是否属敏感物项和技术提出质疑,并要求出口经营者按规定向商务主管部门申办出口许可证或不属出口管制范围的相关证明。

我国出口管制的基本框架如表3.14.4所示。

表 3.14.4　我国出口管制的基本框架

管制物项	主管机构
核	国防科工局、商务部
军品出口	国防科工局、中央军委装备发展部
核两用品、导弹相关两用物项和技术	商务部、国防科工局
与动植物相关的生物两用品和技术	商务部、农业农村部
与人相关的生物两用品和技术	商务部、卫健委
生物两用品、有关化学品的相关设备和技术	商务部、工业和信息化部
监控化学品	工业和信息化部、商务部
涉及国家安全和利益、履行防扩散等国际义务,报国务院批准,或者报国务院、中央军事委员会批准	
海关总署负责上述物项和技术的出口监管工作,并参与相关违法出口案件的处理	

(2)中国《出口管制法》

①管制物项

我国《出口管制法》的管制物项包括两用物项、军品、核以及其他与维护国家安全和利益、履行防扩散等国际义务相关的货物、技术、服务等物项。同时,物项相关的技术资料等数据也包括在内。

我国《出口管制法》对出口管制物项实行清单管理,包括由国家出口管制管理部门出台的管制清单及根据需要对管制清单外的物项实施临时管制。该法还明确"管制物项包括物项相关的技术资料等数据"。除"清单管理 + 临时列明管理"外,出口管制物项还包括出口经营者知道或者应当知道,或者得到国家出口管制管理部门通知,该物品将 a. 威胁国家安全和利益,b. 被用于设计、开发、生产或者使用大规模杀伤性武器及其运载工具，或c. 被用于恐怖主义目的。[1] 但由于目前《出口管制法》下的清单尚未明确其内容，所以管制物项还需以现行的各类管制物项清单为准，包括但不限于《两用物项和技术进出口许可证管理目录》和《军品出口管理清单》等。

其中，现行《两用物项和技术进出口许可证管理目录》是由商务部和海关总署于2021年12月31日发布的（2021年第48号，2022年1月1日实施）。该目录列出了以下管制物项和技术：

◆ 核出口管制清单所列物项和技术，共159项；

◆ 核两用品及相关技术出口管制清单所列物项和技术，共204项；

◆ 生物两用品及相关设备和技术出口管制清单所列物项和技术，共144项；

◆ 监控化学品管理条例名录所列物项，共74项；

◆ 有关化学品及相关设备和技术出口管制清单所列物项和技术，共37项；

◆ 导弹及相关物项和技术出口管制清单所列物项和技术，共186项；

◆ 易制毒化学品（一），共54项；

◆ 易制毒化学品（二），共17项；

◆ 部分两用物项和技术，共6项；

---

〔1〕《出口管制法》第12条，国家对管制物项的出口实行许可制度。

出口管制清单所列管制物项或者临时管制物项，出口经营者应当向国家出口管制管理部门申请许可。

出口管制清单所列管制物项以及临时管制物项之外的货物、技术和服务，出口经营者知道或者应当知道，或者得到国家出口管制管理部门通知，相关货物、技术和服务可能存在以下风险的，应当向国家出口管制管理部门申请许可：

（1）危害国家安全和利益；

（2）被用于设计、开发、生产或者使用大规模杀伤性武器及其运载工具；

（3）被用于恐怖主义目的。

出口经营者无法确定拟出口的货物、技术和服务是否属于本法规定的管制物项，向国家出口管制管理部门提出咨询的，国家出口管制管理部门应当及时答复。

◆ 特殊民用物项和技术，共 5 项；

◆ 商用密码出口管制清单，共 11 项。

在清单之外的物项和技术原则上不受出口管制。但应当注意的是，我国的《两用物项和技术进出口许可证管理目录》采用的是“商品描述” + “商品编码”的方式管理。而且，《两用物项和技术进出口许可证管理办法》还设置了兜底条款，即出口经营者知道或者应当知道，或者得到相关行政主管部门通知，其拟出口的物项和技术存在被用于大规模杀伤性武器及其运载工具风险的，无论该物项和技术是否列入前述管理目录，都应当申请出口许可证。

除上述两用物项和技术管制清单外，商务部和科技部还发布了关于调整发布《中国禁止出口限制出口技术目录》的公告(2020 年第 38 号公告)。该公告不仅对 2008 年版本《中国禁止出口限制出口技术目录》作部分调整，而且也明确规定了该目录中的技术若属于军民两用技术的，则应纳入出口管制管理。因此，若企业无法确定拟出口的货物技术和服务是否属于管制物项，企业可向国家出口管制管理部门提出咨询。

②管理对象

我国《出口管制法》的管理对象既包括境内公民、法人和非法人组织，也包括境外的组织和个人。而且，我国对于从事管制物项的出口的经营者依法采用专营、备案等方式实施管理。

具体来说，从事“核生化导”敏感物项和技术出口的外贸经营者须申请经营登记，有权从事军品出口的则仅限于依法取得军品出口经营权的军品贸易公司。因此，核、核两用、生物、导弹、化学品等敏感物项以及部分两用物项办理经营者登记均适用《敏感物项和技术出口经营登记管理办法》，而交易对象的国别也将被审查。申请登记企业应当满足以下 5 条要求：第一，经批准，获得对外贸易经营者备案登记或者外贸投资企业批准证书，并已由工商行政管理部门核发营业执照；第二，经市场监督管理部门和商务部主管部门年审合格；第三，在最近三年内未受过国家刑事处罚或因进行非法经营活动受过有关部门行政处罚；第四，了解所申请经营物项和技术的性能、指标和主要用途；第五，有负责出口和售后跟踪服务事务的部门或机构。

受理机构及决定机构均为商务部，但需先向省级商务主管部门提交申请资料，包括《敏感物项和技术出口经营登记申请表》，企业法人营业执照复印件，和对外贸易经营者备案登记证明或外贸投资企业批准证书复印件。然后由省级主管部门将申请材料转报商务部后，再由商务部在收到完备的申请材料后10个工作日内决定是否予以登记。具体办理流程如图3.14.3所示。

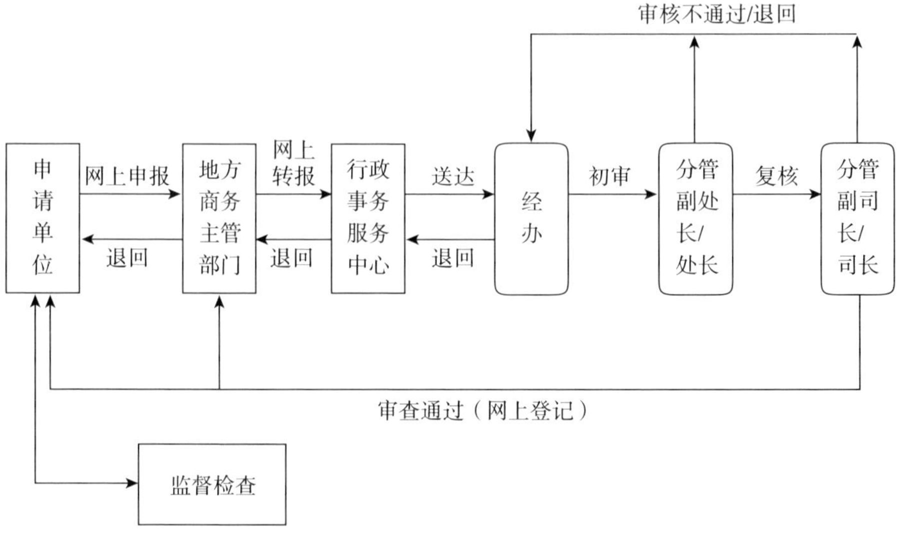

图3.14.3　敏感物项和技术出口经营资格登记流程

③管理行为

根据我国《出口管制法》的第2条和第45条，受管制的出口行为包括：

◆ 出口：从中华人民共和国境内向境外转移管制物项；

◆ 视同出口：指中华人民共和国公民、法人和非法人组织向外国组织和个人提供管制物项；

◆ 再出口：指出口至进口国的管制物项，通过实际运送或传输的方式从进口国再次出口至第三国；

◆ 过境；

◆ 转运；

◆ 通运；

◆ 从保税区、出口加工区等海关特殊监管区域和出口监管仓库、保税物流中心等保税监管场所向境外出口。

④管制措施

在管制措施方面，我国《出口管制法》是以出口许可为主要手段，强化最终用户和最终用途管理，并辅之以管控名单。

具体地，我国出口管制管理部门把“违反最终用户或者最终用途管理要求”或“可能危害国家安全和利益”或“将管制物项用于恐怖主义目的”的进口商和最终用户列入管控名单，并可以采取禁止、限制有关管制物项交易，责令中止有关管制物项出口等必要的措施。除“管控名单”外，我国商务部还于2020年9月19日发布了《不可靠实体清单规定》，授权对列入不可靠实体清单的外国实体采取包括限制或者禁止其从事与中国有关的进出口活动等一项或多项限制性措施。但在不可靠实体名单和管控名单正式发布前，目前我国主要是通过外交部新闻发布会宣布的被制裁方。截至2021年7月16日，中国外交部发言人先后13次宣布对美国、加拿大、英国及欧盟的有关人员和实体进行制裁，共有60多名个人及组织机构受到中国外交部制裁。

在出口许可方面，除禁止出口的物项外，其他受管制物项均需经过事先许可方能出口。出口许可大致可分为两个种类：一是对出口管制清单所列管制物项的许可；二是对临时管制物项的许可。在此基础上，分情况进行许可申请：

◆ 对于出口管制清单所列管制物项或者临时管制物项，出口经营者应当向国家出口管制管理部门申请许可。

◆ 对于出口管制清单所列管制物项以及临时管制物项之外的货物、技术和服务，出口经营者知道或者应当知道，或者得到国家出口管制管理部门通知，相关货物、技术和服务可能存在“危害国家安全和利益”“被用于设计、开发、生产或者使用大规模杀伤性武器及其运载工具”“被用于恐怖主义目的”的，也应当向国家出口管制管理部门申请许可。

而国家出口管制管理部门会综合考虑国家安全和利益、国际义务和对外承诺、出口类型、管制物项敏感程度、出口目的国家或者地区、最终用户和最终用途、出口经营者的相关信用记录以及法律法规规定的其他因素，对出口经营者出口管制物项的申请进行审查，作出准予或者不予许可的决定。

其中，两用物项出口许可分为逐单许可和通用许可。逐单许可是指每一笔出口交易均须申请出口许可。为申请单项许可证，具有经营资格的出口经营者应在“两用物项和技术进出口管制政务平台”填报《敏感物项和技术出口许可申请表》，将申请表和相关材料（包括有最终用户签字的《最终用户和最终用途说明》，出口合同副本，出口的敏感物项和技术的技术说明，出口企业法定代表人身份证明和签字样本，出口企业主要负责人和经办人职务和身份证明，由最终用户出具的公司简介等）报送省级商务主管部门，然后由省级商务主管部门将申请材料转报商务部。商务部接到转报的申请材料后，在45个工作日进行复审，必要时会商相关部门。审核通过的，在线告知许可批复号码，由省级商务主管部门发放出口批复单。出口经营者凭出口批复单在商务部配额许可证事务局或者商务部委托的省级商务主管部门发证机构申领出口许可证。以有关化学品及相关设备和技术为例，相关办理流程如图3.14.4所示。

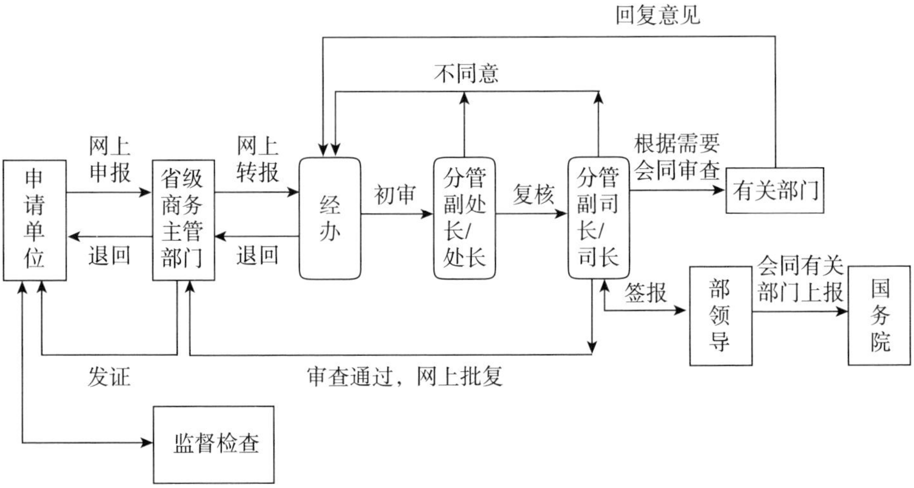

图 3.14.4 两用物项和技术(有关化学品及相关设备和技术)出口许可审查流程

通用许可是指在商务部批准的有效期和范围内可以向发证机构多次申领出口许可证的许可，分为甲类通用许可(不限出口目的国和最终用户、不限出口物项)和乙类通用许可(向同一最终用户出口同类物项)。与逐单许可相比，申请通用许可的经营者需要满足更多条件，尤其是以下几项：

◆ 建立企业两用物项和技术内部控制机制；

◆ 从事两用物项和技术出口业务 2 年以上(含 2 年)；

◆ 申请甲类通用许可，应当连续 2 年以上(含 2 年)年申领两用物项和技术出口许可数量超过 40 份(含 40 份)；申请乙类通用许可的，应当连续 2 年以上(含 2 年)年申领同种类两用物项和技术出口许可数量超过 30 份(含 30 份)；

◆ 近 3 年内未受过刑事处罚或受过有关部门行政处罚；

◆ 有相对固定的两用物项和技术销售渠道及最终用户。

通用许可的申请流程与逐单许可相似，也是向省级商务主管部门提交申请材料，由后者转报商务部；商务部自行审查或会同相关部门进行审查，作出是否许可的决定。获得通用许可证批复的出口经营者仍需逐单申领出口许可证。

⑤违反行为

我国《出口管制法》第 33 条至第 38 条规定了 9 种出口管制违法行为，根据违法主体的不同，大致可划分为以下三大类：

◆ 出口经营者

■ 未取得相关管制物项的出口经营资格从事有关管制物项出口

■ 未经许可擅自出口管制物项

■ 超出出口许可证件规定的许可范围出口管制物项

■ 出口禁止出口的管制物项

■ 以欺骗、贿赂等不正当手段获取管制物项出口许可证件，或者非法转让管制物项出口许可证件

■ 违反规定与列入管控名单的进口商、最终用户进行交易

■ 拒绝、阻碍监督检查

◆ 物流公司等第三方服务提供商

■ 明知出口经营者从事出口管制违法行为仍为其提供代理、货运、寄递、报关、第三方电子商务交易平台和金融等服务

◆ 不限主体

■ 伪造、变造、买卖管制物项出口许可证件

⑥违法后果

◆ 刑事责任

■ 《出口管制法》第 43 条第 2 款规定，违反本法规定，出口国家禁止出口的管制物项或者未经许可出口管制物项的，依法追究刑事责任。具体而言，根据《刑法》相关规定，违反我国出口管制规定可能构成走私罪、非法经营罪、泄露国家秘密罪、伪造、变造、买卖国家机关公文、证件、印章罪等罪名，从而被判处有期徒刑，并处罚金和没收财产。

◆ 行政责任

■ 在行政处罚的措施上，罚款适用于上述全部9种出口管制违法行为，且罚款的金额较高，单次出口管制违法行为的罚款最高甚至可以达到违法经营额的20倍。此外，相关主管部门还可能根据具体情形，处以没收违法所得、撤销许可、吊销相关管制物项出口经营资格、暂停受理出口许可申请、停业整顿等行政处罚。对于对该等企业的主管人员和其他直接责任人员，相关主管部门还可以采取禁止其在一定期限内从事有关出口经营活动或终身禁入的措施。

二、企业合规体系构建

（一）美国法下出口合规建议

不同国家出口管制的内容不同，企业应当注意的合规事项也有所不同。鉴于美国具有较为成熟完整，且对世界贸易影响较大的出口管制体系，在此我们以美国为例，说明企业在合规过程中应当注意的要点。

BIS对企业符合美国EAR，向企业合规体系建设提供了8项建议：[1]

1. 管理层承诺（management commitment）。高层管理承诺是合规体系建设成功的最重要因素。在承诺的支持下，合规体系更有可能被公司组织完全接受，并融入公司的日常运营中。每一个有效的合规体系都是一个自上而下的过程，组织高级管理人员给予项目的意义和合法性：(1)公开支持合规政策和程序；(2)提供足够的资源；(3)支持出口合规培训和培训。

〔1〕 Updated Export Compliance Guidelines 2017.

2. 风险评估。如果忽略了出口合规的风险,会对公司的声誉和出口业务造成负面影响。这一要素的目标是确定公司可能面临的可预防风险,然后对这些风险建立防范措施。公司在出口时面临的共同风险主要有3点:(1)出口项目:出口未获得许可证;未获授权发布受管制的科技信息。(2)组织运营:没有或有限的公司合规;公司内部缺乏信息交流;与出口协调人的关系不佳;没有或有限的出口通关程序。(3)客户:未知最终用户的身份和最终用途不明;未转移风险;违反反抵制法律。

3. 出口许可。如果公司的出口产品在商业控制清单(CCL)中,并且不是EAR99项目,那么应当尤其关注本要素。即使公司只出口分类为EAR99的物品,这个部分也是至关重要的。其目标是建立针对产品分类的程序、步骤、流程和决策的系统,以帮助指导员工做出正确的出口决策。

4. 记录保留。依照相关规定有些文件可能不需要提交,但保存这些文件可能符合公司的最佳利益。例如,有关公司根据具体的ECCN号码进行物品分类技术决定的内部文件,以及谁做出了这些决定,这些记录的保留都是至关重要的。

5. 培训。一个良好的培训计划对于一个有效的合规体系建设至关重要,该计划应当包括:(1)提供基于合规需求的专业知识;(2)对每个员工的出口职责进行沟通;(3)让员工通过评估对出口培训负责。

6. 审计。为了使合规程序运行顺利,必须对其进行测试和调整。出口合规经理需要保持程序的动态变化——根据操作、产品和出口控制规则不断改变合规程序。审计评估当前流程的有效性,并检查流程和日常操作不一致的地方。出口合规经理应组建一个团队协助进行审计。根据现有的资源,决定进行何种类型的审计,审计的范围,最终确定合规缺陷,潜在的风险领域,提出建议。

7. 处理出口违规行为并采取纠正措施。发现与出口合规不符的做法主要包括:(1)建立内部和外部的报告程序,以处理可疑的违规行为,这需要由管理层支持。(2)列出具体的内部流程,以便跟进调查,确认是否存在不合规的问题,在必要时予以纠正。(3)为不遵守公司的合规政策和美国出口法律制定惩罚措施。

8. 维护出口合规体系。按照上述建议着手设立合规体系,并在公司运营中不断完善,总结经验,实现公司出口合规化。

(二)中国法下出口合规建议

《出口管制法》是我国顺应国际形势变化与国际管理体系接轨的里程碑,其对广大出口经营者出口合规业务带来新要求的同时,也提供了新的指引。为了更好地引导行业自律、鼓励企业完善出口管制内部合规制度,我国商务部于2021年4月28日发布了商务部《关于两用物项出口经营者建立出口管制内部合规机制的指导意见》(商务部公告2021年第10号,以下简称《指导意见》),《指导意见》自公布之日起施行。《指导意见》及其所附的《两用物项出口管制内部合规指南》(以下简称《合规指南》)对《出口管制法》的留白进行了操作性方面的填充,对出口经营者如何建立内部合规制度提供了具体指引。在此基础上,考虑到目前国际环境不稳定、不确定因素增加的形势下,笔者对出口企业的合规建议如下:

1. 判断相关业务是否属于出口管制的范畴。对照目前以及将出台的管制清单,对公司出口的实物、技术以及提供的服务等进行初步判断,即相关业务是否可能受出口管制法的规制,或是否属于出口管制的范围。充分了解相关规避行为可能产生的严重后果。对于故意规避出口管制的行为,《出口管制法》明确规定将严厉打击或加重处罚。

2. 参照《合规指南》建立、完善出口管制内部合规制度,以防范风险。出口合规体系的建设是防范出口管制风险的最好手段。完善的出口合规体系的建立及其遵循不仅在申报出口许可时可以加以区分,而且在面临行政执法时甚至可以提出非“明知”“应知”的便捷作为减轻、从轻处罚的理由。同时也着重建立好合规的许可申报制度和业务流程，对相关业务人员开展必要的培训，以熟悉不同许可的特点及要求，并根据具体情况判断是申请单项许可还是通用许可。

3. 积极响应内部合规机制的构建以适用相应的许可便利措施，通过主动发现违规事项降低处罚风险。为此，企业须正确确定出口商品归类并确定管制项目清单的 HS 编码，有恰当的事先尽职调查程序，收集经营者合规的制度，并且密切关注管控名单、不可靠实体清单等文件的发布，对出口物品、运输路线、进口国、最终用户和最终用途等信息进行合理审查，避免被认定为“知道或应当知道”来排除主观故意，避免企业、个人的行政责任和刑事责任。

附录 3-14-1 美国签署实施国际条约情况表

一、关于具体项目和技术的条约与制度

项目		条约名称	总体状况	具体情况	美国是否实施
关于核武器的条约	禁止核试验	部分禁止核试验条约[①] Limited Test Ban Treaty	开放签署日：1963 年 8 月 5 日 生效日：1963 年 10 月 10 日	美国签署日：1963 年 8 月 5 日 批准日：1963 年 10 月 10 日	实施
		全面禁止核试验条约 Comprehensive Nuclear Test Ban Treaty	开放签署日：1996 年 9 月 24 日 生效日：未生效	美国签署日：1996 年 9 月 24 日	未实施

续表

项目		条约名称	总体状况	具体情况	美国是否实施
		不扩散核武器条约 Treaty on the Non-Proliferation of Nuclear Weapons	开放签署日: 1968年7月1日 生效日:1970年3月5日	美国签署日: 1968年7月1日 批准日:1970年3月5日	实施
		国际原子能机构的全面保障协议② IAEA Comprehensive Safeguards Agreement(s)	生效日:1980年12月9日 生效日:1989年4月6日③	—	实施
		国际原子能机构附加模型协定④ IAEA Model Additional Protocol	签署日:1998年6月12日 生效日:未生效	—	实施

续表

项目	条约名称	总体状况	具体情况	美国是否实施
关于生物与化学武器的公约	日内瓦协定⑤ Geneva Protocol	开放签署日：1925年6月17日 生效日：1928年2月8日	美国签署日：1925年6月17日 批准日：1928年4月10日	实施
	禁止细菌（生物）及毒素武器的发展、生产及储存以及销毁这类武器的公约 Convention on the Prohibition of the Development, Production, Stockpiling and Use of Bacteriological and Toxin Weapons Weapons and on Their Destruction	开放签署日：1972年4月10日 生效日：1975年3月26日	美国签署日：1972年4月10日 批准日：1975年3月26日	实施
	关于禁止发展、生产、储存和使用化学武器和销毁此种武器的公约 Convention on the Prohibition of the Development, Production, Stockpiling and Use of Chemical Weapons and on Their Destruction	开放签署日：1993年1月13日 生效日：1997年4月29日	美国签署日：1993年1月13日 批准日：1997年4月25日	实施

续表

项目	条约名称	总体状况	具体情况	美国是否实施
常规军备	打击跨国有组织犯罪公约 Protocol on Firearms to the Convention against Transnational Organized Crime	通过日:2001 年 3 月 31 日 生效日:2005 年 7 月 3 日	—	实施
	禁雷公约 Biological Weapons Convention	开放签署日:1997 年 9 月 18 日 生效日:1999 年 3 月 1 日	—	实施

① 该条约禁止在大气层、太空以及地下水中进行核武器试验。
② 与不扩散核武器条约有关的协议。
③ 该协议根据《拉丁美洲禁止核武器条约》的附加议定书制定的。
④ 该协定是为保障各国能够实施《全面保障协议》而制定的附加文件。
⑤ 该协定禁止在战争中使用毒气和生物武器等。

项目	机制名称	成立时间	美国是否参加
多边出口控制机制	桑戈委员会 Zangger Committee	1971 年	参加
	核供应国集团 Nuclear Suppliers Group	1975 年	参加
	澳大利亚集团 Australia Group	1985 年	参加
	导弹及其技术控制制度 Missile Technology Control Regime	1987 年	参加
	瓦森纳协定 Wassenaar Arrangement	1994 年	参加

续表

项目	机制名称	成立时间	美国是否参加
其他	联合国常规武器登记册 UN Register on Conventional Arms	1991 年 12 月 9 日	参加
	从各个方面防止、打击和消除小武器和轻武器非法贸易的行动计划 Programme of Action to Prevent, Combat and Eradicate the Illicit Trade in Small Arms and Light Weapons	2001 年 7 月 20 日	参加
	防止弹道导弹扩散海牙行为准则 The Hague Code of Conduct against Ballistic Missile Proliferation	2002 年 11 月 25 日	参加

二、关于具体区域的公约

项目	条约名称	总体状况	具体情况	美国是否实施
国际区域	外太空公约 Outer Space Treaty	开放签署日:1967 年 1 月 27 日 生效日:1967 年 10 月 10 日	美国签署日:1967 年 1 月 27 日 批准日:1967 年 10 月 10 日	实施
	海底武器控制条约 Sea Bed Arms Control Treaty	开放签署日:1971 年 2 月 11 日 生效日:1972 年 1 月 23 日	美国签署日:1971 年 2 月 11 日 批准日:1972 年 3 月 18 日	实施

续表

项目	条约名称	总体状况	具体情况	美国是否实施
	关于各国在月球和其他天体上活动的协定 Agreement Governing the Activities of States on the Moon and Other Celestial Bodies	开放签署日:1979年12月18日 生效日:1984年7月11日	—	未实施
	海洋法公约 Convention on the Law of the Sea	开放签署日:1982年12月10日 生效日:1994年11月16日	—	未实施
无核武器区域	拉丁美洲禁止核武器条约 Treaty for the Prohibition of Nuclear Weapons in Latin America	开放签署日:1967年2月14日 生效日:1967年4月22日	—	未实施
	南太平洋无核区条约 South Pacific Nuclear Free Zone Treaty	开放签署日:1985年8月6日 生效日:1986年11月11日	—	未实施
	东南亚无核区条约 South East Asia Nuclear-Weapon-Free Zone Treaty	开放签署日:1979年12月18日 生效日:1984年7月11日	—	未实施
	非洲无核区条约 African Nuclear Nuclear-Weapon-Free Zone Treaty	开放签署日:1996年4月11日 生效日:未生效	—	未实施

第十五章

刑事合规

一、刑事合规的理念、实践与未来

（一）概述

法律风险是客观存在的，企业在生产经营的过程中无时无刻不面临各种类型的法律风险。其中刑事法律风险是企业运行过程中最致命的法律风险，贯穿企业从设立、融资发展、生产经营到破产清算的全过程，分布于企业管理的各个环节。企业的逐利本性、灰色的行业惯例、执法者对经济纠纷的干涉等诸多因素，都可能导致企业或内部员工触犯刑事法律规范，招致刑事责任，需要企业格外予以重视。

刑法将一定的行为规定为犯罪并给予刑事处罚，刑事责任是实施国家刑事法律规定的犯罪行为所应承担的法律后果。对于企业而言，一场刑事诉讼带来的后果，轻则经营不济、商誉受损，重则一蹶不振、破产倒闭。

刑罚的本质是使受刑人痛苦，相较于行政处罚和民事赔偿，刑罚显然具有更大的威慑力,带来更严峻的法律后果,但并非在所有违法情形下均须动用刑事制裁的手段来惩戒违法行为。违法行为分为民事违法行为、行政违法行为和刑事违法行为,只有在民事或行政手段尚不足以达到制裁效果或无法保护合法权益时,才会将违法行为纳入刑法领域、启动刑事手段,这是基于刑法在法律体系中后盾地位和刑法谦抑性原则的考量。

是故,企业若出现涉嫌犯罪的违法行为,须对相关行为进行刑法评价,只有危害社会的行为触犯刑事法律的时候,才构成犯罪。由刑事法调整的犯罪行为具备3个特征:

1. 刑事违法性。刑事违法性是犯罪的法律特征,即行为触犯刑事法律规定,符合《刑法》所规定的构成要件。

2. 社会危害性。社会危害性是指行为对国家和人民利益所造成的危害,具体表现为对国家主权、领土完整和安全、人民民主专政的政权和社会主义制度、社会秩序和经济秩序、国有财产或者劳动群众集体所有的财产、公民私人所有的财产、公民的人身权利、民主权利和其他权利侵犯。

3. 应受惩罚性。应受惩罚性是指行为应受到刑事处罚的后果,如果一个行为不应当受刑罚处罚,也就意味着它不是犯罪。

违法行为一旦涉嫌犯罪,企业面临的风险陡然上升,可能产生严苛的刑事责任。为规避刑事法律风险,全球范围内诸多企业开始树立刑事合规意识,构建刑事合规机制,执行刑事合规程序,通过有效的内部治理,预防或化解刑事风险,这一过程就是刑事合规(criminal compliance)。

所谓"刑事合规",是指企业在实施内部治理的过程中重视刑事法的规则,以《刑法》为参照,建立企业内部的规则,推动合规目标的实现,防范企业刑事法律风险。

刑事合规源于美国司法实践,目前在世界范围内蓬勃发展。1991年10月1日美国颁布的《联邦量刑指南》将合规计划纳入影响定罪量刑的法定情节,通过奖励机制推动企业主动合规,从此刑事合规正式进入美国的司法体系。须明确的是,刑事合规不是运用手段逃避法律制裁,不是辅导企业钻法律漏洞,而是助力企业协调管理思维与法律思维,使企业自治,遵从刑事法律规范。尽管刑事合规属于企业整体合规的一个环节,却有奠基性的作用,企业运行首先应以不违法犯罪为起点和底线。

企业防范刑事风险,首先必须依法依规,遵从刑法规范。刑事不合规意味着企业行为未能与刑事法律规范保持一致,可能会受到刑事责任的追究。

究其原因,我国企业陷入刑事法律风险,主要分为三种情形:一是为攫取非法利益而陷入刑事风险;二是因企业法律意识淡薄而涉刑,一些企业不重视经营模式是否合规,游走在合法和违法的边缘,在经营过程中随时可能触碰刑事犯罪的高压线;三是我国营商环境和刑事政策风向变化带来刑事风险。改革开放四十余年企业释放前所未有的活力,但外部法治环境尚未完全成型,难免存在“严格立法、普遍违法、选择执法”的混乱情形。不少地区存在以刑事手段干预经济纠纷的司法乱象,或存在某些行业长期存在监管的灰色地带。一旦风向转变,企业运行从“野蛮生长”的状态转向合法依规的过程,必然产生阵痛,步履维艰。

实际造成刑事法律风险的原因可能更加复杂。无论出于何种原因造成企业刑事风险的上升,都凸显了刑事合规的重要性。

(二)刑事合规的理念基础——积极的一般预防论

刑罚是犯罪的法律后果,具有惩治和预防犯罪的目的。积极的一般预防论和特殊预防论、消极的一般预防论都属于刑罚目的论的概念,旨在确认刑罚的正当性和有效性。

特殊预防论,主张通过惩罚或者威慑,消除具体的犯罪者的再犯可能性;消极的一般预防论,指通过威慑防止社会一般人犯罪;积极的一般预防论,强调培养和提供公众的法律意识,因主动遵守法律而远离犯罪。张明楷教授认为,积极的一般预防论的内容是唤醒和强化国民对法的忠诚、对法秩序的存在力与贯彻力的信赖，通过刑罚使国民的法意识安定化，从而预防犯罪。

将任一孤立的预防论作为刑罚正当化的依据，都不能涵盖刑罚制定、适用、执行的全部目的，不能实现防止犯罪的社会效应。然而，长期以来“重刑主义”理念在我国司法领域中占据主导地位，但重典的消极作用相当明显。基于对已然犯罪进行惩戒的传统刑法，既难以抵消犯罪导致的实际侵害，也具有滞后性，对于有限的司法资源而言，依赖于国家机器自上而下的单一方向的规制，难以事先应对日趋专业化、精细化、隐蔽化的各种复杂社会经济问题。

刑事合规整合了消极的和积极的一般预防主张。于国家层面而言，刑事合规可以成为犯罪治理的合理手段，犯罪治理模式在事后惩戒的基础上，强化对未然犯罪阶段的预防和犯罪萌芽的干预，将犯罪治理的基点前移，有助于构建以预防为导向的法治体系。于企业而言，刑事合规应是企业经营的底线，是生命线而非安全线，刑事合规推动企业为了避免刑事风险而制定并实施内部合规制度，自觉守法、自发管理、自我监督，在追求经济利益和避免或降低企业法律风险之间实现平衡，实现企业长久利益的最大化和企业价值的提升。刑事合规有助于在公私领域形成共治的合力，将犯罪治理模式从单向转变为国家—企业合作治理的模式。

“中兴事件”让更多企业将刑事合规计划提上工作日程。刑事合规作为一种新兴的预防犯罪的理念和实践，在域外的法律体系已具有相当的广泛的实践基础。我国的刑事合规实践目前仍处在初步探索时期，最高人民检察院正在逐步推进企业合规改革试点工作，立法层面的刑事合规制度仍然面临多重理论和实践的困境。

在海外，赋予企业合规动力的普遍方式，是通过立法手段将法律治理的基点前移，赋予法人一定的监督义务、注意义务或合规义务，以定罪量刑的正向激励、反向加重惩戒机制回应企业合规与不合规的行为。推动企业从事后被动应对转向事前主动实施合规计划,既缓解犯罪外部治理的压力,节省司法资源,提高诉讼效率,又能预防和发现企业内部的刑事法律风险,避免企业因涉嫌犯罪而遭受重大实质损失,实现法律效果和社会效果的统一。

但在我国,刑事合规未正式进入我国的刑法体系,在公私领域尚未形成以预防为导向的刑事合规合作机制。然而现阶段,刑事合规仍是我国企业运营的刚性需求。一来风险高发;二来在“100－1＝0”的短板效应下,企业的经营效应是“100”,而刑事风险即为“1”,一次刑事责任的承担对企业而言无疑是致命的。企业高管一旦被采取刑事强制措施,即便其本人最终获得无罪处理,羁押必然严重影响其职务的履行以及企业的声誉,对公司的正常生产经营活动产生严重影响。

(三)企业合规改革背景下的刑事合规

刑事合规具有刑事政策意义,符合当今政策导向。2020 年,最高人民检察院下发《关于开展企业合规改革试点工作方案》,这一年最高人民检察院开始了对企业刑事合规制度的探讨,全国各地也开始设置刑事合规制度的实践试点。同年 3 月起,最高人民检察院在上海、江苏、山东、广东的 6 家基层检察院,试点开展“企业犯罪相对不诉适用机制改革”。2021 年 3 月最高人民检察院决定进一步扩大试点范围,部署在北京、辽宁、上海、江苏、浙江、福建、山东、湖北、湖南、广东等 10 个省份开展为期一年的第二期试点工作。目前,10 个省级检察院共选取确定 27 个市级检察院、165 个基层检察院作为试点院开展改革,各项试点工作正在稳步推进。

2021 年 3 月 8 日,最高人民检察院检察长作最高人民检察院工作报告时明确指出“积极、稳妥试点,督促涉案企业合规管理,做好依法不捕、不诉、不判实刑的后续工作”已成为检察机关 2021 年工作安排的重点内容之一。综合 2020 年以来多地检察机关对涉罪企业合规考察的探索情况来看,涉罪企业刑事合规整改已经成为国家刑事政策层面的关注重点。2021 年 6 月 3 日,最高人民检察院发布《关于建立涉案企业合规第三方监督评估机制的指导意见(试行)》以及4起企业合规改革试点典型案例,更是将企业合规改革推向新的高度。

近年来,一些地方检察机关在最高人民检察院的支持下启动了“企业合规不起诉”制度的改革探索,将企业合规激励机制引入公诉制度之中,使之成为对涉嫌犯罪的企业加以宽大刑事处理的主要依据(见表3.15.1)。从目前的改革试点情况来看,合规不起诉制度主要适用于那些犯罪嫌疑人可能被判处3年有期徒刑以下刑罚的轻微刑事案件,而那些较为严重的企业犯罪案件,则难以适用这一制度。当然,在少数检察机关的改革方案中,合规不起诉也被扩大适用到法定刑在3年以上10年以下的单位犯罪案件,但被施加了诸多限制性条件。如今第二轮改革由省级检察院统一部署,市级检察院负责推进,一些重大单位犯罪案件就有可能被纳入试点对象。随着改革试点工作的推进,合规不起诉制度的相关争议问题也会更加明晰,这一制度也会逐步在全国范围内推行适用。

表3.15.1 企业合规改革相关规定

序号	制定机关	文件名称
1	最高人民检察院等九部委	《关于建立涉案企业合规第三方监督评估机制的指导意见(试行)》
		《关于开展企业合规改革试点工作方案》
2	辽宁省人民检察院等十机关	《关于建立涉罪企业合规考察制度的意见》
3	浙江省宁波市人民检察院	《关于建立涉罪企业合规考察制度的意见》
4	江苏省苏州市人民检察院	《关于涉案企业限期刑事合规从宽处罚制度实施细则》
5	江苏省张家港市人民检察院	《企业犯罪相对不起诉适用办法》
6	深圳市宝安区人民检察院、深圳市宝安区司法局	《关于企业刑事合规协作暂行办法》
7	深圳市宝安区司法局	《关于企业刑事合规独立监控人选任及管理规定(试行)》

续表

序号	制定机关	文件名称
8	深圳市南山区人民检察院	《关于涉企业犯罪案件适用附条件不起诉试点工作方案(试行)》
9	深圳市龙华区人民检察院	《关于对涉民营经济刑事案件实行法益修复考察期的意见(试行)》
10	浙江省岱山县人民检察院	《涉企案件刑事合规办理规程(试行)》
11	山东省郯城县人民检察院	《企业犯罪相对不起诉实施办法》
12	上海市金山区人民检察院	《试行企业合规工作办法》

2018 年 11 月和 2020 年 7 月,党中央先后两次召开企业家座谈会,习近平总书记指出“要千方百计把市场主体保护好,为经济发展积蓄基本力量”,要“依法平等保护国有、民营、外资等各种所有制企业产权和自主经营权,完善各类市场主体公平竞争的法治环境”,[1]强调民营企业要在合法合规中提高企业竞争能力。

外部司法环境的调整和改善,给予企业进行刑事合规的工作空间。刑事合规,旨在调整企业的商业模式以适应外部的营商大环境,解决历史遗留问题,平稳渡过经济转型期,走上合法依规的经营轨道;同时也是预防犯罪的核心手段,在最大程度上发挥刑罚的抑制作用,使企业遵从刑法规范,降低组织风险,避免企业及其员工的犯罪行为导致企业财产损失或相关人员承担刑事责任,从而达成合规的最终目的——提升企业竞争力和可持续发展能力,实现企业价值。

经过试点机关的改革探索,实践中形成了合规不起诉制度的两种模式:一是检察建议模式,也可称相对不起诉模式;二是附条件不起诉模式。

检察建议模式是指检察机关对犯罪情节轻微的单位犯罪案件,责令涉案企业在认罪认罚的基础上采取补救措施,最终作出相对不起诉的决定,并提出建立

〔1〕 参见 http://mp.weixin.qq.com/s/Ld5Ti4g1Q-TwSerUJjrJIA。

合规体系的检察建议,督促企业进行合规整改。

根据我国《刑事诉讼法》规定,“附条件不起诉”制度只适用于情节轻微的未成年人犯罪案件,但实践中一些试点机关借鉴其他国家“暂缓起诉协议”制度,使合规不起诉具备了“附条件不起诉”的性质。在这一模式中,检察机关在涉案企业认罪认罚,积极采取补缴税款、缴纳罚款、赔偿被害人损失、恢复原状等补救挽损措施的前提下,结合涉案企业提交的合规整改方案,经过审核和评估,设置6个月到1年的合规监管考察期,并在考察期内设置监督、指导、帮助涉案企业推进合规管理体系建设的合规监管人,在合规考察期届满之前,对涉案企业的合规整改情况进行考核验收,对于按照要求完成制度整改、建立合规管理体系的企业作出合规不起诉决定。因为设置了合规监管考察期和合规监管人制度,附条件不起诉模式又可称为“合规考察”模式。

需要注意的是,目前企业合规改革试点主要针对的是涉罪企业的“事后合规”,对于未涉刑的企业而言,同样需要构建刑事合规制度。对涉罪企业的合规整改仅是刑事合规制度的一个组成部分。合规整改的目标,是为企业建立起一套完整的风险识别、风险预防和风险处置机制,其最终目的是将存在合规漏洞的涉罪企业整改为具有完备刑事合规体系的企业,而这种完备的刑事合规体系,实际上是企业稳定长久发展的合规必选项。

(四)刑事合规的未来

如今正值刑事合规的黄金发展时期,国家也出台了一系列保护民营企业的政策。对于企业而言,过去更多强调的是监管部门、公检法部门的外部治理,现在则鼓励通过合规激发企业内部治理的动力,让企业把生产经营中犯罪因素予以消除。检察机关已经在全国各地开展改革试点,大力推行刑事合规不起诉制度,在这一制度下,企业可能不被追究刑事责任,也就意味着企业可以不被吊销营业执照,不被剥夺特许经营资格,这也为企业开展合规业务注入了极大的动力。

从改革试点的过程来看,刑事合规不起诉在实践中遇到了一些难题,不少问题在理论界存在较大争议。目前关于合规的法律文件较多,在立法上,还未形成较为统一的合规制度。关于合规不起诉与认罪认罚制度的关系问题,仍存在很大的争议,合规不起诉是否以企业认罪认罚为前提,存在不同的观点。就目前的试点情况来看,各地检察机关都将认罪认罚作为合规考察程序的启动条件,有学者持反对意见。陈瑞华教授认为,合规考察制度与认罪认罚制度在价值目标、实体结果等方面存在很大不同,认罪认罚注重效率与合规考察期的设置存在矛盾,应在制度上将二者区分开。除此之外,合规不起诉制度还存在诸多问题亟待解决,例如,是否需要对单位犯罪理论进行改造、合规不起诉的适用对象如何确定等,都有待进一步明确。

是否需要做合规,如何开展合规,成为企业不得不面临的两大问题。从我国合规实践来看,我国企业整体合规水平较低。大多数企业,尤其是中小微企业开展预防性合规意愿较低,大多企业是在涉刑后才“被动”开始合规整改。从企业治理角度看,有效的开展刑事合规能够帮助企业进行自我整改、消除犯罪隐患,实现可持续发展。

合规出罪分为实体出罪和程序出罪两种类型,所谓合规实体出罪,是指企业在实施犯罪时已经建立合规体系,合规可以作为无罪抗辩事由,司法机关可据此对该企业作出无罪处理。合规程序出罪则是指企业在犯罪时尚未建立合规体系,经过检察机关的合规考察程序,企业进行了有效的合规整改,成功实施了合规管理体系,完成了“去犯罪化”改造,达到预防再犯罪的效果,从而获得合规不起诉的处理结果。

刑事合规日益呈现勃兴态势,加强刑事合规理论研究、推动刑事合规制度建立,已成为一种时代呼声。从最高人民检察院刑事合规不起诉改革实践来看,刑事合规在不远的将来实现跨越式发展,相关理论难题会得到破解,合规激励机制也会随之建立。对于企业而言,加强自身规范建设、积极预防犯罪风险,是企业顺应合规改革潮流题中应有之义。于社会而言,刑事合规将极大推动整个社会体系的规范化,对于法治化营商环境建设具有重要意义。

二、刑事法律风险的预防与化解

(一)企业责任与员工责任的归咎

1. 现行单位犯罪的法律规定

单位犯罪是由单位决策,在客观上实施了由本单位集体决定或者由负责人决定的,结果由单位承担的犯罪行为。我国《刑法》几乎每三个罪名当中就有一个规定有单位犯罪,法律风险相当多元。《刑法》分则第三章破坏社会主义市场经济秩序罪,该章共有8节,几乎都涉及单位犯罪,覆盖了企业从出生到死亡的全过程。

新形势下,我国刑法出现强化单位的刑事法律责任的趋势。《刑法修正案(九)》针对单位犯罪创设新的罪名,或者增加对单位犯罪责任的追究,追责领域从经济犯罪向非经济领域扩张。例如,增加了虐待被监护、看护人罪的单位犯罪规定,增加了第286条破坏计算机信息系统罪、第313条拒不执行判决、裁定罪等妨害社会管理秩序罪的单位犯罪规定。在此背景下,通过刑事合规偃熄单位犯罪的火苗,应当成为所有企业的关注重点。

《刑法》总则规定了单位犯罪的概念以及单位犯罪的刑事处罚模式。

在我国,单位具备单位犯罪主体资格。单位与自然人一样拥有诉讼权利,也同样可被追究刑事责任。《刑法》第30条规定:“公司、企业、事业单位、机关、团体实施的危害社会的行为,法律规定为单位犯罪的,应当负刑事责任。”

所谓“单位”，依据最高人民法院《关于审理单位犯罪案件具体应用法律有关问题的解释》(法释〔1999〕14号，以下简称《单位犯罪解释》)第1条规定，《刑法》第30条规定的“公司、企业、事业单位”，既包括国有、集体所有的公司、企业、事业单位，也包括依法设立的合资经营、合作经营企业和具有法人资格的独资、私营等公司、企业、事业单位。刑事法意义上的“单位”的外延概念很广，涵盖不同所有制下的依法设立的经营主体，然而个人独资企业和律师事务所、会计师事务所等不具有法人资格的合伙企业是不符合单位犯罪的主体要求的。不过，“单位”不等于民事法意义上的“法人”，法人是民事法意义上的社会组织的人格化，而单位是否具有法人资格与罪与非罪的认定无关。企业的分支机构、内设部门若涉嫌犯罪，其是否具备单位犯罪主体资格，仍要根据其活动进一步综合分析，不能因为其不具有独立法人资格而一概出罪。最高人民法院2001年1月21日起实施的《全国法院审理金融犯罪案件工作座谈会纪要》中规定：“……以单位的分支机构或者内设机构、部门的名义实施犯罪，违法所得亦归分支机构或者内设机构、部门所有的，应认定为单位犯罪。不能因为单位的分支机构或者内设机构、部门没有可供执行罚金的财产，就不将其认定为单位犯罪，而按照个人犯罪处理。”从该纪要的精神可知，分支机构成立单位犯罪应符合两个条件：(1)以自己名义犯罪；(2)违法所得归该机构。这与是否具有法人资格无关。

《刑法》第30条还具有另一层意思。单位犯罪遵循严格的法定性，只有《刑法》明文规定将单位规定为犯罪主体的，才能对单位定罪量刑。单位是法律拟制的产物，单位的犯罪行为只能由单位内部人员代表单位实施，若法律无明文规定构成单位犯罪，只能对相关的自然人作刑法评价，不能对单位定罪量刑。

《刑法》在分则部分详细规定了单位可以实施的犯罪以及对单位的刑事处罚，既规定只能由单位实施的纯正的单位犯罪，例如，《刑法》第190条逃汇罪、第387条单位受贿罪、第393条单位行贿罪等；相对地，也规定了只能由自然人实施的纯正的自然人犯罪，例如，《刑法》第264条盗窃罪。除此之外，大多数犯罪既可以由单位实施,也可以由自然人实施。

绝大多数情形下,我国对单位犯罪采取双罚制,又叫两罚制。《刑法》第31条规定:"单位犯罪的,对单位判处罚金,对其直接负责的主管人员和其他直接负责人员判处刑罚。本法分则和其他法律另有规定的,依照规定。"追究单位的刑事责任,以双罚制为原则,单罚制为例外。根据《刑法》分则对不同罪名的规定,不追究单位的刑事责任,只追究直接责任人员的刑事责任,即为单罚。例如,《刑法》第396条规定的私分国有资产罪,规定的犯罪主体是国家机关、国有公司、企业、事业单位、人民团体,但只处罚直接负责的主管人员和其他直接责任人员,而不处罚单位。这是因为某些犯罪很难由自然人独立实施,须以单位为手段或遮掩,因而不追究单位的刑事责任。

在双罚制下,对单位一般处罚金刑。罚金刑属于刑事处罚中附加刑的一种,不同于司法机关追缴或涉案单位主动上缴的违法所得,缴纳罚金须以单位的合法财产缴纳,且具有惩罚性质。一般而言,罚金刑会大大增加公司的运营成本,使企业大伤元气;对单位犯罪的相关责任主体的自然人处自由刑,即对"对其直接负责的主管人员和其他直接负责人员"判处刑罚。

《刑法》未明确规定"直接负责的主管人员和其他直接负责人员"的追究范围,按照《全国法院审理金融犯罪案件工作座谈会纪要》,"直接负责的主管人员",是在单位实施的犯罪中起决定、批准、授意、纵容、指挥等作用的人员,一般是单位的主管负责人,包括法定代表人。

"直接负责的主管人员"是对单位犯罪的犯罪意志的形成、犯罪行为的决策和执行起组织、指挥、决策作用的人员,一般是犯罪单位决策机构的成员,比如,法定代表人、股东、高管等管理人员,但其企业高管并非在一切情形下都要对单位的犯罪承担刑事责任,应视相关责任人员在单位犯罪中的具体地位、作用综合进行认定,而非机械地按照企业内部的职务进行划分。

"其他直接责任人员"是在单位犯罪中具体实施犯罪并起较大作用的人员,

对于那些受单位领导指派或奉命而参与实施了一定犯罪行为的人员，一般不宜作为直接责任人员追究刑事责任。

在双罚制下，自然人承担的是对单位犯罪直接负责的主管人员或其他直接责任人员的责任，有别于个人犯罪的刑事责任。通常而言，一方面，单位犯罪定罪量刑的数额标准较自然人犯罪更高，证明单位的主观意志难度更大，认定单位犯罪较为困难，且单位整体具有优势地位，故难免极端情形下个人成为单位刑事责任的“接盘侠”，个人受到追诉而单位免责。另一方面，某些罪名下自然人犯罪的刑事责任比单位犯罪的相关人员刑事责任更加严厉，例如，个人行贿最高法定刑为无期徒刑，而单位行贿罪的相关责任人法定最高刑仅为 5 年有期徒刑，故难免某些自然人犯罪以单位犯罪作为辩护理由，试图减轻其刑事责任。

2. 单位犯罪和个人犯罪的区分

企业是人的组织，其犯罪意志由单位员工形成，犯罪行为只能交由单位的工作人员实施。在双罚制下，区分员工个人犯罪与单位犯罪，其实质意义一是在企业内部确立合规义务的主体，二是依据事实和证据，合理地对刑事责任进行切割，避免刑事风险和责任的不正当转嫁。

如何区分单位犯罪和个人犯罪，在实践中一直是争议焦点。

是否以单位的名义实施犯罪，对于区分单位犯罪与个人犯罪具有一定的意义，但并非构成单位犯罪的决定性因素。

《单位犯罪解释》第 2 条规定，个人为进行违法犯罪活动而设立的公司、企业、事业单位实施犯罪的，或者公司、企业、事业单位设立后，以实施犯罪为主要活动的，不以单位犯罪论处；第 3 条规定，盗用单位名义实施犯罪，违法所得由实施犯罪的个人私分的，依照《刑法》有关自然人犯罪的规定定罪处罚。

依据司法解释，行为人成立单位的目的就是从事违法犯罪活动的，应否定其单位人格，以自然人犯罪论处；行为人盗用单位名义，为谋取私利而实施不法行为，不能认定为单位犯罪。按照《全国法院审理金融犯罪案件工作座谈会纪要》:“以单位名义实施犯罪,违法所得归单位所有的,是单位犯罪。”

违法所得的归属,是区分单位犯罪和个人犯罪的核心标准。根据《单位犯罪解释》第 3 条,即便以单位名义犯罪,违法所得归个人私分的,不能认定为单位犯罪。《刑法》第 393 条规定,因单位行贿取得的违法所得归个人所有的,依照行贿罪定罪处罚。2002 年 4 月 1 日上海市高级人民法院刑庭、上海市人民检察院公诉处公布的《刑事法律适用问题解答》认为,只有同时具备以下两个特征的行为,才能认定为单位故意犯罪:

(1)非法利益归属的团体性,即单位的故意犯罪在客观上表现为为本单位谋取非法利益的行为,或者违法所得实际归属于单位或其中的部分股东单位。

(2)犯罪意志的整体性,即单位故意犯罪是经单位集体研究决定或由负责人决定的。如果单位中的一般工作人员擅自为本单位谋取非法利益,事后未得到领导认可或默许的,应认定其危害行为系出于个人意志,可以个人犯罪论处。

所谓“犯罪意志的整体性”,即犯罪意志体现的是单位的意志。只有犯罪行为体现了单位的意志,才能由单位承担法律后果,但犯罪行为由自然人决定、由自然人实施。

行为究竟体现了实施者、决策者本人的意志还是单位的意志,在实践中争议不断。依据单位的决策程序而言,一般分为 3 种具体情形:

(1)在“一长负责制”单位,单位的负责人一人独断的,其个人意志可以代表单位意志,例如,民营企业的实际控制人就单位事项作出的决定可以代表单位;

(2)由单位决策机关的组成人员集体决定的,以单位的名义做出的决定,可以代表单位的意志,例如,董事会经表决程序作出的决定;

(3)决策机构的少数人擅自决定的,是否可以体现单位意志的整体性,须结合利益归属、决策程序的内部规定、决策机构的事后追认等其他因素,综合进行认定。

犯罪行为体现单位的整体意志和行为结果由单位承担,是认定单位犯罪最核心的判断标准。在此基础上,刑事合规计划应包含搭建一套有章可依、有据可查的决策程序,建立现代化的企业管理和职权分工,推动企业重大决策的规范化和事权边界的明晰化。

若职权边界不清晰,等于在追究单位犯罪和企业内部人员的责任时给予司法机关一定程度的自由裁量权,风险责任的大小取决于司法机关的宽容度,这样既不利于犯罪的追溯,也不利于企业家、高管自我保护和防范员工的违法职务行为。

（二）刑事合规重点领域及相关罪名

《刑法》是刑事风险识别与评价的标尺。企业合法、合规运行,就有必要对企业潜在的刑事风险点进行全面解读。企业家和合规工作者应以刑事法思维,识别企业可能面临的法律风险及后果,并对所属行业和营商大环境下频发的刑事风险类型具备一定认识。建立行之有效的合规计划,需综合、完整、准确地分析企业行为的性质和可能涉及的罪名的法律构成要件,预判可能面临的法律风险及后果,并按照法律法规的规定,根据具体情况,执行合规措施,抑制刑事法律风险成型。

基于所有制的不同,国有企业与民营企业无论在犯罪的方式、手段、后果以及风险点、风险后果等方面截然不同,应对、承担风险的能力也存在差异。下文关注民营企业的常见刑事风险,为民营企业识别风险提供初步指引,对各领域高发罪名的主体资格、行为模式、定罪量刑的量化标准、非犯罪化的合规空间、刑事政策等问题予以特别关注。

1. 市场交易领域

市场交易领域的法律风险突出表现在商业贿赂、舞弊、垄断、不正当竞争、违法进行招投标,未能严格履行决策程序、资产交易不规范。

民营企业市场交易领域常见的刑事风险点为贿赂犯罪。鉴于国内营商环境和人情社会现状,个案性质的贿赂和行业环境性质的贿赂普遍存在。贿赂不仅存在于民营企业与公共权力讨价还价的环节中,更普遍存在于民营企业经营的各个阶段。

民营企业贿赂犯罪主要表现为行贿类犯罪,与公权领域的受贿犯罪呈对象分布。

自党的十八大以来高压反腐,法治监督体系不断规范严密,刑事立法对大政方针予以回应,在贿赂对合犯的行贿一侧加强了对民企的法律规制,如《刑法修正案(九)》加大对行贿犯罪的处罚力度,增加了对有影响力的人行贿罪。刑事政策给企业经营带来重大影响,也给企业带来合规的内在动力和紧迫需求。

最高人民法院、最高人民检察院2008年11月20日实施的《关于办理商业贿赂刑事案件适用法律若干问题的意见》(以下简称《商业贿赂解释》)第1条规定,商业贿赂犯罪涉及刑法规定的以下8种罪名:

(1)非国家工作人员受贿罪(《刑法》第163条)

(2)对非国家工作人员行贿罪(《刑法》第164条)

(3)受贿罪(《刑法》第385条)

(4)单位受贿罪(《刑法》第387条)

(5)行贿罪(《刑法》第389条)

(6)对单位行贿罪(《刑法》第391条)

(7)介绍贿赂罪(《刑法》第392条)

(8)单位行贿罪(《刑法》第393条)

《刑法》第389条规定行贿罪指行为人为谋取不正当利益,给予国家工作人员财物的行为。本罪与受贿罪是对向关系,受贿的主体是特殊主体,即国家工作人员。

贿赂犯罪中的"财物"包括货币、物品和财产性利益。财产性利益包括可以折算为货币的物质利益如房屋装修、债务免除等,以及需要支付货币的其他利益如会员服务、旅游等，无论贿赂形式如何推陈出新，其本质是权钱交易的媒介物。

《刑法》未规定行贿罪的入罪数额标准，最高人民法院、最高人民检察院2016年4月18日实施的《关于办理贪污贿赂刑事案件适用法律若干问题的解释》（以下简称《贪污贿赂解释》）第7条规定，为谋取不正当利益，向国家工作人员行贿，数额在3万元以上的，应当追究刑事责任。行贿数额在1万元以上不满3万元的，具有以下情形之一的，应当以行贿罪追究刑事责任：（1）向3人以上行贿的；（2）将违法所得用于行贿的；（3）通过行贿谋取职务提拔、调整的；（4）向负有食品、药品、安全生产、环境保护等监督管理职责的国家工作人员行贿，实施非法活动的；（5）向司法工作人员行贿，影响司法公正的；（6）造成经济损失数额在50万元以上不满100万元的。

区分行贿者的主体身份在定罪量刑上具有较大意义。其一，行贿罪的法定最高刑为无期徒刑，并处罚金或者没收财产，而单位行贿罪中单位的直接负责人的法定最高刑为5年；其二，定罪量刑的数额标准不同。

《刑法》第393条单位行贿罪是指单位为谋取不正当利益而给予国家工作人员财物，或者违反国家规定，给予国家工作人员以回扣、手续费，情节严重的行为。根据立案标准，单位涉嫌行为，具有下列情形之一，应予立案：（1）单位行贿数额在20万元以上的；（2）单位为谋取不正当利益而行贿，行贿数额在10万元以上而不满20万元，但具有以下情形之一的：为谋取非法利益而行贿的；向3人以上行贿的；向党政领导、司法工作人员、行政执法人员行贿的；致使国家或者社会利益遭受巨大损失的。

利益归属是刑事上区分单位行贿罪与行贿罪的主要考量标准，行贿人以单位的财物行贿，但实际上为谋求个人利益，或者所得利益归属个人的，应以行贿罪而非单位行贿罪论处。

贿赂犯罪的行贿对象包括：

（1）国家工作人员（《刑法》第385条受贿罪；《刑法》第392条介绍贿赂罪）

(2)国家工作人员的近亲属或者其他与该国家工作人员关系密切的人(《刑法》第388条之一利用影响力受贿罪)

(3)国家工作人员的近亲属或者其他与该工作人员关系密切的人、离职的国家工作人员或者其近亲属以及其他与其关系密切的人(《刑法》第390条之一对有影响力的人行贿罪)

(4)国家机关、国有公司、企业、事业单位、人民团体(《刑法》第391条对单位行贿罪)

(5)公司、企业或者其他单位的工作人员(《刑法》第163条非国家工作人员受贿罪;《刑法》第164条对非国家工作人员行贿罪)

(6)外国公职人员、国际公共组织官员(《刑法》第164条第2款对外国公职人员、国际公共组织官员行贿罪)

《贪污贿赂解释》第11条规定,对非国家工作人员行贿的数额起点,按照第7条关于行贿罪的数额标准所规定的二倍执行。

对有影响力的人行贿罪的定罪量刑适用标准,参照《贪污贿赂解释》对行贿罪的规定。该罪"有影响力的人"的范围包括,国家工作人员的近亲属和其他关系密切的人,但刑法未明确"关系密切的人"概念的具体内涵与外延。2007年最高人民法院、最高人民检察院《关于办理受贿刑事案件适用法律若干问题的意见》(以下简称《办理受贿案件意见》)给出了受贿主体的"特定关系人"概念,即国家工作人员的近亲属、情妇(夫)以及其他共同利益的人。所谓"其他共同利益的人",主要指经济利益,但"关系密切的人"是否等同于"特定关系人",在理论和司法实践中尚无定论。若回归刑法条文的文义解释,"关系密切的人"可以解释为利用密切的情感关系或利益关系,对公职人员的职务行为具有影响力的人群。

我国刑法对贪污贿赂犯罪设置严密法网。防范商业贿赂带来的刑事风险,企业须在利益与风险之间寻求平衡点,规范与国家工作人员或交易对象的交往,并注意特定关系人的范围。

2. 安全环保领域

在安全生产领域，刑事合规不是一个可有可无的问题，而是生死攸关的命脉，企业家若因重大责任事故而被追究刑事责任，无罪辩护空间较小。

安全生产领域的刑事风险主要对应《刑法》第二章危害公共安全罪中“违反安全管理规定危害公共安全的犯罪”和妨害社会管理秩序罪一章的第六节“破坏环境资源保护罪”，民营企业家频繁触碰罪名主要为“重大责任事故罪”和“污染环境罪”。

《刑法》第134条规定了重大责任事故罪，是指在生产、作业中违反有关安全管理的规定，因而发生重大伤亡事故或者造成其他严重后果的行为。初犯该罪的，处3年以下有期徒刑或者拘役；情节特别恶劣的，处3年以上7年以下有期徒刑。

该罪行为主体是自然人，单位不能成立本罪。根据最高人民法院、最高人民检察院《关于办理危害生产安全刑事案件适用法律若干问题的解释》（法释〔2015〕22号，以下简称《生产安全案件解释》）第1条规定，该罪的犯罪主体包括对生产、作业负有组织、指挥或者管理职责的负责人、管理人员、实际控制人、投资人等人员，以及直接从事生产、作业的人员。

上述一线操作人员违反安全管理的规定，其生产、作业活动与重大事故存在直接联系，且事故造成一定严重后果，则会产生严峻的刑事风险，对生产经营具有现场指挥或管理职责的企业负责人也属于可能因重大责任事故而被追究刑事责任的范围之内。

《生产安全案件解释》第6条规定，具有下列情形之一，应当认定为“发生重大伤亡事故或造成其他严重后果”：

（1）造成死亡1人以上，或者重伤3人以上的；

（2）造成直接经济损失100万元以上的；

(3)其他造成严重后果或者重大安全事故的情形。

若造成重大伤亡事故或其他严重后果的原因并非操作失误,而是安全生产设施或者安全生产条件本身不符合国家安全规定,那么追责的主体范围和涉嫌的罪名可能发生改变。未履行法定安全管理职责的人员,包括对安全生产设施或者安全生产条件不符合国家规定负有直接责任的生产经营单位负责人以及其他负有管理、维护职责的人员,可能面临重大劳动安全事故罪的指控。

而在环保领域,环境安全直接关系到生态安全和国家安全,党的十八大以来不断加大对环境污染犯罪的惩治力度,污染防治在党的十九大报告中被列为三大攻坚战之一。近年来,环境污染刑事案件数量大幅增长,2018 年国内审结环境污染刑事案件 2204 件,而 5 年前全国仅二三十件。

污染环境类犯罪主要包括 3 个罪名:污染环境罪、非法处置进口的固体废物罪和擅自进口固体废物罪。

其中,《刑法》第 338 条规定的环境污染罪,是指违反国家规定,排放、倾倒或者处置有放射性的废物、含传染病病原体的废物、有毒物质或者其他有害物质,严重污染环境的行为。行为主体既可以是自然人也可以是单位,明知他人无经营许可证或者超出经营许可范围,向其提供或者委托其收集、贮存、利用处置危险废物,严重污染环境的,以环境污染罪的共犯论处。

在国家规定的限定内向自然排放、倾倒或者处置的行为本身是法律所允许的,若超过国家标准,有可能被认定是造成环境污染,但超过国家标准不一定构成犯罪。“严重污染环境”是本罪的入罪条件之一,但《刑法》无明文规定“严重污染环境”的具体表现。在实践中,由于地方保护主义的存在,或因排污行为与“严重污染环境”的污染后果在刑法意义上的因果关系往往难以证明,且公益诉讼流程较长,司法机关的追诉难度较大,故有企业抱有侥幸心理,游走在排污监管的灰色地带,与执法者玩起“猫抓老鼠”的游戏。

需引起注意的是,环境监管新规不断出台,对环境污染犯罪的惩治力度不断加强。2017年新实施了两个重磅法律法规，原环境保护部、公安部、最高人民检察院《环境保护行政执法与刑事司法衔接工作办法》（环环监〔2017〕17号），对证据收集与使用和行刑衔接机制作出详细规定，等于提高了司法机关的追诉效率和范围。2017年1月1日实施的《关于办理环境污染刑事案件适用法律若干问题的解释》（法释〔2016〕29号，以下简称《环境污染解释》）第1条从行为数量、行为空间以及行为方式等方面细化了应当认定为“严重污染环境”的17种具体情形和1条兜底条款，其中，既包括对生态环境造成严重损害的结果，比如，致使乡镇以上集中式饮用水水源取水中断12小时以上的、违法所得或者致使公私财产损失30万元以上的；也包括将污染环境的危险犯纳入追责范围，如在饮用水水源一级保护区或自然保护区核心区排污、利用暗管等逃避监管的方式排污、篡改伪造自动检测数据等。根据《环境污染解释》确立的定罪量刑标准，只要行为人实施该解释第1条第1项至第7项规定的危险行为，则无须证明由危险行为造成严重污染环境的后果，等于降低了污染环境罪的证明标准，加大了刑事处罚的范围和力度。

《环境污染解释》第11条规定对于单位实施环境污染相关犯罪的适用与个人犯罪相同的定罪量刑标准，意味着司法环机关从严惩处单位涉嫌环境污染犯罪。2018年12月，最高人民法院、最高人民检察院、公安部、司法部、生态环境部在北京联合召开新闻发布会，发布“两高三部”《关于办理环境污染刑事案件有关问题座谈会纪要》（以下简称《纪要》），规定了长江经济带11省环境污染犯罪可以从重处罚的具体情形，同时认为涉嫌环境污染犯罪的企业或个人中，主犯、不如实供述的、多次犯罪或曾被行政、刑事处罚的，一般不适用不起诉、缓刑、免予刑事处罚。同时，《环境污染解释》第5条体现了宽严相济的刑事政策，及时采取措施，防止损失扩大、消除污染，全部赔偿损失，积极修复生态环境的，可以适当从宽处理。

随着环保监管法网不断收紧，环保领域的刑事风险防范路径唯有从源头治理，企业应严格遵从刑事法规，防微杜渐；如被公安机关侦查，应配合工作，避免因篡改、伪造自动检测数据等行为而构罪或产生其他类型刑事风险。

3. 产品质量领域

该领域的刑事风险主要对应《刑法》分则第三章第一节生产、销售伪劣商品罪。生产、销售伪劣商品罪属于类罪，根据伪劣商品的类别不同，分为 1 条普通罪名生产、销售伪劣产品罪和生产、销售、提供假药罪，生产、销售、提供劣药罪等 9 条特殊罪名。

生产、销售伪劣产品罪规定在《刑法》第 140 条，指生产者、销售者在产品中掺杂、掺假，以假充真，以次充好或者以不合格产品冒充合格产品，销售金额较大的行为。其中，生产者包括制造者、加工者，销售者则包括各个环节的销售者，包括批发、零售、直销等各种销售方式。在销售领域内又分两种情况：一是在销售产品中故意掺杂、掺假；二是明知是伪劣产品而售卖。

入罪门槛为销售金额 5 万元以上，而“销售金额”包括既得和应得的全部违法收入，若伪劣产品已经生产但尚未销售的，若货值金额达到《刑法》第 140 条规定的销售金额 3 倍以上的，以未遂论处。

生产、销售伪劣商品罪所保护的法益是国家产品质量管理秩序，与我国产品质量法相配套。界定伪劣产品的前提是违反产品质量管理法律、法规，一般是指违反《产品质量法》、《标准化法》、《计量法》、《工业产品质量责任条例》以及有关省、自治区、直辖市制定的关于产品质量的地方性法规、规章、有关行业标准规则等。

伪劣产品包含“伪”和“劣”两个维度，生产、销售“又伪又劣”的商品，同时构成触犯侵犯知识产权犯罪的（也可能触犯诈骗罪、非法经营罪等罪名），按照想象竞合依照处罚较重的犯罪论处。生产、销售“只劣不伪”或“只伪不劣”商品的情形比较复杂，此类案件中涉及的生产、销售的产品，有的纯属伪劣产品，有的则只是侵犯知识产权的非伪劣产品。依据 2001 年 4 月 10 日实施的最高人民法院《关于审理生产、销售伪劣商品刑事案件有关鉴定问题的通知》第 1 条和第 2 条，难以确定的此类案件所生产、销售的产品是否属于《刑法》第 140 条的“以假充真”“以次充好”“以不合格产品冒充合格产品”，应当根据《关于办理生产、销售伪劣商品刑事案件具体应用法律若干问题的解释》（法释〔2001〕10 号）第1 条第 5 款的规定，由公诉机关委托法律、行政法规规定的产品质量检验机构进行鉴定。

4. 劳动用工领域

劳动纠纷一般属于民事范畴，引发刑事法律风险的可能性较小，只有在强迫劳动、雇佣童工从事危重劳动等情形下才存在刑事风险。企业应对《刑法》第 276 条之一拒不支付劳动报酬罪予以重视。

拒不支付劳动报酬罪，是指以转移财产、逃匿等方法逃避支付劳动者的劳动报酬或者有能力支付而不支付劳动者的劳动报酬，数额较大，经政府有关部门责令支付仍不支付的行为。拒不支付劳动报酬罪是《刑法修正案（八）》增设的罪名，将恶意欠薪行为纳入刑法规制范围。本罪侵害的法益既包括劳动用工关系，侵犯了社会主义市场经济秩序，也侵犯了劳动者的财产权。本罪主体为一般主体，即企业和自然人，既包括用工单位，也包括用工个人，只要与劳动者建立了劳动关系，均可成为本罪的主体。

根据最高人民法院《关于审理拒不支付劳动报酬刑事案件适用法律若干问题的解释》（法释〔2013〕3 号），本罪的数额标准为：（1）拒不支付 1 名劳动者 3 个月以上的劳动报酬且数额在 5000 元至 2 万元以上的；（2）拒不支付 10 名以上劳动者的劳动报酬且数额累计在 3 万元至 10 万元以上的。”其中，“劳动者的劳动报酬”限定为劳动报酬，未包括劳务报酬以及社会保险福利、劳动保护等方面的费用。

要构成拒不支付劳动报酬罪必须符合“经政府有关部门责令支付仍不支付”。《刑法》规定，有拒不支付劳动报酬行为，尚未造成严重后果，在提起公诉前支付劳动者的劳动报酬，并依法承担相应赔偿责任的，可以减轻或者免除处罚。最高人民法院《关于审理拒不支付劳动报酬刑事案件适用法律若干问题的解释》第6条规定："拒不支付劳动者的劳动报酬，尚未造成严重后果，在刑事立案前支付劳动者的劳动报酬，并依法承担相应赔偿责任的，可以认定为情节显著轻微危害不大，不认为是犯罪；在提起公诉前支付劳动者的劳动报酬，并依法承担相应赔偿责任的，可以减轻或者免除刑事处罚；在一审宣判前支付劳动者的劳动报酬，并依法承担相应赔偿责任的，可以从轻处罚。对于免除刑事处罚的，可以根据案件的不同情况，予以训诫、责令具结悔过或者赔礼道歉。拒不支付劳动者的劳动报酬，造成严重后果，但在宣判前支付劳动者的劳动报酬，并依法承担相应赔偿责任的，可以酌情从宽处罚。"

《刑法》和司法解释明确规定了拒不支付劳动报酬罪的从宽处罚情形，以最大程度上发挥刑法的威慑和教育功能，促使行为人支付劳动者报酬，在面临行政执法时，企业应积极在行政处罚阶段消化刑事风险。

5. 财务税收领域

财务税收领域的刑事风险主要对应《刑法》破坏社会主义市场经济秩序罪一章的第六节"危害税收征管罪"，该节下设14个罪名，针对的是违反国家税收征管制度、妨害国家税收正常活动、情节严重的行为。

近年来，涉税犯罪发案量持续高位运行，企业涉税犯罪风险升级。2018年是历史以来最严厉的税控年，8月公安部开展打击虚开骗税违法犯罪专项行动，共立涉税犯罪案件2.28万起，涉案金额5619.8亿元，其中，虚开增值税专用发票行为最为突出，占比90%。

虚开发票类犯罪是企业刑事风险的重灾区，根据北京师范大学中国企业家犯罪预防研究中心《2019～2020年中国企业家刑事分析报告》，虚开增值税专用发票罪是2019年到2020年中国企业家第四高发的罪名，财税合规已成为民企防范刑事风险的当务之急。

虚开增值税专用发票罪属于重罪，其入罪门槛低而违法成本高。本罪的入罪门槛已经过一次上调，根据最高人民法院《关于虚开增值税专用发票定罪量刑标准有关问题的通知》，新的司法解释颁行前，对虚开增值税专用发票刑事案件定罪量刑的数额标准，可以参照最高人民法院《关于审理骗取出口退税刑事案件具体应用法律若干问题的解释》（法释〔2002〕30 号）第 3 条的规定执行，即虚开的税款数额在 5 万元以上的，以虚开增值税专用发票罪处 3 年以下有期徒刑或者拘役，并处 2 万元以上 20 万元以下罚金；虚开的税款数额在 50 万元以上的，认定为《刑法》第 205 条规定的"数额较大"；虚开的税款数额在 250 万元以上的，认定为《刑法》第 205 条规定的"数额巨大"。

《刑法》第 205 条第 3 款明文规定了虚开的 4 种行为：为他人虚开、为自己虚开、让他人为自己虚开、介绍他人虚开。最高人民法院《关于适用〈全国人民代表大会常务委员会关于惩治虚开、伪造和非法出售增值税专用发票犯罪的决定〉的若干问题的解释》（法发〔1996〕30 号）第 1 条规定，具有下列情形之一，属于虚开增值税专用发票：

（1）没有货物购销或者没有提供或接受应税劳务而为他人、为自己、让他人为自己、介绍他人开具增值税专用发票；

（2）有货物购销或者提供或接受了应税劳务但为他人、为自己、让他人为自己、介绍他人开具数量或者金额不实的增值税专用发票；

（3）进行了实际经营活动，但让他人为自己代开增值税专用发票。

开票方和受票方的票、物和款三流不能一一对应，相关经营者就有可能被怀疑为没有真实货物购销、发票信息不实或代开发票，引起针对虚开增值税专用发票的刑事调查。没有真实交易关系的虚开行为比较容易认定，但该解释第 1 条第 1 款明文规定进行了实际经营活动的代开属于"虚开增值税专用发票"，该司法解释未被废除仍然有效，这意味着即便应税产品的名称、数额与实际交易情况相符，只是存在其他方代开发票的行为，就属于虚开。

企业涉嫌虚开犯罪,既有纯粹为赚取开票费或倒票为业的情形,也有为关联企业走账平账,出于商业目的制造虚假繁荣,或因自身原因无法开票而找他人代开,该解释"一刀切"的标准导致法律规定的规制范围大而个案追责不公允。随着社会经济的发展,2015 年 6 月 11 日,最高人民法院研究室在回复公安部经济犯罪侦查局《〈关于如何认定以挂靠有关公司名义实施经营活动并让有关公司为自己虚开增值税专用发票行为的性质〉征求意见的复函》(法研〔2015〕58 号)中肯定了挂靠经营开票的合法性,挂靠方以挂靠形式向受票方实际销售货物,被挂靠方向受票方开具增值税专用发票的,不属于刑法意义上的虚开行为;并且即便行为人与该他人之间不存在挂靠关系,但行为人利用他人名义从事了实际的经营活动而利用他人名义开票,主观上并无骗取抵扣税款的故意,客观上也未造成国家增值税款损失的,不宜认定为虚开增值税专用发票;符合逃税罪等其他犯罪构成条件的,可以其他犯罪论处。

2018 年 12 月 4 日,最高人民法院发布的第二批《人民法院充分发挥审判职能作用保护产权和企业家合法权益典型案例》中的"张某强虚开增值税专用发票案",对虚开罪与非罪的界定给出更明确的指导,主观上没有偷逃税收目的、客观上未造成国家税收损失的行为,虽不符合当时的税收法律规定,但不具有社会危害性,属于民营企业发展中的不规范问题,若"一刀切"式纳入刑法规制,既不符合罪责刑相适应原则,也不利于妥善保护民营企业家的合法权益。

然而,最新的指导性案例对虚开犯罪进行处罚范围的限缩不等于司法环境的宽松,公安专项行动的风暴过后并不意味着执法力度趋于风平浪静,在信息化大数据和金税三期的加持之下,企业税务信息在稽查部门看来近乎透明,财税刑事合规才是唯一出路。

6. 知识产权领域

当下国家着力加大知识产权的监管力度,改善营商环境,推动科技创新和技术升级带动产业升级,侵犯知识产权的行为正处于严打的风口浪尖。在此背景下,企业应调整经营思维,改变违法商业模式,规范自身行为,杜绝踩踏法律禁区。

知识产权领域的刑事风险主要对应《刑法》破坏社会主义市场经济秩序罪一章的第七节“侵犯知识产权罪”,该节下设8个罪名,保护针对的对象是商标、专利、著作权和商业秘密,涉及的罪名有假冒注册商标罪、侵犯著作权罪和侵犯商业秘密罪等罪。

《刑法》第213条假冒注册商标罪,指未经注册商标所有人许可、在同一种商品、服务上使用与其注册商标相同的商标,情节严重的行为。所谓在同一种商品上“使用”与他人注册商标相同的商标,既包括生产侵权产品,也包括将商标或假冒的注册商标用于宣传、展览等其他的商业行为。《刑法》第214条销售假冒注册商标的商品罪,指明知是假冒注册商标的商品而予以销售,销售金额数额较大的行为。“未经注册商标所有人许可”是此类知识产权犯罪的构成要件,若使用注册商标本身得到了商标权利人的许可,不构成本罪。而侵权商品本身的质量、用途在所不问,侵权商品本身没有质量瑕疵、不影响消费者使用并不能成为出罪的合理辩解。

需注意的是,侵犯知识产权的犯罪和《刑法》第三章第一节生产、销售伪劣商品案件属于自诉案件(但严重危害社会秩序和国家利益的除外)。在侵权行为已成型被侵权人和侵权人相对明确的情形下,常见被侵权人以刑事控告为底牌解决经济纠纷的情况,在此期间,侵害人可结合相关犯罪的定罪量刑标准甄别、分析侵权行为的风险等级,寻求在进入刑事程序前化解矛盾,避免刑事程序的启动。

7. 商业伙伴

民营企业相关人员因不负责任而被骗,造成企业重大损失的,不属于刑法调整的范围。然而,防范企业被犯罪侵害属于刑事风险防范的应有之义,刑事合规既要预防来自内部的风险,也要防范成为犯罪侵害的被害人。

我国现行环境下，被害人的刑事救济途径困难重重，刑事附带民事诉讼的范围较窄，仅限于被害人因人身权利受到侵害，或者财物被犯罪分子毁坏遭受物质损失的少数情形；即使判决追缴或责令退赔、及时返还被害人的合法财产，进入执行程序的期限未有明确规定。

而刑事合规可以在侵害发生前规避或降低来自其他方的风险，例如，对交易对手尽职调查，对合同进行刑事合规审查，规范业务合同的签订及履行，判断是否存在违反法律法规、监管政策、侵害社会公共利益等风险，预防或及时甄别来自内部和外部的风险行为，同时注意证据的留存，做好过程留痕，防止因提供技术、贷款、资金、发票、许可证件、经营场所、运输、仓储等帮助条件而被牵扯进其他方的共同犯罪，避免企业因刑事犯罪嫌疑而遭受损失。

8. 金融刑事风险

金融风险是当前社会重大风险之一，2017 年年底，中央经济工作会议将“防范化解重点风险”作为今后三年重点抓好解决的“三大攻坚战”之首，其中“防控金融风险”是重中之重。金融犯罪主要包括破坏金融管理秩序犯罪和金融诈骗类犯罪，2018 年全国检察机关批捕破坏金融管理秩序和金融诈骗犯罪案件 2.2 万余人，起诉 3.2 万余人。在经济社会发展的新形势下，企业融资、投资风险不断增加，其中不少酿成刑事风险，给企业经营者带来严重的法律后果。

我国金融犯罪具有鲜明的法定犯特性，大部分是由于违反金融管理法规的前置性规定而构成犯罪，但也有少数自然犯。理解前置性的金融行政法规，对认识金融犯罪具有重要意义。我国金融管理机构，例如，证监会、银保监会都具有行政处罚权，可以处罚情节轻微的金融违规行为，情节严重、构成犯罪的，依法移送司法机关处理。案件进入刑事程序的前提，一般是依据法律或司法解释，达到一定的数额标准、数量标准，或造成某种损害后果，或具有特殊情节、符合特殊模式。

(1) 非法吸收公众存款罪

根据北京师范大学中国企业家犯罪预防研究中心《2019 ~ 2020 年中国企业

家刑事分析报告》,非法吸收公众存款罪是2020年中国民营企业家触犯频次最高的罪名,占企业家全部犯罪的1/4。

2012年起,P2P网贷行业野蛮生长并逐渐异化,一些网贷公司利用新兴领域法律模糊和监管真空,从事非法集资活动,行业逐渐出现失控。2013年11月25日,由原银监会牵头的九部委处置非法集资部际联席会议上,央行明确了3类行为属于"以开展P2P网络借贷业务为名实施非法集资行为":(1)形成资金池;(2)未尽审查义务,默许或者未及时发现借款人实施非法集资犯罪活动;(3)开展自融业务。2014年4月23日原银监会召开新闻发布会,为P2P借贷划定4条红线:确认平台的中介性质,不能提供资金池,不能提供担保,不能非法集资。截至2017年,行业监管政策逐渐有序,但随着存管、备案工作的推进和合规压力升级,网贷行业面临重新洗牌。2018年下半年开始,网贷行业进入风险释放期,"暴雷"如同鞭炮,大量"暴雷"的网贷公司因涉嫌非法集资进入刑事程序。2018年,全国检察机关起诉非法集资案件超过8000件,主要罪名为非法吸收公众存款罪和集资诈骗罪。

在我国,只有商业银行、城乡信用合作社等银行金融机构才可以经营吸收公众存款业务,而其他诸如证券公司、证券交易所、保险公司等非银行类金融机构以及其他企业和个人不得从事吸收公众存款业务。

《商业银行法》第81条第1款规定:"未经国务院银行业监督管理机构批准,擅自设立商业银行,或者非法吸收公众存款、变相吸收公众存款,构成犯罪的,依法追究刑事责任;并由国务院银行业监督管理机构予以取缔。"

非法吸收公众存款罪规定在《刑法》第176条,非法吸收公众存款或者变相吸收公众存款,扰乱金融秩序的,处3年以下有期徒刑或者拘役,并处或者单处罚金;数额巨大或者有其他严重情节的,处3年以上10年以下有期徒刑,并处罚金;数额特别巨大或者有其他特别严重情节的,处10年以上有期徒刑,并处罚金。

2011 年 1 月 4 日实施的最高人民法院《关于审理非法集资刑事案件具体应用法律若干问题的解释》(法释〔2010〕18 号,以下简称《集资案件解释》)第 3 条进行了规定,其中个人犯罪与单位犯罪的标准不同:

具有以下情形之一,按照《刑法》第 176 条的规定,处 3 年以下有期徒刑或者拘役,并处或者单处 2 万元以上 20 万元以下罚金:

①个人非法吸收或者变相吸收公众存款,数额在 20 万元以上的,单位非法吸收或者变相吸收公众存款,数额在 100 万元以上的;

②个人非法吸收或者变相吸收公众存款对象 30 人以上的,单位非法吸收或者变相吸收公众存款对象 150 人以上的;

③个人非法吸收或者变相吸收公众存款,给存款人造成直接经济损失数额在 10 万元以上的,单位非法吸收或者变相吸收公众存款,给存款人造成直接经济损失数额在 50 万元以上的;

④造成恶劣社会影响或者其他严重后果的。

具有以下情形之一,属于《刑法》第 176 条规定的“数额巨大或者有其他严重情节”,按照法律规定,处 3 年以上 10 年以下有期徒刑,并处 5 万元以上 50 万元以下罚金:

①个人非法吸收或者变相吸收公众存款,数额在 100 万元以上的,单位非法吸收或者变相吸收公众存款,数额在 500 万元以上的;

②个人非法吸收或者变相吸收公众存款对象 100 人以上的,单位非法吸收或者变相吸收公众存款对象 500 人以上的;

③个人非法吸收或者变相吸收公众存款,给存款人造成直接经济损失数额在 50 万元以上的,单位非法吸收或者变相吸收公众存款,给存款人造成直接经济损失数额在 250 万元以上的;

④造成特别恶劣社会影响或者其他特别严重后果的。

非法吸收或者变相吸收公众存款的数额,以行为人所吸收的资金全额计算。

案发前后已归还的数额,可以作为量刑情节酌情考虑。

非法吸收或者变相吸收公众存款,主要用于正常的生产经营活动,能够及时清退所吸收资金,可以免予刑事处罚;情节显著轻微的,不作为犯罪处理。

《刑法修正案(十一)》对非法吸收公众存款罪进行了大幅度修改,修改内容主要体现在以下3个方面:一是将限额罚金刑修改为无限额罚金刑;二是新增"数额特别巨大或者有其他严重情节"的情形,法定最高刑由10年有期徒刑提高到15年有期徒刑;三是在刑法条文中新增"退赃退赔"从轻处罚条款。从立法修改的内容上看,整体上加大了对非法吸收或变相吸收公众存款行为的打击力度。

非法吸收公众存款罪的责任形式为故意,不要求特定目的,以非法占有目的骗取公众存款的,成立集资诈骗罪或者其他相应犯罪。

在现实生活中,直接的非法集资行为一般比较容易理解。例如,某房地产公司因资金紧张,直接向公众宣称以高额利息或其他回报募集资金,这就属于典型的非法吸收存款行为。而所谓变相吸收公众存款,则形式多样,难以识别,企业在经营或融资过程中,稍有不慎便可能踏入法律禁区。

《集资案件解释》第2条,明文列举了10种非法吸收公众存款的模式,例如,不具有房产销售的真实内容,或者不以房产销售为主要目的,以返本销售、售后包租、约定回购、销售房产份额等方式非法吸收资金的;以转让林权并代为管护等方式非法吸收资金的;以代种植(养殖)、租种植(养殖)、联合种植(养殖)等方式非法吸收资金的;等等。当下随着互联网金融的飞速发展,一些打着"虚拟货币""区块链""金融创新"等旗号的非法融资行为再度猖獗。无论变相吸收公众存款的模式如何翻新,其本质是巧立名目,以各类合法商业项目为幌子,其实质上违反国家法律规定而向公众募集资金、承诺还本付息的行为。

根据《集资案件解释》第1条规定,非法吸收公众存款必须同时具备非法性、公开性、利诱性、社会性4个特征。

①非法性，指未经有关部门依法批准或者借用合法经营的形式吸收资金。所谓非法性，包括“形式”上的非法性（企业不具有吸收存款的主体资格）和“实质”上的非法性（募集资金的行为方式、内容不合法）。判断企业是否“违反国家规定”“未经有关国家主管部门批准”的主要法律依据，依据“两高一部”2019年1月30日实施的《关于办理非法集资刑事案件若干问题的意见》（高检会〔2019〕2号，以下简称《非法集资意见》）的最新规定，应当以国家金融管理法律法规作为依据，对于国家金融管理法律法规仅作原则性规定的，可以根据法律规定的精神，并参考中国人民银行、银保监会、证监会等行政主管部门制定的部门规章或者国家有关金融管理的规定、办法、实施细则等规范性文件的规定。

②公开性，指通过媒体、推介会、传单、手机短信等途径向社会公开宣传；包括公开传播，或明知吸收资金的信息公开传播而予以放任的。

③利诱性，承诺在一定期限内以货币、实物、股权等方式还本付息或者给付回报；利诱性是指承诺回报，大部分民间借贷都会承诺回报，具有利诱性的表面，但二者承诺回报的主体不同，非法吸收公众存款由吸收存款者进行承诺，民间借贷往往由借款人进行承诺。

④社会性，向社会公众即社会不特定对象吸收资金。若筹集资金的对象是与企业具有特定关系的人员，如亲友和单位内部人员，行为不具有开放性的，不属于非法吸收公众存款。但是以吸收资金为目的，将社会人员吸收为单位内部人员并吸收资金的，仍判断为具有社会性。

非法吸收公众存款罪具有公开性和社会性，非法集资案件是典型的涉众型犯罪，一般犯罪数额巨大、涉案人数重多，有的案件受害人多达数十万人。

“网贷暴雷潮”使非法吸收公众存款罪成为近年来民营企业触犯最多的罪名，非法网贷机构突破中介性质，从事直接或间接归集资金，甚至自融或变相自融的，认定为非法吸收公众存款。继网贷行业之后，私募基金行业目前风险飙升，可能成为下一个行业性雷区。公安部在2019年5月召开新闻发布会，通报当前私募基金领域突出的经济犯罪,其中非法集资的违规私募是暴雷的重灾区:第一,部分私募机构打着“私募基金”的幌子,实际上是从事着非法集资活动;第二,个别的私募机构突破私募基金行业最重要的合格投资者底线,采取公开宣传的方式,从事非法集资犯罪活动;第三,个别的私募机构没有按照合同约定进行基金运作,甚至虚构投资项目或者操纵成立空壳公司转移侵吞基金资产和投资人募集款,实施合同诈骗,挪用资金或者职务侵占等犯罪;第四,个别私募机构及从业人员违反法律规定,实施内幕交易和操纵市场等犯罪。

需注意的是,非法吸收公众存款罪的评价范围处于扩张趋势之中,逐渐成为企业违规融资行为的新口袋罪。民营企业在融资过程中,只要未经批准通过各种方式传播、向不特定的公众筹集,承诺还本付息或给付回报的,都有可能触犯本罪。然而,在防控金融风险的监管大潮下,信贷资金规模进一步缩小而地下融资市场缺少规范管理,融资难、融资成本高是民营企业发展面临的主要瓶颈之一,企业的资金需求与监管秩序之间存在天然的矛盾。因此,企业在融资过程中必须明确两个定性问题:

①罪与非罪:筹集资金的行为属于正当的民间借贷、融资,还是非法集资,往往是案件争议的焦点。2018 年 11 月 15 日,最高人民检察院发布明确规范办理涉民营企业案件执法司法标准的 11 个问题,其中首要问题即区分经营活动中的正当融资行为与非法集资犯罪。最高人民检察院强调,一是严格把握非法集资的“非法性”要件,二是严格把握正当融资行为与非法吸收公众存款罪的界限,对于民营企业非法吸收公众存款,主要用于正常的生产经营活动,能够及时清退所吸收资金的,可以不起诉或者免予刑事处罚;情节显著轻微的,不作为犯罪处理。

②轻罪与重罪:若企业涉嫌非法集资犯罪,涉嫌的是非法吸收公众存款罪还是集资诈骗罪,对刑事责任承担具有重大影响,集资诈骗罪法定最高刑为无期徒刑,并处罚金或者没收财产。以非法占有为目的,使用诈骗方法非法集资,是集

资诈骗罪的本质特征。是否具有非法占有目的,是区分非法吸收公众存款罪和集资诈骗罪的关键区别,对此要重点围绕融资项目真实性、资金去向、归还能力等事实,以及《全国法院审理金融犯罪案件工作座谈会纪要》、《集资案件解释》第4条、最高人民检察院2017年6月印发的《关于办理涉互联网金融犯罪案件有关问题座谈会纪要》对于集资诈骗行为的认定等法律规定,综合进行判断。

(2)金融诈骗罪

《刑法》第三章第五节金融诈骗罪,是以非法占有为目的,采用虚构事实或者隐瞒事实真相的方法,骗取公私财物或者金融机构款项,破坏金融管理秩序的行为,包括集资诈骗罪、贷款诈骗罪、票据诈骗罪、金融票证诈骗罪、信用证诈骗罪、信用卡诈骗罪、有价证券诈骗罪和保险诈骗罪,共计8个罪名。

金融诈骗与诈骗存在法条竞合的关系,金融诈骗罪在符合诈骗罪的构成要件的前提下,还须符合发生在金融活动中,侵害了金融管理秩序。

8个罪名主观上都要求非法占有目的,客观方面表现不同:

①集资诈骗罪,指以非法占有为目的,使用诈骗方法非法集资,数额较大的行为(《刑法》第192条);

②贷款诈骗罪,指以非法占有为目的,诈骗银行或者其他金融机构的贷款,数额较大的行为(《刑法》第193条),《刑法》未将单位规定为贷款诈骗罪的主体,对于单位实施贷款诈骗的,只能对相关自然人追究刑事责任;

③票据诈骗罪,指以非法占有为目的,利用金融票据进行诈骗,数额较大的行为(《刑法》第194条第1款);

④金融凭证诈骗罪,指使用伪造、变造的委托收款凭证、汇款凭证、银行存单或者其他银行结算凭证,骗取财物的行为(《刑法》第194条第2款);

⑤信用证诈骗罪,指进行信用证诈骗活动的行为。该罪不要求骗取财物的数额较大,行为表现为:使用伪造、变造的信用证或者附随的单据、文件的;使用作废的信用证的;骗取信用证的;以其他方法进行信用证诈骗活动的(《刑法》第

195条)；

⑥信用卡诈骗罪，指进行信用卡诈骗活动，数额较大的行为，该罪行为表现为使用伪造、作废的信用卡、使用以虚假的身份证明骗领的信用卡，或者冒用他人信用卡，或者恶意透支信用卡(《刑法》第196条)；

⑦有价证券诈骗罪，指使用伪造、变造的国库券或者国家发行的其他有价证券，进行诈骗活动，数额较大的行为(《刑法》第197条)；

⑧保险诈骗罪，指投保人、被保险人、受益人以各种欺骗方法，骗取保险金，数额较大的行为(《刑法》第198条)。

(3)洗钱罪

从刑事合规的角度上看，企业防范洗钱罪的刑事风险主要针对的是"他洗钱"行为，即企业明知是7类上游犯罪的所得及其产生的收益，仍通过各种方法为上游犯罪行为人掩饰、隐瞒犯罪所得及其收益来源和性质的犯罪行为。

企业处理反洗钱问题的能力普遍不足，在经营、借贷、融资行为过程中，企业稍不留神就会"被洗钱"。尤其随着移动支付、互联网金融、跨境投资融资的发展，资金融通速度加快，成本降低且非柜面交易的资金流向更加隐蔽，洗钱手段层出不穷，例如，虚拟货币由于其加密型、不计名性、无国界性、去实体化等特性，成为不法分子洗钱的新宠。

洗钱行为的范围很广，广义上的洗钱指以各种手段掩饰、隐瞒上游犯罪违法所得及其收益的来源和性质，使其在形式上合法化的过程。洗钱行为处于犯罪链条上下游的关联点上，催生更多的犯罪，严重破坏社会秩序和金融安全，历来是监管和打击的重点。

《刑法》第191条规定，洗钱罪主要手段包括提供资金账户、转换财产形式、转移资金或跨境转移资产等，以及以其他方法掩饰、隐瞒犯罪所得及其收益的来源和性质的行为。最高人民法院《关于审理洗钱等刑事案件具体应用法律若干问题的解释》(法释〔2009〕15号，以下简称《洗钱案件解释》)第2条对洗钱罪兜底条款进行细化：

①通过典当、租赁、买卖、投资等方式，协助转移、转换犯罪所得及其收益的；

②通过与商场、饭店、娱乐场所等现金密集型场所的经营收入相混合的方式，协助转移、转换犯罪所得及其收益的；

③通过虚构交易、虚设债权债务、虚假担保、虚报收入等方式，协助将犯罪所得及其收益转换为“合法”财物的；

④通过买卖彩票、奖券等方式，协助转换犯罪所得及其收益的；

⑤通过赌博方式，协助将犯罪所得及其收益转换为赌博收益的；

⑥协助将犯罪所得及其收益携带、运输或者邮寄出入境的；

⑦通过前述规定以外的方式协助转移、转换犯罪所得及其收益的。

成立洗钱罪没有金额门槛，洗钱罪与非罪的界定不以“黑钱”金额多少为标准来认定。洗钱罪是行为犯，只要行为人实施前述犯罪行为，无论犯罪目的和结果，均可成立本罪。界定洗钱罪与非罪主要考量以下两个方面：

其一，刑事法意义的洗钱罪“黑钱”具有特定来源，并非所有犯罪都属于洗钱罪的上游犯罪，《刑法》规定，洗钱罪的上游犯罪仅限 7 种：毒品犯罪、黑社会性质的组织犯罪、恐怖活动犯罪、走私犯罪、贪污贿赂犯罪、破坏金融管理秩序犯罪、金融诈骗犯罪。其他构成犯罪的洗钱行为，按照《刑法》第 312 条掩饰、隐瞒犯罪所得、犯罪所得收益罪或其他相关条款论处。

其二，洗钱罪的责任形式为故意，包括间接故意。《刑法修正案(十一)》对洗钱罪进行了重大调整，新增“自洗钱行为”构成洗钱罪的规定。对于洗钱罪在主观方面的认定，可以分为“自洗钱”与“他洗钱”两种类型来理解适用：在“自洗钱”的情形下，不存在对“明知”的证明问题；但是，在“他洗钱”的情况下，依然需要证明行为人主观要件的成立。主观明知状态并非全盘依赖行为人的辩解，《洗钱案件解释》规定，“明知”应当结合被告人的认知能力，接触他人犯罪所得及其收益的情况，犯罪所得及其收益的种类、数额，犯罪所得及其收益的转换、转移方式以及被告人的供述等主、客观因素进行认定。具有下列情形之一的，可以认定被告人明知系犯罪所得及其收益，但有证据证明确不知情的除外：知道他人从事犯罪活动，协助转换或者转移财物的；在没有正当理由的情况下，以非法手段转移转换财物，以明显低于市场的价格收购财物，收取明显高于市场的"手续费"，协助他人将巨额现金散存于多个银行账户或者在不同银行账户之间频繁划转的；协助近亲属或者其他关系密切的人转换或者转移与其职业或者财产状况明显不符的财物的。

银行是洗钱监管的根据地，依据2019年1月29日实施的《银行业金融机构反洗钱和反恐怖融资管理办法》，洗钱监管重点有向非银行机构转移的趋势，面对越来越高的反洗钱风险，企业需要注意加强对交易行为的监控，尤其在国际经济一体化的背景下，提高资金跨境支付的风险意识，对经常性的外汇项目的风险进行评估和管理；并且健全客户身份识别制度，甄别客户身份和交易内容，认清相关交易模式的本质，建立健全反洗钱合规体系。

（三）预防性合规与纠正性合规

根据合规整改的开展阶段不同，刑事合规可以分为预防性合规和纠正性合规。预防性合规是指企业在未涉刑时，以刑事法律风险为导向，采取预防性的治理措施，为企业建立合规风险内控机制，避免企业涉及刑事犯罪。纠正性合规是指在涉罪行为发生后，企业着手开展以"纠错"为目标的合规整改工作，通过纠正涉罪行为，修复、弥补涉罪行为所带来的经济损失或其他社会危害后果，从而争取不捕、不诉或从宽处罚的案件结果。2021年5月13日，最高人民检察院调研组赴张家港市调研企业合规改革试点工作时，张家港市人民检察院明确提出，该院已将涉案企业之前的合规体系建设情况、企业责任人合规表现等纳入是否起诉和量刑建议考量情节，探索将合规建设从企业涉嫌犯罪"事后合规"向"事前合规"推进。这体现了检察机关不仅关注企业在涉嫌犯罪后的纠错整改，同样关注企业涉罪前的日常合规治理机制构建、执行情况等具有预防性的合规建设。

相较于纠正性合规,预防性合规能够实现对刑事风险的深度挖掘和全面预防。“事前合规”意味着企业可以有更充分的时间进行合规整改,修补经营过程中出现的合规漏洞。实践中已出现涉案企业因“事前合规”而出罪的案例,更加彰显出预防性合规对于化解企业涉刑风险意义和作用。张远煌教授认为,推动企业合规建设,不仅是诉讼制度领域的重大改革,而且涉及国家治理理念、治理方式的重大转变,即从事后惩治向事前预防的转变与从国家单打独斗向国家与企业合作预防的转变,是国家治理现代化在企业犯罪治理中的必然体现。

我国企业合规基础较为薄弱,民营企业负责人缺乏刑事风险防控意识,也为企业开展合规建设带来了阻碍。故而,转变企业负责人观念,促其认识推进合规的意义,成为了企业开展合规体系建设的首要命题。

三、刑事合规措施

(一)刑事合规措施对刑事责任归咎的意义

刑事合规的激励机制在域外的司法实践中已有广泛的基础,公私领域形成合作共治机制。以刑事合规的发轫之地美国为例,美国《联邦量刑指南》规定,有效执行的合规计划可能换取刑罚的减免或缓刑的适用。该指南第八章“组织量刑规则”规定,若企业建立了有效的合规系统,那可能减轻刑罚,依照该规定的量刑标准,幅度最高可达95%,标志着刑事合规在美国法律体系中的位置,立法者和司法者以量刑激励、诉讼协商对企业自律管理、自我规制予以回应。

我国的刑事合规立法和实践尚处于起步阶段,现阶段犯罪治理仍以传统的惩戒为主，有效的合规措施尚不属于法定的违法阻却事由和量刑情节，不属于单位犯罪和自然人犯罪的区分因素，法律也未明确刑事合规的激励机制，未在立法层面作出企业预防犯罪的义务性规范。然而从最高人民检察院目前就企业合规不起诉改革试点情况来看，经过总结改革试点的经验，立法机关有望修改刑法和刑事诉讼法，从而将合规不起诉制度正式确立在法律之中，甚至有可能在法律中引入合规出罪制度和合规从宽制度。陈瑞华教授认为，直到2022年3月的这段时间，将是合规不起诉改革从理论到制度形成的关键阶段。

从一则引起巨大关注的刑事案件——2016年雀巢公司员工非法获取个人信息案（以下简称“雀巢案”）说起，刑事合规措施对企业防范刑事风险具有重要的实践意义。

2011年至2013年9月，雀巢公司员工郑某、杨某等6人，为推销婴儿奶粉，多次通过拉关系、支付好处费等手段，从兰州多家医院的医务人员处获取孕产妇的个人信息（包括孕产妇姓名、新生儿出生年月、联系电话等）。郑某等人的辩护人辩称本案为单位犯罪，应追究雀巢公司的刑事责任。一审法院认为，雀巢公司对违法行为有明确、成文的禁止性规定，并对员工进行了培训，员工签署了承诺函，郑某等人的行为并非单位的意志体现（〔2016〕甘0102刑初605号）。二审法院兰州市中级人民法院（〔2017〕甘01刑终89号）依据雀巢公司的政策、员工行为规范等证据认为，雀巢公司涉案员工的行为系违反公司管理规定，为提升个人业绩而实施的个人行为，不属于单位犯罪。

虽然法理上，企业的刑事合规计划不属于单位犯罪的出罪事由，雀巢公司所制定的各项企业政策、内部规范等文件和防范员工实施犯罪的措施成为本案的相关主体责任归咎的重要考量依据之一，企业因此与员工实施的犯罪行为成功切割责任，避免被刑事追责。

“雀巢案”显示，行之有效的刑事合规计划的建立和执行对企业的刑事责任归咎产生了积极影响。若企业履行了合规义务，仍无法避免违法行为的发生，这种情形下不宜对企业进行非难。

“雀巢案”并非一个孤岛个案。《刑法修正案(九)》增设的拒不履行信息网络安全管理义务罪,以立法形式增加互联网平台在特定领域的监管义务,倒逼企业主动合规,提升内控管理。无独有偶,2017 年 12 月 29 日,中国标准化管理委员会发布《合规管理体系　指南》(GB/T 35770—2017),为我国各类企业建立并运行合规管理体系、改进合规管理流程、应对管控合规风险提供指导和建议。2018 年 11 月 2 日,五部委印发《中央企业合规管理指引(试行)》,通知中指出:推动中央企业全面加强合规管理,加快提升依法合规经营管理水平,文件体现打破民事法、行政法、刑事法领域的单一合规模式,建立全面的合规管理体系。上述指引等于增设特定行业企业的监管义务,以企业主动合规推动法律治理。近年来,我国在刑事政策层面提出加强产业的司法保护,防范民营企业家的刑事风险,例如,2018 年最高人民法院《关于充分发挥审判职能作为企业家创新创业营造良好法治环境的通知》,最高人民检察院《关于充分履行检察职能加强产权司法保护的意见》,文件要求贯彻宽严相济的刑事政策,慎用刑事强制措施,增强企业家依法维护权益、依法经营的意识。

从 2021 年 6 月 3 日最高人民检察院发布的 4 个企业合规改革试点典型案例来看,符合条件的企业在涉刑后,积极配合检察机关进行企业合规整改,开展合规建设,经过合规考察,可以获得检察机关的不起诉决定或起诉后对相关人员判处缓刑,避免企业负责人被判实刑的同时,也避免了企业因涉刑使经营活动被迫停滞。

案例一:张家港市 L 公司、张某甲等人污染环境案。本案中,检察机关积极主动发挥合规主导责任,做好合规前期准备。在企业合规建设过程中,检察机关会同生态环境等部门,对涉案企业合规计划及实施情况进行检查、评估、考察,引导涉案企业实质性合规整改。通过开展合规建设,L 公司实现了快速转型发展,逐步建立起完备的管理体系,改变了野蛮粗放的发展运营模式,企业家和员工的责任感明显提高,企业抵御和防控经济风险的能力得到进一步增强。

案例二:上海市A公司、B公司、关某某虚开增值税专用发票案。本案中,检察机关推动企业合规与适用认罪认罚从宽制度、检察建议工作相结合,坚持和落实能不判实刑的提出判缓刑的量刑建议等司法政策,推动涉案企业深化实化合规建设,避免合规整改走过场、流于形式。

案例三:王某某、林某某、刘某乙对非国家工作人员行贿案。本案中,检察机关推动企业合规与依法适用不起诉相结合,对涉案企业负责人作出不起诉决定,但是不是简单一放了之,而是通过对企业提出整改意见,推动企业合规建设,进行合规考察等后续工作,让涉案企业既要为违法犯罪付出代价,又吸取教训建立健全防范再犯的合规制度,维护正常的经济秩序。

案例四:新泰市J公司等建筑企业串通投标系列案件。本案中,检察机关充分履行自行补充侦查职权,全面查清案件事实,开展社会调查,为适用企业合规提供充分依据。同时,检察机关推动企业合规与不起诉决定、检察听证、检察意见、检察建议等相关工作紧密结合,有效惩治预防涉企犯罪的同时,有力推动当地建筑行业深层次问题的解决,实现"办理一案、教育一片、治理社会面"的目的。

从刑事合规的具体要求来看,企业所需要建立的合规体系应当至少包含预防机制、识别机制和应对机制3个层面。具体来说就是在刑事风险发生之前,需要实行包括合规培训、合规文化宣传等预防措施;当刑事风险初现端倪的时候,企业要具有识别能力,准确地对可能发生的刑事风险做出识别和处置;在合规风险产生后,向执法部门报告违法情况,即便没有构成具体的刑事案件,也需要在内部执行调查、问责和惩戒的行为,并必要的情况下,对违规者提起民事诉讼。以便从前中后3个角度,全面防范企业单位犯罪发生的可能。

（二）针对性的刑事合规措施

安东尼·吉登斯曾道："我们生活在这样一个社会里——危险更多的来自我们自己而不是外界。"失效的内部控制是导致刑事风险的主要原因，加强内部控制是防范刑事风险的最直观的、最有效的途径。刑事合规对企业家刑事犯罪风险的防控主要分为两种：常规性刑事合规工作和针对性刑事合规工作。

针对性合规计划是指，对于刑事风险已经成型的企业，在律师或合规人员的指导下，诊断法律风险，提供化解风险的途径、方法，降低或化解企业的刑事风险，使企业平稳落地。

风险成型并不意味着企业已走上违法犯罪的不归路，企业家涉嫌的刑事犯罪有大量的法定犯，经济犯罪存在民刑交叉、行政违法与刑事犯罪的模糊地带，基于政策风向、法律规定不明确、经济行为的复杂性、行政权与司法权的不平衡博弈多重原因，在个案中法律的适用往往存在争议。

一方面，大多数企业家的行为属于游走在犯罪和民事侵权、行政违法的边缘地带，根据刑法的谦抑性原则，违法违规行为可以通过民事手段解决争端或行政手段予以规制的，无需启动刑事程序，但长期国内司法机关普遍的入罪主义思想和某些个案中的非平衡权力博弈导致的司法擅断，使某些企业家没有社会危害性不大或社会危害性轻微的违规、违法行为，或者程序上严重违法、证据不足的案件，也可能被上升为刑事案件，给企业家造成严峻后果；另一方面，也可能出现轻罪行为被判重罪的不利情形。

若公司出现任何违法违规行为，在生产经营活动必然有迹可循，企业经营者万不可讳疾忌医。针对性刑事合规工作的启动时机，应是企业可能涉嫌违法犯罪，但尚未遭到刑事调查或尚未被移送至司法机关的关键性时间节点；或企业已被刑事调查，但相关责任人员尚未被采取刑事强制措施之时。

对于此类有刑事合规需求的企业，化解迫在眉睫的刑事风险是刑事合规工作的首要任务。为此,应综合企业的实际经营状况和所涉及的风险类型,有的放矢、对症下药地进行合规工作,发现、识别、控制、化解刑事风险。其具体操作应注意:

1. 全面调查分析,建立风险清单

当刑事风险即将到来,企业内部的生产经营必然暴露出一定问题。首要工作是坚持问题导向、以刑事思维进行诊断,对企业进行全面的风险调查,明确相关法律事实的性质、成因,明确行为主体和责任主体,建立风险清单,发现、列举、描述风险要素,评定风险等级,预估风险走向和可控程度,对风险的解决进行初步规划。

2. 树立证据意识,保全有力证据

证明案件事实真实情况的一切事实,都是证据。在应对具体的刑事风险的危机时,法律不禁止企业客观公正地调取、收集、固定对己方有利的证据,但企业收集的证据不能直接作为刑事证据使用,只有经侦查机关查证属实,才能作为定案的依据。尤其注意保存、固定物权凭证或债权凭证,在必要时提供给侦查机关,可能对认定事实、确定权利归属或行使权利产生积极影响。

若企业事前通过刑事合规计划,在日常管理中树立起员工证据意识,在应对危机时将有所助益。规范的事权、决策权和监督权等职权分工和记录、归档制度,增加我方提供的有利证据被采信的可能性。

3. 妥善进行管理危机管理,化解矛盾

对于复杂的经济案件,以刑事思维诊断风险,但不仅局限于以刑事手段防范风险、化解经济纠纷。在启动刑事程序前,刑事风险虽处于升级扩大的趋势之中,仍有方法亡羊补牢。在此期间,在具体操作中把握好尺度,有针对性地运用民事手段,将经济纠纷化解在民事领域,改变风险性质;或在行政阶段积极寻求以罚代刑,避免受到刑事制裁。

例如,企业涉嫌非法吸收公众存款罪时,往往伴随资金链断裂和投资者兑付困难的经营困境,在相关负责人被采取刑事强制措施之前,应调动企业内部仍可调动的资源,筹措危机应对预案,进行危机管理,如依据企业的实际经营情况,降低融资成本,改造商业模式,将固定资产变现或增值,保证与投资者的沟通渠道畅通,尽可能兑付给予安抚,避免发生群体性事件,为企业平和过渡争取更多时间和空间。

万一仍不能避免进入刑事程序,应配合司法机关工作,在我国现实环境下企业面临公权力机关始终处于弱势地位,应对须讲究技巧,而暴力对抗、妨碍调查或伪造、隐匿证据等行为只会产生新的刑事风险。进入刑事程序并不等于刑事责任预防的失败,为预防犯罪而采取的合规措施已在一定程度上降低了企业的社会危害性和可罚性,在恰当的时机体现合规工作,可能对刑事责任的追究产生积极影响。

面对正式的刑事侦查,如何避免刑事诉讼或将刑罚降至最低水平成为企业新的燃眉之急,具体内容应结合企业经营现状,在专业辩护律师的指导下科学进行。

(三)常态化的刑事合规措施

企业常态化的刑事合规,是改变以现实风险为导向的合规观念,转变为对企业进行全方位、制度化、规模化的合规管理,其主要目标是将合规意识融入企业管理和员工行为,建立符合刑事合规目的的管理体系。

常态化的刑事合规计划必须"因企制宜",结合考察行业性质、地域特性、监管力度等外部因素,涵盖企业的人员架构、历史遗留、经营现状等多种考量,其具体到个案的刑事合规内容个性强和重复性弱。实现常态化刑事合规的前提,一是要准确识别出企业所面临的刑事风险类型及其危害性;二是在企业的合规成本和利益风险、利益最大化与平稳安全之间实现平衡。

为实现企业经营刑事合规的常态化,应关注两个层面的合规工作:一为经营性项目的刑事合规计划,如从刑事法角度对重大决策的正当性把关、审查重大合同的签订和履行是否符合刑法法律规定,其目的是查找具体风险,防控预警,保证各个项目、业务合法依规。二为制度性的刑事合规计划,其目的是在企业内部构建一套完善的刑事合规机制,进行根源治理。为此,企业在建立合规制度的过程中至少应关注以下几个方面:

1. 刑事合规价值观的塑造

建立依法合规经营的企业文化,是刑事合规计划的基石和终极目标,如美国《萨班斯-奥克斯利法案》倡导以建立合规文化加强和完善企业刑事合规。构建合规价值观首先应确立清晰的、成文的准则规范,再配合宣传、培训、授课等方式明确传递给每一位员工,培养员工对企业价值观的认同。

2. 刑事合规策略的配套

无公司策略配合的文化建设无益于"喊口号""画大饼",企业需在宏观层面重视刑事合规,建立配套的评价标准和奖惩举措等政策,才能在微观程度上规范员工行为,使合规价值观落地。

3. 刑事合规权限和责任的设置

设置企业合规官或合规部门以及部门的合规岗位,须建立权责清单,在制度上确立合规工作者的职权范围,至少应覆盖对企业内部任何不合规的人事进行追责,填补制度漏洞,评价既有的合规管理体系,调整风险管理重点,同时明确刑事不合规责任的归属。

4. 刑事合规管理体系的建立

刑事合规须以企业内部形成规模化效应为前提,否则经营任何一个环节的违规势必带来连锁反应,导致刑事合规失灵。刑事合规工作制度的建设应在合规官或合规部门的统筹下,企业内部的董事、监事、党务、风控、财务、审计、法务以及具体的业务部门等各层级、各部门形成合力,搭配独立的举报机制、检查调查程序,建立全方位的刑事合规管理体系。

5. 风险重点部门的监控

以行业性质和企业经营现状为导向，例如，决策、采购、财务、品控、安全生产等刑事风险高发的部门和岗位予以重点关注，覆盖公司的主要业务风险点，建立符合各部门运营目的和公司架构的部门刑事合规章程流程，以程序化的制度规范实现预防刑事风险的目的。

6. 刑事合规计划的执行

合规承诺不履行等于没有承诺，刑事合规能否形成长效机制，不仅依赖于合规道德和制度建设水平，更取决于刑事合规计划能否得到有效执行。刑事合规计划的执行离不开企业高层的支持及各类资源的保障，只有对违规坚持“零容忍”，才能最大限度地降低企业的刑事风险，从而达到有效预防刑事犯罪的目的。

附　录

人力资源社会保障部办公厅 市场监管总局办公厅　统计局办公室 关于发布集成电路工程技术人员等 职业信息的通知（企业合规师的部分）

2－06－06－06 企业合规师

定义：从事企业合规建设、管理和监督工作，使企业及企业内部成员行为符合法律法规、监管要求、行业规定和道德规范的人员。

主要工作任务：

1. 制定企业合规管理战略规划和管理计划；

2. 识别、评估合规风险与管理企业的合规义务；

3. 制定并实施企业内部合规管理制度和流程；

4. 开展企业合规咨询、合规调查，处理合规举报；

5. 监控企业合规管理体系运行有效性，开展评价、审计、优化等工作；

6. 处理与外部监管方、合作方相关的合规事务，向服务对象提供相关政策解读服务；

7. 开展企业合规培训、合规考核、合规宣传及合规文化建设。